최근 발굴한 백제유적

최 병 식

주류성

최근 발굴한 백제유적

저	자	:	최 병 식
저 작 권 자		:	(재) 백제문화개발연구원
발	행	:	도서출판 주류성
발 행 인		:	최 병 식
재 판 일		:	2009년 10월 23일
등 록 일		:	1992년 3월 19일 제 21-325호
주	소	:	서울특별시 서초구 서초동 1308-25 강남오피스텔 1309호

TEL : 02-3481-1024(대표전화)
FAX : 02-3482-0656
HOMEPAGE : www.juluesung.co.kr
E-MAIL : juluesung@yahoo.co.kr

값 15,000원

잘못된 책은 교환해 드립니다.
ISBN 978-89-87096-80-3

본 역사문고는 국사편찬위원회를 통한 국고보조금으로 진행되는
3개년 계획 출판사업입니다.

▲ 풍납토성 내에 있는 미래마을 발굴현장
(2006, 국립문화재연구소)

◀ 육계토성 96-7호 주거지 전경(경기도
박물관)

▼ 이천 설성산성 출토 기대(단국대학교
매장문화재연구소)

▼ 기안리 출토 송풍관(기전문화재연구원)

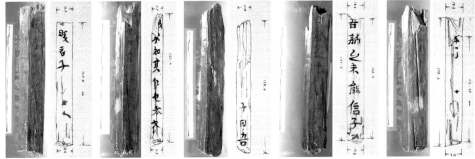

▲ 2005년에 발굴된 계양산성 출토 목간(선문대학교박물관)

◀ 계양산성 집수정 출토 원저단경호(선문대학교박물관)

▼ 2006년 8월에 발굴된 계양산성 3차 집수정(계간 한국의 고고학)

▲ 충주시 가금면의 장미산성. 축성방법이나 출토유물로 보아 백제가 쌓은 산성임이 밝혀졌다(충북대학교 중원문화재연구소).

▼ 장미산성에서 출토된 조족문토기편(충북대학교 중원
문화재연구소)

▲ 장미산성 A지구 내측 트렌치 3의 추정 건물지 원통형
토기(충북대학교 중원문화재연구소)

▲ 백령산성에서 전체구조를 알 수 있을 정도로 완벽한 모습의 목곽 저수조가 발견되었다. 물을 저장하기 위한 백제시대 시설이다(대 한문화재신문).

▼ 학암리 백제 삼족토기의 하부 모습(대한문화재신문)

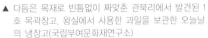

▲ 다듬은 목재로 빈틈없이 짜맞춘 관북리에서 발견된 1 호 목곽창고. 왕실에서 사용한 과일을 보관한 오늘날 의 냉장고(국립부여문화재연구소)

◀ 학암리 II-A지점 1호가마. 백 제 토기가마 두 곳 중 하나이 며 출토 당시 모습이다(대한문 화재신문).

▲ 추동리 횡혈식석실묘(B-9호분, 충청
문화재연구원)

▶ 삼국시대 초기 추동리 주거지에서 출
토된 조족문토기. 조족문토기를 마한
계 토기로 보는 견해도 있다(대한문
화재신문).

▲ 추동리 D-1호 원형수혈 전경(충청
문화재연구원)

▼ 백령산성의 남문지. 현문식으로 밝혀졌으며, 문지의 배수로와 보도까지 확
인되었다(대한문화재신문).

▲ 원삼국시대 분향
리 토기요지(충
남역사문화원)

◀ 마로산성 남문지 항공 사진. 우측 상단으로 목책 기둥자리가 보인다(순천대학교박물관).

▼ 여러 모양의 화살촉도 출토되었다(순천대학교박물관).

▲ 제사유구에서 출토된 철제마 1점(상단)과 청동마 6점(아래) (순천대학교박물관)

▶ 마로산성 안에서는 모두 우물이 5개 발견되었다(순천대학교박물관).

최근 발굴한 백제유적

머리말

　백제사는 패망한 나라의 기록이어서, 그 자료가 너무 적었다. 그래서 백제사 자체는 물론 한국고대사 복원에도 늘상 어려움이 뒤따랐다. 더구나 『삼국사기』 같은 기본 사료에서 조차 소홀하게 다루어 백제사 기술은 한계를 느끼지 않을 수 없었다. 이같은 사료의 빈곤을 벗어나기 위해 기대할 학문은 바로 고고학 분야다. 최근 여러 지역에서 백제의 유적과 유물이 속속 발굴되어 고고학계가 이를 얼마만큼 메꾸어 주고 있다. 그래서 이 책에서는 백제유적과 거기서 나온 유물의 특성과 성격을 파악하는데 주력했다. 더구나 모호하기 짝이없었던 백제 건국시기 무렵의 역사를 좀 더 구체적으로 기술할 고고학 발굴성과를 축적했고, 천도에 따른 남하 이후의 자료도 확보하게 되었다. 이번에 내놓는 '최근 발굴한 백제유적'은 지난 2000~2004년까지 옛 백제강역에서 이루어진 문화유적 발굴성과를 모은 것이다. 일찍 탈고를 했지만, 출판이 늦어져 2005년 이후의 발굴성과는 부득이 누락되었다. 이후 개정판을 내놓을 기회가 오면, 보완할 작정이다. 그리고 2000년 이전에 발굴을 마친 유적 역시 제외되었음을 밝혀둔다. 이 시간에도 여러 역사현장에서 발굴이 이루어진다는 사실을 고려하면, 그 성과는 계속 쌓일 것이 틀림없다.

　역사는 사실에 근거하여 진리를 탐구하는 학문이다. 실사구시(實事求是)를 추구하는 학문이 바로 역사이고 보면, 역사기술은 고고학과 맞물려 돌아갈 수

밖에 없다. 더구나 과거 문화의 복원과 과거 생활사 재구성 등을 연구대상으로 하는 신고고학(新考古學)에도 주목하는 시대가 되었다.

어떻든 고고학 발굴성과는 백제사의 진실에 보다 가까이 다가가는 길을 차츰 더 열어주고 있다. 각 지역의 택지와 도로, 산업단지 조성같은 지역개발 붐에 따라 고고학 발굴도 증가하는 추세다. 이는 결국 백제의 문화발전 단계를 구체적으로 보여주는 고고학자료의 축적으로 이어지고, 역사복원의 가능성을 열어 놓았다.

이 책에 소개한 유적 가운데 특히 주목한 지역은 공주 수촌리와 단지리, 원주 법천리, 부평 계양산성, 포천 자작리를 꼽을 수 있다. 그리고 이천과 여주, 파주 일원 등 경기도 지역의 유적이다. 이들 유적은 한성백제가 지방세력을 통합한 과정을 명쾌하게 밝힐 가능성을 내포한 것이다.

이들 자료를 수집할 무렵, 마침 늦깎이로 시작한 대학원의 고고학 박사과정 학업과 겹쳤다. 그래서 발굴현장을 모두를 뛰어다니지 못하고, 선배들께서 가시적으로 이룩한 빛나는 성과를 빌려 쓰는 마음으로 이 책을 준비했다. 필자의 역량이 미흡한 탓에 선배들의 업적을 오히려 축소시켰는지도 모른다는 걱정이 앞선다. 그러나 '작은 사실 하나로 미루어 큰 것을 터득한다' 이소지대(以小知大)를 늘 새기면서, 자료를 모았다.

'최근 발굴한 백제유적' 이 오늘 간행되기까지는 백제문화개발연구원 조부영 원장님의 배려가 컸다. 그리고 열악한 환경 속에 현장에서 땀을 흘린 선배 여러분들의 발굴성과가 없었더라면, 이 책이 세상의 빛을 보지 못했을 것이다. 다시한번 출판할 수 있도록 도와주신 발굴기관의 모든 분들께 감사한 말씀을 올린다.

2007년 3월 이른 봄에

崔秉植 씀

차 례

머리말

서울특별시

23 ✥ 서울 풍납토성 미래마을

33 ✥ 서울 풍납토성 백제우물

경기도

45 ✥ 고양 멱절산 유적

49 ✥ 연천 학곡리 적석총

53 ✥ 용인 두창리 유적

57 ✥ 이천 설봉산성

67 ✥ 이천 설성산성

85 ✥ 파주 월롱산성

89 ✥ 파주 육계토성

101 ✥ 평택시 5개 관방유적

111 ✥ 포천 고모리산성

117   ❖   포천 반월산성

123   ❖   포천 자작리 유적

129   ❖   화성 기안리 제철유적

137   ❖   화성 당하리II유적

143   ❖   화성 동탄 석우리 먹실유적

149   ❖   화성 동탄 오산리 유적

155   ❖   화성 마하리 고분군

165   ❖   화성 발안리 마을 유적

173   ❖   화성 왕림리 유적

인천광역시

181   ❖   인천 불로 · 동양지구 유적

183   ❖   인천 계양산성

대전광역시

195   ❖   대전 계족산성

201   ❖   대전 월평동 산성

차 례

강원도

211   원주 법천리 백제고분군

충청북도

223   충주 장미산성
233   청주시 산남동 · 분평동 유적
243   청주 신봉동 백제고분군
247   충북 진천 송두리 유적

충청남도

253   부여 관북리(官北里) 백제유적
271   부여 궁남지(宮南池)
283   부여 왕흥사지(王興寺址)
289   부여 능산리 동라성(東羅城) 주변
297   부여 염창리 고분군

305 ✤ 부여 나복리(羅福里) 유적

309 ✤ 부여 가탑리 · 왕포리 유적

317 ✤ 부여 증산리 유적

321 ✤ 공주 장선리(長善里) 유적

331 ✤ 공주 수촌리 백제고분군

347 ✤ 공주 단지리 횡혈묘군

355 ✤ 서천 봉선리 유적

361 ✤ 서천 추동리 유적

375 ✤ 서천 남산성

379 ✤ 청양 장승리 고분군

385 ✤ 청양 분향리 유적

393 ✤ 청양 학암리 가마터

397 ✤ 연기 동면 응암리 · 용호리 유적

401 ✤ 금산 백령산성

전라북도

413 ✤ 고창 석교리 유적

421 ✤ 전주시 완주군 상운리 유적

차 례

431 ∻ 익산 왕궁리 유적
441 ∻ 정읍 신월리 유적
445 ∻ 정읍 신정동 유적

전라남도

451 ∻ 광양 마로산성
463 ∻ 광주 동림동 유적
467 ∻ 광주 연제동 유적
469 ∻ 나주 복암리 낭동 유적
477 ∻ 나주 영동리 고분
483 ∻ 담양 계동 고분군
487 ∻ 무안 맥포리 유적
493 ∻ 여수 고락산성

499 ∻ **참고문헌**

서울특별시

서울 풍납토성 미래마을

　서울 송파구 풍납동의 풍납토성은 한성백제의 도성(都城)으로 추정하고 있다. 이 유적에 관한 옛 기록이 거의 남아 있지 않다. 다만, 평고성(平古城)이라는 명칭이 보일 뿐이다. 우리나라에서 성이란 본래 산에 자리했거나 산을 끼기 마련인데, 평고성이란 언제 쌓았는지는 모르지만 '평지에 있는 옛 성'이란 의미일 것이다.

　475년 백제가 공주로 옮겨가기까지 한성백제 사람들의 삶의 한 터전이었던 이 지역이 처음으로 주목을 받은 것은 일제시대였다. 을축년(乙丑年)인 1925년에 한강지역을 휩쓸었던 을축년 대홍수로 한강이 범람할 당시 지금의 송파구 잠실동과 석촌동 그리고 그 주변에 있는 석촌호수나 석촌동과 삼전동 · 가락동 일대 및 풍납동 지역이 많은 수해를 입었다. 이때 풍납토성의 서쪽 성벽이 유실되면서 중국제 청동초두와 금제이식 · 과대금구 등 매우 중요한 유물이 발견되었고, 이후 1936년에야 성벽 36,000여 평이 고적(古蹟) 제27호로 지정됐다. 그러나 해방 이후에는 그냥 버려지다시피 방치되어 강변 유휴지쯤으로 남아 있다가 1963년 다시 사적(史蹟) 제11호로 지정되어 지금에 이르고 있다.

　1963년 사적 제11호로 지정되었지만, 성벽만을 지정대상으로 했기 때문에 이후에도 성 안에 사람들이 계속 들어가 살면서 유적지가 파괴되었으며 1970년대 후반으로 들어서면서 민가가 계속 늘어나고 무분별하게 택지를 조성하면서 지금과 같은 파괴상을 드러냈다.

1964년 서울대학교 고고인류학과 발굴조사단은 천호동 방향의 토성 동북단 지역을 포함, 토성 내부 유물포함층에 대한 시굴조사를 했으며, 그 당시 발굴단은 기원 후 1세기경의 읍성(邑城)이라고 결론지었다. 위례성과 함께 축조된 반민반군적 성격의 백제 읍성으로서 475년 한성백제 멸망 당시의 북성(北城)이 이곳 풍납토성일 것이라고 판단한 것이다. 더구나 1925년, 소위 을축년(乙丑年) 대홍수가 있던 해 청동제 초두(鐎斗)와 과대금구(銙帶金具)가 출토되어 백제시대의 도성으로 지목해 왔다.

한강변의 평지에 길이 3.5km에 이르는 대규모 성으로서 한성백제의 주요 성 가운데 하나일 것으로 간주했으면서도 당시 남아 있는 성벽 2.3km만을 사적으로 지정한 것이 오늘의 유적파괴를 불러들였다. 더구나 성 내부 22만여 평은 사적에서 제외했기 때문에 무분별한 개발과 주택건설 등으로 사적이 급속도로 파괴되고 말았다.

1966년 서울대학교박물관 시굴조사에서 풍납리식 조질무문토기 유적 포함층이 확인됐다. 이러한 토기는 백제건국 초기의 철기시대까지 거슬러 올라가는 것으로 보고 있다.

1977년 현대아파트 건립 당시 문화재연구소의 발굴조사에서도 최소 4개의 문화층이 확인됐다. 기원 전후의 풍납리식 무문토기와 중도식 무문토기·3중 환호가 발굴되어 이웃 몽촌토성보다 축조시기가 이른 것으로 파악됐다.

다음 1~2세기 문화층으로서 6각형의 수혈집터에서 회청색 연질토기와 낙랑계 토기가 함께 나와 크게 주목을 끌었다. 서기 3~4세기 이후 475년까지의 4문화층에서는 방형 또는 장방형 수혈주거지에서 회청색 경질토기가 발굴됐다. 1999~2000년 한신대학교박물관은 경당지구에서 제사유적과 제사 후 폐기한 도구와 음식을 버린 구덩이로 짐작되는 유구·기와·건물바닥에 까는 벽돌(塼) 그리고 大夫·井 등의 글자가 새겨진 토기와 유리구슬 조각·제사 때 희생물로

풍납토성 미래마을에서 출토된 토기(2006, 국립문화재연구소)

쓴 것이라고 짐작되는 12마리의 말머리 등을 발굴한 바 있다.

특히 제사유적의 주건물은 '몸'자형 지상가옥(길이 13.5m, 폭 5.2m, 깊이 3m)이었다. 이와 같은 건물지를 조상과 하늘에 제사지내는 왕성의 필수 건물로 파악해 이로부터 풍납토성을 한성백제의 도성으로 보게 된 것이다. 하지만 아직 이곳이 뚜렷하게 하남위례성이라는 결정적인 증거는 찾아내지 못한 가운데 고고학계는 하남위례성으로 단정하려는 경향을 보이고 있다.

이후 1997년 현대리버빌 재건축 부지를 문화재연구소가 발굴하면서 3중 환호를 비롯하여 주거지 17기·토기가마·폐기유구는 물론 기타 중요한 유물이 대량으로 출토되었고, 이때부터 다시 주목을 받기 시작했다. 이 당시 아파트 터파기 공사로 이미 많은 부분이 파괴된 상태였음에도 발굴성과가 매우 좋았고 백제유물도 비교적 풍부하게 나왔다. 1997년 연초에 지하 4m 지점에서 백제토기편이 출토돼 풍납토성의 중요성이 부각되었으며 이를 계기로 풍납토성의 성벽을 절개하여 조사하기에 이르렀다.

1999년에는 성벽의 구조를 확인하기 위해 동벽 발굴조사를 벌였으며, 이때 풍납토성은 기초부를 점토로 다지고 나뭇가지나 기타 식물유기체를 깔아가면서 흙으로 다진 혼축기법으로 축조했으며, 강돌을 깔아 기초를 다진 국내 최대의 판축토성이란 사실이 밝혀졌다. 1999년 6월부터 9월 사이 동쪽 성벽 일부를 절개, 높이 9~15m에 폭 40m에 이르는 대규모의 판축토성에서 나온 나무와 목탄의 탄소연대측정 결과 기원전 2세기로부터 기원후 2세기라는 연대가 나왔

다. 결국 이것은 이 시대에 풍납토성이 만들
어졌음을 의미한다.

한편 1999년부터 그 이듬해까지 한신대학
교 발굴팀이 경당연립재건축부지에서 '몸
(여)'자형의 대형 석조건물터와 말머리뼈·
대부(大夫)란 글자가 들어간 토기편을 찾아
풍납토성이 하남위례성(河南慰禮城)일 가능
성이 제기되었다.

대부(大夫)란 글자가 새겨진 토기편(『風
納土城 Ⅳ[도판편]』 한신대학교박물관,
2004, p.68)

발굴성과

이곳에서 몽촌토성까지는 5~700m 거리이고, 방이동 고분군이나 석촌동 고
분군까지는 6~7km에 불과하다. 풍납토성의 전체길이는 3,470m이며 현재 남아
있는 토성의 길이는 약 2.2km밖에 안된다. 그 중 서편, 즉 한강변 쪽의 토성은
대부분 없어진 상태이며 성이 차지하는 면적은 약 35,000평(116,658㎡)이다. 성
내부면적은 약 195,100평(645,026㎡)이며, 토성을 포함한 전체면적은 약 23만
평에 이른다.

성벽의 지표 아래 기저부(= 기초부분) 최대폭은 43m이며 성벽의 최대높이는
11m로 추정하고 있다. 판축토성으로서 성의 바깥쪽은 직벽으로, 안쪽은 완경
사로 쌓았기 때문에 폭이 넓다. 사적으로 지정된 면적(사적지정면적)은 약
55,000평으로, 이것은 토성은 물론 내부 일부지역이 추가된 수치이다. 하지만
앞으로 성 내부를 추가 확대 지정할 예정이며 풍납토성에 대한 종합적이고 체
계적인 발굴조사 후에는 유적을 복원, 정비할 계획이다.

국립문화재연구소는 국가사적지 정비 및 복원사업으로써 제1차 10개년 학술
조사계획을 세워 2003년 시굴조사를 한 뒤, 2004년부터 정밀 발굴조사를 진행
하고 있다. 2004년 5월 이후 미래마을(풍납1동 197번지 일대) 총 6,350평 가운

데 약 1,000평을 대상으로 발굴조사를 벌이고 있다. 향후 풍납토성을 역사공원
으로 조성하는데 필요한 자료를 확보하기 위해 국립문화재연구소 한성백제학
술조사단은 계속해서 조사를 벌일 계획이다.

1997년 풍납토성 내 재건축부지에서 다량의 토기가 출토되면서 국립문화재
연구소가 발굴하기 시작했고, 3중환호 유구와 평면 육각형 주거지 · 다수의 수
혈유구가 확인되면서 관심을 모았다. 1963년 사적 제11호로 지정되었고, 1997
년 현대리버빌 재건축 부지 발굴 당시 3중 환호 · 대형 주거지 17기 · 토기가
마 · 폐기유구 등이 출토됐으며 한신대학교가 경당지구(1999~2000년 발굴)에
서 '呂'자형 대형 석조건물지와 말머리뼈 그리고 '大夫'銘 토기를 발굴하면서
더욱 많은 관심을 끌게 됐다.

2004년 5월부터 발굴을 추진하고 있는 곳은 풍납1동 197번지 일대 미래마을
부지 6,350평이다. 국립문화재연구소 한성백제학술조사단은 2012년까지 연차
발굴을 계속할 방침이며 많은 유물이 나올 가능성이 높다고 보고 있다. 하지만
2005년 말 현재까지 별다른 성과는 없다. 영파여고 왼쪽 담장 옆으로 토성 서쪽
끝지점까지 진입하면 도로 오른편으로 동아한가람아파트 앞에 부지가 펼쳐져
있는데, 이 지역 총 6,350평 가운데 우선 2004년 발굴은 1,000평 만을 대상으로
했으나 발굴성과는 의외로 높았다. 2004년 토제 십각형초석과 토관 · 전돌 · 중
국제 청자 · 와당 · 아궁이틀 · 각종 장신구(금제 · 옥제품) · 돌절구 · 소형직구
호 · 방추차 · 백합조개와 피뿔고동이 겹겹이 쌓인 조개더미 · 돼지 하악골 · 다
리뼈 · 늑골 · 소뼈 · 닭뼈 · 생선뼈 · 사슴뼈 · 골각기 1점 등 폐기된 수혈이 나
왔다. 이것은 제사 행위와 관련한 폐기장이었을 것으로 보고 있다. 이 가운데
특히 백합조개의 껍질이 많은 양 쌓여 있고 피뿔고동 또한 적지 않은 양을 차지
하고 있다. 이는 당시에 갯벌지역을 포함한 서해안 지역과의 수로 및 해로교통
을 짐작할 수 있는 증거이기도 하다.

미래마을 발굴에서 드러난 유구는 모두 14기로서 조사구역 내 지표 아래

2~2.5m의 남쪽과 북쪽 갈색 사질토에서 백제기와를 비롯, 토기가 매몰된 대형
폐기수혈(04-1호)과 폐기수혈(04-3호)·소토괴가 밀집한 폐기장(04-9호·04-
11호), 주거지로 추정되는 곳 2기(04-5호·04-8호)·아궁이 3기(04-4호·04-
12호·04-13호)·석축유구 2기(04-3호·04-7호)·토기산포유구(04-10호)·
흑회색 재가 퇴적된 유구 1기(04-14호) 등이다.

조사구역에 맨 남쪽에 자리한 대형 폐기수혈(004-1호)에서는 갈색 사질토(Ⅲ
층)에서 다량의 기와 및 토기가 출토됐다. 이 수혈의 남쪽과 북쪽은 건물 지하
실이 들어설 당시 유실됐으므로 평면 형태를 파악할 수 없었다. 동서직경 16m,
최대깊이 1.2m로서 토기편과 동물뼈·강자갈·목탄이 함께 나왔다. 바닥에서
출토된 기와만 200여 상자에 이를 정도인데, 이것은 지금까지 발굴한 한성백제
시대 유적 중 가장 많은 양이다. 십각형 초석편 4점·토관·토기편 등이 함께
출토됐으며 30여 점 이상의 수막새편과 완형으로 복원 가능한 수키와도 20여
점 이상에 이른다. 기와퇴적부의 동편에서는 토기편·동물뼈·잔자갈·목탄
등이 나왔다. 그러나 평면형태와 높이가 일정하지 않고 토기가 완전히 부서진
채 동물뼈 파편이 흩어진 상태로 나왔으며, 불탄 목탄들이 섞여 있는 것으로 보
아 폐기장이었던 것으로 짐작하고 있다.

5호 유구 북편에서는 다량의 토기편과 4~5세기 중국의 청자가 출토됐다. 토
기편이 주로 출토된 곳에서는 소와 돼지의 하악골 및 기타 동물뼈 등이 곳곳에
서 나왔다.

폐기수혈(04-2호)은 1호 대형 폐기수혈의 동쪽에 있는 원형수혈(직경 140㎝,
깊이 20㎝)로서, 그 안에 각종 동물뼈와 패각류·토기·기와편들이 매우 조밀
하게 버려져 있는 상태였다. 최상면에서 이형토제품·직구호·완·동물뼈 등
이 출토됐다. 바로 그 아래층에서는 동이·대형뚜껑·적갈색 연질호(壺)와 같
은 토기 외에 백합조개·피뿔고동 등의 패각류가 겹겹이 쌓여 있었으며 소와
돼지의 아래턱뼈·다리뼈·늑골 및 닭뼈와 생선뼈·골각기 1점이 출토됐다.

조개는 껍질만 버린 것이어서 인위적인 폐기장으로 짐작되며 제사나 어떤 제의 뒤에 버린 것들로 보고 있다.

04-9호 폐기장은 조사구역 북서쪽에 있는 방형 폐기장으로서 길이 8.5m에 깊이 70㎝의 수혈이다. 수혈 남서쪽에서 불에 탄 목제기둥과 대호편·호의 구연부·반(盤) 등의 토기류가 나왔다. 소토덩어리와 남쪽 편에서 나온 토기류·목탄과의 관계·유구 깊이 등을 확인하기 위해 남북 탐사조사갱을 넣고 내부의 흙을 제거한 결과 소토괴는 주거지 바닥면 20㎝ 아래 깊이까지 있었다. 폐기장 규모는 동서 4.5m, 남북 5.3m로 방형에 가까운 것으로 확인됐다.

탐색조사갱 안에서 철부 1점과 슬래그가 출토됐으며, 소토괴에는 짚풀과 같은 초본류가 섞여 있었다. 벽체의 소결온도가 그다지 높지 않고 안에서 철 슬래그가 출토되지 않은 점으로 미루어 제철유구는 아닌 것으로 판단하고 있다.

소형직구호 4점과 직경 2㎜의 작은 구멍으로 장식한 토기·석제 방추차·돌절구 등이 출토됐다.

한편 04-11호 폐기장은 조사구역 북쪽에 있는 폐기장으로 9호 폐기장에서는 동쪽으로 10m 거리에 있다. 벽체로 추정되는 소토덩어리가 많이 있었으며 소토덩어리는 5×3m 범위에 있고 깊이는 약 10㎝ 정도만 남아 있었다. 바닥 일부에 목탄이 있으나 수혈의 윤곽은 확인되지 않았다. 소토덩어리 사이에서 철기편·토기편이 나왔으며 그 주변에서 유리구슬 한 점이 출토됐다.

1호 대형 폐기수혈의 동쪽 편에는 주거지가 있었다. 다른 곳보다 목탄이 집중적으로 분포해 있는 것으로 보아 주거지(5호)로 추정했다. 목탄 분포범위는 장방형 윤곽을 드러냈으나, 이 유구의 동서쪽은 도로변에 세운 건물의 지하시설을 세울 때 파괴되었다. 유구가 남아 있는 곳은 4m 내외의 도로가 있던 지점으로 3×3m 정도만 남아 있었다. 이 주변에서 대호편·삼족기 등이 할석과 함께 발견되었고, 석영제 장신구 1점이 출토됐다. 유구 내부에는 노지 1기와 할석 그리고 대호편을 세워서 만든 아궁이가 북동쪽에 있었다. 대호편·소호·파수

발굴된 주거지(국립문화재연구소)

등의 토기류와 강돌 및 할석과 함께 철촉편과 단조철부가 각기 1점씩 나왔다.

이와 함께 9호 폐기장 위에 조성된 주거지(8호)는 기둥을 세웠던 주혈이나 건물지 윤곽선이 확인되지 않아 정확한 규모는 알 수 없다. 그러나 토기·목제기둥이 드러난 범위로 보면 동서 4.5m, 남북 5.3m 범위로 추정된다. 기둥은 동서·남북 방향으로 약 35cm씩 일정한 간격을 유지하고 있었다. 북쪽의 탄화기둥 사이에서 판재가 탄화된 흔적이 나타나 직경 10cm 가량의 원목기둥을 세우고 그 사이에 판재를 덧댄 것으로 추정된다. 대호편·소형직구호 4점·적갈색 연질호 1점·반 1점·단경호구연부 및 토기편들이 이곳에서 출토됐다. 적갈색의 연질호는 동체부에 직경 2mm의 작은 원문양이 시문돼 있다. 또한 위는 원형이고 아래는 사각형인 돌절구와 석제 방추차도 이곳에서 나왔다.

이번 발굴에서는 아궁이와 부뚜막 시설도 발굴하는 성과가 있었다. 아궁이(04-4호)는 1호 폐기수혈 내에 있다. 판석을 세우고 점토를 덧발라 만든 아궁이는 73cm 길이에 너비 60cm가 남아 있었는데, 수혈 서남쪽의 3호 석축유구와 관련이 있을 가능성이 있다. 아궁이 위치가 북쪽 혹은 북동쪽에 있는데 반해 이 유구는 동쪽에 있다. 이와 더불어 아궁이는 04-12호 아궁이와 04-13호 아궁이가 더 있다. 11호 폐기장 동쪽 1m 거리에서 확인된 04-12호 아궁이는 길이 60cm에 120cm로서 평면은 타원형이며 강돌과 할석으로 만들었다. 아궁이틀편 1점이 출토되었으며 활석 사이에서 토기편 일부가 출토됐다.

한편 조사구역 북동쪽의 12호 아궁이에서 북쪽 20m 지점에서 13호 아궁이가 확인됐는데, 길이는 1m에 너비 55㎝로, 남쪽에서 불을 지폈던 것으로 보인다. 양 벽에 판석을 세우고 점토를 발라 두 벽을 만들었는데, 아궁이 주변에서 대호 편·파수 등과 같은 토기편들이 출토됐다.

'ㄷ'자형으로 축조된 석축유구(04-3호)는 남북 1.5m, 동서 1.4m로 바닥 전 면에 잔자갈을 깔고 그 위에 83×45㎝ 크기의 넓은 판석 한 장을 깔았다. 석축 은 1~2단이 남아 있었으며 안쪽으로 35㎝의 활석을 동서방향으로 경사지게 깔 았는데; 소형 활석 사이에서 금제세환장식 한 점이 출토됐다. 아궁이시설과 관 련된 유구로 추정할 수 있다. 또한 04-7호 석축유구는 1호 폐기유구 북서쪽 10m 지점에 있는데, 석축은 2단만 남아 있는 상태였다. 규모나 기능·용도는 알 수 없었다.

한편 2호 폐기장에서 동남쪽 7m 거리에 재층이 형성돼 있는 유구가 있었다. 둘레는 5m 정도이며 흑회색 재층과 갈색 사질토층이 6겹이나 반복적으로 퇴적 돼 있다. 그 위에 5~10㎝의 사질토가 쌓이고 다시 2~3㎜ 두께로 재가 쌓여있 다. 특별한 시설은 없으며 주변에서는 토기편이 출토되었다.

2004년에 조사한 지역은 풍납토성의 서편으로서 한강과 인접한 곳이다. 성의 서벽이 지나가는 것으로 추정해온 지역 이지만, 조사 결과 성의 내부지역이었 다. 대형 폐기수혈과 그 주변 및 주거 지에서 많은 양의 백제시대 기와·대형 평기와·토기·십각형 초석(토제)·중 국제 수입도자기·금제 장신구 등 A.D. 3~5세기의 유물이 대량 출토돼 풍납토성을 이해하는데 새로운 방향을

풍납토성 미래마을 출토 토기편(2004, 국립문 화재연구소)

제시했다.

지금까지 풍납토성에서 출토된 유물을 망라할 정도로 다양하며 그 양 또한 많다. 특히 기와의 경우 몽촌토성이나 석촌동 고분에서 출토된 양보다 많을 정도이다. 다양한 기와 그리고 초석·토관 등이 대량 출토돼 중요한 건물이 있었음을 시사하는 증거로 볼 수 있으며 이 발굴지 주변에 백제시대 궁성 또는 관청 건물이나 기타 국가적 중요시설이 있었을 것으로 발굴단은 추정했다.

미래마을 발굴에서 또 하나 두드러진 점은 조사구역 안에 잔자갈이나 강자갈을 깐 유구의 존재이다. 대형 폐기수혈(1호)·석축유구(3호·7호)·주거지(5호·6호) 등 와당과 평기와·초석·토관과 같은 건축부재가 다량으로 확인된 곳에서는 거의 예외 없이 자갈을 일정하게 깐 유구가 밀집돼 있었다. 발굴단은 이것을 산수석(散水石)으로 추정했다. 처마 끝선에 맞춰 자갈을 깔아 지붕에서 낙수가 떨어지더라도 바닥이 파이지 않게 하고, 진흙을 밟지 않고 다닐 수 있게 한다든가 집 주변을 예쁘게 꾸미기 위한 보도와 조경의 기능을 가진 것으로 본 것이다. 이러한 사례는 중국의 경우 제사관련시설이나 중요 건물지에서도 확인된 바 있기 때문이다.

서울 풍납토성 백제우물

서울 송파구 풍납동의 풍납토성(사적 제11호) 외곽의 풍납동 410번지 일대에서 발굴한 5세기경의 한성백제시대 우물은 1,500여 년을 뛰어넘어 우리에게 많은 것을 알려주었다. 국립문화재연구소 한성백제학술조사단이 조사한 이 우물은 한성백제시대 유적 가운데서는 처음으로 확인되었거니와, 동시에 목재를 '井' 자형으로 조립한 우물로서는 가장 이른 시기의 것이다. 따라서 풍납토성에 거주하던 당시 한성백제인들의 생활상 파악에 유익한 자료가 되고 있다.

이 우물은 네 면을 다듬은 사각형 목재의 양끝을 '凸' 자형으로 깎아 끝을 서로 직각으로 짜맞춰 '井' 자형을 이루었다. 우물의 깊이는 240㎝, 상부 목심흔은 평면 140×140㎝, 목재 두께는 3∼10㎝였다. 우물의 최하단부 바닥재로는 두께 8㎝의 각재를 사용했으며 그 위에 표면을 일부 다듬은 두께 14㎝의 둥근 원목을 쌓았다. 상부 목심흔이 남아 있는 곳까지 따지면 전체 17개의 판재를 세워 쌓은 것으로 추정된다. 우물은 전체적으로 중간부분이 볼록하고 위로 가면서 좁아지는 형태이며 목부재의 단과 단 사이 틈새나 이음매 그리고 외벽 전체에 점토를 발라 방수처리한 사실도 확인됐다.

목부재 외벽을 채운 흙 속에서 출토된 백제토기편으로 보아 이 우물은 대략 5세기 무렵에 만들어진 것으로 보고 있다. 이 우물은 목조우물로서는 3분의 2 이상이 거의 완벽하게 남아 나머지 부분까지 추정 복원할 수 있게 되었다. 한성

백제학술조사단은 이 우물의 목재를 보존처리해 복원했으며, 이 우물의 발견으로 당시의 목조기술과 가구(架構) 방식 및 찰흙을 이용한 방수처리 방식 및 생활상을 추정해 볼 수 있다.

우물이 발견된 곳은 사적 제11호인 풍납토성 동벽 바깥으로부터 50~60여 m 거리로서 토성 동벽 바깥의 해자(추정) 너머로부터 풍납현대아파트(전 태양금속 자리) 단지 사이다. 올림픽대교 남단 사거리에서 천호동 방향의 첫 사거리로 진입, 여기서 좌회전하여 토성초등교 방향으로 들어가는 도로상의 성벽에 예전 성문이 있었던 것으로 추정할 때, 이 성문 밖 해자를 지나 동북쪽으로 약 100m 거리에 있는 우물인 셈이다. 현재 현대 홈타운아파트에 인접한 곳으로서, 이 지역에는 일찍부터 성벽과 관련된 해자 또는 백제시대 유물포함층이 존재할 가능성이 있어 유구 부존 여부 및 성격 등을 확인하기 위해 발굴의 필요성이 높다고 판단해온 지역이기도 하다.

아파트 건축에 앞서 문화재연구소 한성백제학술조사단은 이 지역의 토층 전반에 대한 조사가 필요하다고 보고 발굴에 들어갔다. 12~14m×34~45m 크기의 시굴트렌치 세 개를 넣어 토성벽과는 직교하는 방향, 즉 남북기준선을 설정하고 지하로 깊게 탐색조사갱을 넣은 결과 우물이 발견된 것이다. 우물이 발견된 곳은 가·나·다 시굴갱 중에서 '나' 시굴갱의 북벽 안쪽, 다시 말해 풍납토성 남단 동쪽 성벽 정상부로부터 남서쪽으로 77m 바깥쪽에 백제시대 우물이 있었던 것이다.

발굴결과 이 일대의 토층은 모두 9개층으로 이루어져 있었다. 강바닥으로 추정되는 맨밑 자갈층까지 전체 토층의 두께는 7.2m, 우물의 맨 밑바닥이 지하 7m 깊이에 있었으며 우물의 전체깊이는 240㎝였다. 우물의 최상면이 지표로부터 4.6m 지점에 있었다. 다시 말해 이 풍납토성이 백제의 화려한 도성의 하나로 쓰이고 있을 당시인 5세기 한성백제시대에는 이 일대가 지금보다 4.6m나 낮았음을 의미한다.

최상층인 1층은 최근에 매립된 층이며 그 다음 2층은 백제토기편과 자기편이 나오는 조선시대 퇴적층, 3층과 4층은 백제토기편만 나오는 백제시대 유물포함 층이었다. 우물 최상면 바로 위로는 2m 이상 쌓인 하상퇴적층이었다. 이 층은 5~7층에 해당하며 이 층에는 홍수라든가 범람으로 인해 토사가 쌓인 자연퇴적 층으로서 유물은 출토되지 않았다. 이 우물을 사용하던 사람들이 살았던 생활 면은 당시 하천범람으로 5~7층이 형성되면서 쓸려나가 유실됐을 것으로 추정된다. 아울러 8층은 황색 점토와 황갈색 모래층이 교대로 쌓여있는 하상퇴적층으로서 목재를 '井'자 모양으로 켜켜이 쌓아올려서 우물을 만든 층이 바로 이 5~7층 아래에 있다. 이 층에는 우물 주변으로 별도의 다른 유구나 유물이 없었으며 이 층 바로 밑의 9층이 하상(河床)에 해당하는 본래의 강바닥인 자갈층이었다.

우물은 전체높이 240cm 중에서 상단 35cm의 목부재가 탄화되어 목심흔만 남은 상태였으며 목부재가 남아 있는 부분은 나머지 205cm 높이였다. '井'자형의 최상단 목부재는 가로 140×세로 140cm, 자갈층(9층) 바닥에 가로 160×세로 160cm 크기로 목부재를 놓고 그 위

백제우물의 맨 밑부터 위로 10단까지의 모습(대한문화재신문)

로 16단, 모두 17단(=층)으로 목부재를 쌓아올렸을 것으로 추정되는데, 이들 17단 가운데 발굴 당시까지 남아 있던 부분은 서벽 기준 총 14단이었다. 상부 6단은 보존상태가 좋지 않았으며, 그 아래는 보존상태가 좋다. 우물의 최하단(가로 160×세로 160㎝)을 상단보다 약간 넓게 하여 위로 올라가면서 들여쌓아(우물은 위로 가면서 좁아지되 중간은 볼록한 형태) 무너지는 것을 막으려 한 의도를 알 수 있었다.

우물을 만들면서 목부재를 쌓을 때 먼저 강바닥 동쪽과 서쪽에 각기 남북방향으로 두께 8㎝ 정도의 각재(角材)를 놓고, 그 다음에 남쪽과 북쪽에 각재를 놓아 사각형으로 하부기초를 만들었다. 그리고 각 모서리 이음새는 '凸'자형으로 깎아서 '井'자형으로 짜맞추었다. 목부재의 너비는 12~24㎝, 두께는 3~10㎝로서 각 단(=층)의 사이는 빈틈이 없을 정도로 정교하게 다듬어서 맞추었으며 각 단마다 목부재와 목부재 사이로 물이 새는 것을 막기 위해 안쪽과 바깥쪽(=내벽 및 외벽)에 점성이 각기 다른 점토를 세 차례씩 입혔다. 목부재 내벽과 외벽 틈새에 바른 이들 점토 속에서 작은 백제토기편이 나왔다. 이들 토기편으로 말미암아 이 우물이 5세기에 축조된 것으로 추정하게 됐다.

풍납토성의 성문 앞(좌측편) 우물은 동쪽 편을 넓게 파고 동쪽과 서쪽에 각기 목재를 먼저 놓은 다음, 남과 북에 각재를 올리는 방식으로 계속해서 쌓아 올렸다. 당시 사람들이 이 우물을 만드느라 맨 밑바닥 자갈층까지 판 사실도 알 수 있었으며 우물의 최상면은 잦은 홍수로 다 씻겨 내려간 상태였다. 우물은 총 17단 중 위 7단 정도가 썩은 상태이며 우물의 상면은 지표에서 470㎝ 아래 지점이다. 우물을 만들기 위해 각재를 짜맞춘 가구(架構) 방식은 귀틀집의 가구방식과 같아 주목을 끌었다. 우물의 외부는 층이 져있으나 내부는 비교적 가지런하게 짜맞춰졌으며 내부나 외부 모두 찰흙으로 틈새를 꼼꼼하게 발랐다. 이 점토를 어디서 채취해 왔는지는 모르나 틈을 메우는데 사용한 흙은 점토·사실점토 그리고 그 밖으로 약간 누런 빛깔의 점성 있는 흙 등 세 가지를 발라 방수처리했다. 우물 내부의 물은 10단 위에서 오르내렸을 것으로 짐작됐다.

이 우물은 대충 다듬은 목부재를 'ㅁ'자형으로 짜맞춰 17단까지 올린 목조우물이다. 각 단의 틈새가 보이지 않을 만큼 잘 다듬은 참나무(상수리나무)로 짠 것인데, 한자의 '井'이라는 글자가 어떻게 해서 만들어진 것인지, 돌로 정교하게 다듬어 맞춰놓은 조선시대 우물에 이르기까지 우물이 '井'자형을 유지한 배경이 무엇인지를 생각하게 하는 유물이기도 하다.

이와 같이 목부재를 사용해서 차곡차곡 17단의 층을 이루어 쌓은 백제시대 우물을 발견한 것은 이 우물이 처음이다. 물론 그간에는 돌로 쌓은 우물이나 백제시대의 목곽저수고 등이 여러 군데서 출토된 사례는 있다. 이 우물에 사용한 목재가 1,600여 년이 지난 지금까지 고스란히 남을 수 있었던 것은 현재 남은 층까지 지속적으로 수분 공급이 이루어졌기 때문이라고 볼 수 있다. 또한 당시에 사용하던 상태 그대로 남아난 것도 이 지역이 본래 하상(河上)이었고 홍수로 인해 빠른 시간에 우물이 매몰되었기 때문이다.

따라서 국립문화재연구소 한성백제학술조사단 발굴팀은 6~7단 아래로 쌓여 있는 흙 속에서 백제시대 목간이나 기타 생활유물이 나올 것을 기대했으나 별다른 유물은 나오지 않았다.

사방 '井'자 모양으로 네 개의 목재를 짜맞춰 17단으로 켜켜이 올린 것이지만 나무못 하나 사용하지 않았으며 네 모서리 바깥의 귀를 잘라내지 않고 자연스럽게 이용한 것도 이 우물의 특징이다.

우물의 네 귀퉁이의 귀가 각 단마다 있어서 이들이 바깥쪽 흙에 파묻혀 있으면서 힘을 받게끔 되어 있다. 이것은 우물이 쉽게 무너지지 않도록 감안한 것이다. 가구(架構) 밖으로 남은 부분을 가지런하게 잘라서 맞출 수 있었으나 그렇게 하지 않은 것은 중요성을 거기에 두지 않고, 네 귀퉁이의 이들 귀를 빌려 결국 우물을 이루는 사방 목부재를 단단하게 잡아주는 역할을 기대했기 때문이다. 또한 각재를 다듬는 데는 자귀(큰자귀)를 사용했으며, 그것은 아직도 나무

강바닥 자갈층에 목부재를 놓고 우물을 만들었다(국립문화재연구소).

를 깎던 당시에 자귀날이 닿았던 자리가 고스란히 남아 있는 것으로 충분히 짐작되었다. 그러나 윗단과 아랫단의 목부재 틈새가 매우 정교하게 맞춰진 것으로 보아 대패를 사용했을 가능성도 충분히 있다. 아울러 목재의 양쪽 끝을 자른 것으로 보아 당시 매우 정교한 톱을 사용했을 것으로 보인다.

또한 발굴단은 이 우물을 만들기 위해 동쪽 편을 넓게 팠으며 굴광선의 가장 넓은 쪽이 390㎝였다는 사실도 알아냈다. 이것은 우물을 만드는데 주로 사용한 작업공간이 동쪽이었다는 것을 의미한다. 하지만 이것만으로 당시 사람들이 네 면 가운데 어느 면을 주로 사용했는지를 알아낼 수는 없었다.

이러한 목조 우물축조법은 대전 정지산 출토 목곽저수고라든가 이천 설봉산성 목곽저수고·금산 백령산성 목곽저수고 또는 고구려 부경 등과 더불어 고대 사회의 목재 결구방식을 보여주는 동시에 귀틀집의 전형적인 형식이라고 볼 수 있는 것이다. 이와 같은 가구형식을 실물로 확인함으로써 당시의 기술수준을 실질적으로 짐작할 수 있게 됐다.

이 우물이 축조된 시기가 정확히 언제인지를 알아내기 위해 우물에 사용된 목재의 시료를 문화재연구소와 서울대 AMS연구실 및 일본 도쿄의 국립역사민속박물관 AMS센터 세 군데 보내 방사성절대연대측정을 의뢰했다.

이와 함께 연륜연대법도 이 우물의 연대측정에 참고자료가 되었다. 이 연륜연대법은 목재의 나이테(연륜)를 X선을 사용한 CT(컴퓨터단층촬영장치)로 촬영하여 연륜으로 연대를 측정하는 방법이다. 최근에 나온 연대측정법으로서 편년 설정에 매우 정확한 연대를 제시할 수 있는 방법으로 알려졌다. 목제우물에서는 많은 생활유물이 출토됐다. 새끼줄을 목에 묶어 두레박으로 사용한 토기 원저단경호 3점과 새끼줄도 나왔다. 두레박으로 사용하기 위해 토기의 목에 묶은 새끼줄은 삼베나 칡(청올치)으로 꼰 것으로 추정된다.

이들 5세기 한성시대 토기와 다량의 토기편 및 목제 두레박·물동이를 머리에 일 때 밑받침으로 쓴 똬리 2개를 비롯, 당시 사람들이 우물에 빠트린 살구씨·복숭아씨·박씨·참외씨·밤껍질 등과 같은 과핵(果核) 종류도 많이 출토됐다. 이로써 당시 이 우물을 사용한 한성백제인들의 우물가 풍경을 보다 사실적으로 그려낼 수 있게 되었다. 여기서 나온 똬리는 백제의 여인네가 이고 온

다량의 토기와 목제 유물이 나온 두번째 층(국립문화재연구소)

두 번째 층에서는 목제 두레박도 나왔다(국립문화재연구소).

백제인들이 먹고 남긴 복숭아씨(국립문화재연구소)

동이를 내려놓고 물을 긷기 위해 머리를 숙인 순간 머리에 얹었던 것이 우물에 **빠진** 것이라고 볼 수 있다. 한 마디로 이 우물은 5세기 백제인들의 생활상을 고스란히 간직한 하나의 타임캡슐이라고 할 수 있으며, 완전한 형태로 발굴돼 그 모습을 1,600년 후인 지금까지 고스란히 간직한 우물

백제 여인들이 물동이를 머리에 일 때 사용한 똬리(국립문화재연구소)

로서 국내 고고학사에 처음 있는 일이었다.

목제 두레박은 우물 서북편 모서리에서 옆으로 누운 채 출토됐는데, 그 모양은 마치 참외를 세로로 4등분한 것과 비슷했으며 상단에 끈을 꿰거나 가로막대(橫木)를 꿸 수 있도록 구멍이 뚫려 있었다. 두레박은 반편구형(半扁球形)으로 가로 27㎝에 세로 14㎝ 그리고 깊이가 11㎝였다. 이것은 몸통 최대폭이 15~16㎝인 단경호(토기) 두레박과 비슷한 크기였다. 특히 이번에 출토된 똬리는 직경 10~12㎝ 크기로서 백제 여인들이 물을 길을 때나 머리에 물건을 일 때도 지금과 똑같은 것을 사용했음을 생생하게 보여주는 증거로, 이 똬리는 물풀이나 삼베(麻)를 재료로 한 것으로 추정된다.

또한 이 우물 내부에서 우물의 지붕에 썼던 것으로 보이는 목재나 당시의 나뭇잎(자작나무잎이나 떡갈나무잎) 또는 두레박 걸이용으로 짐작되는 삼지형(三枝形) 목제품이나 →형 목재도 함께 나왔다. 이 목제품은 가지가 있는 반대편쪽 끝에 줄을 매기 위해 판 홈 흔적이 보인다. 이러한 목제품은 우물 상부의 지붕과 같은 구조물 한가운데에 매달아 두고 두레박 걸이로 사용한 것으로 볼 수 있다. 이외에도 'ㅅ'자형 목제품이 출토됐는데, 세 개의 가지 끝에 각기 줄을 매었던 것으로 판명됐다. 하지만 이것 또한 정확히 어떤 용도로 쓰였던 것인지는 밝히지 못했다.

한편 우물의 유물 퇴적층은 크게 두 개의 층위를 이루었는데, 아래층에서는 평저형의 물병도 나왔다. 목에 새끼줄을 감아 두레박으로 사용한 흔적이 있는 물병과 함께 당시에 물바가지로 사용했음직한 박(瓠) 조각도 나왔다. 한성백제인들도 실생활에서 박으로 만든 바가지를 많이 사용했음을 수 있게 되었다. 또한 맨 마지막 층에는 광구호 한 개가 나왔고, 땅을 파고 우물을 만들기 위해 목부재를 맨 처음에 놓은 자리는 바로 강바닥 자갈층이었음도 확인됐다.

아울러 목조우물은 맨 밑바닥의 가구 규격 160×160cm와 상단 140×140cm 크기로부터 당시 사용한 척도(尺度)의 기준이 무엇이었는지도 가려낼 수 있을 것으로 기대된다. 당시 고구려척은 지금의 기준으로 35.5cm였으며 주척(周尺)을 기준으로 하여 무령왕릉을 축조하는 데도 쓰인 백제척은 20.5~20.8cm였다. 따라서 이 우물의 크기를 감안하면 백제척을 기준으로

당시에 물바가지로 사용했을 박 조각(국립문화재연구소)

하여 우물을 축조했을 가능성이 높지만, 향후 이 부분에 대한 정확한 연구가 뒤따라야 할 것으로 보인다. 따라서 목부재[角材]의 가로 및 세로 길이와의 상관관계 속에서 척도기준을 추출해야 할 것으로 보인다.

이 우물에서 나온 백제토기는 당시의 모습을 그대로 간직한 것들로서 토기 편년에 아주 중요한 기준을 마련할 수 있게 되었다. 특히 여기서 나온 우물 목부재나 기타 목재편의 방사성탄소연대 측정치가 나오면 더욱 정확한 자료가 확보될 것이므로 5세기 백제의 토기와 생활상 연구에 절대적인 연대를 제시해주는 중요한 자료를 추가하게 될 것이다.

경기도

•
•
•

고양 멱절산 유적

한강을 사이에 두고 김포시 고촌(高村)과 마주하는 경기도 고양시 일산구 법곳동의 한성백제시대 유적이다. 이 멱절산 유적은 고양시에서 처음으로 발굴한 한성백제시대의 중요 유적이라는데 그 의의가 크다.

현장조사는 멱절산(법곳동 740-22번지) 일대 4,000여 평을 대상으로 한 것이었다(2003년 6월 2일~7월 31일).

발굴성과 및 유적의 성격

이 유적에서는 수혈주거지 8기 · 수혈구덩이 2기 · 구상유구 1기 · 적석유구 5기 그리고 근래에 조성된 수혈구덩이 9기와 민묘 5기 등이 확인됐다. 이 가운데 수혈주거지는 1호 주거지만을 조사하고 나머지 수혈주거지는 유구의 존재만 확인하는데 그쳤다.

멱절산 유적에서는 1,000여 점의 유물이 출토됐다. 그 중 가장 많은 수를 차지하는 것은 토기편이며, 이외에 철기와 석기가 소량 포함되었다.

토기는 총 1,564점(토기편)으로 이 가운데 연질 603점(39%) · 경질 802점(51%) · 도질 159점(10%)의 비율을 보인다. 토층의 층위는 맨위 I층으로부터 맨밑 VII층까지이며, IV층에서 I층까지가 토기유물이 가장 많았다. 그 중에서도 I · II층에 토기가 가장 많다.

토기의 소성조건을 반영하는 토기색깔은 황갈색 · 회갈색 · 흑갈색 등 적갈색 계통(18%)과 회백색 · 흑색 · 회흑색의 계통(28%) 그리고 암자색 · 녹청색 등 회청색 계통(54%)으로 구분할 수 있다.

기종 식별이 가능한 토기편 247점을 기준으로 기종별 분류를 하면 연질의 심발형 토기가 가장 많다. 경질토기의 경우 고배가 가장 많이 출토된 반면, 기대와 합 · 광구장경호는 제일 적다. 앞으로 정밀발굴에 들어가면 층위별로 기종의 시대적은 상대 편년에 필요한 기초자료를 확보할 수 있을 것으로 보인다. 한편 이곳 멱절산 유적에서는 비교적 많은 양의 흑색 마연토기가 출토됐다.

출토 토기들(경기도박물관)

총 29점 가운데 2층에서 16점이 출토되었다. 흑색 마연토기의 기종은 완 · 개배 · 고배 · 삼족기 · 뚜껑 · 반 등으로 구성되어 있으며 흑색 마연토기의 어깨부분에는 음각문양과 2조의 음각선을 평행으로 그은 현문(弦紋)을 비롯, 원점을 배열한 연주문(連珠紋) 그리고 사격자문(斜格子紋) · 거치문(鋸齒紋) · 파상선문(波狀線紋)이 있는 것이 특징이다.

이들 문양은 중국 삼국시대 말 이후 서진시대의 월요에서 생산된 고월자의 기종에 시문된 문양과 유사하다. 서진 이전의 삼국기에는 현문과 파상문이 유행했으며 삼국시대 말에는 사격자문이나 연주문이 유행했는데, 서진 후기에 갈색의 철반문(鐵斑紋)이 등장하면서 음각선 장식문은 쇠퇴했다.

백제가 서진과 교류를 한 것은 3세기 후반이므로 고월자 문양과 유사한 요소를 갖는 흑색 마연토기는 3세기 후반에서 3세기 말경에 나타난 것으로 볼 수 있다. 이 시기는 백제가 국가체제를 갖춘 시기이며 대형고분의 시작이라고 할 수 있는 가락동 2호분에서 흑색 마연토기 · 직구광견호가 출토되고 있고, 몽촌토성의 축조시대로서 상한연대로 볼 수 있는 서진 전문도기편(錢文陶器片) · 흑색 마연토기 · 직구광견호 등이 출토되므로 이와 거의 동일한 시기로 볼 수 있다.

이 멱절산 유적은 한강 하류에 있어 중국 서진(西晉)과의 교류에서 중요한 곳으로 평가하고 있다. 한강 중류인 원주 법천리 2호분(수혈식석실분)에서 조질 승석문토기(粗質繩蓆文土器)와 중국 월주요에서 생산된 청자 양형기(羊形器)가 출토되었는데, 이것은 4세기 중반에 제작되었으므로 생산연대가 분명한 유물이다.

몽촌토성 저장공 내에서도 서진(265~316)시대의 회유전문도기편(灰釉錢文陶器片) 등이 출토되었다. 진서(晉書) 동이전 마한조에는 277년 · 280년 · 281년 · 286년 · 287년 · 289년 · 290년 등 여러 차례에 걸쳐 서진과 교류한 기록에 있어 고월자 문양 요소를 갖고 있는 흑색 마연토기는 3세기 후반~3세기 말의 것으로 본다. 월주 청자 천계호(天鷄壺)와 반구호(盤口壺)가 출토되었는데, 이러한 유물은 4세기 한강을 중심으로 백제와 중국과의 교류가 활발했음을 알려주는 것이다.

사실 이 유적을 중시한 것은 서울의 서쪽 외곽에 위치하며 중국으로 가는 관문에 해당하는 곳이어서 삼국시대 이 지역을 두고 삼국이 각축전을 벌일 정도로 전략적으로 중요한 지역이었기 때문이다. 이곳 멱절산 서쪽에는 예전 김포 감암포나루로 건너던 옛 나루터 이산포(二山浦)가 있다.

멱절산 유적에서는 7층에서 흑색 마연토기가 나왔으나 경질무문토기는 없었으므로 이 유적은 A.D. 200년 이전으로는 거슬러 올라갈 수가 없다. 3세기 중후반에야 흑색 마연토기가 등장하므로 이 편년에 따르면 Ⅶ층은 A.D. 250년 중후반에 해당한다. 하지만 Ⅶ층 아래의 회색 점토층과 목탄층이 있으므로 멱절산의 연대는 더 거슬러 올라갈 가능성도 충분히 있다.

5세기 중후반으로 들어서면 백제토기에는 새로운 기종과 변화가 나타난다. 호류는 유견형으로 바뀌며 광구장경호가 나타나는 것이 특징이다. 멱절산 유적의 2층과 3층에서 이러한 단계가 나타나기 시작하는데, Ⅱ층의 암회색 사질점

멱절산 유적 유구모습(경기도박물관)

토층에는 회청색 경질타날문의 대옹 · 회청색 경질호가 늘어난다.

한편 멱절산 유적에서는 철촉 · 철도자 · 철부 등 25점의 철기가 출토되었는데, 철촉이 33%로 가장 많은 비율을 차지하며 그 다음은 철부(29%)이다. 'U'자형의 가래 · 철도자 · 철겸과 같은 철제 농기구도 발굴되었는데, 이러한 삽날은 북한 토성리 유적에서 오수전과 함께 출토된 사례가 있어 이들과 같은 시기의 것으로 보고 있다. 아울러 운성리토성 · 운성리 가맛뫼 2호 무덤 그리고 남한의 몽촌토성 · 파주 주월리 유적 · 하남시 미사리 유적에서도 비슷한 유물이 출토되었다.

멱절산 유적에서 출토된 철부는 단조철부와 주조철부의 두 가지가 있는데, 단조철부는 대동강유역에서 1세기 이후에 나타나며, 낙동강유역에서는 시차를 두고 2세기 중엽 이후에나 나타난다. 주조철부는 양평 대심리 유적 · 몽촌토성에서 출토된 바 있는데, 이들은 제천 양평리 2호 적석총 · 도화리 적석총에서 나온 것과 유사하다. 멱절산 유적에서는 이외에도 숫돌 · 방추차가 소량 출토되었다.

이 멱절산 유적은 한성백제시대 토기편년을 비롯해 여러 가지 문제를 규명하는데 중요한 곳이므로 보호하기로 의견이 모아져 2004년 경기도 기념물(제 192호)로 지정됐다.

연천 학곡리 적석총

  경기도 최북단, 임진강 건너편의 연천군 백학면 학곡리(鶴谷里)에 있는 적석
총이다. 돌을 쌓은 방식이나 묘제로 볼 때 고구려 계통의 무덤이거나, 고구려의
유이민이 남하하면서 남긴 무덤으로 보고 있다. 무덤의 조성시기는 3세기 후반
이후 4세기 전반 무렵에 조성된 주월리 주거지유적보다 약간 이른 2~3세기의
무덤으로 추정된다. 학곡저수지 개수공사지역 내 학곡리 적석총 발굴조사(2001
년 6월~220년 3월)란 이름으로 시굴조사를 벌여 적석총 1기와 지석묘 및 유물
산포지를 확인한 이후 2002년 본격 발굴을 마쳤다.

  적석총은 임진강변에서 약 50m 거리의 충적대지에 자리했기 때문에 집중호
우 때 강물에 자주 침수되었다. 지표조사 결과 선사시대 취락유적의 중심부는
현재 학곡리 마을이 위치한 지역이었을 것으로 추정하고 있다.

  이와 같은 적석총은 인근 육계토성 내의 주월리(舟月里) 백제 주거지 · 삼곶
리 적석총 · 횡산리 적석총 및 삼거리 · 우정리 · 동이리 · 원당리 적석총 등 10
여 군데에 이르는 것으로 이미 보고되었다. 이들 적석총은 초기 한성백제시대
의 묘제로서 학곡리 적석총이 자리한 구릉 일대에는 한성백제시대의 유적이 집
중분포되어 주목을 받고 있다. 이웃 파주 주월리 주거지유적은 출토 유물로 보
아 3세기 후반 이후 4세기 전반 무렵에 조성되었을 것으로 추정하고 있다. 이에
비해 학곡리 적석총은 고구려계 토기가 확인되지 않는 대신 낙랑계 토기가 출

1, 2, 3, 4호 묘곽 노출상태(기전문화재연구소, 학곡리 적석총 발굴조사, 2002)

토된 것이 특이한 점이다. 그리고 경질무문토기가 함께 나온 점으로 보아 서기 2~3세기에 축조되었을 것으로 보고 있다. 이 적석총은 주월리 유적보다는 좀 더 이른 시기에 조성되었으며, 장기간에 걸쳐 여러 차례의 무덤 축조과정을 거쳐 다곽식을 이루었다.

그러나 묘제상으로 고구려 적석총과 유사해 기원 전후의 시기에 고구려 유이민이 남하하면서 축조한 묘제일 가능성도 배제할 수 없다는 것이 발굴자 주체였던 기전문화재연구원의 견해이다. 다시 말해 학곡리 적석총은 고구려의 영향을 받은 백제의 묘제일 것이라고 보면서도 고구려계 무덤일 가능성도 배제할 수 없다는 것이다. 하지만 일부에서는 고구려의 영향을 받은 백제의 묘제로 파악하고 있다. 인근 삼곶리(三串里) 일대 적석총을 백제의 것으로 보는 것과 동일선상에서 해석하고 있다.

이 학곡리는 조선 인조 때의 학곡(鶴谷) 홍서봉(洪瑞鳳) 가계의 세거지(世居地)이며 그런 까닭에 그의 아호가 학곡이었다. 그의 가계가 고구려 영류왕 때 일차 망명했던 지역으로 알려져 고구려나 기타 북방으로부터 남하하는 유이민이 일찍부터 이 일대에 정착했음을 어렵지 않게 짐작할 수 있다.

적석총과 묘곽 개요

강변의 자연 사구(砂丘)를 다듬고 그 위에 돌을 쌓아 묘를 축조했다. 바닥이나 묘곽의 벽은 모두 강돌을 이용했다. 벽의 한 면은 길다란 강돌을 세워놓아 벽을 보강했는데, 이러한 방법은 고구려 적석총에만 나타나는 특징이다. 하지만 별도의 바닥시설이나 기단은 마련하지 않았다.

한 기의 적석묘 안에는 묘곽이 4기가 마련되었다. 적석총은 동서방향이 길어서 길이 25m(폭 10m)의 장타원형이다. 1호부터 4호까지의 묘곽이 서로 연접했고, 1호곽 (2.7m×1m)에서는 인골조각과 토기편 및 구슬이 출토됐다. 토기는 적갈색의 연질타

3호곽 출토유물(기전문화재연구소, 학곡리 적석총 발굴조사, 2002)

날문토기편 · 회백색 연질토기편 · 회흑색 토기편이 나왔다. 구슬은 3점이 출토됐다.

2호곽(2.3m×2m)에서는 가락지와 비슷한 모양의 청동고리(지름 18㎝) 1점 · 구슬 59점 및 다량의 뼈조각을 찾아냈다.

3호곽(1.8m×1.3m)에서도 토기편과 16점의 구슬이 나왔다. 구슬은 관옥이 대부분이며 4호곽(2.4m×1.7m)에서는 청동방울 1점 및 구슬 18점과 토기편이 나왔다. 출토유물 가운데 토기는 타날문단경호가 주류를 이루었다. 이외에 낙랑토기의 영향을 받은 것으로 짐작되는 회흑색의 호(壺)를 비롯해 승석타날문호 · 격자문연질토기편 외에 경질무문토기 제작기법에 의한 단경호 토기편도 있다.

구슬류는 환옥과 관옥의 두 가지 형태가 보인다. 이들의 재질은 마노 또는 유

리이다. 이외에 철기류 2점이 출토되었으나, 파손된 상태여서 정확한 용도를 알기가 어렵다.

용인 두창리 유적

경기도 용인시 원삼면 두창리와 백암면 금산리·백봉리 일대에 걸친 유적이다. 2005년 고당~수산간 도로건설공사구간을 발굴하면서 드러났다.

경기도 건설본부가 경기 남부지역 교통망 확충을 위해 용인시 원삼면 고당리에서 이천시 설성면 수산리를 잇는 도로(16.64km)를 신설할 계획에 따라 2004년 중앙문화재연구원이 지표조사를 한 결과 11개소에서 유물산포지가 발견됐다. 이 가운데 두창리·근삼리·백봉리에서 백제 토광묘와 수혈주거지, 기와가마 등의 유구를 확인했다. 이와 같은 시굴조사를 바탕으로 이들 유적을 발굴한 결과 두창리에서는 백제 초기의 토광묘 17기, 근삼리에서는 통일신라 석실묘 1기와 조선시대 기와가마 1기, 토광묘 30기 등을 찾아냈다. 백봉리에서는 조선시대 수혈주거지 1기와 토광묘 1기를 확인했다.

백암에서 318번 지방도를 따라 동남방향(원삼면방향)으로 3km 거리를 가면 두창교회가 있는데, 두창리 유적은 바로 이 두창교회 뒤편 능선에 있다. 시굴조사에서 백제 토광묘가 드러나 발굴하게 되었는데, 전하는 말로는 1970년대 두창교회를 세울 당시에도 많은 수의 토기가 나왔다고 한다.

두창교회 뒤편 능선 정상부는 밭으로 경작하면서 마을 주민이 땅을 깊이 파서 훼손된 상태이고, 유적 뒤편 능선을 따라 많은 수의 봉토분이 도굴된 채 그대로 방치된 상태였다. 이로 미루어 이 일대에는 시간을 달리하면서 계속해서 무덤이 축조되었음을 알 수 있었다. 근삼리와 백봉리는 통일신라 이후의 유적이고, 17기의 백제 토광묘와 백제시대 유물이 집중적으로 나온 지역이 두창리 유적이다. 조사지역 상단부에서 찾아낸 1호 토광묘는 묘광의 길이가 415㎝에 너비 92㎝(최대깊이 25㎝)로 평면비가 4.5 : 1이다. 등고선과 나란한 방향인 북동에서 남서방향에 장축을 두었고, 동단벽쪽에 별도의 부장공간을 지었다. 매장주체부와 유물 부장공간 사이에서는 격판을 끼워 서로 분리해 놓았던 것으로 파악하고 있다. 매장주체부는 길이 386㎝이고, 너비는 71㎝ 정도이다. 유물 부장공간에서 원저단경호 3점과 철모 1점이 나왔으며 매장주체부 중앙부에서 철도자와 용도 미상의 철기가 각기 1점씩 출토되었다. 조사지역 중앙부에서 확인한 3호 토광묘는 묘광 276㎝, 너비 94㎝, 깊이 20㎝이고 동단벽쪽이 파괴된 상태였다. 남동에서 북서쪽으로 장축방향을 두었고, 역시 등고선과 평행한 방향으로 묘광의 길이를 두고 있다.

묘광 상부에서 초승달 모양의 주구가 확인되었는데, 동쪽 부분 일부는 유실되었다. 매장주체부의 서편에 마련한 유물부장공간에서 원저단경호 5점이 나왔다. 단경호 바닥에서는 목걸이에 사용한 것으로 추정되는 구슬이 발견되었다.

조사구역 동쪽 중앙부에서 확인된 7호 토광묘는 묘광의 길이가 451㎝에 너비 107㎝, 깊이 43㎝로 평면비(가로 : 세로)가 4.2 : 1이었다. 동서방향으로 묘광의 장축을 두었는데, 매장주체부는 길이 311㎝에 너비 85㎝이며 매장주체부 서편에 격벽으로 분리된 유물부장공간이 자리를 잡았다. 이 유물부장공간 내 동쪽 모서리에서 단경호 6점이 출토되었다.

두창리 유적에서 발굴한 토광묘의 장단비는 이처럼 대략 4 : 1의 비율을 보이고 있는데, 관과 곽의 구분은 분명하지 않다. 그러나 한쪽 단벽을 택해 매장주체부와 격벽으로 분리하여 유물부장공간을 마련했다. 또한 총 17기의 토광묘 가운데 6기는 상부에 주구를 돌려 주구토광묘임을 알게 되었고, 나머지 11기는 주구의 존재여부를 알 수 없었다.

출토된 유물 가운데 토기는 한반도 중서부지방에서 일반적으로 나타나는 원저단경호와 심발형토기의 조합상을 보이지 않는다. 단지 원저단경호만을 집중적으로 부장했으며, 일부 토기에는 철기를 함께 넣었다.

두창리 토광묘를 토대로 중부지방 토광묘의 성격과 그것이 변화해간 과정을 가늠하게 되었다. 그리고 두창리 고분유적 위 지역의 석곽분과의 관계를 면밀히 규명하는 작업이 이루어질 경우 이 지역의 묘제 변천과정을 파악할 수 있을 것으로 보인다.

이천 설봉산성

경기도 이천시 사음동의 설봉산성은 초기 백제사 해명을 돕는 유적이다. 4세기 말~5세기 초에 백제가 처음으로 이 성을 쌓았고, 6세기 중반 이후 신라가 한강유역에 진출하기 위해 이 지역을 장악했다는 사실을 알게 되었다. 이로써 설봉산성은 고구려 산성일 것으로 추정해온 종전의 견해를 완전히 뒤집게 되었다.

한성백제는 이미 4세기 말 이천지역에 설봉산성과 같은 조직적인 방어체계를 구축한 이후 인근 설성산성(이천시 장호원읍)이나 안성·죽산지역의 여러 산성과 더불어 충주 장미산성 같은 석성을 쌓아가며 남쪽으로 영역을 확대해 나갔다.

특히 한성백제시대에는 석축성이 없었다는 일부의 견해는 설봉산성으로 인해 더 이상 설 자리를 잃게 되었다. 이미 4세기 중반 무렵, 백제는 설봉산성에 석축성을 처음 쌓았고, 이외에도 부평 계양산성이나 포천 반월산성 등지에서도 석축성을 쌓은 사실을 거듭 확인할 수가 있다.

발굴경과 및 성과

1차 발굴(1998년)은 성벽과 장대지 그리고 그 주변 건물지를 중심으로 이루어져 정면 5칸에 측면 2칸 규모의 장대지와 토광 24기·저수조·제사유적으로

추정되는 유구 등을 확인할 수 있었다. 또한 백제토기와 중국제 백자 및 '咸通六年'이란 명문이 있는 벼루 등 백제시대로부터 통일신라시대에 이르는 다양한 유물이 출토됐다.

2차 발굴은 서문지와 서벽에 남아 있는 석축성벽·칼바위 주변을 중심으로 이루어졌다. 칼바위 주변에서 26기의 토광 및 건

이천 설봉산성 성벽(단국대학교 매장문화재연구소)

물지 2동·서문지 등의 유구를 조사했으며, 토광과 서문지에서 많은 양의 백제토기가 출토되었다. 서문지 최하층에는 백제시대 문지와 토기·수로가 나왔고 위쪽 신라 문화층에서는 단각고배가 출토돼 6세기 중반 이후에는 신라가 이곳으로 진출했음을 알게 되었다.

또한 서문지 축조 이전에 백제의 성벽과 수구지가 있었던 사실을 확인했고, 수구지 집수시설과 성벽 하단부에서 백제 토기편이 쏟아져 나와 설봉산성의 축조시기를 추정할 수 있다.

3차 발굴(1999년 11월 13일~2000년 6월 20일)은 동문지 상단의 평탄대지(건물지)·동문지(추정)의 존재여부·동문지 부근의 성벽축조 상태에 중점을 두고 진행했다. 또한 설봉산성의 새끼성(부속성)인 두 군데의 부성(I·II)에 대한 지표조사도 병행했는데, 동문지 상단 건물지에서는 저장시설로 보이는 유구와 토광을 조사했다. 부성에서는 백제계 석실분이 발견되었다.

1차와 2차 발굴에서는 주로 백제 관련 유물이 출토되었으나, 3차 발굴에서는

6세기 후반~8세기 후반기의 신라유구 및 유물이 많이 나왔다. 그래서 설봉산성은 백제가 처음 축조했고, 신라와 고려 및 조선시대까지 사용했음을 확인했다.

하지만 3차 발굴까지도 고구려 관련 유물은 출토되지 않았다. 동문지 주변 건물지나 평탄대지 주변에는 석재가 불규칙하게 흩어져 있었으며 많은 양의 기와편이 출토되었다. 이 일대 발굴에서는 토광에서 완형의 백제 원저단경호를 비롯해 조선시대 녹유기와 · 백제 토제 신장상 등이 나왔다.

한편 3차 발굴의 최대성과는 저장시설 발굴이었다고 할 수 있다. 지표 아래 1.7~2.1m 깊이에서 확인한 이 저장시설 안에서는 회청색 경질고배편이 출토되었다. 3개의 투창이 있는 것으로 보아 신라의 전형적인 형식으로 이 고배는 7세기 전반에 제작되었다. 이외에 8~9세기의 신라토기편들도 많이 나왔다. 따라서 이 저장시설은 6세기 전반에 만들어졌으며, 이후 약 200여 년 동안 사용한 것으로 추정하고 있다.

이와 더불어 6마리의 동물 모양이 양각된 동경(銅鏡)이 백제시대 토광 안에서 나와 주목을 끌었다. 이 토광은 신라시대 저장시설에 의해 반파된 상태였으므로 동경은 백제의 것으로 볼 수밖에 없다. 설봉산성에서 백제 동경이 출토된 것은 백제의 지방통치와 설봉산성의 위상이나 성격을 추정하는데 중요한 자료가 된다. 이것이 백제 동경이 확실할 경우, 백제 최고의 동경이다. 방사선으로 구획한 동경은 중국 한대(漢代)의 막새기와 제작 모티브를 닮았다. 그리고 동경 둘레에 연주문이 있는 것으로 보아 고식(古式)에 속하는 것으로 판단하고 있다.

이외에 설봉산성에서는 기와류도 많이 출토되었다. 저장시설에서 나온 기와류가 주목되었는데, 이곳 저장시설 안에서는 연질의 회청색 기와 및 적갈색 기와가 출토됐다. 등면에는 격자문 · 사격자문이 들어가 있다. 이같은 기와는 이천의 여러 산성과 포천 반월산성에서도 나왔다. 저장시설에서는 신라토기와 함께 기와가 출토되었는데, 토기는 7세기의 것이 대다수를 차지해 저장시설 또한

7세기대에 축조된 것으로 판단하게 되었다. 기와는 저장시설 유구의 지붕에 있다가 저장시설이 파괴되면서 함께 묻힌 것으로 보고 있다.

백제가 초축해 경영하던 설봉산성을 7세기에 신라가 한강유역으로 진출하면서 자리를 내주었다. 이후 고구려와 신라 사이에 치열한 각축이 벌어졌음을 알게 되었다. 603년 고구려가 신라의 북한산성을 공격한 이후 661년까지 고구려가 신라를 지속적으로 공격했으며, 이 과정에서 신라는 많은 수의 산성을 개척했을 것이다. 그래서 이 일대 산성에서 7세기의 신라기와가 출토될 확률은 그만큼 높을 것으로 보고 있다.

아울러 부성에서 발견된 백제 석실분에서는 4점의 고배와 병(1점)이 나왔다. 그런데 고배와 뚜껑이 맞지 않고 양식이 달라 고배와 뚜껑은 동시에 만든 것이 아니라는 결론에 이르렀다. 뚜껑이 커서 고배와 맞지 않는데, 고배는 백제 계통이고 뚜껑은 신라토기에 가깝다. 석실분은 백제의 전형적인 궁륭식 천장이어서 석실분의 축조시기는 신라가 이천지역으로 진출한 이후로 보았다. 피장자는 백제의 통치를 받은 이 지역 토착인으로서 백제 전통의 묘제를 답습했던 것으로 보인다.

한편 설봉산성은 통일신라 말인 10세기 이전에는 문지와 건물지를 수축·개축하면서 이 성을 군사·행정에 계속 활용했고, 10세기 이후에는 군사적인 기능이 약해졌음을 알 수 있다. 주로 제사와 관련된 유구나 유물이 출토되는 데다 8각 제단지의 흔적으로 보아 9세기 무렵부터 산성에서는 제사가 이루어졌을 것으로 보았다. 『신증동국여지승람』에 나오는 '설봉산성은 석축 고성으로서 둘레가 5,112척이며 지금은 폐했다'는 기록으로 미루어 조선 전기에는 이미 폐성된 상태였다.

『삼국사기』나 중원고구려비 등의 기록으로 보더라도 고구려는 475년 이후 551년 사이 한강과 그 이남 이천지역을 점령했음을 분명히 알 수 있으나, 이 성에서 고구려 유물이 전혀 출토되지 않은 것은 의외이다.

4차 발굴(2003년 10월 20일~12월 20일)은 수구지(추정)와 그 주변 성벽·수구지 상면 개활지를 집중적으로 조사하기 위한 것이었다. 수구지 주변 평탄지는 여러 차례의 홍수로 퇴적층이 매우 두텁게 형성되어 있었다. 퇴적토는 전체적으로 2~3m가 넘는 두께로 쌓였다.

석축성벽은 1차 성벽·2차 성벽·보축성벽으로 이루어졌다. 출토유물은 기와·토기·철기·자기 등인데, 토기류는 일부 백제토기를 포함해 많은 양의 신라토기가 다수를 차지했다. 기와류는 사선문이나 횡선문이 시문된 선문 문양의 평기와가 대부분이다.

토기는 고배·대부발·완·뚜껑·호·병·시루에까지 비교적 다양하지만, 양식상 신라토기가 압도적으로 많다. 고배는 완형이 한 점도 나오지 않았고, 총 23점의 조각을 수습했다. 조각을 맞춰 확인한 결과 무개식과 유개식의 두 가지 고배로 밝혀졌다. 무개고배는 구연 아랫부분에 2~3줄의 홈이 돌아가며 파였고, 깊은 편이다. 이에 비해 구연이 낮은 유개고배는 'U'자형의 홈이 파였다.

굽다리는 투창이 갖춘 것과 없는 것으로 구분되는데, 투창을 갖춘 것은 3개를 기본으로 하여 돌대가 있다. 투창이 없는 고배는 굽높이가 낮은 것과 높은 것으로 구별된다. 설봉산성에서 나온 신라토기의 특징은 다른 기종에 비해 고배가 특히 많다는 점이다.

통상 한경유역에 6세기 후반에 등장하는 고배는 점차 쇠퇴하다가 7세기에는 그 비중이 현저히 줄어드는 대신 대부완이 증가한다. 설봉산성의 경우 고배에 비해 대부완의 수량이 현저히 낮다. 즉, 이런 점으로 보더라도 설봉산성의 신라토기는 6세기 중반에 신라가 한강유역으로 진출하여 백제의 설봉산성을 장악한 다음 통일신라 말까지 활용한 사실을 알려주는 증거자료이기도 하다.

뚜껑류는 10점, 완류는 연질과 경질 2점이 나왔다. 회청색 경질이 대부분을 차지하는 병은 동체 및 문양 형태에 따라 사각편병과 인화문을 넣은 주름무늬병을 포함해 경부나 동체에 인화문이 들어간 것도 있다.

호(壺)는 완형이 출토되지 않아 전체 형태를 파악할 수 없다. 그러나 경질과 연질 두 가지가 있으나, 경질이 대부분을 차지한다. 6세기 중반 이후 한강유역에서 유행하는 신라 단각고배, 7세기 중엽~8세기의 압인 시문 토기류, 9세기 이후의 줄무늬병이나 호(경부 파상문, 돌대) 등의 유물이 모두 출토되었다.

이외에 철기류는 2점이 수습되었다. 한 점은 솥뚜껑(지름 19cm)이며 나머지 한 점은 용도를 알 수 없는 철제품(주조)이다.

5차 발굴(2004년 10월 13일~11월 27일)은 2003년 조사한 바 있는 수구지와 수구지 상면 개활지 및 주변 성벽을 대상으로 한 것이었다. 4차 발굴에서 확인한 뻘층의 성격규명에 초점을 맞추면서, 출수구나 기타 배수시설을 확인하는 데도 목표를 두었다.

가지구 확장 트렌치 Ⅰ·Ⅱ층에서는 주로 기와가 출토되었다. 기와는 암키와·수키와 등 평기와가 주류를 이루며 2점의 명문기와(3점, 암키와)도 나왔다. 귀목문 수막새 기와(1점)도 나왔으나, 기타 특수기와는 출토되지 않았다. 선문·격자문·횡선문·무문·어골문·복합문 암키와가 나왔는데, 중심은 선문 기와이다. 이들 기와는 3차까지의 발굴에서 나온 기와와 유사하다. 가장 많은 선문기와는 신라~통일신라시대의 것이며, 어골문이나 복합문 기와는 고려 이후의 것이다.

토기는 백제·신라의 것으로 고배·대부 발·발·완·뚜껑·호·병·시루 등의 기종이 나왔다. 고배류는 38점 가운데 완형은 한 점도 없다. 백제고배는 모두 7점(무개식 3점, 유개식 4점)이다. 신라 고배는 구연부가 무개식인 것(1점)과 유개식 (1점)이 출토되었다. 굽다리는 3개의 투창을 가진 것과 투창이 없는 두 가지 양식이 있는데, 투창은 형식적이며 작은 투공 형태이다.

뚜껑류(9점)는 손잡이편만 나온 것(2점)과

토기류(단국대학교 매장문화재연구소)

몸둥이 부분만 남은 것(7점)이 있다. 다음으로 백제 것으로 추정되는 완편 11점이 나왔으며, 회청색 경질 병은 13점의 편으로 확인됐다. 호와 옹 역시 백제 및 신라의 것이 다 나왔는데, 경부(頸部)에 파상문이 있는 신라 호와 옹도 많이 나왔다. 기타 장란형 토기편·접시편·시루바닥편·이형토기편 각 1점과 파수 6점이 출토됐다. 4차 발굴 때보다는 한결 많은 양의 백제토기가 출토되었다. 신라토기는 6세기 말~9세기 말의 토기가 폭넓게 출토되었다. 이와 달리 백제토기는 4세기 후반~5세기 중엽의 것으로 추정되는 고배·호·옹류가 중심을 이룬다.

신라토기는 6세기 중반 이후 한강유역에 출현하는 단각고배, 투창을 갖춘 고배와 압인 시문한 인화문토기(7~8세기), 9세기 이후의 줄무늬병과 호 경부(파상문 또는 돌대)가 출토되었다.

철제품은 녹이 슬고 부식이 심하다. 자물통·주조철부·칼·솥 등을 지표에서 수집했다. 직사각형 통 안에 잠금장치를 갖추어 긴 쇠막대로 잠금장치를 여닫게 만든 자물통의 크기는 가로 9cm에 세로 3cm (쇠막대 24cm)이다. 주조철부는 길이 18cm 크기이며 솥은

철기류(단국대학교 매장문화재연구소)

여러 조각으로 깨진 상태이다. 철정(19cm)과 유엽형 화살촉도 나왔다.

석축성벽의 뒷채움은 석축과 토축으로 이루어졌다. 백제토기가 나온 산성의 초축벽은 모두 이같은 방법에 의한 것이어서 이들 방식이 백제의 성벽 축조방법이 아닐까 보는 시각도 있다. 성벽 축조방식이 백제 적석총의 그것과 상통하는 점이 있다.

석축부 뒤에 토축부를 잇대는 방식은 설성산성이나 반월산성에서도 확인되었다. 성벽 안쪽으로 토축부에 폭 9~10m의 뻘층이 보이고, 일정 간격으로 통나무 기둥을 세웠던 사실도 알게 되었다. 이 산성에서도 부엽공법(敷葉工法)을 사용한 사실을 확인했다. 이는 연약지반에 제방이나 성을 쌓을 때 갈대나 나뭇가지 등을 엮여서 만든 보강재를 깔고 그 위에 성토하여 흙이 쓸려 내려가는 것을 막기 위한 공법이다. 풍납토성이나 부여 나성도 이 공법을 사용했다. 중국에서는 산초법(山草法)이라고도 부르는데, 산성에서 부엽공법을 확인한 것으로는 설봉산성이 첫 사례에 꼽힌다.

이 부엽공법은 중국 춘추전국시대에 시작되어 한국을 거쳐 5세기에 일본으로 전파되었다고 한다. 풍납토성에서는 4세기 이전에 이미 부엽공법을 적용했으며, 석축성벽의 뒷채움이나 그 뒤의 토축부에는 모두 부엽공법이 뒤따랐다.

총 7차 발굴로 계획한 설봉산성의 2005년 6차발굴(4월 4일~6월 11일)은 4차·5차 발굴에서 조사한 수구지와 주변 성벽에 대한 추가조사 및 칼바위 샘터 주변 평탄지를 대상으로 한 것이었다.

초축성벽은 내벽(높이 3.5m), 외벽(높이 5m)으로 이루어졌으며, 성벽의 폭은 5m였다. 외벽 기단식은 부정형의 석재나 장방형 석재를 사용했는데, 암반에 턱을 깎아 밀리지 않도록 했다. 초축내벽은 석재 크기가 고르지 않아 단과 열이 일정하지 않다.

6차 발굴에서 출토된 토기는 소량인데다 파편상태여서 기형이나 기형의 변화과정을 파악하기가 어렵다. 다만 한성백제시대의 고배류와 단경호를 중심으로 한 소형 장경호의 구연부도 출토됐다. 반면 심발형토기 저부편이나 적갈색 연질토기(장란형·심발형)는 다른 구역에 비해 출토량이 적은 편이다. 이들 백제토기는 4세기 중반 이후 5세기 중반의 특징을 잘 보여준다. 신라토기는 6세기 후반의 단각고배·인화문토기(7~8세기)·줄무늬병 및 경부 파상문 호(9세기)가 있다. 이외에 중국산 해무리굽 백자 및 청자가 나와 이를 사용한 고위 계

층이 설봉산성에 상주했음을
증거한다.

한편 기와는 평기와 선문이
중심을 이루는 가운데 격자
문·무문·어골문·복합문 등
이 나타나 5차까지의 조사에
서 출토된 것과 차이가 없다.
암키와 제작 와통은 원통이며,
점토판을 사용해서 만들었다.
가장 많이 출토된 선문 평기와
는 신라~통일신라의 것들이
었으며, 조족문 기와가 일부

설봉산성 성벽 모습(단국대학교 매장문화재연구소)

보여 주목을 끈다. 토기류로는 고배(39점)·대부 발·발·완·뚜껑(10점)·
호·옹·병·시루(1점)·원통형 토기 등의 다양한 기종이 출토됐다. 종전에는
출토량이 많지 않던 접시류가 많이 나온 것이 특징이다.

고배는 백제와 신라의 것이 모두 출토되었으며 신라 뚜껑류도 나왔다. 이들
뚜껑 한가운데에는 단추형 손잡이가 달려 있다. 대부완(=합)은 회갈색 연질로
서 바닥에는 음각 명문이 있고, 복원 가능한 것도 포함되었다. 완류는 연질 및
회청색 경질의 두 가지가 다 나왔으며 접시(3점)는 회갈색연질·적갈색경질의
두 가지가 있다.

백제 단경호·장경호·경부에 파상문이 있는 신라 호와 옹류를 비롯, 우각형
파수편(3점)·고리형 파수편(5점)·원반형 토기편과 토제 어망추도 출토되었다.

이외에 자기류 저부편(4점)이 출토되었는데, 2점은 해무리굽이 있는 완의 바
닥편으로서 중국에서 수입된 것이다.

철제류로는 철겸(길이 14.5cm·날의 폭 3.1cm)·철정(5점)·화살촉(이단유경

식·유엽형·양익형)이 나왔으며, 이외에 청동용기의 다리부분과 청동발의 구연부편 등 청동제품도 3점이나 나왔다.

이천 설성산성

경기도 이천시 장호원읍 선읍리 산 115-1번지 일대 설성산(290.4m)의 설성산성(경기도 기념물 제76호)은 일제시대부터 삼국시대의 산성으로 알려져 왔다. 그러나 신라시대 축성되었다는 주장(1981년 단국대 학술조사단)과 백제토기가 출토된다는 보고(한양대학교박물관)가 있었을 뿐 이 산성의 정확한 규모나 성의 성격 또는 초축국(初築國)에 관해서는 밝혀진 것이 없었다.

산성의 위치로 보면, 삼국시대 전략적 요충지였음이 분명하다. 지금은 장호원읍에서 외떨어진 지역의 작은 마을이지만, 조선시대 음죽현이 자리했던 땅이다. 그 연원은 신라시대로까지 올라간다. 이천(利川)은 충주와 안성-평택을 잇는 요로(要路)상의 거점인 동시에 남으로는 음성-진천-청주로 이어지고, 북으로는 용인과 이천-광주-한양 또는 남한강 수로로 이어지는 사통팔달의 요충지다. 결국 계립령로와 추풍령 및 충청내륙과 서해를 연결하는 중심지로서 삼국이 다투던 고대시대부터 중요시해온 지역인 것이다.

나지막한 구릉과 이천·여주·음성·진천 일대의 평야를 끼고 있다. 4세기 후반 이후 7세기 중반의 시기에 이 지역을 차지하는 세력이 한강유역을 장악하고, 한반도 내에서의 패권을 차지할 수 있었다.

발굴경과 및 성과

이 설성산성에 대한 조사는 '1999년 정밀지표조사 및 시굴조사'로부터 시작되었다. 이를 바탕으로 7차 발굴 계획이 마련되었고, 2003년까지 단국대 매장문화재연구소가 3차 발굴을 마친 상태다.

먼저 1차 발굴은 2001년(8월 22일~11월 14일)에 이루어졌다. 서문지와 그 주변 건물지 및 성벽에 대한 조사를 중심으로 진행한 2차 발굴은 이듬해인 2002년(6월~9월)에 이루어졌다. 2차 조사장소는 설성산성 내부의 두 봉우리 사이에 말안장처럼 생긴 능선의 완만한 평탄지였다.

설성산성의 전체둘레는 1,095m이다. 첫 지표조사에서 설성산성은 포곡식 산성으로서 성 내부에서는 장대지 1개소·건물지 12개소·우물지 1개소·문지 2개소 등 여러 가지 시설을 확인했다. 그리고 외벽기단부를 보축한 사실도 알게됐다. 조사과정에서 백제토기와 신라토기 및 신라기와, 고려~조선시대 유물이 수습됨으로써 삼국시대에 축조해 조선시대까지 사용한 산성이라는 사실도 밝혀졌다. 그러나 산성의 축조시기와 변화과정·성격 등을 알아내지는 못했다.

1차 발굴은 서문지와 그 주변 건물지 및 성벽을 대상으로 했다. 조사결과 초축시기는 분명하지 않으나, 이후 신라와 고려시대에 각 한 차례씩 문지를 개축한 사실을 알아냈다. 그리고 성 내부에는 내옹성, 외부에는 등성시설이 있는 것이 확인돼 문지의 개축과 성벽 보수가 동시에 이루어진 사실을 확인할 수 있었다.

저장공속의 토기들(단국대학교 매장문화재연구소)

2차 발굴 결과

　1차 발굴에서는 백제토기편이 출토됐어도 기형을 알 수 있는 완형은 나오지 않았으나, 2차 조사부터는 다양한 유구와 많은 양의 백제유물이 출토돼 설성산성을 이해하는데 중요한 자료로 떠올랐다.

　2차 발굴부터는 산성의 성격이 보다 확실해졌다. 백제토기가 저장구덩이에서 무더기로 나와 이 성을 백제가 초축했으며 후에 신라가 차지해 활용한 것으로 드러난 것이다. 또한 토기의 양식으로 보아 4세기 후반~5세기 전반의 한성 백제시대에 이 성이 사용되었음을 알게 됐다. 장란형토기 · 원추형 경질고배 · 심발형 토기편 및 각종 연질토기편이 출토되었으며, 4세기 후반의 고배 · 경질호(壺)와 옹류(甕類) 등의 다양한 토기가 쏟아져 나왔다. 이를 근거로 설성산성은 몽촌토성 Ⅱ기 · 풍납토성 Ⅳ기 · 설봉산성 Ⅱ기와 비슷한 시기의 산성으로 보게 되었다.

　초축성벽은 급경사의 암반층을 유단식으로 깎아내고, 편축식으로 축조하는 가운데 분지 주변 구간은 협축으로 쌓았다. 백제토기와 신라토기 · 신라기와 · 고려기와 · 각종 철제류의 유물이 출토된 것으로 보아 6세기 후반 이후부터 신라의 관할 하에 들어갔고, 이후 고려 초까지도 사용되었다는 사실을 알게 됐다. 또한 등성시설이나 나지구 육각건물지에서 백제토기가 출토돼 백제가 처음 이성을 쌓고 활용했을 가능성이 높아졌다.

　2차 조사에서는 백제시대의 수혈건물지와 저수시설 · 토광을 발굴하는 과정에 이 문제는 선명하게 해결될 수 있었다. 두 봉우리 사이의 평탄지 800평 발굴은 성내 건물지와 그 규모 및 성격을 규명하기 위한 것이었는데, 발굴결과 내부에 온돌을 갖춘 수혈식 건물지가 다수 드러났다. 아울러 온돌주변에서는 백제토기편이 집중적으로 출토돼 백제시대의 유구가 분명해졌다. 뿐만 아니라 여러 개의 토광이 드러났으며, 그 가운데 두 군데의 토광에는 옹 · 호 · 고배 · 기대 등의 백제토기가 가득 차 있었다. 그리고 내부를 목재로 처리한 저수시설 유구가 확인됐다. 대형토기는 엎어져 있는 상태였고, 고배는 차례로 포개놓은 상태였으므로 이 토광은 토기를 보관하던 저장구덩이였음을 알게 되었다. 반면 신라토기는 소량이었으며, 수혈건물지는 백제의 것으로 추정되었다.

이로써 백제가 이 성을 처음 쌓고 이곳을 군사유적으로 중요시했던 흔적을 확인한 것이다. 이 이전에는 지표조사에서도 백제토기가 수습되기는 했지만, 정작 백제와 관련된 유구가 뚜렷이 나타나지 않았다. 이에 따라 확신할 수 없었는데, 2차 발굴을 계기로 비로소 실마리를 찾게된 것이다. 2차 발굴은 나지구 추정 건물지 5와 성벽 내벽을 조사하기 위해 남북 2m, 동서 10m의 트렌치를 설정, 동서방향은 A·B·C 순서로 명명하고, 남북방향은 1·2·3의 순서로 표기하되 동서 사이는 4m 간격을 두고 발굴했다.

2차 발굴은 지표조사 때 확인한 건물지 5(추정)와 그 주변 완경사 지역을 중심으로 진행했다. 평탄지는 동서 30m에 남북 50m 범위로서 산성 내에서 가장 넓은 지역이다. 성 내부 어디로든 이동이 쉽고 외부에서는 관측이 어려우므로 중심이 되는 건물이 있을 것으로 추정되는 지역이었다.

2002년의 2차 발굴에서는 6개의 건물지·저수시설·성벽·토광과 백제토기·백제기와 그리고 철제나 청동제 유물이 출토됐다. 건물지는 모두 풍화암반층을 파고 수혈식으로 만들었으며, 벽 바깥에서는 기둥구멍열이 확인되었다. 가지구와 나지구는 대체로 4개의 층으로 이루어졌다. 맨 밑은 풍화암반층(IV층)이고, 그 위로 황갈색 굵은 모래가 섞인 점토층(III층, 30cm), 그리고 그 위로 흑갈색 모래가 섞인 점토층(II층, 30~60cm) 및 맨 위의 부식토층(I층, 10~30cm)으로 이어졌다. I층과 II층의 경계는 애매하고, 또 신라시대 유물과 일부 고려시대 유물이 혼재되어 나타났다. 백제토기와 기와편이 출토되는 층은 II층으로 I·II층은 서로 선명하게 구분되었고, 백제시대 유물 외에는 다른 유물이 나오지 않아 백제문화층이라고 할 수 있다. 서벽 뒤쪽 뒷채움한 점토층에서도 백제 토기편만 나왔다.

건물지는 백제시대의 수혈 건물지다. 이 건물지에서는 생활용 토기를 비롯해서 철제무기류가 출토돼 당시 백제 병사들의 막사였을 가능성이 제시되었다. 그리고 백제산성의 건물은 굴립주가 있는 수혈건물이었을 가능성도 높아졌다. 서울 구의동의 고구려보루 건물지 역시 원형 수혈주거지(지름 7.6m)로서 이와 똑같은 기능을 가졌던 것으로 볼 수 있다.

설성산성의 수혈은 지름이 대부분 5~10m에 벽을 따라 세운 주공이 50~70cm 폭을 유지했고, 내부에 온돌을 갖추었다. 온돌주변에서는 생활토기와 무기류가 나왔다. 다만 구의동 보루와 다른 점은 내부에 저수시설이 없고, 외부에 공용 저수시설이 있다는 점이다. 구의동 유적의 경우 10여 명 안팎의 병사가 거주했을 것으로 추정한 것처럼 이 수혈건물 역시 아차산 4보루도 마찬가지일 것으로 짐작된다. 이런 기준으로 볼 때 설성산성의 건물지가 13기이므로 대략 1백여 명 안팎의 병사가 주둔했을 것으로 보고 있다.

건물지 1은 타원형의 수혈식 건물터다. 중앙부에 화덕시설을 갖추었고, 벽 바깥에는 기둥구멍이 일정간격으로 배치되었다. 동서 4.5m, 남북 5m 범위의 건물지 1에서는 백제의 고배와 각종 호(壺)의 조각들이 출토됐다.

건물지 2(나A확~1)는 토층이 교란돼 정확한 규모와 형태는 추정하기 어려웠지만, 중앙에 온돌시설을 갖추고, 가장자리에 원형으로 기와편이 흩어진 것으로 미루어 풍화암반층을 원형으로 파고 만든 수혈주거지로 추정됐다. 온돌은 T자 모양이며 온돌의 규모는 남북 255cm, 동서 120cm이다. 남북석재열의 안쪽 폭은 27cm, 깊이는 14cm였다.

건물지 3은 Ⅳ층에서 불먹은 석재열(石材列, 1.7m) 사이에서 적갈색 점토(소토)가 드러났다. 그리고 주변에서 백제 고배와 여러 종류의 호·승석문이 있는 연질토기 등이 나왔다. 남북 8.4m, 동서 10m의 건물지는 원형 또는 타원형으로 보이며, 안에서 직선문이 찍힌 인장기와나 격자문연질기와 등 백제기와가 출토되었다. 목탄이 층을 이룬 데다 기와에서 대부분 불먹은 흔적이 보여 건물이 불타고 나서 폐기된 것으로 추정된다.

건물지 4는 건물지 3의 남서쪽에 있다. 동서장축 6m, 남북단축 4.5m이다. 육각형을 이룬 건물유구의 동쪽에서 동서 1.8m, 남북 1.2m의 타원형 굴광선이 확인되었다. 이는 건물지 4의 부속건물일 것으로 추정된다.

건물지 5는 이 건물이 두 차례 사용됐음을 알려주었다. 유구가 상층유구와 하층유구로 구분되었고, 문화층도 둘로 나뉘기 때문이다. 지표에서 80㎝를 파고 들어가서 만든 타원형의 하층유구(동서 8.8, 남북 6.4m) 바닥층에서는 토광이 드러났는데, 하층유구 바닥에는 10~40㎝의 두께로 목탄층이 깔려 있었다. 이는 화재로 인해 이 건물이 불탄 것을 말해주는 것으로 이해할 수 있다.

고배류・호류・연질토기편 등 백제토기가 출토된 바닥층에 이어 상층유구는 하층유구를 정리한 다음에 다시 조성한 것으로 보인다. 60~80㎝ 가량을 다지고 만든 동서 6m, 남북 4m의 유구는 남벽의 폭이 30㎝, 직선 4m였다. 출토된 토기로 미루어 백제시대에 축조해서 활용한 것으로 보고 있다.

건물지 6은 성벽 뒷채움에 잇대어 만든 건물자리로서 온돌시설 일부만 남아 있었기 때문에 건물지의 정확한 형태와 크기는 알 수 없었다. 온돌은 남북 165㎝, 동서 180㎝이며 아궁이는 북쪽 돌출부에 마련했다. 내부에는 목탄을 채웠다.

한편 설성산성에서는 저수시설이 발견돼 주목을 끌었다. 산 정상에서 북동쪽으로 뻗은 경사면의 저수시설은 설성산 동쪽의 계곡으로 모이는 빗물이나 계곡으로부터 흘러내리는 물을 모아두기 좋은 지점에 자리를 잡았다. 저수시설은 암반을 네모나게 파고 돌로 네 벽에 석축을 쌓은 다음 그 안을 암갈색 점토로 약 1m 이상 두텁게 발랐다. 북벽은 점토의 두께가 가장 두꺼워서 1.4m나 되고, 동쪽이 제일 얇아서 0.8m이다. 저수시설은 상하(Ⅰ층・Ⅱ층) 두 개의 층으로 이루어져 있다. Ⅰ층(회갈색 모래와 점토가 섞인 층)은 80~120㎝ 두께이고, Ⅱ층(암갈색 점토층)은 120~160㎝이다. 저수시설의 Ⅰ층은 방형이다. 그리고 Ⅱ층은 저수시설의 벽에 해당하는 부분은 점토층으로 보았다.

저수시설 규모는 동서 6m, 남북 6.3~7.7m이다. 이를 근거로 단국대 매장문화재연구소는 저수용량을 15톤(15,000리터)으로 계산했다. 이 저수조는 폭 13~15㎝로 다듬은 목재 2개가 바닥의 남북방향으로 배치되었다. 동벽으로 연결되는 폭 8㎝의 다듬은 목재도 나왔는데, 이는 바닥시설이나 천장 일부가 붕괴돼 내려앉은 것으로 볼 수 있다.

성벽은 완경사 계곡부 쪽을 조사했다. 성의 내벽 기저부는 60~80㎝ 가량 바닥을 먼저 다진 뒤에 기단석을 놓았다. 풍화암반층 위로 Ⅳ~Ⅰ층까지 네 층으로 다지고 그 위에 할석으로 성을 쌓은 것이다. 따라서 맨 위의 Ⅰ층 위로는 할석으로 쌓은 석축이 있고, 연질 또는 경질의 백제 토기편도 바로 이 Ⅰ층에서 출토됐다.

성벽 내부는 토축부와 석축부로 구분된다. 토축부는 최고 90㎝ 두께로서 암반층 바로 위에 있고, 이 토축부 위에 석축부가 올라갔다. 4개의 토층으로 이루어진 토축부는 60~90㎝ 두께이다. 현재 남아 있는 석축부는 2m 가량이다. 약 13~14단이 남아 있지만, 원래는 최고 3m 정도였을 것으로 추정된다. 아울러 이곳의 외벽은 6m 이상이다. 석축부는 정연하게 쌓은 부분과 크기가 제각기 다른 부정형의 면석을 쌓은 부분으로 이루어졌다.

성벽 내부를 축조하면서 60~90㎝ 높이까지 점토로 다지고, 그 위에 석축을 쌓은 것이 이 성의 특징이다. 그러나 성벽 점토다짐층이 외벽 기저

이천 설성산성 성벽(단국대학교 매장문화재연구소)

부로 이어졌는지는 분명하지 않지만, 그럴 가능성은 아주 적다. 성벽 내부 뒤채
움석 하부나 점토부가 출토된 예는 이천 설봉산성과 포천 반월산성 등에서 찾
을 수 있다. 반월산성 역시 내부 성벽 하단을 최소 60㎝ 이상 점토로 다지고 나
서 그 위에 뒤채움석을 놓았고, 이 층이 외벽 기저부로 연결되지도 않았다. 설
봉산성도 대략 마찬가지였다. 석축 하부와 뒷면 점토다짐층은 빗물이나 지하수
의 침투를 막아 성벽이 쉽게 붕괴되는 것을 막고 하중을 분산시키기 위한 것이
다. 이같은 축조방식이 백제 고유의 것인지, 아니면 당시 일반적으로 통용되던
성벽 축조방식인지는 향후 추가연구에서 밝혀야 할 문제다. 이와 더불어 한성
백제시대에는 석축성이 없었다는 학계 일부의 견해는 수정되어야 할 것으로 보
인다. 이천 지역에서도 이 산성과 함께 설봉산성이 동일한 양식으로 축조되었
고, 포천의 반월산성 역시 동일 범주에 드는 산성으로 밝혀졌다.

토광은 2차 발굴에서 10개, 3차 발굴에서 18개를 확인했다. 대부분 풍화암반
을 파고 점토를 바닥에 깔았다. 평면은 방형도 일부 있으나 대부분 원형이다.
방형수혈은 원형 토광과는 다른 용도였을 것으로 보인다.

건물지와 성벽·저수시설을 발굴하면서 드러난 10여 개의 토광이 함께 조사
하게 됐다. 여기서는 많은 종류의 토기가 나와 백제토기 연구에 새로운 자료로
떠올랐다.

2트렌치에서 발굴한 토광은 바닥을 원형으로 파고 만들었는데, 측단면이 복
주머니처럼 생겼다. 깊이는 30~90㎝이며 지름은 1.9m이다. 토광 벽면과 바닥
에는 소토(적갈색 점토)를 10~30㎝ 가량 발랐다. 나A확~3호 토광은 암반을 원
형으로 파고 만들었는데, 건물지 5 하층유구와 동시에 사용했던 것 같다. 지름
165㎝, 깊이 60㎝이며 바닥을 적갈색점토로 5~10㎝ 두께로 다졌다. 나C확 토
광에서는 8개의 토광이 확인됐으며 그 가운데 1호 토광과 7호 토광에서 40여
점에 이르는 백제토기가 출토됐다. 1호 토광은 지름 260㎝ 넓이의 원형에 63㎝
깊이로 파서 만든 복주머니 모양이다. 상부가 깎여나간 상태라서 얕지만, 원래

는 훨씬 깊었을 것으로 보인다. 바닥은 적갈색 점토에 모래를 조금 섞어서 단단하게 다졌으며, 벽도 20㎝ 가량 적갈색 점토로 발랐다. 이 토광에서는 시루와 고배·각종 호(壺)가 출토됐다. 고배는 5개가 포개진 채 서쪽으로 쓰러져 있었다. 이 토광은 토기를 보관하던 시설로 추정된다.

7호 토광(지름 180~210㎝, 깊이 60㎝)은 저수시설 북벽과 인접해 있다. 마찬가지로 토광바닥을 점토와 모래를 섞어 10㎝ 두께로 다졌으며 벽도 30㎝ 정도 덧발랐다. 바닥에서는 각종 호·옹·기대 등이 토광을 가득 메웠다. 기대는 토광벽에 기대어 놓았고, 호와 옹은 옆으로 눕히거나 엎어 놓았다. 1호 토광과 마찬가지로 동서방향으로 3~4줄로 토기를 놓아 둔 토기 보관시설로 볼 수 있다. 그러나 1호 토광에서 출토된 토기보다 7호 토광 출토 토기가 훨씬 큰 기형이었다.

7호 토광에서 나온 완형의 기대는 경기도 지역 산성유적에서는 출토된 적이 없다. 다만 포천 자작리 주거지와 서울 몽촌토성·풍납 토성에서만 출토된 한성백제토기로 주목을 받았다. 이외에 백제기와도 많이 출토돼 이로 인해 설성산성은 백제가 처음 쌓은 산성임이 분명해졌다.

기대·시루·호·옹류·접시류·완·장란 형 토기·심발형 토기·단지 종류 등 2차 발굴에서 출토된 여러 토기 가운데 기대는 첫 손가락에 꼽히는 기종이다. 7호 토광에서 옹·호와 함께 완형으로 출토된 기대는 전체 높이가 45㎝이고, 회색 연질로서 저부에는 2

기대(단국대학교 매장문화재연구소)

토기(단국대학교 매장문화재연구소)

cm 내외의 원형투공이 뚫려 있다.

시루는 1호 토광에서 깨진 채로 나왔다. 우각형 파수(4×2.2cm)가 달려있는 시루몸통 전체에는 사선문이 들어갔다. 바닥에는 3.5cm 내외의 둥근 구멍 8개가 뚫렸고, 적갈색 연질시루 내벽에는 검은색의 그을음이 남아 있다. 시루의 높이는 34.2cm(구경은 34.5cm)이다.

고배류는 파편과 완형 두 가지가 다 나왔다. 완형 고배도 7점에 이른다. 이 가운데 5점은 차곡차곡 쌓인 상태에서 옆으로 쓰러진 채 1호 토광묘에서 출토됐다. 이외에 호 밑에서도 고배 한 점이 더 나왔다. 이들 고배는 유개고배(5점)와 무개고배(1점)의 두 가지다. 고배의 높이는 7cm, 유개고배는 구연부 높이가 약 1cm 정도이다.

또한 7호 토광에서는 배형토기가 나왔다. 원형의 낮은 굽받침에 전체 높이는 19cm, 구연의 지름은 10.5cm이다. 가는 석립(石粒)이 섞인 점토로 빚은 회청색 경질토기이다.

우각형 파수가 달린 발(鉢)은 높이가 11.1cm이고 구연 지름은 17cm이다. 외벽에는 선문이 있다. 회청색 경질토기로 안쪽 바닥에는 짚 흔적이 보인다.

한편 출토 토기 중에서 가장 많은 양을 차지하는 토기는 옹과 호 종류이다. 호와 옹은 음식물 저장용으로서 토광을 중심으로 출토됐다. 1호와 7호 토광에서 40개가 넘는 호 및 옹이 한꺼번에 쏟아져 나왔다. 크기는 40cm 내외가 많고, 몸통(동체)의 형태는 난형 및 구형을 이루었다. 이 가운데 구형이 많으며 대형 기종의 경우 난형이 대부분이다.

설성산성에서 나온 호와 옹은 목이 짧은 단경호로서 구연부는 직립 외반이다. 문양은 격자문·무문·승석문·선문 등인데 바닥이 편평하고, 각이 진 평저형 토기는 출토되지 않았다. 다시 말해 토기의 바닥은 대부분 원저형이다. 특히 1호 토광에서 나온 완형의 광구호 2점은 구연부에 횡선문 6줄이 돌아가고, 동체에는 어골선문과 같은 타날흔이 보인다. 그리고 어깨부와 내부에는 자연유약이 남아 있었다. 완(碗) 종류는 2점이 나왔다. 이 가운데 8호 토광에서 출토된 것은 구연이 12cm이고 일부가 찌그러진 상태로서 바닥에는 누른 흔적이 보인다. 나머지 한 점은 황갈색 연질로서 안팎에 요철흔이 남아 있다.

2차 발굴에서 출토된 기와는 평기와 종류이다. 대략 회백색의 연질기와·속심이 검은 기와 그리고 네모 인장이 찍힌 기와가 나왔다. 이들 기와는 직선문이나 격자문이 주류를 이룬다.

서문지 일대 남쪽 경사면(가지구 부식층)에서는 통일신라 또는 고려시대 기와가 일부 출토되기도 했다. 맨 아래층 III층(황갈색 모래+점토층)에서는 백제시대 유물만 출토됐다. 이외에 건물지 4 북서쪽에 2m 폭으로 기와가 깔려 있었는데, 대부분 방형 인장이 찍힌 연질기와 및 격자문 기와였다.

다음으로 철제 생활용구와 무기·농공구·건축부재 등의 철제품과 생활용품도 많이 출토됐다. 철제 가위와 솥을 비롯해 청동접시·청동숟가락과 숟가락 손잡이 등이 나왔고, 가위는 총 2점이 출토됐다. 가위는 휘어진 상태로서 부식이 심하다. 길이는 27.1cm, 26.7cm이다. 솥은 파편으로 출토됐는데, 역시 부식이 심하다.

직경이 16cm인 청동접시편과 무기로서 각종 철제 화살촉, 칼, 투겁창 등도 출토됐다. 화살촉은 많이 부식됐으나 원형을 알 수 있고, 화살촉의 형태는 유엽형과 이단유경식(二段有莖式)의 삼각형 및 양익형(兩翼形) 등 다양하다. 양익형 화살촉은 촉두와 촉신·슴베를 모두 갖추었고, 촉신과 슴베는 원형이다.

또한 칼은 장도와 단도 두 가지가 다 나왔다. 2점이 나온 긴칼(長刀)의 길이는 46cm에 경부는 11cm이다. 투겁창도 2점이 나왔으나 부식이 심했다. 자루를 끼우는 투겁부와 창날 부분으로 이루어져 있으며 총 길이는 각기 20.5cm, 13cm이다.

철제품(단국대학교 매장문화재연구소)

농구로서는 철제 살포를 비롯해서 주조철부·쇠낫 등이 출토됐다. 살포는 저수시설 북쪽 외곽에서 백제시대 토기와 함께 출토되었으므로 백제시대 살포로 볼 수 있다. 이 살포는 포천 반월산성·이천 설봉산성·서울 구의동 유적과 아차산성에서도 출토된 바 있다. 전체길이는 25cm에 날 부분은 19cm, 두께는 0.2~0.5cm이다.

쇠낫은 농작물을 수확하기 위한 농기구이지만, 삼국시대에는 긴 자루를 달아서 무엇을 걸어 당기는 매우 중요한 전투용 무기의 한 가지였다. 비록 부식은 심한 편이지만 완전한 형태를 알 수 있고, 날 부분은 반월형을 이룬 쇠낫은 나무자루에 끼워서 사용할 수 있도록 만들었다. 전체길이는 29cm에 날 길이는 18cm이다.

주조철부(길이 22.5cm, 폭 5~7cm)라든가 철정·원형의 철제고리·띠고리·네모난 철판·쇠막대 등 건축부재와 요대 2점도 출토됐다. 2점이나 출토된 납석제품은 단지와 뚜껑으로 한 세트를 이루었다. 이와 별도로 납석제 단지(높이 3.9cm, 구경 6cm)가 하나 더 나왔다.

신라토기는 2차 발굴에서 출토됐으나, 백제토기보다 훨씬 적다. 그나마 토기조각이 대부분이며 완형은 거의 없다. 신라토기로서 가장 이른 시기의 것은 6세기 후반~7세기 전반으로 추정되는 고배편이다. 직사각형(0.5~0.7cm)의 투창이 딸린 고배편은 굽다리 일부가 남아 있다. 이 고배는 굽다리가 낮고, 내외벽은 황갈색 연질이다. 이와 비슷한 형태의 고배는 설봉산성과 아차산성·대모산성·이성산성 등지에서도 출토됐다.

설성산성에서 가장 많이 출토되는 신라토기는 목에 파상문과 동체부에 돌대가 돌아간 대형호를 비롯해서 줄무늬토기·덧띠무늬토기·사면편병 등 9~10세기 양식이다. 줄무늬형과 덧띠무늬병은 파편으로 다량이 수습됐으며, 사면편병은 고온에서 구운 회청색 경질토기로서 자연유약이 기벽에 묻어있는 상태다. 이외에도 목 부분에 직선문과 파상문이 있으며 동체에는 돌대를 갖춘 회청색 경질의 대형호 파편도 나왔다. 반파된 등잔이라든가 장경호로 추정되는 회청색 경질구연부도 출토되는 등 기종은 다양하지만 완형은 드물다. 또 백제토기에 비해 소량만 확인되었다.

2003년 3차 발굴 결과

3차 발굴에서는 2차 조사 때 미뤘던 나지구 B열 및 C열 발굴과 나지구 주변 경사면 시굴조사를 했다. 이때 성벽을 절개해 수혈건물지와 토광이 성벽과 어떤 관계를 갖는지, 이 산성의 초축국은 어느 나라인지를 규명하는데 초점을 맞추었다.

2차와 3차 발굴에서 확인한 건물지는 백제시대의 것과 통일신라 이후의 것으로 구분할 수 있다. 백제 건물지는 굴립주가 있는 수혈식이다. B열과 C열에서 확인한 건물지 9기 가운데 3차 조사에서 발굴한 건물지는 7동이다.

동쪽 계곡과 접한 건물지 7(나B확-1트렌치 북동)은 유실되었으나, 전체 규모를 파악할 수 있었다. 타원형의 건물지 7은 남북 4.5m, 동서 3m이고 수혈깊이는 70㎝ 가량이었다. 내부 바닥은 점토로 두께 15㎝ 정도 다졌으며, 온돌시설 일부가 남아 있었다. 온돌은 폭 80㎝에 남북 2.6~3m이고, 온돌 끝에 굴뚝시설을 갖추었다. 온돌 주변에서는 고배편·각종 호편 등 백제토기편이 출토됐다.

건물지 8(나B확-1트렌치) 내부에서는 제자리를 벗어난 석재들만 노출됐고, 온돌시설 일부가 나왔다. 석재는 불에 그을린 상태였으며, 석재 하부와 주변에 소토층이 있었다. 건물지는 동서 3m, 남북 6m이며 온돌은 남북 270㎝, 폭 70㎝이다.

건물지 9(나B확-2트렌치)는 깊이 60㎝로 판 원형수혈로 굴광선으로 본 유구는 동서 5.5m, 남북 5m이다. 건물지 내부 서쪽 편에는 남북방향으로 2m 간격으로 석재가 놓였고, 바닥은 불에 그을린 상태이다. 소량의 기와편과 토기편이 나왔는데, 이들은 모두 백제토기다.

건물지 11(나B확-4트렌치)은 지표 아래 30㎝ 깊이에서 발견한 수혈식주거지이다(동서 5m, 남북 3.3m, 깊이 80㎝). 내부에서 온돌시설이 확인됐으며, 온돌주변에서 점토와 목탄이 나왔다.

건물지 12는 동서 3.2m, 남북 3.3m의 원형수혈로 내부에는 소토층과 불에 그을린 흔적이 있다. 소토층에서 백제시대 연질토기 4개를 포함, 총 9개체 분량의 토기가 나왔다.

건물지 13(나B확-5트렌치 북동쪽)은 온돌을 갖춘 타원형 수혈주거지로서 깊이는 1m에 동서 3.2m, 남북 4.6m 규모이다. 안에서는 불에 그을린 석재와 목탄이 나왔고, 주거지 내부에서 소량의 백제 고배편과 호편 그리고 신라 인화문 토기편이 출토됐다.

건물지 14는 내부 유구가 모두 유실됐으나 동서 4.2m, 남북 4.1m(깊이 80㎝)의 원형주거지임을 확인했다. 모두 유실되어 굴광 흔적만 확인한 이 건물지는 동쪽으로 토광이 바짝 붙어있다. 2호 토광과 4호 토광에서는 고배편·심발형 토기·호편 등 백제토기가 나왔다.

건물지 10과 15는 통일신라 이후의 건물지여서 자세한 설명은 생략한다.

성벽은 외벽과 석재 뒷채움·토축부·보축성벽(외벽 기단부)으로 구성되었다. 외벽은 6.5m, 석재뒷채움은 폭 6.5m, 토축부는 3~7m 정도였다. 그러나 내벽이 따로 없는 편축성벽으로서 석벽과 암반 사이에는 점토를 다져넣어 토축부의 두께는 장소와 지형에 따라 다르다. 보축성벽은 위로 올라가면서 외벽쪽으로 붙도록 사다리꼴로 쌓아올렸다. 그런데 문제는 이 성의 토축부가 토성의 흔적이며 본래 토성이었던 것을 나중에 석성으로 개축한 것인가, 아니면 석성의 축조방법 가운데 하나인가를 규명하는 일이었다. 이에 대해서 발굴팀은 토축부에서 백제의 적갈색 연질토기편이 출토되고, 경질토기는 없다는 점을 들어 백제가 쌓은 성으로 결론지었다. 즉 설성산성에서 출토되는 토기는 호와 옹류를 중심으로 한 경질토기가 주류를 이루는 가운데 건물지와 토광에서는 연질토기가 출토되는 점으로 미루어 경질토기 사용단계 이전에 축조되었을 것이다. 성벽을 신라가 축조했다면 경질토기가 더 많이 나와야 하겠지만, 그렇지 않았다. 그래서 건물지와 토광이 백제시대의 것이고, 일부 건물지에서는 대도(大刀)나 화살촉이 출토되는 것으로 보아 군사적 목적으로 사용된 것으로 보았다. 신라토기와 백제토기 중 백제토기가 압도적으로 많다는 점도 설성산성을 처음 쌓은 나라가 백제로 추정하기에 이르렀다. 이는 매우 타당한 분석이라고 할 수 있다.

토광은 바닥에 토기를 가지런히 정리한 채 매몰된 토기보관용 토광과 폐기된 토기가 들어있는 토광으로 구분된다. 폐기된 토기가 들어있는 토광에는 토기 파편과 그 사이에 할석이 있는 것으로 보아 토기를 던져넣고 돌로 내리쳐 토기를 깬 것으로 짐작하고 있다.

나B확-1트렌치에서 나온 3개의 토광 가운데 2호 토광에서 백제토기 14점이 출토됐다. 그리고 건물지 7의 북서쪽 경사면에 있는 2호 토광(지름 2.1m)에서는 다양한 크기와 호와 시루가 나왔다. 중대형 호를 엎어놓고 그 사이사이에 중소형 호를 놓아둔 것으로 보아 토기저장용 토광으로 보인다. 65개에 해당하는 토기 파편이 나온 나B확-2트렌치의 토광 5호는 토기편을 복원한 결과 반쪽만 복원되었다. 나머지 절반은 토광 안에 없었으므로 이 토광은 건물 사용시기에 조성되었을 것이다. 더구나 토광 안에서 신라토기가 한 점도 발견되지 않는 것으로 미루어 신라가 이 지역을 점령하고 그 이전의 백제토기를 토광에 던져넣어 깬 것이라고 보기는 어렵다. 즉 백제의 병사들이 주거지에 주둔하면서 토기저장용 구덩이에 토기를 넣어두고 사용했으며, 깨진 것은 폐기구덩이에 버린 것임을 알 수 있다는 것이다.

나B확-2트렌치에서는 5개의 토광이 나왔는데, 이 가운데 1호와 5호토광에서 토기편이 다량 출토됐다. 그러나 2호는 토광이 아닌 것으로 확인됐고, 3호는 20~30㎝ 가량 파내려갔으나 별다른 유물이 나오지 않았다.

건물지 9의 서쪽 2.5m 지점에 자리한 1호 토광(지름 1.2m, 깊이 90㎝)은 원형수혈이며 내부엔 목탄이 퇴적되었다. 3점의 호를 비롯한 10개체 분량의 호편과 고배 6점·심발형 토기편·원통형 적갈색 관이 출토됐다. 4호 토광(지름

1.1m · 깊이 30~40cm)에서는 신라토기와 백제토기편이 함께 출토돼 퇴적 때 유입된 것으로 추정했다. 건물지 9의 북쪽에 인접한 5호 토광에서는 시루 · 고배 · 병 · 호 · 옹류 · 장란형 토기편 · 심발형 토기편 등 모두 65개의 백제토기가 나왔다. 토광상부에서도 많은 양의 토기편이 나왔다.

나B확-3트렌치에서는 모두 4개의 토광 굴광선이 확인됐으나, 1호와 3호는 토광이 아닌 것으로 판명됐다. 2호 토광(지름 1m, 깊이 80cm)에서는 직선문 또는 격자문이 들어간 호편과 직선문연질토기편이 출토되었고, 4호 토광(지름 1.4m, 깊이 1.2m)에서는 고배편 · 승석문토기편 등과 철제조각도 발굴됐다.

나B확-5트렌치에서는 6개의 굴광선을 확인했으나, 4호는 토광이 아닌 건물지로 판명됐다. 이 트렌치에서 나온 토광 가운데 1호 토광은 방형으로 내부에 백제토기와 신라토기가 섞여 있었다. 2호 토광 역시 방형으로 소량의 토기편이 나왔다. 지름 2m에 깊이는 1.1m규모의 3호 원형 토광에서는 고배 · 완 · 호 등 모두 백제토기가 출토됐다. 마찬가지로 원형수혈인 5호 토광 바닥에서는 적갈색 연질시루와 심발형 토기 · 연질토기 · 호편 · 고배편 및 저부가 깨진 광구호 1점 등 모두 백제토기만 나왔다.

나C확-2트렌치에서는 4개의 굴광선이 확인됐는데, 이 가운데 1호는 토광이 아닌 것으로 밝혀졌다. 건물지 14의 동쪽에 접한 나머지 3개의 토광 가운데 2호 토광에서는 고배 · 호 · 옹 · 동이 · 심발형 토기 등 26개의 백제토기가 대부분 파괴된 채로 나왔다. 이는 건물지 14의 폐기에 따른 것으로 짐작되며, 3호 토광은 방형이다. 4호 토광(원형, 지름 1.4m)은 내부에 목탄이 많이 있었으나 2호보다는 적었다. 건물지 14가 폐기되면서 함께 폐기된 토광이다.

나C확-3트렌치에서는 8개의 토광을 발굴했다. 이 중에서 1호와 7호 토광에서 다량의 토기가 나왔다. 방형의 9호 토광은 출토유물이 없고, 원형의 10호 토광에서는 장란형 토기 · 심발형 토기편 · 고배편 · 각종 호편과 같은 백제토기가 출토됐다. 11호 토광은 유물이 없었다.

이들 주거지와 토광 등에서 나온 유물을 다시 한 번 정리해보면 다음과 같다.

먼저 기와류는 수키와 · 암키와 · 명문기와 · 특수기와 등이 발굴됐다. 먼저 암키와의 문양은 12가지로 분류되었다. 선문 · 격자문 · 선문과 격자문 · 사격자문 · 직선복합문 · 황어골문 · 능형문 · 복합문 등으로 나누어지며, 수키와 역시 선문 · 격자문 · 사격자문 수키와 등 6종류로 구분된다. 명문이 있는 기와는 두 가지가 나왔다. 격자문을 가진 암키와로서 大十이라는 명문이 있는 기와와 인 장이 있는 암키와 파편(격자문)이다. 아울러 모서리기와 · 이형기와 · 적새 등과 같은 특수기와도 나왔다.

3차 발굴에서는 7동의 백제시대 건물지와 18기의 토광이 발굴됐다. 이들 건 물지에서 출토된 토기는 삼족토기류 · 고배류 · 호류 · 옹류 · 병류 · 접시류 · 완 류 · 장란형 토기류 · 시루 · 단지 · 동이 · 배형토기 등이다. 삼족기는 지표에서 1점이 채집됐고, 고배류는 20여 점이 출토됐다. 고배류는 연질과 경질이 모두 포함되었고, 대부분은 뚜껑이 있는 유개고배이다. 이들 가운데는 안성 망이산 성이나, 이천 설봉산성에서 출토된 고배와 제작기법이 유사한 것도 있다.

호와 옹 종류는 출토량이 가장 많다. 높이는 40㎝ 안팎으로 회청색 경질계통 이며 몸통은 난형과 광견형 · 구형이다. 이 가운데 구형이 가장 많고, 대형기종 의 경우 난형이다. 격자문 · 승문 · 선문 · 조족문 · 무문 등의 타날문이 있으며 원저형의 기저형식을 갖고 있다.

나B확-2트렌치 5호 토광에서 파편으로 출토된 3점의 병은 회청색 경질이 다. 완류는 나C확-2트렌치 2호 토광에서 출토됐다. 회청색 경질에 승문이 들 어간 장란형 토기(높이 33㎝, 구경 21㎝)는 시루와 함께 나C확-3트렌치 10호 토광에서 나왔다. 동이류는 대부분 파편으로 5개체 분량이 출토됐고, 회백색 의 배형토기(높이 32㎝, 구경 13.2㎝)도 나왔다.

기대는 몽촌토성 · 풍납토성 출토품과 같은 연질이며 돌대가 없는 형식이다. 이들 기대는 포천 자작리에서 나온 회청색 경질기대보다 앞서는 것으로 보고 있다.

고배는 완형과 파편이 많은 양 나왔으나, 연질보다는 경질이 많다. 시루는 적 갈색의 연질시루로서 내벽에 검은 그을음이 남아 있다. 경부가 짧고 구연은 외반 된 심발형토기는 저부가 평저형이다. 완류는 회청색 경질과 황갈색 연질이다. 배 형토기는 용도를 알 수 없으나, 기대와 함께 출토돼 의례용일 가능성이 보인다.

이들 백제토기는 4세기 후반~5세기 중후반의 것으로 4세기 중엽 이후 백제 가 이천지역을 확보하고, 이 지방을 통합하던 과정에서 만든 산성으로 보고 있 다. 설봉산성에서 상한연대가 3세기 후반까지 소급할 수 있는 양식의 토기가 출토되는 것으로 미루어 3세기 후반~4세기 초에 이미 백제는 이천지역으로 진 출했고, 설성산성으로 진출한 백제집단은 고배·삼족기·기대 등의 고급토기 를 사용한 것으로 볼 수 있다. 그리고 토광에 옹·호 등의 용기나 물자를 저장 한 흔적을 뚜렷이 남겼다. 이런 점으로 미루어 한성백제시대 남방진출과 지방 경영 거점일 가능성이 있거니와, 출토 토기로 보아 4세기 후반 설성산성이 축 조되었을 것으로 추정된다. 다시 말해 설봉산성과 설성산성을 통해 이 시기 한 성백제가 구축한 경기지역 지방지배체제를 밝힐 수 있는 중요한 유적으로 볼 수 있는 것이다.

또한 신라가 이 지역으로 진출한 것은 삼국사기의 기록상 6세기 중엽이다. 그래서 당시 이 지역은 신라의 한강유역 진출과 깊은 관련이 있는 전략적 요충 이었음을 알 수도 있다. 신라토기 가운데 이른 시기의 고배편이 6세기 후반~7 세기 초반의 것으로 추정되므로 신라가 이 지역을 확보한 시기가 이르면 6세기 후반으로 거슬러 올라간다.

특히 고배편에서는 직사각형의 투창에 낮은 굽다리가 달렸다. 그리고 속심은 적갈색이고, 내외벽은 회청색 경질로 이루어졌다. 이 같은 양식의 고배는 설봉 산성·이성산성·대모산성 등지에서도 출토된 바 있다. 신라유물은 9~10세기 의 것이 가장 많은 편이다.

파주 월롱산성

월롱산성(月籠山城, 파주시 월롱면 덕은리 138번지)은 월롱산(246m)의 두 봉우리를 에워싼 테뫼식 백제산성이다. 정상부를 에워싼 내성 그리고 동쪽 능선을 따라 펼쳐진 외성으로 이루어졌다. 말안장 모양을 한 내성은 남북방향으로 길쭉하다. 성의 전체길이는 1,315m이며 성벽은 토석을 혼축해서 쌓았다.

성의 외벽은 높이가 25m 이상이나 되는 높은 자연절벽을 그대로 이용한 가운데 부분적으로 축성했다. 동남쪽은 산의 가파른 경사면을 이용했다. 임진강과 한강이 만나는 교하(交河)지대 남쪽 경계에 있다. 임진강 너머가 개성이고, 파주와 김포를 통제할 수 있는 군사적으로 중요한 교통로이자 길목이기도 하다. 수도 한성을 방어하는데 가장 중요한 관문에 해당하는 지역이기 때문에 백제는 이 성을 비롯하여 월롱산성 주변의 여러 관방유적을 중시하지 않을 수 없었을 것이다.

월롱산 정상에서 보면 북동쪽으로 임진강 일대와 파주평야가 한 눈에 들어온다. 동쪽으로는 문산천이 북류(北流)하다가 임진강과 만나고, 남쪽 곡릉천은 서쪽으로 나가다가 오두산성 남쪽에서 한강과 교차한다. 서쪽으로는 교하면 일대의 임진강과 한강이 만나 서해로 들어가는 것을 내다볼 수 있는 위치이고, 남쪽으로는 고양시와 북한산 및 관악산까지 바라다 보인다. 월롱산은 파주시와 월롱면의 금촌읍·탄현면에 걸쳐 있다. 월롱산의 두 봉우리 가운데 서쪽의 것은

교하 월롱산(기관봉), 북쪽 봉우리를 파주 월롱산이라고 부른다.

월롱산은 비록 높지는 않아도 사방을 조망하고 감시할 수 있는 지역에 자리했다. 임진강과 한강이 합류하는 지역으로 북서쪽의 개성과 북쪽의 장단·도라산 지역에서 임진강을 건너 남하하는 세력이라든가 한강을 통해 육지로 진입하는 세력을 통제하기에 매우 유리하다. 임진강과 한강 두 강

월롱산성 내부 남쪽 전경(경기도박물관, 유적조사보고서, 2004)

의 하류지역을 관망하는 가운데 파주·교하 일대 평야지대의 곡창을 끼고 있다. 고구려의 남진을 방어하는 동시에 백제가 북진하기 위해서는 임진강과 한강의 합류지역에서 이와 같은 중요한 거점성이 필요했던 것이다.

지표조사 결과, 이 산성은 3~5세기 한강유역을 중심으로 백제가 빠르게 성장하던 시기에 사용했을 것으로 보인다. 특히 고구려의 남역(南域)을 압박해 영역을 넓혀가던 4세기 말 근초고왕시대에 중요한 역할을 했을 것으로 추정되고 있다.

조사결과 및 산성의 성격

월롱산성에 대한 지표조사와 정밀 학술조사는 2002년과 2003년 두 해에 걸쳐 같은 기간(11월 18일~12월 28일)에 진행됐으며 주로 지표조사로 진행되었다.

월롱산성의 주요시설은 성벽 외에 서남문지·서북문지·북문지·동문지·동남암문지·서북치성지·동북치성지 등이다. 내부에 백제고분으로 추정되는 무덤(1기)과 민묘 등이 있었다. 이외에 집수지나 수혈주거지도 존재했을 것으로 보이지만, 구체적인 것은 정밀조사 후에나 들어날 것으로 보인다.

성벽 모습(경기도박물관)

　월롱산성에서는 많은 토기편과 소량의 철기·기와·도자기편이 수습되었다. 토기는 한성백제시대가 주류를 이룬다. 수습한 토기편 1,193점 가운데 연질은 234점, 경질이 959점으로 80.3%를 차지해 경질토기가 훨씬 많다. 토기의 문양은 승문·승석문·격자문·사격자문·평행선문·무문 등이다. 기종별로는 심발형 토기·장란형 토기·시루를 비롯하여 기와편과 제사용기인 고배·고배 대각편·개배·뚜껑·소호·대호·기대편·원통형 토기·완 등으로 다양한 편이다. 이외에 철기 약간과 고려시대 토기나 조선시대 도자기 및 기와 등이 나왔다. 이는 백제 이후 이 성이 줄곧 사용되었음을 알려주는 것이다.

　이와 같은 토기들은 몽촌토성이나 풍납토성 및 인근 고양 멱절산 유적에서도 출토되어 서로 유사성을 갖는다. 앞으로 정밀발굴을 진행하면서 이들의 비교연

출토 토기편(경기도박물관)

구가 가능해질 것으로 보인다. 경질무문토기는 출토되지 않아 월롱산성의 축조연대 상한을 A.D. 2세기 이후일 것으로 보고 있다. 하지만 경질격자문토기가 주류를 이루어 4세기를 중심연대로 보는 동시에 도질토기가 등장하므로 5세기를 그 하한으로 잡기도 했다. 이외에 일

부 신라의 파상문 토기가 보여 신라가 한강유역을 장악할 무렵에 이 산성을 이용했을 것으로 보고 있다.

한편 내성에서 나온 것과 마찬가지로 월롱산성 주변지역에서 수습한 토기편을 보면, 경질격자문이 가장 높은 비율을 차지해 산성과 주변 마을은 같은 시대에 존속했던 것으로 보인다. 산성주변 덕은리 일대에서 무문토기와 반월형석도 등 청동기 유물이 많이 수습되었다. 외성이나 기관봉 산성에서 출토된 유물은 고배와 회청색 경질토기 등으로 월롱산성에서 나온 유물과 성격이 서로 같다.

파주 육계토성

육계토성(六溪土城)은 파주시 적성면 소재지에서 연천 방면 349번 국도변을 따라가다 만난 가월리 북서쪽 2km 거리의 주월리 육계마을에 자리했다. 임진강 남안(南岸)의 곶부리 돌출지형에 있다. 이 육계토성이 처음 알려진 것은 1996년 7월 말 경기 북부지역에 내린 집중호우 때이다. 임진강이 범람하면서 주월리 (舟月里) 육계토성의 서벽과 북벽 일부 및 내성벽이 완전히 유실되면서 드러났다. 성 내부의 상당부분이 파괴되어 유적이 드러났고, 이에 따라 1996년 긴급조사가 진행되게 되었다. 과정에서 유적의 중요성을 비로소 파악했던 것이다. 당시 많은 유물이 드러나자 이듬해 경기도박물관과 한양대학교박물관이 긴급발굴(11월 4일~12월 8일)에 나서 두 차례의 발굴이 이루어졌다(1997년 11월 11일~1998년 2월 23일까지). 이후 성벽을 절개해 구조와 성격을 밝히는 발굴이 2005년에 다시 이루어졌다.

그러나 1996년과 1997년의 발굴은 4만여 평의 유적지 일대가 수해복구 과정에서 절반 이상이나 파괴되었기 때문에 육계토성 내 유적만을 긴급발굴하게 되었다. 이를 계기로 임진강을 사이에 두고 강 양안의 주월리 일대를 지표조사하면서 구석기 유적과 신석기 즐문토기 등을 채집하는 부수적 성과를 올렸다. 육계토성 내에서도 구석기시대 양면 찍개(Chopping tool)가 지표에서 채집되어 강 건너편 대안(對岸)의 원당리 구석기 유적과 더불어 구석기시대부터 이 일대가 주거지로 활용되었음을 확인하게 됐다.

육계토성을 비롯한 주월리 유적은 감악산(675m) 북쪽으로 뻗어내린 중성산(重城山)에서 내려다보면, 북서 방향 임진강변 남안의 곶부리에 있다. 이 지역은 남진을 하는 고구려의 입장에서는 반드시 확보해야 하는

육계토성 전경(경기도박물관)

전략지였다. 백제의 입장에서는 북방 최전선의 방어기지이기도 했다. 이처럼 요충에 자리했던 탓에 삼국의 각축이 치열했고, 이 때문에 임진강과 한탄강 양안(兩岸)을 따라 은대리성이나 호로고루성, 당포성 등과 같은 관방유적이 밀집 분포할 수 밖에 없었다. 육계토성에서 남동쪽으로 3km 거리에는 칠중성(七重城)이 있다. 최근의 조사에 의하면, 칠중성은 시대를 달리하며 여러 차례 수축 및 개축한 사실이 밝혀졌다. 또한 칠중성 남쪽으로 3km 거리에는 설마천 주변으로 감악산보루와 무건리보루에 이어 동쪽 6km 거리에는 아미성이 있다. 북서편 임진강 남안에는 이잔미성(장좌리보루)과 더불어 맞은편 임진강 북안에는 고구려성인 덕진산성과 호로고루가 포진했다. 이처럼 육계토성을 중심으로 반경 10km 거리 이내에는 성곽과 보루가 지형과 규모에 맞게 축조되어 삼국시대 이 지역을 차지하기 위해 치열하게 다툰 사실을 증거한다.

원삼국시대에 축조한 것으로 추정되는 육계토성은 평지성이다. 내성과 외성으로 이루어졌으나, 수해로 내성이 유실된 상태였다. 1996~1997년 발굴 때는 백제토기는 소량이고, 주로 고구려토기가 많이 나와 고구려의 남진경영에 전초기지로 사용되었을 것으로 추정했다. 특히 몽촌토성이나 구의동 유적에서도 출

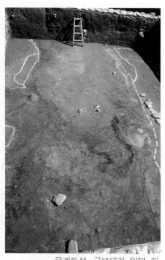
육계토성. 군부대가 있던 자리의 발굴모습(경기도박물관)

토되었던 광구장경사이호나 광구장경양이호와 같은 고구려 토기가 나왔고, 이들 유물은 4~5세기의 것으로 판단돼 파주·연천지역 고구려 성들과의 비교연구에 하나의 기준이 될 것으로 판단하기에 이르렀다.

그래서 초기 1~2차 발굴 때까지는 주월리 유적으로 불렀으나, 2005년에 경기도박물관이 육계토성을 대상으로 진행한 발굴부터 육계토성이라는 이름이 뒤따랐다. 이때부터 새로운 사실들이 들어나기 시작했다. 2005년의 발굴에서는 백제토기가 주로 나왔고, 이를 바탕으로 처음 성을 쌓은 주체는 백제였을 가능성이 높아졌다. 서울 풍납토성과 함께 한강 이북 지역의 초기 백제사 규명에 중요한 유적으로 보게 되었던 것이다. 물론 향후 보다 세밀한 정밀발굴이 이루어지면 육계토성의 구조와 성격을 명확하게 드러나 있겠지만, 이 토성은 백제시대 초기에 축조한 것은 틀림없다. 후일 고구려가 한강권으로 진출하면서 이 성을 차지한 것으로 가닥이 잡히게 되었다.

발굴성과 및 유적의 성격

1996년 긴급조사 때는 주거지 3기를 비롯한 7기의 유구가 확인되었다. 1997년도에는 6기의 주거지를 포함해 구덩이유구 등 모두 17기의 유구를 찾아냈다. 1997년의 2차 발굴에서는 7기의 주거지와 10기의 수혈유구를 확인했다. 이 때 대형옹과 단경호, 직구호, 옹, 시루, 장란형 토기, 접시뚜껑, 철겸, 철부, 방추차 등이 발굴되었다. 1996년과 1997년의 발굴에서는 신석기, 청동기, 초기 철기, 삼국~조선시대의 유물을 발굴했는데, 이 가운데 한성백제기의 유물들이 대다수를 차지했다.

96-7호 주거지 전경(경기도박물관)

육계토성은 토축(土築) 평지성으로서 전체 모양은 방형이다. 내성과 외성으로 이루어진 이 성의 동·서·남쪽에서는 각기 문지의 흔적을 찾아냈다. 지금은 성 안으로 드나드는 소로가 지나간다. 성 안에서 확인한 주거지 가운데 96-7호 주거지는 '凸'자형이고, 내부 면적은 190㎡에 이른다. 이는 중부지방 '凸'자형 주거지 중에서는 최대규모다. 내부에서 나온 유물과 규모로 보아 일반 주거지보다는 군사시설로 짐작하고 있다.

육계토성 내 주월리 주거지 유적은 평면이 장방형(96-2호·96-7호)과 원형(97-4호·9호·10호·12호·15호)의 두 가지로 구분된다. 96-7호는 말각방형 주거지로서 출입구와 부뚜막 그리고 오각형에 가까운 출입구가 있다. 96-4호 주거지는 원형 주거지로서 부뚜막과 장방형에 가까운 출입구를 갖춘 원삼국시대 '凸'자형 주거지이다. 97-12호 주거지에서는 평행선문이 들어간 단경호와 원통형 시루가 나왔다.

한편 97-2호·10호·11호 주거지는 원형 또는 장방형 주거지로 추정되며 출입구의 유무는 확인되지 않았다. 97-12호·15호 주거지는 출입구가 없는 원형 주거지이다. 96-7호 주거지의 경우 '凸'자형 주거지의 기본 틀에서 약간 변화한 것이다. 그런데 출입구가 주거지에 비해 출입구가 대형화한 가운데 오각형으로 변한 점을 감안하면 '凸'자형 주거지보다는 다소 늦은 시기의 것으로 보인다. 더구나 중도식 무문토기는 출토되지 않고, 타날문토기가 나와 어느 정도의 시기차가 있다고 짐작된다.

원형 또는 타원형 주거지는 장방형이나 '凸'자형 주거지보다 약간 늦은 시기에 속한다. 이들 주거지 내부시설로는 부뚜막과 출입구가 대표적이다. 부뚜막(96-7호·96-8호·97-4호)은 모두 동일한 형식이다. 출입구 맞은편의 주거지

벽에 돌을 듬성듬성 세우고, 그 사이를 점토로 채워 부뚜막 벽을 만들면서 아궁이에는 별도의 시설을 하지 않았다. 주거지 밖으로 연기가 빠져나가게끔 굴뚝을 설치했다.

97-4호 주거지 내 부뚜막(경기도박물관)

그러나 육계토성 내 주월리 유적에서는 부석형(敷石形)의 노지나 아궁이형·터널형 노지는 없고 부뚜막만 있다. 이같은 부뚜막은 북한 서북지역에서 유래한 것이다. 이는 아궁이에서 고래로 이어지는 긴 터널형 노지나 외줄구들에서 부뚜막이 발달한 중부지방의 원삼국시대 주거유적과는 다른 점이다.

이외에 주월리 유적에서는 저장용 또는 폐기용으로 추정되는 구덩이 유구가 많이 확인됐다. 구덩이의 성격을 파악할 결정적인 단서는 확인되지 않았으나, 유물 출토 사례로 미루어 폐기용 및 저장용 구덩이의 두 가지로 구분할 수밖에 없다. 97-3호 구덩이는 주거지에 딸린 저장구덩이로 보인다. 그러나 깨진 타날문토기편이 출토된 구덩이(96-5호)나 1m 내외의 깊이에 소토로 가득 찬 구덩이(97-5호·97-8호) 또는 경질의 대형옹편이 출토되어 복원할 수 있는 저장용 구덩이도 있었다(97-14호·97-14-1호·97-14-2호).

▲ 토기류 – 발굴 전 지표에서 많은 양의 즐문토기편(89점)을 수습했는데, 이 가운데 기형을 복원할 수 있는 것은 몇 점 되지 않았다. 주월리 유적과 가까운 임진강변에서 즐문토기가 발견된 유적으로는 연천 삼거리 유적을 들 수 있다. 삼거리 유적에서는 주거지와 야외노지가 나와 주월리나 삼거리 모두 신석기시대 유적이 존재할 가능성이 한층 높아졌다. 수집된 즐문토기는 문양별로 어골문과 평행집선문(48.3%)·점열문(15.2%)·무문(13.5%)의 비율을 보였다. 즐문토기 외에도 옥제 장신구(3점)·마제석부(1점)·마제석창편(1점)·마제석촉(1점)을 지표에서 수습했다.

96-7호 주거지 출토 대옹(경기도
박물관)

한편 중부지방 원삼국시대 주거지에서는 중도식 무문토기와 타날문토기가 나타나는데, 육계토성 안에서는 중도식 무문토기는 보이지 않는 가운데 대부분 타날문토기와 더불어 흑색 마연토기가 일부 있다. 토기의 기형으로는 단경호 종류가 가장 많고, 그 외에 발·옹·시루·접시·고배·동이 등이 보인다.

경질의 대형옹은 영산강유역에서 나타나는 옹관묘와 비교할 수 있는데, 지금까지 대형옹은 한강유역·차령산맥 이서지역에서만 나왔다. 국내에서 분묘유적이 아닌 생활유적에서 이와 같은 대형옹이 출토된 예는 현재까지 이 지역이 유일하다.

옹에는 격자문이 들어가면서 목 부분이 길고 넓게 벌어진 것과 짧으면서 직립 외반된 형태가 있다. 바닥은 모두 원저형이다. 그런데 원형의 소형굽이 달린 것(2점)과 어깨에 마름모꼴의 압인문(押印文)을 넣은 것(3점)이 나왔다. 이같은 소형굽이나 어깨문양은 영산강유역의 옹관에서 볼 수 있는 특징이다. 대형옹은 영산강유역 뿐만 아니라 최근에는 공주 하봉리·서천 한성리와 오석리나 청주 송절동·청원 송대리·익산 영등동의 주구묘나 토광묘에서도 옹관이 출토되었는데, 이들 대형옹에 어깨면에 거치문이 있다.

96-7호 주거지의 양쪽 장벽(長壁)에 인접한 곳에서는 등간격으로 대형옹이 2~3m 간격으로 4점이나 출토되었다. 이들 옹 안에서는 조와 콩·팥이 나와 저장용기로 쓰인 것을 알 수 있었다. 이 외에도 대형옹편이 지표나 주거지에서 1~2개씩 출토된 것으로 미루어 대형옹은 옹관이 아니라 생활용기로 사용되었을 가능성이 크다. 부뚜막 주변에서는 시루, 고배, 완과 같은 소형 조리용기가 집중적으로 출토됐다.

이외에 원저단경호를 비롯 원저장란호·원저직구호·평저직구호 등 단경호류가 토기의 다수를 차지했다. 이들 가운데 평저직구호 외에는 평행·승문·격자 타날문이 주류를 이룬다. 연질과 와질토기가 압도적이고, 경질은 소수에 지나지 않는다. 96-7호 주거지에서는 호, 옹, 고배, 장란형 토기, 심발형 토기, 시루, 완, 동이류 등과 함께 경질무문토기 뚜껑도 나왔다.

평저직구호는 직립구연에 어깨는 수평을 이루면서 동체로 이어진다. 이같은 회갈색 와질의 토기는 몽촌토성과 구의동에서도 출토된 바 있다.

한편 회백색 와질무문단경호와 원저직구호도 약간 출토되었다. 이들은 백제토기로 전환되는 과정을 보여주는 것으로 판단된다.

단경호류 다음으로 많은 수를 차지하는 유물은 발형토기이다. 중부지방 원삼국시대 주거유적 또는 분묘유적에서 출토되는 발형토기는 시기에 따른 기형의 변화양상이 나타나지 않는다.

접시는 크기에 따라 대중소의 세 종류가 나왔다. 이들은 서울 석촌동이나 구의동에서 나온 유물과 유사하다. 와질의 고배(3점) 역시 석촌동이나 몽촌토성에서 출토된 것과 닮았다. 구연부와 저부 일부만 확인되었지만, 동이류(7점)는 몽촌토성 출토품과 비슷하다.

시루(8점)는 적색 연질로서 가평 마장리에서 나온 시루를 닮았다. 그리고 토기뚜껑(4점)은 연질과 와질의 두 종류가 있다. 이들 토기뚜껑은 가평 이곡리에서 출토된 것과 흡사하다.

▲ 철기류 – 철겸·철촉·찰갑편(札甲片)·철부 등이 출토되었다. 하지만 철부가 압도적으로 많다. 이외에 'U'자형의 삽날, 즉 가래도 나왔다. 철겸(7점)은 96-7호 주거지(1점)·97-12호 주거지(2점) 출토품 외에는 지표채집한 것이다.

무기류로서 철촉(11점)은 대부분 지표에서 수습되었는데, 유경식 유엽형이다. 아울러 얇은 장방형의 찰갑 및 찰갑편도 지표에서 수습되었다. 단조제품으로서 철서(鐵鋤, 호미)가 출토되었는데, 몸통이 둥근 것으로 보아 고구려 계통이다. 지표에서 수습한 철모(鐵矛, 1점)도 있었다. 철촉·철서·철모는 모두 고구려 계통의 철기류로서 4세기경의 유물로 판단하고 있다.

이렇듯 농공구류가 중심을 이루는 출토품으로 보아 주월리 유적에 거주한 사람들은 군사활동 및 농경을 겸했던 것으로 판단된다.

▲ 장신구류 – 지표에서 3점의 옥제 장신구가 수습되었다. 이들 옥제품은 관옥형·방형·둥근고리형의 세 가지에 색깔은 연한 베이지색 계통이다. 이들 옥은 연옥(Nephrite)으로 판명되었으며, 옥제품은 중국 동북지방과 절강성(浙江省)지역 신석기 유적에서 출토된 것과 유사한 것으로 보고 있다. 둥근고리형은 동물모양을 형상화한 것이다.

한편 96-7호 주거지에서 나온 목탄을 미국 애리조나 주립대학 턱슨(Tucson) 연구소에 보내 탄소연대측정을 한 결과 A.D. 260~400년, A.D. 240~425년의 두 가지 연대가 나와 이 유적의 중심연대를 4세기로 볼 수 있다.

아울러 96-7호 출토 숯으로 수종분석을 했는데, 나무는 참나무과 참나무속인 상수리나무(참나무)로 밝혀졌다. 상수리나무를 농기구나 건축재·땔감 등으로 사용했을 것으로 보인다. 더구나 톱이 아니면 켜거나 절단하기 어려운 참나무를 가공한 이들의 세련된 기술이 가늠되었다.

한편 96-7호 주거지에서 나온 토기 내부의 시료와 주거지 주변 흙을 분석한 결과는 무척 흥미롭다. 여기서 야생 콩과 조·팥 등의 곡물을 찾아낸 것이다. 콩은 모두 2백여 개가 넘게 출토되었는데, 이들은 크기로 보아 재배콩보다는 야생콩에 가깝다. 당시의 여건으로 보아 야생콩과 재배콩의 중간인 준재배콩일 가능성이 높다는 연구결과가 나왔다. 조는 지금의 재배종과 거의 같은 크기여서 재배한 것으로 판단했는데, 이를 바탕으로 조의 재배 역사가 매우 오래 되었음을 알게 되었다. 이 유적 외에도 콩과식물이 출토된 지역은 청원군 궁평리 청동기 유적·보령 청라리 청동기 집터·고양 가와지·김해 부원동유적 등이 있다.

이상은 경기도박물관의 발굴결과이다. 이와 더불어 한양대학교박물관이 발굴한 지역은 경기도박물관이 조사한 지역의 서편 A · B 두 구역이 더 있다.

A · B지역 수습발굴에서 확인한 유구는 '凸' 자형 주거지(2기) · 방형주거지(1기) · 완파된 주거지(1기) · 부뚜막시설(2기) 및 유물산포지 등이다. '凸' 자형 주거지는 원삼국시대 중부지방의 독특한 주거지이다. 주월리 유적에서도 이같은 주거지가 확인돼 중부권 주거양식에 대한 이해를 높이게 됐다. 이와 같은 주거양식은 하남 미사리 · 포천 영송리 · 양양 가평리 · 강릉 안인리 · 충주 하천리 · 단양 수양개 등지에서도 확인되었다.

주거지는 총 12기로 추정된다. 육계토성 내 주거지는 '凸' 자형의 장방형 또는 원형주거지이다. 이곳의 특징은 한양대학교박물관이 조사한 2호 주거지에서 광구장경호사이호, 광구장경양이호, 어깨에 파상문이 음각된 평저호 등 고구려 양식의 토기가 출토된 점이다. 광구장경사이호나 광구장경양이호와 같은 토기는 몽촌토성과 구의동 유적에서도 출토된 바 있다. 몽촌토성에서 나온 광구장경사이호는 5세기 중엽의 고구려 토기이고, 구의동 유적은 4세기 중엽에 축조되어 6세기 중반에 폐기되었다. 그래서 육계토성에서 출토된 토기는 고구려 양식 토기의 편년에 기준을 제시하고 있다. 이에 따라 육계토성은 4~5세기에 조성된 것으로 판단하고 있다. 2호 주거지에서는 이외에도 대상파수호, 철기류, 기와 등 고구려 유물이 다수 출토되어 백제에 이어 고구려가 일정기간 이 성곽을 사용했음을 확인했다.

A · B지구 발굴 전 지표에서는 대형토기편 · 철부(3점) · 철겸 · 우각형 파수 · 어망추 · 대각편 등을 수습했다. '凸' 자형 주거지인 1호 주거지에서는 진흙과 짚으로 만든 벽체의 흔적과 부뚜막시설 · 노지를 확인했다. 노지 안에서는 적갈색 격자문연질토기편과 회색 경질의 승석문토기 · 방추차 등이 출토되었다.

1호 주거지에서는 회색 경질단경호(1점) · 회청색 승석문단경호(1점) · 회갈색 발형토기(2점)·적갈색 호형토기(2점)·연질완(1점)·소형발(1점)·대형토기편 2개체 분량·뚜껑편·파수부편·고배편·시루편·석제방추차(1점) 등의 토제품이 나왔다. 그리고 꺽쇠(1점)·철촉(1점)·철도자(1점)·용도 미상의 철기 2점·숫돌 2점 등 철기류도 출토되었다. 불탄기둥과 더불어 목탄이 주거지 내부에 흩어진 것으로 보아 이 주거지는 화재로 인해 폐기되었을 것이다.

한양대 2호 주거지 전경(한양대학교박물관)

2호 주거지(방형, 장축 6m·단축 5.3m)에서는 광구장경사이호와 광구장경양이호가 각 1점·단경호(5점)·연질장동호(1점)·시루(1점)·호형토기(1개체)·경질승석문 대형토기(1개체분)·파수부편(1점)·방추차(1점)·발형토기(1점) 등 토제품과 더불어 철겸 등 7점 및 지석(2점)과 갈돌(2점) 등이 나왔다. 이 중에서 광구장경호로서 사이호나 양이호는 대표적인 고구려 토기이고, 단경호는 구형과 배가 부른 것 등이 있다. 높이 22cm의 시루는 우각형 파수가 달린 연질이고, 바닥에는 5개의 구멍(지름 3.3cm)이 있다. 연질의 대형 단경호나 호형토기·철기·도르래 등은 눈여겨볼 유물이다. 철도자·철정·철겸편 등의 철기류와 방추차·숫돌(지석)·갈돌 등은 이 유적의 연대를 추정할 수 있는 유물들이다.

3호 주거지는 '凸'자형으로 북동향이다(장축 8.5m, 단축 5.7m). 내부 바닥에는 황토를 5cm 두께로 깔고 단단히 다졌다. 동남편에 부뚜막으로 짐작되는 석렬이 보이고, 북동편에는 노지가 있다. 출입구는 남서편에 있었다.

심하게 파손돼 완형의 토기는 한 점도 출토되지 않았는데, 우각형 파수부호(把手付壺, 1점)·승석문 호형토기(壺形土器, 1점)·흑도 구연부편·사격자문 장동호편(2점)·대형토기(2개체분)가 보인다. 토기는 회청색 승석문토기편과 적갈색 타날문토기편이 주류를 이루었다. 이외에 단조철부(1점)·토기 방추차(2점)이 나왔다.

토기의 기형이나 기종, 소성온도, 제작기법으로 보아 육계토성 유적에서 출토된 토기는 2~4세기의 것으로 추정된다. 소성온도가 800~950℃로 밝혀진 이들 토기는 주월리 현장에서 생산한 것으로 보인다.

이외에 2호 주거지 서편에서 부뚜막(1호)이 확인되었다. 이 부뚜막 바닥 및 소토 안에서는 발형토기(2점)·적갈색 호형토기(1점)·석제방추차(1점)·회색 경질토기편·적갈색 격자문토기편 등을 수습했다. 3호 주거지 동남편에서도 부뚜막(2호)이 확인됐는데, 여기서는 회색 연질토기편과 회색 경질토기편·철촉(4점) 등이 나왔다. 그리고 1호 주거지와 2호 주거지 북쪽에 노출된 여러 개의 토광선을 중심으로 유물이 흩어진 흔적을 발견했다. 이는 주거지 유구가 교란된 것으로 짐작된다. 철촉편(1점)이나 철재 및 적갈색 격자문토기편·회색 경질타날문토기편 등을 수집했다.

2005년 발굴성과

경기도박물관은 2005년 주월리 380번지 일대 육계토성을 시굴조사해(7월 4일~10월 26일) 북벽과 남벽의 층위양상을 파악했다. 조사결과 육계토성은 외옹성을 가진 토축 평지성임이 드러났다. 그리고 기단부에 2~4단 정도의 기단석을 쌓은 뒤 성토하여 축성한 사실을 알아냈다. 또한 '凸'자형 주거지 1기를 포함해 주거지 15기와 수혈유구 11기, 용도미상의 유구 1기 등 총 27기의 유구를 조사했다. 이를 계기로 1996~1997년의 조사지역과 연계해 전체적으로 육계토성의 공간구성을 비로소 이해할 수 있었다.

3차 발굴에서 나온 유물은 모두 토기류이지만, 출토량은 적다. 이들 토기편은 주로 백제토기가 중심을 이루었는데, 이외에 경질무문토기와 신석기시대 즐문토기편이 소량 수습됐다. 이들 백제토기는 대부분 암갈색 사질층에서 나온 것이다. 백제토기편은 모두 작은 조각이어서 형태를 알 수 없는 것이 많았으나, 구연부와 저부를 바탕으로 기종을 추정한 결과 대부분 호(壺)나 옹(甕)이었다. 그 중에서도 호의 출토비율이 높다. 이외에 발, 동이, 기대, 파수부편 등이 확인되었다. 조리용기로는 경질무문토기와 장란형 토기, 시루가 출토되었고, 식기로는 완과 접시류가 있다. 이는 경질무문토기와 타날문토기를 함께 사용한 사실을 말해주는 것이다. 이와 같은 양상은 당시 조리에 사용한 토기가 경질무문토기에서 타날기법을 가미한 심발형 토기와 장란형 토기로 변화돼 가는 과정을 보여주는 자료로 이해할 수도 있다. 기대편은 원통형에 연한 황갈색을 띠며 외면에 돌대가 있다. 이와 같은 기대는 풍납토성, 몽촌토성, 설봉산성, 자작리 유적에서도 나온 바 있다. 이들 경질무문토기는 한성백제기에 사용한 생활용기로서 호, 옹이 주류를 이루고 있다. 경질무문토기는 4점으로 2점의 구연부로 보아 호(壺)로 추정된다. 이와 함께 추정문지 2개소, 고대지 2개소, 수구지 1개소, 외옹성(추정) 1개소 등이 확인되었고, 성벽의 남쪽 일부가 남아 있는 사실도 알아냈다.

평택시 5개 관방유적

　경기도 평택시 안중읍을 비롯 청북면과 현덕면 일대의 무성산성 · 자미산성 · 비파산성 · 용성리성 · 덕목리성 등 5개 관방(關防)유적은 고구려의 상홀현(上忽縣)에 해당하는 지역이다. 나중에 신라가 차지한 다음에는 거성현(車城縣)이란 이름으로 부르던 지역에 자리한 산성들이기도 하다. 그러나 고구려와 신라가 이 일대를 차지하기 이전에는 백제가 성을 쌓아 체계적으로 경영한 사실을 알게 됐다. 단국대학교 매장문화재연구소가 조사(2004년 3월 12일~5월 20일까지)한 이 발굴의 최대 성과는 무엇보다도 고구려의 상홀현(上忽縣) 및 신라의 거성현(車城縣)의 정확한 위치를 파악하게 된 데 있다. 평택시 안중읍 용성리와 이 지역의 비파산성은 고구려의 상홀현(上忽縣) 및 신라의 차홀현(車忽縣)에 해당한다는 사실을 알게 된 것이다. 차홀현(車忽縣) · 상홀현(上忽縣)은 신라에 의해 정복된 후 경덕왕 거성현(車城縣)으로 이름이 바뀐다. 고려시대 용성현(龍城縣)으로 불렀던 이 지역 용성리의 비파산성에서 거성(車城)이라는 글자가 찍힌 명문 기와가 발견되어 그간 정확한 위치를 모르던 상홀(차홀)현 · 거성현(신라)의 위치가 드러나기에 이른다.

　이 용성리는 남양만과 아산만을 낀 요충지에 위치했기 때문에 삼국이 일찍부터 해상권을 장악하기 위해 치열하게 다투던 지역이었다. 남쪽으로는 현재 서해대교가 지나는 아산만에 이어 서쪽으로는 남양만(현재 남양호)이 있다. 그리고 동쪽으로는 아산만의 지류인 진위천이 남북방향으로 가로질러 아산만과 만나는 수로교통의 요충지이다. 그래서 이 지역은 삼국사기에 일찍부터 역사에 등장한다. 『삼국사기』 지리지에는 당은군(唐恩郡)을 다음과 같이 소개하고 있다.

"원래 고구려 당성군(唐城郡)이었으며 신라 경덕왕이 당은군(唐恩郡)으로 고쳤다. 지금(고려 인종 때) 당성군이란 옛 이름을 따랐다. 당은군에 속하는 현이 둘이다. 거성현(車城縣)은 원래 고구려 상홀현(上忽縣) 또는 차홀현(車忽縣)이다. 경덕왕이 이름을 거성현으로 고쳤으며, 지금의 용성현(龍城縣)이다. 진위현(振威縣)은 고구려의 부산(釜山縣)이다. 경덕왕이 고쳐서 지금 그대로 따르고 있다."

현재의 평택시 진위면은 위의 기록처럼 삼국시대 부산현(釜山縣)이란 이름으로 불렸다. 부산(釜山)은 『삼국사기』 백제 관련 초기기록에 왕들이 수시로 수렵을 나간 곳으로 자주 등장한다. 그럼에도 그간 상홀·차홀의 위치를 정확하게 알 수 없었으나, 이 발굴로 용성리 비파산성이 신라 거성현(車城縣)의 현성이었음을 알게되었다. 그리고 고구려의 상홀현(上忽縣)으로 밝혀지기도 하였다. 더구나 역사의 기록으로는 상홀(=신라 거성현)이 고구려 땅이었다가 후에 신라의 영토로 편입되었다고 기록되었지만 그보다 오래전에 이미 백제의 영역이었던 것을 후에 고구려가 빼앗았다는 사실을 백제계 출토유물이 증거한다. 이들 유적 발굴의 의의가 바로 여기 있다고 할 것이다.

이 지역이 중시된 데는 무엇보다도 이들 지역의 지리적 중요성 때문이다. 삼국시대 이전 대중국 또는 대일 외교나 교류를 위한 해상항로와 육로가 맞물린 지역이 오늘의 남양(南陽)을 포함한 화성시·평택시 일대이다. 특히 당성(唐城)에 해당하는 화성시 서편지역은 남양만을 끼어 해상교통의 요지가 될 뿐 아니라 진위로 연결되는 요로이다. 진위는 남쪽으로 오산·평택과 이어지는 관문으로서 이들 평택시 안중읍 일원에서 한성으로 갈 때는 반드시 거쳐야 하는 지역이었다. 즉 서쪽으로는 남양만과 남양, 남쪽으로는 아산만을 끼어 군사적으로 중요한 거점이 될 수밖에 없다.

백제건국 초기 왕들이 부산(釜山, 현재의 진위)지역으로 자주 사냥을 나갔다는 기록은 당시 쇠퇴하는 마한을 밀어내며 주변지역 정복에 나섰던 백제의 활발한 영역 확장을 짐작케 하는 증거로 이해할 수 있다.

무성산성(武城山城)

토축 테뫼식 산성이다. 성 둘레는 약 547m에 면적은 5,650㎡에 이른다. 남북 방향으로 길게 쌓아 서치성이 옆으로 돌출되었다. 성벽과 성 내부가 군대의 참호 및 교통호·민묘 등으로 많이 훼손된 상태이고, 남벽 일부 구간은 이동통신 기지국으로 잘려져 있다.

2004년의 발굴은 서치성에서 북치성에 이르는 부분과 동벽 일부 구간을 대상으로 이루어졌다. 서치성 성벽(가지구)·북치성 (나지구)·동벽(다·라지구)의 네 개 지구로 구분하여 발굴했다. 서치성에서는 현재의 남양호(남양만)를 멀리 조망할 수 있고, 서치성의 중심부에는 옥길리 신기마을로 통하는 길이 있다. 내부에서 성 밖으로 빗물을 배출하던 배수구가 확인되었다. 유물로는 회청색 토기류와 자기류·철제못 등이 출토되었다. 성벽의 하단폭은 13m, 상단폭은 1.8m이고, 외벽 높이는 3.5m에 이른다. 나지구는 북치성과 그 내부 평탄지역으로 이루어졌다. 여기서는 서쪽 남양호와 북쪽 화성군 일대까지를 조망할 수 있다. 성벽의 하단폭은 23m, 외벽 7.2m이다. 내벽 지표선 130~200㎝ 하부에서 석재·와적층이 확인되었고, 다양한 문양의 고려시대 기와도 출토되었다.

무성산성 전경(경기도박물관)

동벽과 내부 평탄지인 다지구는 동북쪽 청북면 일대를 내다볼 수 있다. 여기서는 통일신라시대 토기편·기와편이 출토되었다. 라지구는 동벽 일부 구간으로 모래와 잡석을 섞어서 판축을 한 사실이 확인되었다.

무성산성에서는 마제석촉편 1점과 청동기시대 토기편 12점·백제 초기 토기편이 주로 수습되었다. 그러나 청동기시대 무문토기편은 찾지 못했지만, 아주 늦은 신라 후기 또는 고려시대 유물이 주로 출토되었다. 기와류는 주로 나지구의 성벽 하부 와적층에서 나왔다. 기와는 화재로 불탄 고려시대 기와가 대부분이었고, 막새류는 출토되지 않았다. 가지구에서는 명문기와 1점이 출토되었으나, 명문의 글자는 아직 판독하지 못한 상태다. 평기와는 회색·갈색 연질기와에 일부 회청색 연질기와가 섞여 있다. 암키와는 길이 32~44㎝, 폭 25~32㎝이다. 이들 암키와에서는 집 선문·선문·어골문·복합문·격자문 등이 확인되었다. 복합 집선문 기와는 이웃 자미산성·비파산성·덕목리성에서도 출토되었다.

무성산성에서 출토된 토기류는 23점이다. 이외에 자기류 3점·철제화살촉 1점이 있다. 토기 중에는 호(壺)나 병 종류가 나왔다. 병은 9~10세기 신라 때의 유물로서 회청색 경질토기이다. 여기서 수습한 소형 단경호편도 승문이 보이고, 황갈색 연질이어서 백제시대의 것으로 추정된다. 이들 토기로 미루어 백제가 이 지역을 먼저 차지해 경영했음을 알 수 있었다.

자미산성(慈美山城)

안중읍 덕우1리(77번지 일대)에 자리한 산성이다. 여기서 북쪽으로는 무성산성이 자리했고, 남쪽으로 약 1백m 거리에 비파산성과 용성리성이 있다. 이 산성에서는 서해대교가 한눈에 들어오고, 남양만과 아산만도 바로 내려다 보인다. 내성과 외성의 차이는 파악할 수 없었으나, 자미산성의 남북 길이는 125m, 동서 길이는 167m에 성 둘레는 582m에 이른다. 문지 2개소·치 성 3개소·건물지 9개소 · 수구지 1개소 등이 조사되었다. 유물은 별로 많이 나오지 않았다. 짧은 기간의 발굴 탓이기도 하지만, 청동기시대와 백제시대 유물은 거의 없었다. 다만 신라 후기 및 고려시대 유물이 나왔다.

자미산성 성벽 석축은 1970년대 방조제공사를 위해 반출되었다고 한다. 따라서 훼손상태가 심한 편이었

자미산성 북문지 조사 후 전경(단국대학교 매장문화재연구소)

다. 발굴팀은 이 성을 가 · 나 · 다의 3개 지구로 나누어 발굴했는데, 가지구에서는 160~220㎝ 토광과 그 내부에서 백제 광구호가 출토되었다. 나지구에서는 저장시설이 확인되었고, 이와 흡사한 모양의 저장시설(추정)은 이천 설봉산성

자미산성 다지구 외벽 잔존상태(단국대학교 매장문화재연구소)

에서도 발굴된 바 있다. 나지구의 A-11, 13에 걸쳐 2개의 구덩이와 그 주변에 기와 및 판석이 널려있는 저장시설을 확인하고, 구덩이 단면을 정리한 결과 암반에 점토를 깔고 바닥에 돌을 깐 흔적이 확인되었다.

다지구는 서치성으로 추정되는 지역이며 남벽에서 서벽

자미산성에서 확인된 저장시설. 이천 설봉산성에서도 이와 거의 똑같은 시설이 확인된 바 있다(단국대학교 매장문화재연구소).

으로 꺾이는 지점이다. 성벽은 모두 무너지고, 석재는 외부로 반출된지 오래돼 전체 규모를 알 수 없었다. 석축성벽의 폭은 500~520㎝ 정도였다. 바닥석 상면에 와적층이 보이고, 동서폭 620㎝에 남북 600㎝의 장방형 굴광모양의 유구가 확인되었다. 160~180㎝ 깊이의 사람 키 만큼 파고 만든 것이어서 저장시설 또는 저수시설이 아니었나 추정하고 있다.

이 저장시설은 설봉산성 3차 동문지 주변 발굴조사에서 확인된 것과 유사하다. 설봉산성에서 확인된 저장시설은 동서 740㎝에 남북 840㎝, 깊이 170~220㎝ 규모이다. 축조 시기는 7세기 무렵으로 짐작되는 이 저장시설의 축조방법은 자미산성과 매우 흡사하다. 이 저장시설은 수혈 바닥에 60㎝, 측벽에 약 100㎝ 두께로 암갈색 고운 점토를 다진 다음 바닥석을 깔았고, 30㎝ 간격을 두고 4개의 구획으로 나누었다. 이렇게 설치한 다음 지붕을 올리고 그 위에 기와를 얹은 것으로 추정된다. 저장시설 내부에서 다량의 기와가 출토되었기 때문이다. 아울러 이번 시굴조사 과정에서 북문지가 처음 드러났으나, 향후 정밀조사를 통해 그 형태와 성격 규명이 이루어질 것으로 보인다.

이 자미산성에서는 청동기시대 무문토기부터 조선시대 자기에 이르기까지 모든 시대의 다양한 유물이 출토되었다. 5개의 성 가운데 가장 폭넓은 시대의 유물이 나왔다. 완형에 가까운 유물과 더불어 명문을 새긴 벼루와 고배편도 출토되었다.

기와로는 수키와 · 암키와 · 명문기와 · 막새기와 · 특수기와와 더불어 수막

새·암막새기와도 나왔다. 수막새는 회오리문양을 새겼으나, 명문기와의 명문
은 현재 판독되지 않았다. 기와 뒷면에는 마포흔·사절흔·타날흔 등이 나타난
다. 기와는 본래 회청색 경질기와였으나, 후에 화재로 적갈색 연질로 변한 것이
대부분이었다.

자미산성에서 출토된 유물은 비교적 다양한 편이다. 마제석촉·토제 어망
추·무문발형토기 굽편 등 청동기시대 유물이 나왔는데, 석촉은 완형에 가깝다.
토광 내부에서 5세기의 회청색 경질항아리가 나왔다. 구연 일부가 망가졌을 뿐
완형에 가깝다. 몸통 중하단부까지 조족문이 보이고, 높이는 63.5㎝에 구경 34.5
㎝ 크기이다. 저장시설 남쪽에서는 완형에 가까운 유개고배가 출토되었다. 북문
지 성벽 트렌치 적갈색층에서는 무개식 삼족토기편
이 출토되었다. 구연부와 몸통 일부·삼족 다리가
남아 있었다.

신라시대 토기류로는 단각고배류·완류·뚜껑
류·호류 등이 있다. 다 지구 성벽 절개 트렌치에
서는 배신면에 '下'자 명문이 음각된 고배가 나왔

백제 항아리(甕). 자미산성 출토
(단국대학교 매장문화재연구소)

자미산성 가지구 트렌치에서 출토된 백제토기(단국대학교 매장문화
재연구소)

자미산성에서 출토된 백제 고배
(단국대학교 매장문화재연구소)

다. 형태상 6세기 후반의 단각고배로 추정하고 있다. 이는 유개고배로 유약을 입혀 광택이 난다. 이와 함께 반구형의 뚜껑과 손잡이편도 출토되었는데, 역시 신라시대의 것으로 추정된다. 다지구에서 출토된 원형의 토제 벼루편은 약 19 ㎝ 크기이다. 짧은 다리에 투창이 뚫려있는 원형 벼루로서 투창 사이에는 초서체의 명문이 있다. 이외에 철제 화살촉과 솥편이 출토되었다. 화살촉에는 슴베가 달려있다(촉길이 3㎝). 또한 라지구 배수로 밑에서 두 점의 철제품이 나왔는데, 이는 목제 성문에 철판을 고정하기 위한 것으로 추정된다. 이외에 조선시대 백자편도 나왔다.

비파산성(琵琶山城)

안중읍 용성3리 설참마을과 덕우1리 원덕마을의 비파산(해발 102.2m) 북쪽 정상부로부터 남쪽 하단부 용성리 뒷골에 걸쳐 축조된 포곡식 토축성이다. 북쪽 자미산성과 마주보고 있다. 남동쪽 용성리성과는 능선으로 연결되어 성벽의

비파산성에서 출토된 차성명(車城銘)기와(단국대학교 매장
문화재연구소)

전체길이는 1,622m이다. 성 내부의 평탄지는 모두 농경지로 활용되어 동문지로 추정되는 평탄지를 중심으로 발굴했다. 동문지 안쪽 평탄지(가지구)와 그 남쪽(나지구), 북쪽 다지구의 세 구역을 발굴한 결과 가 지구에서는 2기의 타원형 수혈주거지(500㎝, 390㎝)가 나왔다. 주거지 내부에서는 화덕시설·숯 등이 확인되었으나, 나지구 및 다지구에서는

유구의 흔적이 나타나지 않았다.

이번 발굴에 앞서 지난 1999년 지표조사 때 성벽 기저부에서 '乾德三年'이란 명문이 들어간 기와가 수습되어 고려 광종 7년(965)에 성벽의 보수가 있었음을 알 수 있었다.

2004년에 이루어진 이들 평택시 관방유적 조사의 최대 성과는 車城이란 명문이 들어간 암키와의 출토이다. 바로 이 비파산성 출토품이다. 조사지역인 용성리(龍城里)는 고려시대 용성현(龍城縣)으로서 고구려시대에는 상홀현(上忽縣)이란 이름을 갖고 있었다. 다시 말해 비파산성은 용성리의 현성(縣城)이었으며, 백제~신라(통일신라)시대 이 지역의 정치적 중심지였음을 알려준다. 성덕왕 때 車城縣으로 고쳤으나, 원래는 고구려의 上忽縣이었다고 삼국사기 지리지는 전한다. 즉 현재의 평택 진위인 釜山과 上忽 두 현으로 이루어진 당은군(唐恩郡)이 고구려 땅으로 기록되었으나, 본래 백제의 성이던 것을 고구려가 차지했다가 나중에 신라의 영토가 된 것으로 확인되었다. 이로써 사료상 부족한 점을 고고학적 자료로 보충하는 성과를 얻게된 것이다.

명문기와는 총 5점이 출토되었다. 그 가운데 3점은 고려시대의 것으로 보이며 글자는 아직 판독되지 않았다. 나머지 2점이 車城銘 암키와이다.

용성리성(龍城里城)

용성3리의 평지에 자리한 토축성으로 성벽 둘레는 449m 가량이다. 성 내부나 외곽까지 경작지로 활용되어 북치성을 중심으로 조사가 이루어졌다. 북치성 일대에서 고려시대 어골문 및 무문암키와 두 종류가 출토되었다. 지표조사 때 기와편 4점 · 토기편 9점이 채집되었다. 회청색경질저부편 2점과 자기류 7점 등이 함께 나왔다.

덕목리성 평택시 현덕면 덕목4리 · 원덕목 마을 진입로 좌우에 동성(東城)과 서성으로 나뉘어져 서로 마주보는 성이다. 성의 전체 길이는 290m이다. 북벽

일부와 북문지로 추정되는 북문지 1·2의 발굴결과 기와류·토기류·자기류
등이 출토되었다. 평저형 동이편이라든가 회갈색 또는 회백색 연질계토기 및
청자대접편·백자 잔 등도 출토되었다.

　이들 다섯 개의 성 가운데 덕목리성을 제외하면 모두가 하나의 산 능선에 자
리한 성이다. 이런 점에서 이들 여러 개의 성은 산 능선을 중심으로 하나의 방
어선 기능을 했던 것으로 이해할 수 있게 되었다.

포천 고모리산성

　의정부시에서 축석령(祝石嶺)을 넘으면 포천시이다. 이 축석령을 넘자마자 우측으로 직동리와 남양주시 내촌 및 광릉으로 가는 지방도가 나온다. 이 길을 따라가면 이곡리와 직동리에 이르고, 이곡리 마을에서 북쪽 편으로 보이는 야트막한 산이 고모산이다. 이곳에 고모리산성이 있으며 성 위에서는 북쪽으로 고모리 저수지가 내려다보인다. 축석령으로부터 고모리산성까지는 동북방향으로 약 3㎞ 거리이다.

　경기도 포천시 소흘읍 고모리(古毛里 산 64번지 일대)의 고모리산성은 고모산(古毛山, 일명 老姑山, 해발 386m) 정상을 중심에 두고 축조한 테뫼식 토성이다. 기본적으로는 토축성이지만, 동벽 일부 구간은 석축으로 쌓았으며 성의 대부분은 토축 또는 토석혼축이다. 성 안에서 시굴조사 때 백제토기를 수습하면서 백제가 이 산성을 축조한 것으로 파악됐다.

　2001년 단국대 매장문화재연구소가 지표조사를 마쳤으나 문화재청과 포천시청으로부터 발굴허가가 나지 않아 2005년 현재까지 본격발굴은 이루어지지 않았다. 지표조사 결과로는 고모리산성에서 출토된 800여 점의 토기조각은 최근 발굴한 포천 자작리 출토유물과 매우 유사하다. 이같은 지표조사를 근거로 고모리산성은 백제성임에는 틀림 없다고 보고 있다. 이들 토기편은 3세기 전반에서 5세기 초에 해당하는 유물들이어서 산성의 축조시기를 3세기 초까지 올려

볼 수 있다는 것이다.

성은 내성과 외성으로 이루어졌다. 성 내부에는 남북으로 해발 386m 안팎의 두 개의 봉우리가 있다. 외성의 전체길이는 240m(남북거리 140m), 내성은 967m(남북거리 350m)이다. 내성은 서벽(400m)·북벽(200m)·동벽(240m)·남벽(110m)으로 이루어졌고, 전체 7구간으로 나눌 수 있다.

고모리산성 원경(이곡리에서, 단국대학교 매장문화재연구소, 『포천 고모리산성 지표조사』 보고서, 2001)

지표조사에서는 문지로 추정되는 부분 1개소와 건물지(추정) 7개소(내성에 6기·외성에 1기)·우물지 1개소 등을 조사했으나, 건물지에서는 기와조각이 발견되지 않았다. 따라서 애당초부터 이 성에는 기와 건물이 없었던 게 아닌가 하는 추정을 낳고 있다. 하여튼 이

내성 서벽 3구간 성벽 상면(단국대학교 매장문화재연구소, 『포천 고모리산성 지표조사』 보고서, 2001)

고모리산성 남쪽으로 축석령을 넘으면, 양주와 의정부시 및 서울에 이른다. 그리고 북쪽으로는 포천이나 연천·철원에 닿는다. 동남쪽으로는 남양주시로 이어지는 교통상의 요로(要路)에 자리했고, 동시에 이들 각 지역으로의 진출 거점이 되는 곳이기도 하다.

이 고모리성 지표조사와 때를 같이하여 고모리성은 광개토왕비문이나, 중원 고구려비에 보이는 고모루성(古牟婁城)일 것으로 보는 의견이 제기되었다. 이에 따라 지표조사 또한 이들 비문에 나오는 고모루성인지의 여부를 가리는데 많은 관심을 갖고 진행했다. 영락(永樂) 6년 광개토왕이 백제를 공격하여 빼앗은 58성(城) 700여 촌(村) 가운데 고모루성이 들어있거니와, 대략 이 시기의 백제 북

방 영역은 임진-한탄강계 이남으로 한정된다고 보았기 때문에 이 부근에서 충주로 가는 길목 어딘가에 고모루성이 자리잡았을 것으로 추정해왔다. 그리고 소릿값으로나 위치상으로 고모리산성이 고모루성(古牟婁城)에 가장 적합한 것으로 보기도 했던 것이다.

중원고구려비의 내용 가운데 '古牟婁城守事下部大兄耶 …' 란 구절에서도 고모루성(古牟婁城)이 보인다. 그래서 고모루성은 고구려의 중원지역 진출로 어딘가에 있어야 할 것이라는 의견은 어느 정도 설득력이 있다. 고모루성(古牟婁城)을 이 지역 포천의 고모리산성이라고 보는 의견은 古牟婁의 '牟婁' 는 '마을' 의 뜻이고, 古를 '크다' 는 의미로 파악했을 때 '큰마을(大村)' 이 될 수 있다는 데서 비롯되었다. 다시 말해 古毛里는 古牟婁의 변형이고, 그 뜻은 大村城으로 해석한 것이다.

그러나 축석령을 넘어 포천시내 방향으로 가다 보면, 송우리(松隅里)가 나온다. 이 지역의 원래 이름은 '솔모루' 였고, 이 동네에 연봉모루라는 이름을 가진 별도의 지명이 더 있다. 또한 고모리산성 동북방의 가산면 금현리에는 돌모루라는 마을이 있다. 이 일대에 '모루' 란 지명이 많은데, 이 경우 모루(광개토왕비의 牟婁)는 '마을(村)' 을 뜻하는 '말' 과 같은 의미로 볼 수 있다.

이렇게 본다면, 당시의 표기법상 古牟婁에서 婁를 따로 분리해 생각할 수 없다. 따라서 古毛里의 毛里와 牟婁를 대응시킬 수 없다. 이와 달리 마을을 里 단위로 편제하면서 古毛라는 지명에 里를 붙여 古毛里가 된 것이라면, '고모' 는 별도의 다른 뜻을 갖는 말일 것이다. 이를테면 '리' 는 '루' 의 변음이라고 인정할 수도 있다는 이야기이다. '고모' 라는 지명은 대구를 비롯한 전국 여러 곳에서 보인다.

고모리산성에서는 고구려 유물은 출토되지 않았다. 대신 5세기 초까지의 백제토기가 나온다. 이같은 정황으로 보거나, 산성의 위치 또는 성격상 포천지역의 거점성으로 보기에는 여러가지 단점이 보인다는 것이다. 다시 말해 발굴자들은 大村城이란 의미에서의 고모루성은 이 지역이 아닐 것이라는 의견이 제시되었다. 어느 정도 규모를 갖춘 성이 아니라, 소규모 방어진지인 책(柵)이었을 것이라는 견해이다.

포천지역에서는 이 고모리산성보다 북쪽에 위치한 반월산성이나, 성동리산성(城洞里山城)이 더 주목된다. 이들 산성에서는 5세기의 백제토기가 나오고, 반월산성은 늦어도 5세기 전반에는 축조되어 당시 이 일대의 거점산성이었다. 그러나 고모리산성에서 나오는 백제토기는 반월산성의 토기보다 이른 시기의 것이라는 게 지표조사 결과 밝혀졌다. 본격발굴이 시작되면 달라질 수 있겠지만, 고모리산성에서는 기와편이 전혀 출토되지 않았다. 그래서 반월산성을 사용하던 시기의 고모리산성은 사용하지 않는 폐성(廢城)이었을 것으로 잠정적 결론을 내린 바 있다. 이 고모루성이 일대 거점성이라면, 그 규모나 위치로 보아 적합하지 않기 때문에 오히려 반월산성이 더 어울릴 것 같다는 것이다.

그러나 몇 가지 측면을 고려하면, 고모리산성은 오히려 고목성(高木城)일 가능성도 있다. 백제 무령왕 7년 조에 '夏五月 立柵於高木城南又築長嶺城以備靺鞨 冬十月高句麗將高老與靺鞨謀欲攻漢城進屯於橫岳下王出帥戰退之'라고 한 기록이 나온다. 이는 고목성(高木城)이나, 장령성(長嶺城)은 한성(漢城)의 북방에 위치하여 한성 방어에 유리한 조건을 갖춘 지역이었을 것이다.

'高木'은 그 자체가 백제시대의 표기로는 '고모성'을 의미하는 말이었으나, 김부식이 이를 삼국사기에 옮길 때 高木城으로 표기한 것으로 볼 수 있다.

고모리성은 성토법으로 축조되었고, 서벽 일부구간은 삭토한 다음 성을 쌓았다. 서벽과 북벽 외곽에는 호(壕, 도랑)를 갖추었던 흔적이 확인되어 방어용의 해자일 것으로 짐작된다.

이 고모리성에 올라서면 포천시를 포함한 서북 멀리까지 내려다 보이고, 외성 건물지에서는 축석령 방면이 조망된다. 이 축석령을 중심으로 길게 뻗은 산맥이 횡악(橫岳)으로 이해할 수 있을 것이다. 어떻든 고모리성에서는 7기의 건

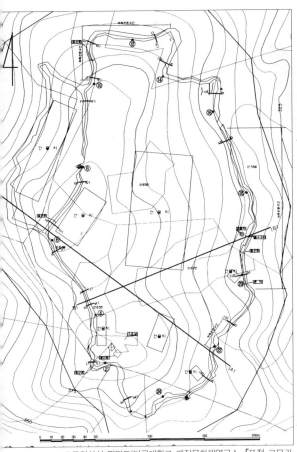

고모리산성 평면도(단국대학교 매장문화재연구소, 『포천 고모리산성 지표조사』 보고서, 2001)

물지(추정) 외에도 직경 2.5m에 깊이 1.4m나 되는 우물지를 확인했다.

이곳에서 출토된 토기를 기종별로 보면 고배·뚜껑·심발형 토기·장란형 토기·양이부호·소호·옹·호(모두 8개 기종 810점) 등이다. 출토비율로 보면 호(壺)와 옹이 각기 368편(片)·247편으로 가장 많고 그 다음이 심발형 토기 및 장란형 토기이다. 이들을 토기 소성도에 따라 구분하면, 연질토기 520점·경질토기 290점으로 연질토기가 압도적이다. 토기유물로 보면 고모리산성의 토기는 3세기 초~5세기 초의 것들이다. 이 중에서 대다수를 차지하는 것은 3세기 후반부터 4세기 전반기의 것이어서 고모리성의 축조 시기는 이르면 3세기 초이고, 늦어도 3세기 후반에는 축조되었을 것으로 보고 있다. 더구나 고모리산성의 축조방식은 원시적인 토성과 석

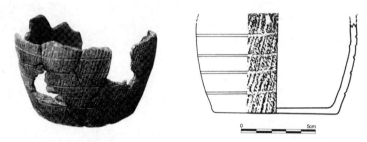

심발형토기(단국대학교 매장문화재연구소, 『포천 고모리산성 지표조사』 보고서, 2001)

성을 혼합한 형태이다. 백제산성 발달단계에서의 초기적인 형태로 볼 수 있기 때문에 이와 같은 편년이 제시된 것이다.

그러나 지표조사팀은 성벽의 높이가 2m 내외여서 성벽의 기능을 제대로 발휘할 수 없었던 것으로 보았다. 그래서 현재 남아 있는 성벽의 높이를 감안하면, 고모리산성은 성보다는 책(柵)에 가까운 목책 기능에 무게를 두었다.

포천 반월산성

 1994년 정밀지표조사 결과를 바탕으로 1995년 장대지와 헬기장 부근 건물지를 중심으로 첫 발굴을 진행했다. 1999년 한 해만을 제외하고, 2001년까지 총 6차례나 발굴되었다. 남문지 · 북문지 · 동문지 · 서치성 · 동치성과 동문지 일대의 대형 건물지 등 여섯 차례의 발굴에서 많은 유물과 유구가 쏟아져 나왔다. 그 중에서도 일차조사 때 마홀명(馬忽銘) 명문기와가 출토되어 『삼국사기』에 기록된 포천의 지명과 일치하는 사실을 알게 된 것은 적지 않은 소득이었다.

 이와 더불어 반월산성(半月山城, 경기도 포천시 구읍리 산 5 −2번지)은 백제시대에 처음 축조된 이후 고구려와 신라가 차례로 경영했음을 알게 되었고, 이에 사적 403호로 지정하기에 이른다.

 2001년까지는 산성 내부 평탄지와 추정 건물지를 중심으로 발굴했고, 2001년 발굴(6월 1일~7월 19일)은 산성 동벽의 동치성에서 애기당까지 성벽의 구조적 특징을 파악하는데 목표를 두었다. 이는 성벽 기저부를 정밀조사하여 성벽의 축조방법과 구조적 특징을 파악해 성벽 정비계획을 세우기 위한 것이었다.

 이 반월산성은 청성산(靑城山, 해발 284.5m)에 축조된 반원형의 테뫼식 산성(둘레 1,080m)으로 포천지역 산성 가운데 가장 규모가 크다. 2001년 6차 발굴 당시 동문지 내벽 기초 다짐층에서 백제토기가 발견돼 반월산성을 초축한 나라가 백제였음을 입증한다. 이로써 백제가 일찍이 포천지방으로 진출해 고모리

남치성 2동벽(단국대학교 매장문화재연구소)

서치성 남쪽 외벽 잔존상태(단국대학교 매장
문화재연구소)

산성이나 성동리 산성 및 자작리 등을 확보한 사실을 다시 한 번 확인했던 것이다.

반월산성이 자리한 청성산은 그 모양새에 따라 반월산이라는 이름이 붙었지만, 포천의 진산(鎭山)인 동시에 포천의 주산(主山)이기도 하였다. 반월성 앞에는 관아가 자리했고, 성 안에는 2~3개의 우물과 기우제단 등이 있었다. 이 반월성의 또 다른 이름이 청성(靑城)이다. 그런데 반월산을 청성산이라 한 것에 주목할 필요가 있다. 성은 동서 490m에 남북 150m로서 반월형이기 때문에 후대에 반월성이라 했겠지만, 본래는 청성이었을 것이다. 백제 한성(漢城)의 북방에 위치해 말갈이나 고구려 등 북방 세력에 대응하던 중심 방어성이 청성(靑城)이 아니었을까 하는 생각이 들지만, 삼국사기나 기타 기록에서는 청성을 확인할 수 없다.

6차 발굴은 모두 9개의 구간으로 나누어 이루어졌다. 대체로 암반을 L자 모양으로 깎아낸 기단석 위에 성돌을 쌓았다. 반월산성이 자리한 포천 시가지 북쪽 2km 거리의 구읍리를 비롯한 이 지역 일대는 한양에서 함흥으로 가는 조선시대의 관북로가 통과한 교통의 요지였다.

성안에는 문지 2개소·치성(4개)·건물

동치성 주변 가확-2 트렌치 수혈주거지 1 유물 출토상황 세부사진(단국대학교 매장 문화재연구소)

지(6기) · 우물지 및 수구지(2기) · 장대
지(2기)가 있다. 협축 및 판축기법이
모두 동원되었다.

출토 명문기와(단국대학교 매장문화재연구소)

1차 발굴에서는 장대지 · 헬기장 주
변 건물지 · 서치성 · 북문지를 중심으
로 조사했는데, 장대지에서는 馬忽 및
馬忽受蟹口罩이란 명문이 들어간 기와가 출토됐다. 이 명문기와는 매우 귀중한
사실을 전하고 있으나, 馬忽은 현재의 포천을 가리키는 고구려의 지명이라는
것 외에는 아직 다른 근거는 찾지 못하고 있다. 다만 受蟹口罩은 馬忽郡 내에 있
던 어느 지방명일 것으로 짐작된다.

이외에 사격자문 · 기하문이 있는 기와도 나왔다. 서치성(전면길이 14.3m,
너비 4.6m)은 8단으로 성벽을 축조했으며 토기는 파편이 출토되었다. 호 · 뚜
껑 · 고배 · 완 · 대부발 · 접시 등이다. 이들은 삼국시대부터 통일신라시대에 이
르는 유물이다. 토광에서는 고구려 계통의
장동호와 기타 토기가 상당수 나왔다.

2차 발굴은 남문지 · 북문지 · 토광 등을
중심으로 이루어졌다. 남문지(길이 11m, 폭
2.64m)는 삼국시대에 축조되어 고려 · 조선
시대까지 여러 차례 보수를 하며 사용한 흔
적이 확인됐다. 남문지 주변에서는 적갈색연
질토기편이 나왔다. 북문지(길이 7.5m, 폭
1.5m)에서도 삼국시대에 축조한 사실이 보
이는 여러가지 흔적이 확인되었다. 이외에 8
기의 토광이 확인됐는데, 2차발굴에서는 평
기와 수천 점이 출토됐다. 토기는 고배 1점

광구호, 장경호, 단경호 출토(단국대학교
매장문화재연구소)

등재(①), 철제 용기류(②~⑧)(단국대학교 매장
문화재연구소)

을 제외하고는 모두가 조각으로 수습되었
다. 완·호·발 외에 벼루편·어망추·저
울추·무기류 및 반월형 석도 등이 보인
다.

3차 발굴은 우물지 주변 건물지와 회곽
도를 중심으로 진행되었다. 우물지 주변
건물지에서는 마홀명 기와를 비롯, 삼국
시대 평기와편과 토기편이 나와 산성 축
조 시의 건물이 존재한 사실을 알게 됐다.
이외에 고려시대 수막새기와·귀면와가
나와 반월산성을 궁예가 활용했다는 지역
주민들의 전언(傳言)이 사실일 가능성도
엿보였다. 토기는 고배·완·호·발·병
등으로, 주로 파편이 수습됐다.

4차 발굴(1999년)은 동치성의 윤곽과 규모를 알아내기 위한 것이었다. 동치
성은 동벽이 남쪽으로 회절하는 곳에 축조되었는데, 이 일대에서 9점의 암막새
기와 및 수막새기와가 출토됐다. 토기는 완이나 발로 짐작되는 토기편이 가장
많았고, 고배류·호·시루·뚜껑 등도 나왔다. 특히 백제시대에 만든 것으로
보이는 광구호·장경호·단경호가 출토돼 이 성의 초축국을 백제로 파악하는
데 중요한 단서가 되었다. 이외에 회청색 경질토기·인화문토기 등 7세기 후반
신라토기도 나왔다. 뿐만 아니라 철제 초두와 철정·꺾쇠·화살촉 등의 무기류
나 열쇠·과대와 같은 철기도 나왔다. 이들 유물 가운데 특히 초두는 의례용이
며 반월산성에 파견된 지배자의 위상이나 반월산성의 성격 파악에 도움을 줄
것으로 기대된다. 아울러 鳥자를 새긴 명문 석판과 숫돌·토제 벼루편·어망추
등도 출토되었다.

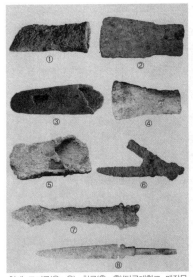

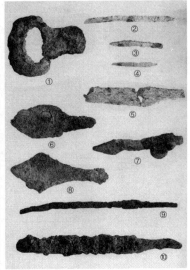

철제 도끼류(①~⑤), 창류(⑥~⑧)(단국대학교 매장문화재연구소)

철제칼류(①~⑤), 화살촉(⑥~⑩)(단국대학교 매장문화재연구소)

2000년의 5차 조사는 건물지와 내성벽·동문지·애기당지 대상으로 이루어졌다. 이 때 건물지에서는 최소 다섯 차례에 걸쳐 건물이 들어섰던 흔적이 보인다. 맨 처음 건물은 6세기 중반 이후 7세기 초에 세워졌던 것으로 판단된다. 내성벽은 백제식 축조공법이 적용되었다. 동문지는 7세기에 사용하다가 8세기에 폐쇄한 것으로 보이고, 애기당지에서는 동서 4.3m, 남북 3.9m 규모의 4단석축 건물자리가 확인되었다. 그리고 삼국시대 유물과 도제·철제 동물상 4점이 출토됐다. 5차 발굴에서는 기와가 주로 출토되는 가운데 토기는 7~8세기의 단각고배·대형호·완·대부발·인화문이 시문된 뚜껑 등 신라시대 유물도 많이 나왔다. 그러나 백제시대 장란형 토기·심발형 토기 및 원저형 발·원통형 토기가 출토돼 이 성의 초축국이 백제였다는 사실을 더욱 일깨웠다. 철제유물로

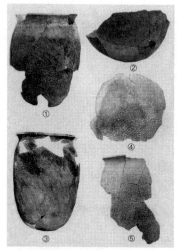

장란형 토기류(단국대학교 매장문화재연구소)

는 크게 무기류와 농기구·생활용기 등으로 나뉜다. 등자·철제창·화살촉·칼날편 등이 나왔고, 이외에 낫이나 철부와 같은 철제 농기류와 철제 솥도 나왔다.

2001년의 6차 발굴은 동문지와 성벽을 중심으로 이루어졌다. 백제가 초축한 것으로 보이는 문지는 현문식이었고, 성벽 역시 백제가 축조한 사실도 알게 되었다. 비록 대부분이 파편으로 수집되어 기형을 파악하기는 어렵지만 토기는 백제토기와 신라토기로 구분된다. 장란형 토기편·원저발토기편·심발형 토기편과 각종 백제토기의 동체편이 출토됐다. 이 가운데 동문지에서 나온 장란형 토기편은 4세기 중후반의 것으로 추정된다. 신라토기는 고배·뚜껑·완·병·호와 같은 다양한 기종이 출토되었으나, 주로 7세기 이후의 것으로서 6세기 이전의 토기편은 나오지 않았다. 어망추나 원판형 토제품 및 고운 점토로 만든 동물상이 나왔다.

이외에 살포나 낫·도자·주조철부·솥조각 등 철제류가 출토되었는데, 살포는 서울 아차산이나 구의동 보루·공주 수촌리 등에서 출토되는 살포와 연계하여 생각할 필요가 있다.

포천 자작리 유적

    국내에서 가장 규모가 큰 '呂' 자형 주거지와 더불어 소찰·통형기대·중국 동진시대 청자편 등이 출토되었다. 그래서 포천 자작리 유적은 한성백제시대 백제의 북방영역이라든가 지방세력의 흡수·통합방식을 보다 구체적으로 상정할 수 있게 되었다는 평가를 받았다. 특히 원주 법천리나 공주 수촌리에서 같은 시기의 동진시대 중국청자가 출토되면서, 포천 자작리와 원주 법천리·공주 수촌리의 지방세력이 중앙으로 편제되어 간 과정을 주목했던 것이다. 따라서 백제사의 문헌기록에 없는 자료확보와 백제사 연구방향을 제시한 획기적 발굴성과로 꼽힌다.

    자작리(自作里) 유적은 현재 포천시 향토유적 제3호로 지정된 자작리 지석묘 남쪽 2백여 m 지점의 '득새들'이라고 밭 가운데에 있다. 백제시대 주거지 뿐만 아니라 청동기 및 원삼국시대의 주거지를 함께 아우른 복합유적이다.

    포천군 일대의 광역지표조사(1998년 단국대학교 학술조사단)에서 알려진 이 자작리 유적은 원삼국시대 취락과 지방세력을 한성백제가 흡수하여 국가체계를 갖춰나간 지방 거점 마을유적이라는데 큰 의미가 있다. 인근 파주 주월리 유적 역시 이와 비슷한 거점취락의 하나로 보인다.

    경기도박물관이 자작리(251-2, 250-8번지) 일대 234평을 대상으로 긴급발굴(2000년 12월 1일-3월)에 나서 원삼국시대로부터 한성백제시대로 이어진 시기

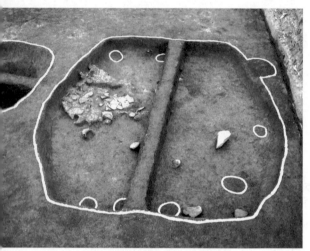
자작리 1호 주거지 유구(경기도박물관)

의 주거지 5동·굴립주건물지 1기·소형유구 6기·구상유구 4기를 찾아냈다. 5기의 주거지 가운데 2기의 주거지를 먼저 조사했는데, 이 중 2호 주거지는 폭 13.2m에 남북 길이가 23.6m에 이르는 국내에서 가장 큰 '呂'자형 대형 수혈주거지였다. 이 2호 주거지는 자작리 유적의 수장급 인물이 살았던 것으로 보인다. '呂'자형 수혈주거지 내부에서 부뚜막을 비롯해 집 구조를 알 수 있는 유물이 양호한 상태로 출토됐다. 주거지 앞면에는 출입구를 두었고, 방은 육각형을 한 특이한 구조로 밝혀졌다. 출입구 반대편의 부뚜막 주변에서는 대형 토기가 대량으로 나왔다.

이 시대의 다른 주거지와는 달리 기와를 얹었다는 획기적 주거형태가 확인되었는 데, 이러한 주거지는 몽촌토성과 풍납토성에서 이미 조사한 사례가 있다. 출입구 안쪽에서 나온 완형의 통형기대(그릇받침) 역시 몽촌토성과 풍납토성에서만 출토되어 여기 살았던 계층의 신분과 위상을 짐작할 수도 있다.

이외에도 주거지 내부에서는 통형기대 외에 파수부동이·시루·원저단경호·대옹·심발형 토기·토기뚜껑·기와·꺽쇠·철정·철촉·소찰(갑옷편) 등이 출토됐다. 그리고 소형의 육각형 주거지에서는 풍납토성에서 다량으로 출토되었던 중국 동진시대(317~420년)의 청자편이 나왔다. 이로 보아 5세기 한성백제의 중앙 세력이 중국 청자와 같은 고급 위신재를 지방 수장에게도 나눠주

2호 주거지 유구(경기도박물관)

어 지배했던 당시의 통치체제를 엿볼 수 있다. 그래서 이 지역은 독자적 지배권
력을 얼마만큼 갖춘 가운데 백제의 지방 간접 통치를 받은 거점마을이었을 가
능성이 제시되었다.

이어 2003년에는 발굴범위를 넓혀 포천시 자작동 250-3번지 외 6필지(4,788
평)를 조사하기에 이른다(2003년 9월 22일~11월 26일 시굴조사). 유적 전체의
26.6%에 해당하는 면적이었다. 이 조사에서 26개의 시굴갱을 넣어 주거지·소
성유구·구상유구·굴립주건물지 등을 확인했다. 여기서 확인된 주거지는 43
기 내외이다. 이외에도 소형유구 80여 기 안팎·구상유구와 굴립주건물지 4기
정도가 조사되었다. 그러나 향후 중장기발굴조사에 들어가면 훨씬 더 많은 유
구가 드러날 것으로 예상된다. 특히 유적의 서쪽 지역에는 많은 주거지가 더 있
는 것으로 조사됐다.

이 지역에서 멀지 않은 포천지역 여러 군데서 백제유적이 계속 확인되고 있다. 이를 근거로 중도식 무문토기편과 다량의 백제토기가 출토된 고모리산성은 자작리 일대 유적과 매우 깊은 관련이 있을 것으로 보게 되었다. 자작리 남쪽 15km 거리의 의정부시 민락동(民樂洞)에서 나온 백제유적도 자작리 유적과 깊은 관련성을 보여준다. 자작리 1호 주거지는 민락동 유적에서 확인한 H-1호 주거지와 그 구조 및 규모가 매우 유사하므로 시기적으로도 동시대의 것일 가능성이 높다. 특히 이 유적에서 출토된 직구단경와 고배는 5세기 중반 이후 6세기의 것으로서 자작리 유적과 시기적으로 매우 근접해 있다.

자작리 유적 지표에서 백제토기가 확인되는 범위는 매우 넓다(17,994평). 2003년 조사지역은 유물 분포범위 가운데 서북단에서 이루어졌다. 유적지의 지층은 지표층(I층)과 그 아래 흑갈색 사질점토부식층(II층), 맨 밑의 황갈색 사질층으로 구성돼 있다. 지표층은 30cm 내외의 두께인데, 이 지층에서는 조선시

기대(器臺, 경기도박물관)

대 백자 도기편과 함께 백제시대 토기편이 섞여 나왔다. 그 아래 II층은 두께가 10cm 내외로, 비교적 얇고 소량의 즐문토기편 외에는 유물이 거의 출토되지 않았다. 황갈색 사질층(III층, 두께 1.2m)은 유물이 출토되지 않는 자연층이다.

자작리 유적에서 확인한 유구는 주거지 5기·소형유구 7기·'凸'자형 주거지·원형주거지·장방형 소형유구·굴립주건물지·기둥구멍 등이다. 그리고 중도식 무문토기편·회청색 경질토기편·적갈색 연질토기편·적갈색 타날문토기편·기대편·회백색 타날문토기

편·심발형 토기편·회백색 승석문토기편 등 유물도 다양하게 출토되었다.

자작리 유적은 신석기와 청동기시대를 거쳐 원삼국시대와 백제시대에 이르는 시기에 이루어진 복합유적이라는 점을 가만하면, 하남시 미사리 유적과 비교되기도 한다. 이들 유적과 유물은 백제의 국가 형성과 발전과정을 가늠할 획기적인 자료로 평가된다. 신석기시대 이후 마을이 단절된 시기 없이 영속적으로 취락이 형성됐는지를 밝히는 문제는 숙제로 남아 있다. 이를 해결할 경우 경기

2호 주거지 출토 유물(경기도박물관)

북부지역의 거주지나 마을유형의 변화를 통시적(通時的)으로 파악하는 하나의 기준이 될 것이다.

이 유적에서는 즐문토기·중도식 무문토기와 더불어 많은 양의 백제토기가 출토됐다. 여기서 나온 기대(器臺)는 이 유적의 위상을 시사하는 것으로 볼 수 있다. 백제는 지방에 거주하는 토착세력에게 중앙에서 하사품을 내려주어 지배하는 방식의 지방통치 체제를 깃추었다.

자작리 유적 발굴조사와 관련해서 중요한 요점을 정리하면 다음과 같이 요약할 수 있다.

① 자작리 유적은 총 4,788평으로 이에 대한 시굴조사에서 모두 26개의 시굴갱을 넣어 발굴했으며, 모든 시굴갱에서 유구가 확인됐다.

② 시굴조사에서 확인한 유구는 주거지·소형유구·구상유구·굴립주건물지 등이며, 이들 유구 사이의 중복상태가 심하다.

③ 신석기시대 유구가 새로 확인돼 신석기→청동기→원삼국시대를 거쳐 한

성백제시대에 이르는 복합유적이란 점에서 미사리 유적에 비견된다. 따라서 경기 북부지역 정치체의 형성과정을 밝힐 수 있는 자료가 나올 것으로 기대된다.

④ 확인한 주거지들은 원삼국시대에서 한성백제시대에 이르는 시기의 것이다. 토기편으로 볼 때 원삼국시대 주거지보다는 백제시대 주거지가 압도적으로 많아 백제의 국가형성과정 연구에 도움이 될 것으로 기대하고 있다.

⑤ 즐문토기·중도식 무문토기와 함께 다량의 백제토기가 출토되었다. 특히 백제기와·통형기대는 자작리 지배자의 위상을 파악하는데 중요한 자료가 된다. 발굴단은 앞으로 본격발굴을 진행하면서 경기 북부지역의 한성백제 토기편년을 세우기 위해 절대연대 측정에 많은 노력을 기울일 것으로 보인다. 여기서 출토된 토기는 한성백제기의 토기와 큰 차이는 없으나, 고배나 직구호·삼족기와 같은 백제 중앙의 전형적인 토기양식이 나타나지 않는다. 그 대신 동진대 중국 청자가 나오는 것이 특징이다.

⑥ 슬래그나 장고형 이기재(離器材)가 출토됐는데, 이것은 이 마을 자체에서 철기나 토기의 생산이 이루어졌음을 알려주는 것이다.

화성 기안리 제철유적

　지금까지 국내에서 출토된 제철유적은 그리 많지 않다. 백제시대 제철유적으로 가장 잘 알려진 지역은 진천 석장리이다. 그러나 경기도 화성시 태안읍 기안리(旗安里)의 제철유적 역시 이에 못지 않을 만큼 유적 가치가 크다. 더구나 이 지역은 수원 고읍(古邑) 인근의 제철유적이어서 그 중요성이 인정되고 있다.

　현재의 융건릉(隆健陵)이 자리한 기안리와 안령리 일대는 조선시대 정조 때 화성(華城)을 신도시로 건설하여 지금의 수원으로 옮기기 전까지는 이 지역의 중심지 고읍(古邑)이었다. 수원 고읍의 유적으로는 남동쪽 화산(花山)의 화산 고분군에 이어 북서쪽으로 반달처럼 감싸는 고금산(古琴山, 해발 99m)에는 고금산 주거지 유적이 있다. 바로 이 기안리의 제철유적이라든가, 황구지천 주변의 농경 생산유적을 중심으로 생활주거지가 조합되어 중요한 세트유적을 이룬다. 안령리(安寧里) 유물산포지 · 태안읍 황계리 고분군 및 기안리 고금산 주거지와 화산 고분군은 기안리 제철유적과 더불어 중요 유적으로 꼽히는 이유도 바로 여기 있다.

　기안리 유적과 그 주변에는 단야로(鍛冶爐)나 기타 제철시설의 흔적이 밀집 분포되었다. 제철유적에서 나온 유출재(流出滓)와 철재(鐵滓) 등이 약 20만 평 범위에 산포되었고, 특히 바람모지라고 불리는 지역은 제철유적의 입지여건을 다 갖추었다. 연중 바람이 많이 불기 때문에 고온을 유지할 수 밖에 없는 제철

조사 광경(기전문화재연구원)

또는 단야에 필요한 노(爐)에 산소를 공급하기에 알맞은 지역인 것이다.

이 기안리 제철유적 바로 남쪽 5km 거리에는 원삼국시대~삼국시대 유적으로서 봉담면 마하리 고분군·당하리 주거지 및 생산유적·왕림리 주거유적 등이 있다. 이외에도 향남면 발안리의 마을유적·우정면 한각리토성과 주변유적·운평리토성·화산리 유적 등이 자리를 잡았다. 기안리·마하리·길성리토성 등과 같은 유적군은 서로 5~6km 거리에 지나지 않는다. 그래서 백제시대 초기 중앙과 이 지역 집단과의 관계나, 지역집단의 점유양상 및 통합과정 등을 살펴보는 중요한 자료가 될 수 있다.

더구나 낙랑계 토기가 이 일대 토착세력의 토기와 함께 출토되어 기안리가 철기나 제철과 관련하여 낙랑과 이루어진 어떤 교류 사실을 시사한다. 이는 가락동 2호분과 낙랑계 토광묘와의 연관성을 고려할 때 기안리 유적의 낙랑계 토기는 2~3세기를 전후한 시기의 유물로 해석할 수 있다. 그리고 가평읍 달전리 토광묘에서 나온 낙랑계 토기나 풍납토성에서 나온 낙랑계통 토기와도 시기를 같이할 수 있다는 이야기이다.

해발 28~36m의 완경사면을 따라 3개의 군(群)으로 이루어진 기안리유적은 서사면(西斜面)을 Ⅰ·Ⅱ·Ⅲ지역, 동사면은 Ⅳ·Ⅴ·Ⅵ으로 나누어 발굴했다. 이 가운데 주요 발굴지역은 해발 28~36m의 Ⅳ-Ⅵ지점(1,695평)이다.

Ⅰ지점에서는 원형 및 방형 수혈 9기·등고선과 직교하는 구(溝) 5기·노(爐)유적 2기·집석유구 1기 등 모두 22기를 조사했다. 용도미상의 유구 5기는 모

두 배수나 집수와 관련된 것으로 보이고, 안에서는 철재(鐵滓)나 대옹편·토기편·낙랑계토기편 등이 나왔다. 2기의 노(爐) 유적 가운데 1호 노유적 바닥에서는 약 2cm두께의 목탄층이 보이고, 그 위에 판상석이 놓여 있었다. 안에서는 송풍구편(送風口片) 1점과 단조박편(鍛造薄片)·노벽편(爐壁片)이 출토되었다. 연도의 직경은 25cm, 노벽의 최대두께는 11cm였다.

▲ 구(溝)유적-Ⅰ지점 수혈에서는 파수(把手) 2·단조박편·노벽편·심발형토기편·토기편·낙랑계 토기편 및 철재 등이 나왔다. Ⅳ-Ⅵ 3개의 지역에서 확인한 12기의 구(溝)를 중심으로 수혈과 노유적 등과의 관계 등을 확인하는 과정에서 최근의 경작층(논)이 드러났다. 그 아래 50cm 두께의 갈색 사질토에서는 고려~조선시대의 자기와 도기편이 나왔다. Ⅲ층(40cm 두께)은 백제토기편이 나온데 이어 그 아래 Ⅳ층(40cm 두께) 황색 점토층은 백제시대 문화층으로 밝혀졌다. 유구가 없는 부분에서도 토기편과 목탄·소토(燒土) 등이 다량 포함되었다. Ⅳ층 밑의 Ⅴ층은 고토양층이다.

Ⅳ·Ⅴ·Ⅵ 지역에서 확인한 구(溝) 가운데 구가 명확하게 남은 유구는 12기이다. 이 중에서 해발 33m 이상의 1~6호는 등고선과 직교한 방향으로 자리했다. 그리고 해발 33m 이하의 위치에서 나온 7~12호의 6기 중에서 12기의 구상 유구를 제외하고 남은 5기는 등고선을 나란히 따라갔다.

1~3호 유구는 7호와 연결되어 수혈을 감싸고 있다. 수혈 내부로 유입되는 물을 차단하면서, 7호 내부로 물을 끌어들이기 위해 만든 것으로 판단된다. 7호·8호는 등고선과 나란히 지나갔다. 9~11호는 2.5m~3.5m 간격으로 등고선과 나

유구모습(기전문화재연구원)

란히 배치되었는데, 이들은 동일시대의 것으로 보고 있다. 9호 내부에는 다량의 돌을 모아놓은 흔적이 확인됐다.

▲ 탄요(炭窯) – Ⅳ지역에서 가장 높은 부분에 자리한 1호 구(溝)에서 북서쪽으로 2.5m 거리의 등고선과 나란한 방향에는 탄요가 있었다. 평면이 땅콩처럼 생긴 탄요는 길이 830㎝에 폭은 회구부(灰口部)를 포함해 430㎝ 가량이었다. 복주머니 형태로 소성실과 동일한 방향으로 축조된 화구부는 길이 610㎝, 폭 210㎝였다. 바닥에는 목탄과 소토·재가 혼합되었다. 남동쪽 높은 부분에 자리한 연도부 어귀의 화구(火口)는 파괴된 상태였다. 연도부는 길이 100㎝, 폭 65㎝의 장방형이며, 벽은 최대 9㎝ 정도로 소결돼 있었다. 연도는 길이 35㎝, 폭 40㎝이다. 소성실의 벽은 남지 않고, 8㎝ 두께로 소결된 바닥만 확인했다. 탄요의 하단부에 남은 여섯 개의 화창(火窓)은 길이가 75㎝·폭 55㎝·소토두께는 10㎝ 미만이었다.

▲ 노(爐)유적 – Ⅳ지역에서 3기, Ⅴ지역에서 4기, Ⅵ지역에서 1기의 노(爐)유적을 확인했다. Ⅳ지역에서는 11기의 수혈이 확인됐는데, 이들 중 3–5호 수혈을 조사하는 과정에서 5호 수혈에서 노시설이 발굴되었다. Ⅳ–1호 노유적은 길이 160㎝(短軸 120㎝)·깊이 6㎝의 반수혈 내부에서 나왔다. 노적(爐蹟)은 길이 80㎝, 폭 50㎝의 장방형이고, 가장자리에는 노벽편이 세워진 채로 남아 있었다. 노 안에서는 백제 토기편가 슬래그·단조박편이 나왔다.

길이 65㎝·폭 40㎝ 정도의 장방형을 이룬 Ⅳ–2호 노유적 상부에는 다량의 토기편이 놓여있었다. Ⅳ–3호 노유적은 9호 구(溝) 내부의 집석(集石)을 발굴 중에 확인하게 됐다. 말각방형 또는 방형의 반지하식으로 장축 200㎝(단축 170㎝)에 깊이 30~35㎝이다. 바닥에는 소결범위가 80㎝, 폭 35㎝로 나타나 있었다. 이로부터 30여 ㎝ 거리에서 심발형토기 한 점이 나왔다. 바닥 동벽 하단에서 지석(砥石) 1점과 석재 3점이 출토되었다.

Ⅴ지역의 9호·10호·11호 유구 사이에서는 길이 110㎝(폭 80㎝)의 장방형

노유적(Ⅴ-1호)과 Ⅴ-1호 노유적 남동쪽 1.5m 거리에서 장방형의 Ⅴ-2호 노유적(길이 90㎝·폭 60㎝)이 나왔다. Ⅴ-3호 노유적은 11호·12호 유구 중복지점에서 드러났다. Ⅴ-4호 유구는 백제시대 문화층 상부에서 다량의 슬래그와 소결토가 함께 나왔다.

이외에 Ⅳ-1호 노유적(장축 160㎝·단축 50㎝)을 확인했는데, 안에는 소토가 가득 차 있었다. 11기의 수혈유구 가운데 폐기장으로 보이는 10호에서는 대형 노벽편과 낙랑계 통배(筒杯) 등이 함께 출토됐다.

노유적 외에 제철관련 유구로는 구(溝)·주혈·수혈 등이 있다. 구는 'ㄱ'자형·'S'자형·직선형·호상(弧狀)의 네 종류가 보이고, 노 내부에서는 소토·목탄 등 제철작업에서 생긴 것들이 많이 들어있었다. 주혈은 목탄을 보호하기 위한 고상가옥의 주혈이거나, 노유적을 가린 초막(草幕)과 같은 시설의 기둥이었을 것이다.

▲ 토기류 – 이곳에서 출토된 토기류는 기형(器形)이나 제작기법 및 태토 등으로 보아 낙랑계와 토착 재지(在地) 계통으로 분류할 수 있다. 심발형 토기·대옹·원저소옹류·단경호 종류를 비롯한 중도식 무문토기는 재지계통의 토기유형이며 호형(壺形)토기·분형(盆形)토기·옹형토기·통배·고배 등은 낙랑계 토기이다. 이들 가운데 몇 종류를 개략적으로 소개한다.

호형토기는 파편만 출토돼 전체적인 기형은 알 수 없다. 토기 견부(肩部)에서 구연부까지가 거의 수직을 이루었다. 니질점토(泥質粘土)로 성형했고, 목부분까지 승문(繩文)이 타날되었다.

분형토기는 구연부의 각도가 전형적인 낙랑토기의 분(盆)과 유사하다. 동체부에서 구연부로 바로 이어지며 90도 가량 외반(外反)되었다. 회백색·회청색·황갈색 계열의 와질이다.

출토 통풍구 토기 모습(기전문화재연구원)

옹형(甕形)토기는 바닥의 형태가 평저·원저의 두 가지가 있다. 원저의 옹형토기는 대부분 높이가 20㎝ 미만으로 소형이다. 분형 토기에 비해 구연부와 동체부의 연결부위가 약간 들어간 형태가 많다. 평저형의 옹은 밋밋한 어깨에 구연부가 외반된 기형으로 사질점토의 태토로 테쌓기 성형한 다음 회전손질했다.

심발형 토기는 대부분 평저형으로서 적갈색 또는 암갈색의 사질태토로 되어있고, 타날문이 들어간 것과 없는 것으로 나뉜다. 완(碗)은 3점이 출토됐는데, 니질 또는 사질점토의 태토이다. 구연이 외반된 것과 직립의 두 가지가 있다.

시루는 Ⅳ·Ⅴ지역에서 출토되었는데, 바닥에는 1㎝ 이하의 작은 구멍이 뚫린 것과 칼자국처럼 길게 째진 두 종류가 있다.

통배(筒杯)는 모두 세 점이 출토됐는데, 모두 저부편이다. 저부 직경은 10㎝ 미만이고, 기벽(器壁)의 두께는 0.5㎝ 가량인 이들 통배는 테쌓기 다음 회전물손질로 접합흔을 지웠다.

고배류는 회백색의 니질(泥質) 대각(臺脚)만이 출토됐는데, 투창을 둔 것과 없는 것 두 가지가 나왔다.

대옹(大甕)은 Ⅳ·Ⅴ·Ⅵ지역에서 조각편만이 출토됐다. 몸통에는 승석문(繩蓆文)이 조밀하게 찍혔고, 태토는 굵은 석립(石粒)이 점토에 섞여있다. 테쌓기를 하고 나서 물손질한 흔적이 보인다. 저부는 바닥 중앙부가 돌출돼 있고, 바닥면까지 승석문이 들어간 것도 있다.

이외에 각종 뚜껑과 흑갈색 또는 적갈색의 소형토기·파수 및 기와류도 출토됐다.

▲ 제철관련 유물 – 기안리 노(爐)유적에서 출토된 제철 관련 유물은 송풍구·송풍관·철재(鐵滓, Slag)·노벽편·원반형 토제품·지석(砥石)·단조박편(鍛造薄片) 및 철광석을 잘게 부수기 위한 공이 2점 등이 있다. 제철은 고온으로 온도를 일정하게 유지해야 되기 때문에 바람을 불어넣어 화력을 높이는 것은 필수다. 그래서 송풍관이 필요하다. 여기서 나온 송풍관은 모두 직경이 10cm 이상

이나 되는 대형이라는 점을 고려하면, 제련 또는 정련을 위한 노(爐)를 사용한 것으로 보인다.

송풍관은 안팎에 승문(繩文) 들어간 것이 대부분이다. 그리고 관을 서로 이어 맞추도록 선단부를 'ㄴ'자 모양으로 만들었다. 이와 같은 형태는 드문 사례로서 진천 석장리 유적에서도 출토된 예가 없다.

V지점 출토 송풍관(기전문화재연구원)

제철원료인 철광석은 8점이 나왔다. 철광석은 크기가 4~10㎝ 정도로, 일부 가열됐던 것도 있다. 이들은 제련을 위해 잘게 파쇄한 뒤 용광로에 넣은 것으로 보인다. 송풍관과 더불어 철재 및 철광석은 이 유적에서 제련이 이루

기안리유적 출토 철광석(기전문화재연구원)

어졌음을 시사한다. 그러나 사철(砂鐵)은 확인되지 않았다.

주변지역이 개간이나 삭평되어 후대에 파괴된 탓에 철재는 출토량이 많지 않다. 철재의 크기는 3~10㎝ 정도이고, 철 재료는 자철광계였다. 이들은 철기제작 최종단계에서 배출된 단련단야재로 밝혀졌다.

유리질화된 노벽편도 소량 나왔다. 굵은 모래와 볏짚을 개어서 만든 노벽은 진천 석장리의 제련로(製鍊爐) 노벽과 비슷하다. 노벽의 바깥면이나 중간벽으로 보이는 적색 또는 흑색소토가 조사지역 전역에 널리 흩어져 있었다. 특히 노 유적 주변에 집중적으로 보인다.

용도 미상의 원반형 토제품(직경 2~6㎝)이 20여 점 출토됐다. 이 외에 토제 방추차 4점도 나왔다. 철기의 날을 세우기 위한 지석(砥石, =숫돌)은 단야(鍛冶) 공정과 관련이 있는 유물이다. 사암과 조장암의 숫돌이 모두 10점이나 나왔다.

이들 외에 고토양층에서는 구석기 2점과 청동기시대 무문토기·유구석부·마제석촉 등도 보인다.

기안리 유적에서는 토착세력이 빚은 토기의 제작기법이나 기형 등으로 볼 때 낙랑계 토기가 각기 절반 가량씩 출토되었다. 그래서 본격적인 제련·제철이 이루어졌음을 알 수 있다. 토기류나 송풍관은 낙랑지역인 관서지방의 것과 유사하다. 색상이 다양한 토기류에는 니질태토·석영혼입태토·굵은 석립이 섞여 있다. 평저 또는 원저호·동이(盆)·시루·완·소형옹 등 다양한 기종의 낙랑계가 많다. 송풍관의 승문타날 기법이라든가, 승문타날 후 회전흔 등은 한성백제시대의 토기류에서는 찾아볼 수 없는 기술이다.

어떻든 백제 초기에 해당하는 시기의 이 유적이어서 백제가 낙랑지역과의 긴밀한 교류를 한 사실을 짐작할 수 있다. 철광석이나 송풍관 선단부가 고열에 녹아내린 유리질과 더불어 노벽편과 철재 등으로 미루어 이 유적에서 본격적인 제철작업이 이루어졌음을 알 수 있다. 그러나 용범이나 도기 또는 주조한 철기는 출토되지 않았다.

단야로(鍛冶爐)는 장방형 또는 타원형으로 땅을 얕게 파고 만들었다. 노의 가장자리에는 소토벽이, 안에는 노벽의 잔해로 추정되는 흑색 또는 적갈색의 소토와 목탄이 지름 1㎝ 내외 크기로 가득 차 있었다. 노 내부와 그 주변에서 단조박편이 확인되어 제련한 철을 단야로에 다시 넣어 철을 단조한 흔적이 파악되었다.

원삼국기의 토기를 대표하는 중도식 무문토기는 소형이 매우 적고, 한성백제의 토기양식은 나오지 않는다. 그래서 원삼국에서 한성백제 초기에 이르는 시기인 3세기 초~3세기 중반에 조성된 유적으로 추정하고 있다. 발굴자들의 견해는 진천 석장리의 제철유적보다는 이른 시기에 해당하고, 풍납토성 경당지구 101호 폐기장과 같은 시기의 것으로 보고 있다. 그리고 인근 고금산 주거지에서 나온 원삼국시대 토기와 유사한 점이 보이고, 연천 학곡리 적석총이나 파주 주월리 유적에서 나온 토기와도 유사성이 발견되어 이들과의 상호 비교연구도 필요하다.

화성 당하리 Ⅱ유적

경기도 화성시 봉담면 당하리 일대에 분포한 유적이다. 1999년 1월 20일~2월 30일까지 발굴되었다. 이 유적에서 남쪽 250여 m 거리에 당하리 Ⅰ유적이 자리했고, 남쪽 800m 거리에는 마하리 백제 고분군이 있다. 그리고 북쪽 600m 거리에는 왕림리 유적이 있어 백제시대 유적 밀집지역인 것이다. 모두 봉담~발안행 43번 국도 동쪽 500여 m 거리에 분포했다.

이 당하리 Ⅱ유적은 원삼국시대에서 백제로 이행하는 토기의 변화상과 낙랑계 토기 제작술의 유입을 보여주는 당하리 Ⅰ유적과는 다르다. 당하리 Ⅰ 이후의 시기에 해당하는 유적이다. 한성 Ⅱ기인 4세기 중반~5세기 중후반의 유적인 것이다.

이 유적에서는 백제시대의 장방형 주거지(1기)와 원형 저장고(5기), 성격미상의 유구(3기)가 조사되었다. 이들 유구에서는 호, 대옹, 장란형 토기, 심발형 토기, 고배, 기와 등이 나왔고, 조선시대의 민묘 5기도 확인됐다.

당하리 Ⅱ유적 발굴은 전체 취락의 일부에 지나지 않는다. 발굴장소 위쪽의 산 경사면으로 올라가면서 다량의 백제토기가 채집되어 당시 취락의 중심은 발굴지 위쪽의 경사면이었을 것으로 추정된다. 향후 이 지역에 대한 추가발굴이 이뤄지면, 보다 분명한 유적의 성격이 규명될 것이다.

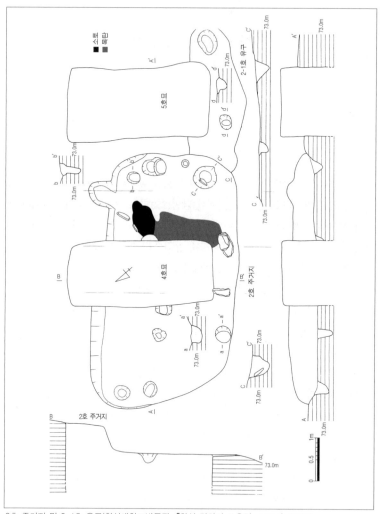

2호 주거지 및 2-1호 유구(한신대학교박물관, 『화성 당하리 II유적』 보고서, 2004)

주거지

조사한 주거지는 1기 뿐이지만, 왕림리 유적과 서로 유사성을 보인다. 장방형을 이룬 주거지는 등고선과 평행하게 축조되었다. 그리고 후대에 분묘가 들어와 파괴되는 바람에 분명하지는 않지만, 판석조(板石造)의 부뚜막으로 짐작되는 시설이 보인다. 내부에서 출토된 유물은 한성 II기에 해당되는 것들이다.

주거지(2호)는 평면이 장방형인 수혈주거지이다. 장축은 남동에서 북서방향인데, 규모는 길이 590㎝, 폭 335㎝, 깊이 70㎝이다. 생토 암반층을 파서 만든 이 주거지에서는 벽을 따라 파 놓은 주공(직경 25~50㎝, 깊이 30~70㎝) 흔적이 남아 있었다. 동쪽 모서리에 판석조의 부뚜막 시설이 있었고, 판석 내부에는 소토와 목탄이 들어가 있었다. 부뚜막은 주거지 바깥의 반원형 굴뚝으로 이어졌음이 확인됐다.

한편 5기의 저장고는 평면은 원형이고, 측단면은 플라스크형이다. 이와 같은 수혈은 대개 4~5세기의 것으로서 몽촌토성이나 용인 죽전지구 및 구갈지구에서도 확인되었다. 이들 역시 4~5세기에 조성된 것이어서 당하리의 저장고와 같은 시기의 것으로 볼 수 있다.

또한 6호 유구는 기둥을 세운 건물 내부에서 불을 사용한 흔적이 보이나, 구체적인 성격을 알 수 없다. 8호 유구는 수혈 내부에 여러 개의 기둥을 세운 시설물이다. 이같은 형식은 풍납토성 내 경당지구 15호 유구와 매우 유사하다.

이 주거지와 평면이 장타원형인 수혈유구(2-1호)가 중복된 상태로 조사되었다. 주거지와 관련된 시설로는 보지는 않으나, 주거지보다는 선행한 것으로 판단하고 있다. 두 개의 주공자리가 확인되었는데, 길이는 340㎝에 폭 140㎝, 깊이 15㎝이다.

토기

주거지에서는 직구호, 장란형 토기, 뚜껑, 암갈색 연질토기 구연부 등이 출토되었다. 3호 유구는 평면이 방형에 가까우나 부정형이며 바닥면은 원형이다. 석비레층을 파서 만든 플라스크형 수혈의 크기는 상면 길이가 250cm, 폭 240cm 이다. 그리고 바닥면은 길이 315cm에 폭 270cm이고, 깊이는 245cm이다.

연질구연부편, 연질기와편, 연질방형 전편(塼片, 길이 15.2cm), 흑색 마연 토기, 적갈색의 이형토제품(건물 벽체 일부로 추정) 등이 출토되었다.

4호 유구는 평면이 원형인 수혈(직경 270~280cm, 깊이 115cm)인데, 이 안에

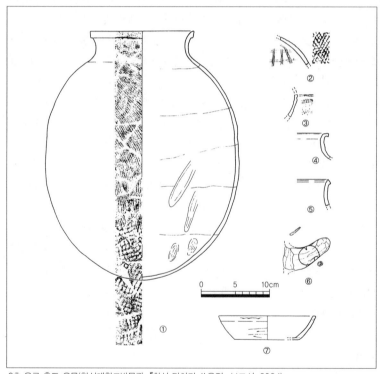

6호 유구 출토 유물(한신대학교박물관, 『화성 당하리 II유적』 보고서, 2004)

서 경질호 저부편·동체부·연질토기 구연부편과 저부, 연질호의 경부편, 원형의 토제품과 용도 미상의 철제품(길이 7.3㎝), 경질대옹저부편, 회청색 호편, 연질뚜껑 등이 출토되었다. 6호 유구는 장방형의 소토면과 그 주변에 5개의 주공이 있는 유구이다. 소토면은 북동에서 남서방향으로 장축을 이루었다. 바닥에 적갈색소토와 목탄이 얇게 깔린 소토면 중앙부에서 적갈색 난형호(卵形壺) 1점이 출토되었다. 유구 주변에서 난형 호와 약간의 토기편을 수습했는데, 난형 호는 적갈색 연질의 원저형이다. 동체 전면에 사선평행선문 또는 승문이 들어간 나형 호의 목은 짧고 직립이며 구연은 약간 외반되었다. 높이는 36.1㎝이다. 이 외에 황갈색의 우각형 파수(把手)가 나왔다.

8호 유구는 장방형의 수혈(길이 150㎝, 폭 120㎝, 깊이 25㎝)로서 벽면을 따라 주공이 파였다. 내부 바닥의 타원형 작은 구덩에서 토기편이 나왔다.

그러나 당하리 유적에서 출토된 백제유물은 교란된 상태의 저장고 속으로 쓸려 들어간 채 출토되었으나, 대부분 작은 조각들이다. 호와 장란형 토기, 심발형 토기 조각이 다수를 차지하고, 고배나 삼족기, 뚜껑 등은 소수에 지나지 않는다. 이러한 기종들로 보면 한성 Ⅱ기에 해당한다.

당하리 Ⅱ유적의 유물은 대부분 한성 Ⅱ기에 속하는 4세기 중반에서 5세기 중후반에 걸친 시기의 것들이다. 유물 중에는 중도식 경질무문토기로 보이는 잔편과 함께 한성 Ⅰ기에 속하는 대옹저부편도 출토되어 일부 유물의 연대는 당하리 Ⅰ지역 출토품과 같은 시기까지 소급될 가능성도 있다. 그러나 원삼국시대에서 백제로 이행하는 시기의 토기변화상과 낙랑계 토기의 제작기술이 유입된 당하리 Ⅰ유적보다는 후기의 것이 분명하다.

와전(瓦塼)

당하리 유적에서 출토된 유물 가운데 주목을 끄는 것은 기와 및 전돌이다. 기와는 당하리 Ⅰ유적과 마하리 유적에서도 상당히 많은 양이 출토되었다. 이들

기와는 궁궐이나 관청 사원 등에서만 사용되었을 것이라는 통념을 벗어난 것들이어서 앞으로 기와에 대한 재고가 뒤따라야 할 것으로 보인다. 당하리 유적에서 출토된 기와는 3호 유구와 표토 출토품을 합해 모두 11점이다. 안쪽에는 포목흔이 남아 통쪽 모골의 흔적도 있다. 흑회색과 황갈색, 회색을 띠는 이들 기와는 무문 6점, 격자문 4점, 평행선문 1점으로 한성기 백제 기와의 표준형태를 보이고 있다.

3호 유구에서 출토된 방형 전은 포목흔이 남아 있다. 이와 비슷한 전은 몽촌토성과 향남변 발안리 주거지 부뚜막 내부에서 출토된 바 있다. 부뚜막에 기와를 이용하거나 부뚜막 내부에 기와를 넣은 경우는 풍납토성에서도 확인되었다.

화성 동탄 석우리 먹실유적

택지와 산업단지 등을 조성하기 위한 지역개발 사업에 따라 화성시 일대에서는 최근 상당한 고고학적 성과를 거두었다. 마하리 · 발안리 · 기안리 등지와 더불어 오산의 동쪽 지역인 동탄지역에서도 두드러진 발굴 성과를 거두어 이 지역에서의 선사 이후 고대 생활상을 가늠하게 되었다. 이 지역의 석우리 먹실유적 또한 청동기~마한(원삼국)시대의 유적으로 발굴범위에 비해 비교적 다양한 유물이 출토됐다.

경기도 화성시 동탄 택지개발지구에서 한성백제시대 후기에 조성된 대규모 취락유적과 밭유구 등이 확인돼 4세기 후반 이후 5세기 중반기 생활상 연구의 중요한 지표가 되었던 것이다. 수혈주거지와 지상건물지를 중심으로 한 이 유적에서 당시의 경작지인 밭유구가 확인되었다. 이와 함께 고배 · 삼족기(三足器) · 대옹(大甕) · 기대편(器臺片) 등의 유물이 나왔다. 특히 이번에 확인된 한성백제기의 밭유구는 하남시 미사동의 미사리 유적과 의정부 민락동 유적에 이어 세 번째로 확인한 농경유적이다. 밭유구는 구조상 그 이랑의 폭이 좁기 때문에 미사리 유적 B지구 상층 밭과 흡사하고, 그 아래의 하층 2~3개 문화층 가운데 논유구로 판단되는 둑과 수로는 별도로 찾은 것이다. 그리고 불이 나서 떠난 주거지와 기둥이 잘 남은 건물지도 확인했다.

화성시 동탄면 석우리 산 491번지(26,049㎡) 일대 먹실유적은 백제시대 유물

이랑의 폭까지 분명하게 확인된 먹실유
적 밭유구(기전문화재연구원)

동탄 택지개발지구인 석우리 먹실유적 전경(기전문화재연
구원)

이 대규모로 분포하는 반석산
유적의 북쪽 구릉 말단부에
있다. 이 먹실유적은 남쪽 자
연녹지에 편입된 반석산 유적
의 연장선에 자리했다. 그래서 대규모 취락인 반석산 유적의 일부분이기도 하
다. 이 반석산 유적과 먹실유적은 취락 및 생산유적이라 할 수 있다. 경기도 기
안리 제철유적이나 발안리 마을유적, 마하리·왕림리·당하리 등의 유적군과
비교되는 유적인 것이다. 그래서 취락집단의 특성과 성격이 맞물려 돌아간 생
활상이 엿보인다.

이 먹실유적의 밭유구와 논유구에서는 경작한 곡물을 확인하는 성과를 거두
었다. 과학적 분석을 거쳐 논유구에서는 벼가 매우 밀도 높게 경작되었음을 알
아냈고, 밭유구에서는 보리나 기장 등을 경작한 사실을 확인했다.

2004년 말(10월 20일)부터 기전문화재연구원이 발굴한 석우리 먹실유적은 원
삼국시대로부터 백제시대에 이르는 대규모 유물 산포지인 반석산(122.3m)으로
부터 북서방향으로 뻗어나간 해발 50m 내외의 구릉 및 곡간부 저지대에 위치한
다. 2001년부터 한국토지공사가 동탄 택지개발사업의 일환으로 지표조사를 할

당시 백제토기편이 채집되어 정밀조사의 필요성이 제기되었다. 그래서 이후 2002년 시굴조사 때 한성백제시대 취락유구와 토기편 등이 확인되면서부터 농경 관련유적이 존재할 가능성이 제시되었다. 이에 따라 2004년 초(1월 16일) 이 유적의 성격 및 발굴조사 방향을 점검하기에 이른다. 이를 토대로 백제시대 밭과 주거지·수혈유구가 연장되는 서쪽 및 동쪽 편을 대상으로 한 확장조사의 필요성이 제기되어 2004년 4월부터 총 7,880평에 대한 발굴조사가 이루어졌다.

이 먹실유적 부근에는 하천에서 가까운 얕은 구릉사면을 따라 청동기시대 이후 삼국시대에 이르는 유적이 여러 지역에 분포한다. 청동기시대 유적으로는 동학산 유적과 반송리 유적 및 외삼미동 지석묘군 등이 있다. 동학산 유적은 청동기시대 전기로부터 말기에 이르는 시기의 유구로 존재한다. 구릉 정상부에는 삼중의 환호시설 흔적이 보여 이 시기의 중심취락이었을 것으로 추정된다. 원삼국시대 유적으로는 화성 감배산 유적이 있다. 경기대박물관팀이 발굴한 이 유적은 반석산과는 2.2km 거리에 위치한다. 42기의 원삼국시대 취락 유적을 확인한 감배산 유적은 반석산유적 및 먹실유적과의 문화적 연계성이 주목되었다. 청동기시대~원삼국기의 이들 마을 취락을 한성백제가 병합해가면서 국가적 성장을 이루었던 한 지역적 기반으로 보인다. 그 과정을 설명할 수 있는 유적의 하나가 바로 먹실유적인 것이다.

이 먹실유적과 유물은 전북 완주군 상운리 유적과 비슷한 시기에 조성된 것으로 판단돼 상호간의 유사성 및 연계성을 멀리 추적할 수도 있다.

발굴성과 및 내용

먹실유적 조사지역은 동쪽과 서쪽이 구릉사면을 이루었다. 그런데 중앙부는 곡간 저지대이다. 북쪽으로 가면서 구릉이 낮아지면서, 완만한 경사를 이룬다. 구릉부에서 많이 드러난 원형의 수혈은 주로 저장시설이 아니었을까 추정하고 있다. 구릉의 말단부로서 평지와 연결되는 지점에는 주거지가 분포했고, 그 하단에 밭유구가 이어진다. 8개 지점 75개의 플랜트오팔(Plant-Opal) 분석 결과 평균 20,000/g 이상이나 되는 벼의 규산체가 확인되었다. 이로 미루어 맨 아래 층에는 환원토양과 논유구가 존재할 가능성이 높은 것으로 추정됐다. 이 플랜 트 오팔 분석을 위해 일본의 고환경연구소가 8개 지점의 시료를 분석한 결과 경작유구 판단기준인 3,000~5,000/g 이상으로 나타났다. 특히 3지점에서 수집 한 시료를 분석한 수치는 기준치의 12배를 넘는 것으로 분석되었다. 이처럼 벼 의 규산체(60,400/g)가 검출된 것은 도작(稻作) 가능성이 매우 높다는 것을 시 사한다. 다시 말해서 벼 등의 규산체가 확인되어 벼 위주의 경작이 이 지역에서 이루어졌다는 사실을 알 수 있었다는 얘기다.

이 먹실유적의 특징은 사람이 거주하는 지역과 저장시설 및 생산시설과 관련 된 유구가 순차적으로 존재한다는 사실에서 찾을 수 있다. 앞서 거론한 바와 같 이 구릉부 위쪽에는 저장시설로 추정되는 원형 수혈들에 이어 구릉 말단부와 평지가 연결되는 지점에는 주거지가 분포한다. 그리고 주거지 분포 경사면 하 단부에서 밭이 이어지고, 그 아래 가장 낮은 저지대의 환원토양에는 논유구가 위치한다는 것은 대단히 중요한 취락의 전형인 것이다.

밭은 주로 저지대와 연결되는 구릉 말단부터 형성되었다. 고랑과 이랑의 폭 은 좁고 간격이 조밀하다. 고랑과 이랑이 서로 방향을 달리하며 중복되기도 했 는데 이는 동일 시기에 경작된 밭으로 보기가 어렵다. 밭유구의 위치 및 진행방 향으로 보아 모두 5개군으로 구분할 수 있다. 하지만 확장조사 A지점과 유적의 서쪽이 동일한 진행방향을 보이고 있어 실제로는 4개 군으로 구분된다. 밭의 고랑간 간격은 20㎝ 내외로서 비교적 좁은 편이다. 그러나 밭유구 2 근처에서 는 고랑 간격이 30㎝가 넘는 밭도 보인다. 이와 더불어 밭을 가는 도구로 사용 된 석기류가 발견돼 주목된다. 모두 5개의 밭유구와 관련한 고랑 간격과 출토 유물을 살펴보면 다음과 같다.

밭1(2,475㎡)은 고랑 폭이 19㎝에 고랑간격은 22㎝이다. 여기서는 회청색경

먹실유적에서 출토된 토기들(기전문화재연구원)

질토기가 출토되었다. 밭2(199㎡)와 밭4(418㎡)는 고랑간격이 20㎝로서 밭4에서는 삼족기편이 나왔다. 밭(5,787㎡)은 고랑간격이 32㎝로 가장 넓었고, 여기서는 회청색경질토기가 출토되었다.

주거지의 장축방향은 등고선과 나란한 장방형 또는 방형이다. 주거지의 하단부는 부뚜막을 비롯한 일부 시설이 잔존하지만, 전체적인 양상을 파악하기는 어렵다. 부뚜막의 형태는 판석조와 점토식의 두 가지 형태이다.

수혈유구는 약 80여 기가 확인되었다. 이들은 주로 구릉에 분포하고, 저지대에는 밭과 구상유구가 중복되어 일부만 확인되었다. 수혈유구의 평면형태는 대부분 원형 또는 타원형이다. 그 내부에는 점성이 강한 적갈색사질점토층이 퇴적되었다. 원형수혈의 경우 석비레층을 굴착한 경우가 많다. 원형수혈의 단면은 대략 플라스크모양이다. 한 예로 61호 수혈유구의 경우 평면 원형으로 단면은 플라스크형으로서 상부지름은 1.96m, 바닥 지름은 2.45m에 깊이는 0.95m이다. 토층은 중앙부가 함몰된 양상으로 퇴적되었고, 바닥면을 따라 적갈색 점토층이 얇게 깔려있다. 대형 토기는 구연부가 아래방향으로 되었고, 소형토기들은 횡치(橫置)한 상태로 출토되었다.

47호 · 48호 · 49호 수혈유구 역시 저장기능을 가진 수혈로 추정된다. 이들 수혈유구 내부에서는 회청색 경질토기 · 적갈색 연질토기편 일부만 확인되었을 뿐 유물은 빈약한 편이다. 수혈 동쪽 벽면 가까이에서 칠기의 흔적으로 추정되는 유기물질이 판재 형태로 출토되었다.

구상유구(溝狀遺構)는 20여 기가 확인되었다. 1~3호 구상유구는 부분적으로 깊게 파였고, 바닥에 적갈색 산화망간층이 형성되었다. 4호 구상유구는 유적의 서쪽 구릉부를 호상(弧狀)으로 감싸고 돌아갔다. 구상유구의 바닥면은 요철이 심하며, 물이 흐르면서 파인 흔적이 여러 군데 있다. 4호 구상유구에서는 대부분 회청색 경질토기편과 함께 회색 연질의 수키와편과 고배편도 확인되었다. 이외에도 대형 파수와 많은 토기편이 출토되었다.

이외에 옹관묘가 4호 구상유구의 북서편 말단부 바닥에서 발견되었다. 적갈색과 회색의 연질장란형토기를 합구한 옹관묘로서 상부는 결실되어 바닥면 일부만 잔존했다. 1.15m×0.47cm 크기로 비교적 소형에 속한다.

지상건물지는 2개 동(棟)이 확인되었다. 그 중 1호 건물지는 주공 깊이가 50 cm 이상이며 2호는 경작유구가 생기기 이전에 축조된 것이어서 누군가 집을 짓고 들어와 살다가 밭을 일군 것으로 생각할 수 있다. 주공의 토층 단면으로 보아 기둥은 네모난 각재로 추정되며 내부에는 목재편이 잘 남아 있었다.

이곳 먹실유적에서 출토된 유물은 대부분 회청색 경질토편이 중심을 이룬다. 하지만 적갈색 연질토기편과 회색 연질토기편도 일부 확인되었으며 기종은 단경호가 가장 많다. 이외에 고배와 대옹편도 많이 출토되었으며 삼족기편과 기대편 · 거치문토기편 · 조족문토기편 · 회색 기와편 및 각종 파수편 등이 출토되었다. 철기류는 용도를 알 수 없을 정도로 일부 잔편이 출토되었으며 땅을 파는 데 사용했을 것으로 짐작되는 석기와 지석편도 출토되었다.

화성 동탄 오산리 유적

경기도 화성시 동탄면(東灘面) 오산리 728-3번지 일대 풍성 신미주아파트 신축부지인 감배산에서 발굴한 유적이다. 61기의 마한~백제시대 장타원형 수혈주거지 등 생활유구로 이루어진 이 유적은 한성백제시대 마한인(馬韓人)들의 주거 실상을 보여준다.

오산시 동쪽 끝 자락에 위치했기 때문에 한성백제가 남쪽으로 세력을 확장해 나가던 시기의 오산·화성 일대 세력집단의 삶을 가늠할 수 있는 유적이기도 하다.

유적 동쪽으로 경부고속도로가 인접해 있다. 동탄면사무소에서 동쪽으로 1km 거리. 오산 I.C.에서 서울방향으로 약 5km 거리이다. 유적지 서쪽 편으로는 용인 신갈저수지에서 내려오는 오산천이 흐른다. 하천과 평야를 끼고 있는 얕으막한 구릉의 동남향 산록에 자리한 주거지로 다양한 형태의 집자리와 무덤이 발굴되었다. 각종 토기와 철제품·옥제품 등이 나왔다.

이 유적의 특징은 장타원형 수혈주거지의 밀집 분포지라는 점이다. 야트막한 산 경사면을 따라 A·B·C 세 구역으로 나누어 발굴한 결과 모두 61개의 집자리 유적 외에 무덤 14기·석곽묘 1기·토광묘 7기·원형유구 8기·적석유구 2기·민묘 6기가 확인되었다. 이들 유구에서는 다수의 토기와 석기·철기·옥제품 및 고려시대 도기와 청동수저·조선시대 백자와 같은 유물을 수습했다.

동탄면 오산리 발굴현장(경기대학교박물관)

동탄 오산리에서 출토된 수혈유구. 발굴팀은 토실로 추정된 다고 밝혔다(경기대학교박물관).

출토유물 가운데 경질무문토기와 적갈색 연질타날문토기·회갈색 연질타날문토기·회청색 경질타날문토기 등이 보인다. 경질무문토기와 타날문토기가 함께 출토되어 장타원형 주거지와 더불어 경기도 서남지역의 초기 철기시대 생활상을 엿볼 수 있다. 이외에 쇠칼과 쇠화살촉 및 홍옥 계열의 구슬이 A-11호 주거지 안에서 발견되었다.

감배산 유적의 또 다른 특징은 고토양층 상층에서 석핵·다면석기·박편석기 등 구석기 유물(타제석기)이 출토이다. 그러나 고토양층은 오래 전 헬기장을 만들면서 대부분 훼손되어 원래 상태를 확실하게 추적할 수 없는 아쉬움이 남는다. 그러나 몇 점 안되는 구석기 출토로 중부지방 후기 구석기의 문화상을 유추해 볼 수 있게는 되었다. 이들 구석기 유물에 이어 기원 후 1~3세기 시대의 것으로 보이는 토기와 철제품 등의 유물과 토광묘·석곽묘·장타원형 수혈주거지가 발굴된 것으로 미루어 주변지역은 오랜 세월에 걸쳐 사람들이 살았다는 사실을 알 수 있었다.

고토양층에서 출토된 석핵(경기대학교박물관)

발굴된 주거지는 대부분 B.C. 1~2세기 이후 A.D. 4~5세기 무렵에 조성된 것으로 보인다. 이는 초기 철기시대

석곽묘에서 회청색 경질항아리와 연질토기
2점이 출토되었다(경기대학교박물관).

로부터 한성백제시대에 해당한다. 특히 '토실(土室)'로 짐작되는 유구도 1기가 확인되었다. 이 토실은 중국 측의 후한서(後漢書) 동이전(東夷傳) 한전(韓傳)과 삼국지(三國志) 위지(魏志) 동이전 한전에 그 기록이 나온다.

후한서 한전 즉 마한 조에는 '읍락이 서로 섞여 살며 성곽은 없다. 마치 무덤의 봉분처럼 생긴 토실(土室)을 짓고 살며, 문이 위에 있어 열고 닫는다(邑落雜居亦無城郭作土室形如塚開戶在上)'고 적었다. 삼국지 위지 동이전 마한전에도 '초옥(草屋) 토실(土室)을 만들어 거처로 삼는데, 그 모양이 마치 무덤과 같다. 그 문은 위에 있다'는 기록이 보인다. 이러한 기록과 비교할 때 이 지역 동탄면 오산리 유적에서 확인한 직경 2~2.5m의 원형 구덩이(수혈)는 토실로 짐작할 수 있을 것이다. 이 유구의 내부 남쪽 가장자리에서는 불을 지폈던 '불 땐 자리'(부엌시설)가 확인되어 한 사람이 겨우 들어가서 잠을 자는 단일 주거지였던 것으로 추정된다. 다만 이 유적에서는 천정구조를 가늠할 시설이 확인되지는 않았

석곽묘에서 출토된 회청색 경질토기(경기대학교박물관)

적갈색 연질타날문토기(경기대학교박물관)

다. 그리고 규모가 너무 작다는 문제도 있다.

　현재까지 토실은 전국 20여 군데에서 확인되었으나, 공주 장선리 유적을 제외하고는 토실에 대한 개념이 정립되지 않았다. 그래서 수혈갱(竪穴坑) 또는 저장공(貯藏孔) 등으로 단정지은 경우가 많았다. 공주 장선리 토실의 경우 상부(천정)가 완형 그대로 발굴돼 천정에 환기구멍이 난 상태까지 파악할 수 있었다. 이로 보아 토실의 문이 위에 달려있다는 후한서 · 삼국지 위지 한전의 기록이 고고학적 발굴결과와 일치한다는 사실도 확인할 수 있었다(현재 장선리 유적은 사적 제435호로 지정돼 있다).

　그간 저장공이나 수혈갱 등으로 본 수혈유구들을 포함하면 토실의 숫자는 훨씬 늘어날 가능성이 높다. 이 토실에 관해서는 최몽룡 교수가 '한성시대의 백제와 마한'이라는 자신의 논문에서 이미 거론한 바 있다. 그에 의하면 경기도 고양시 법곶동의 멱재산 · 기흥 구갈리 · 용인 죽전4지구 · 용인 보정리 · 화성군 상리 · 시흥 논곡동의 경기천과 충주 수룡리 · 공주 장선리와 장원리 및 산의리 · 대전 대정동 · 논산 마전리 및 원북리 · 전주 송천동 및 평화동 · 익산 신동리 · 군산 내동리와 고봉리 등 경기도와 충남북 및 전남북지역에 토실유적이 분포했다는 것이다. 이러한 주거형태는 마한이 경기권에서 전북권으로 밀려 내려가는 시기에 나타난다고 보았다. 아울러 토실에는 한 개의 방(室)으로 이루어진 단실형(單室形)과 두 개 이상을 장방형 수혈 주거지와 묶어서 만든 두 가지 형식으로 분류되었다.

토실 내부에서 출토된 석기
(경기대학교박물관)

토실 내부의 화덕자리(경기
대학교박물관)

　토실과 수혈주거지 · 굴립주 주거지 · 토성 등은 마한의 성격을 결정짓는 중요한 특징이다. 그리고 토기의 경우 타날문이나 거치문과 같은 문양 또한 마한계의 특징으로 꼽힌다.

주거지가 가장 많이 나온 곳은 남쪽 경사면인 A구역으로, 여기서만 42기의 집자리가 확인됐다. 이 중 원형 주거지 4기, 타원형 6기, 장타원형 26기, 말각방형 4기, 말각장방형 7기, 굴립주 2기 등이 조사되었다. 원형 주거지의 직경은 약 3m 전후이고, 내부에서는 경질무문토기만 출토돼 감배산의 주거지 유형 가운데 가장 이른 시기의 것으로 발굴팀은 보고

장타원형 주거지와 그 내부의 온돌. 구들이 하나인 것이 특징이다(경기대학교박물관).

있다. 감배산 유적의 특징적 주거형태인 장타원형 주거지는 장축 3.5~6.5m, 단축은 3~3.5m 안팎이다. 이 장타원형 주거지에서는 주로 경질무문토기 · 적갈색 연질타날문토기 · 회갈색 경질타날문토기가 나왔고, 간간이 회청색 경질토기가 출토되었다. 아울러 A지구 주거지 5군데는 벽 가장자리로 벽구(壁溝)가 나왔다.

굴립주와 수혈주거지(경기대학교박물관)

원형유구는 모두 8기가 나왔다. 그 규모는 직경 1.5~2m(단축 1~1.5m)에 깊이는 10~20㎝ 가량이다. 이 또한 출토유물이 없어 어떤 추정이나 성격 규정을 하기 어려운 상태이다. 다만 장타원형 주거지의 부속시설 정도로 추정하고 있는 정도다.

주거지에서 나온 적갈색 경질타날문토기. 1~2세기 전후의 것으로 보인다(경기대학교박물관).

주거지에서 출토된 타노구슬
(경기대학교박물관)

주거지에서 출토된 철제화살촉
(경기대학교박물관)

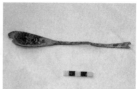

고려시대 청동수저(경기대학교박물관)

마한의 특징 가운데 하나인 타날문
토기(경기대학교박물관)

석곽묘에서 출토된 연질
토기(경기대학교박물관)

석곽묘에서 회청색 경질항아리와
함께 출토된 연질토기(경기대학교
박물관)

　　하지만 토실(土室)에 관한 논의는 좀더 많은 자료의 수집과 연구를 거쳐 이루
어져야 할 것이라는 의견도 만만치 않다. 이번에 발굴된 유적 가운데 토실이라
고 하는 것은 막연한 추정에 불과하고, 확정적으로 말할 수 있는 단계는 아니다.
　　한편 A지구에서는 석곽묘에서 회갈색 연질토기(碗)와 함께 출토된 회청색 경
질무문토기(小壺)는 중국계 회청색 경질토기의 영향으로 만들어진 것으로 보인
다. 이 유적의 시기 설정에 중요한 유물이기도 하다. 이를 통해 마한·백제시대
에 이미 고온 소성이 가능한 가마에서 제작되었다는 사실을 알게 되었다. 나아
가 이 토기의 제작시기를 1~2세기를 상한으로 하여 5~6세기까지 낮춰볼 수도
있다. 묘실 바닥에는 돌을 편편하게 깔았다.
　　그 외에 토광묘(7기)는 대부분 훼손상태가 심했고, 그 안에서 나온 유물은 전
혀 없었다. 이 유적은 풍성주택아파트 건립으로 보존되지 못했다.

화성 마하리 고분군

경기도 화성시 봉담읍 마하리(산 39번지) 고분군은 해발 2~300m의 구릉에 위치한다. 이 유적은 서울~부산 고속철도 공사를 앞두고 1995년 지표조사를 거쳐 1996년 5월부터 인근 당하리 I유적 및 왕림리유적에 대한 조사와 함께 첫 발굴이 이루어졌다.

마하리 유적은 주거지와 분묘유적으로 이루어진 3세기 말~5세기의 복합유적이다. 이 가운데 중요한 유구는 분묘이다. 마하리유적에서 나온 기와편은 백제시대 가옥에 대한 단서를 제공할 중요한 유물로 평가되었다. 그리고 무덤은 3세기 말~4세기 초의 목관, 3세기 말의 목곽, 4~5세기의 석곽묘, 4세기의 석곽묘라는 4가지 무덤 형태가 보인다. 또한 이들 유적에서 나온 유물이나 토기 등은 한성백제시대의 유물인데, 중심연대는 4세기 중반에 해당한다.

1996년의 발굴에서는 한성백제시대의 목곽묘 10기, 석곽묘 28기, 석실분 1기 등 모두 39기의 무덤과 집터(1기)가 확인되었다. 조선시대 집터(1기)가 나왔다.

이 지역 마하리 고분군을 중심으로 250~850m 거리에 당하리·왕림리 유적이 분포되어 이 일대는 한석백제시대 취락과 분묘, 각종 생산시설이 존재했던 흔적을 보여준다. 이와 같은 복합유적이 확인된 사례는 경기도 지역에서는 처음이다. 경기도 지역에서 최대규모의 백제고분 유적인 마하리 고분군을 중심으로 3~5세기 이 지역 공동체의 한 유형과 3~5세기의 초기 백제 묘제의 변천과정이 확연하게 드러났다. 그래서 당시 사회구조나 백제의 중앙과 지방 사이의 관계를 파악하는 중요한 자료로 떠올랐다.

마하리 고분군은 태봉산(223m) 남쪽 줄기로부터 서남쪽으로 뻗은 구릉(길이약 1km, 폭 100m)에 분포한다. 이 일대에 분포하는 고분은 500여 기에 이를 것으로 추정하고 있다. 그간 65기 정도가 발굴되었기 때문에 아직도 400여 기는더 있을 것으로 추정된다. 발굴지역 동쪽 편에서는 1996년 호암미술관이 목관묘 5기, 목곽묘 1기, 석곽묘 21기를 발굴했다. 마하리 북쪽의 당하리 I 유적에서는 3세기 전반기의 토기 생산 및 폐기 구덩이(10여 기)와 함께 공방으로 추정되는 집터(1기), 저수지로 추정되는 유구와 많은 기둥구멍(柱穴)들이 확인됐다. 또한 당하리 북쪽 구릉에는 당하리 II유적이 있는데, 여기서는 주거지(1기), 저장구덩이(5기), 소형구덩이 등을 찾았고, 마하리 유적 북쪽으로 1.5km 거리의 구릉의 왕림리 유적에서는 한성백제시대 옹관묘(1기), 주거지(9기)를 조사했다.

유적은 태봉산을 중심으로 남쪽과 서쪽 구릉사면에 주로 분포한다. 이 마하리외에도 3~5세기의 유적이 5~6km 이내 지역에 밀집 분포하는데, 이는 황구지천과 발안천, 동화천과 같은 세 개의 작은 하천을 낀 곡간평야와 무관하지 않을것이다. 이 마하리 주변의 유적들은 화산(花山), 고금산(古琴山), 칠보산, 조두산(鳥頭山), 길성리토성(吉城里土城, 삼미재) 등을 중심으로 형성되었다.

목관묘

총 10기의 목관묘를 발굴했다. 봉분은 원형 또는 타원형이었을 것으로 추정되며 봉분의 직경은 3~5m정도로 어림하고 있다. 봉분의 직경은 목관묘가 석곽묘보다 1~2m 정도 작은 것으로 짐작된다. 그런데 목관은 대략 장축이 1.4~1.8m였을 것으로 보았으나, 남아 있는 관의 윤곽선이 뚜렷하지 않아 확실하지는 않다.

마하리 고분군의 무덤은 목관묘의 경우 장축이 산 능선의 경사방향과 같거나, 직교하는 형식 등 두 가지가 혼재한다. 석실분의 장축방향은 석곽묘와 마찬가지로 경사방향을 하고 있다. 목관의 장축방향은 동서방향으로 된 Ⅱ호 목관묘 외에는 모두 남북방향이다. 목관묘에는 토기를 부장한 흔적이 드문데, 이는 아예 토기를 부장하지 않았거나 나중에 유실되었는지는 분명하게 밝혀지지 않았다. 목관묘 가운데 구덩이 바깥에 부장한 토기가 전혀 없는 점으로 미루어 산 경사면에 조성했기 때문에 후에 유실되었을 가능성 또한 적지 않다. 목관묘에서 확인된 토기는 2~6점으로 석곽묘에서 출토된 양보다도 적다. 목관묘에서는 토기편 외에 유리구슬(Ⅰ호, Ⅳ호, Ⅸ호)과 도자(刀子, Ⅴ호 목관묘)가 출토되었다.

Ⅰ호 목관묘는 장축을 남북방향에 두었는데, 내부에서 유리구슬이 출토되었다. 시신의 머리는 남쪽을 향한 것으로 추정되었고, 유리구슬 8점이 나왔다. 이 무덤에서 서쪽 2.8m 거리에 2호 석곽묘가 자리했고, 북동쪽 2.4m 거리의 4호 석곽묘에 이어 남쪽 5m 거리에는 석실분이 있다.

Ⅱ호 목관묘에서는 장란형 토기(1점)와 원저소호(1점)이 출토되었다. 이 무덤 서쪽 4.6m 거리에 5호 석곽묘, 북서쪽 3.6m 거리에 3호 목관묘, 남서쪽 8.6m 지점에 1호 석곽묘가 있다. Ⅲ호 목관묘는 Ⅱ호 목관묘나 5호 석곽묘보다 나중에 축조되었고, 6호와 7호 석곽묘보다는 먼저 만든 것으로 보인다. 여기서 출토된 유물은 난형호(2점)와 장란형토기(1점)이다.

Ⅳ호 목관묘는 4호 석곽묘 이후에 만들었고, 5호 석곽묘보다는 먼저 축조되었다. 유리구슬(1점) 외에 다른 유물은 없었다. 토기는 원래 부장하지 않았거나, 봉토 안에 부장한 다음에 유실되었는지는 가릴 수 없었다.

Ⅴ호 목관묘는 5호 석곽묘가 만들어진 뒤에 조성되었으나 7호와 8호 석곽묘보다는 먼저 만들어졌던 것으로 보인다. 여기서는 철제도자 1점만이 나왔다.

Ⅵ호 목관묘는 Ⅳ호 목관묘 북쪽 4m 거리에 있다. 여기서 북쪽으로 1.8m 거리에 9호 석곽묘, 동쪽 1.4m 거리에 Ⅶ호 목관묘 구덩이가 보인다. Ⅵ호 목관묘에서는 출토된 유물은 없고, Ⅶ호 목관묘 역시 출토유물이 없다. 남쪽 4.9m 거리에 Ⅳ호 목관묘, 서쪽 1.4m 지점에 Ⅵ호 목관묘가 있다.

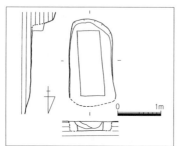

V호 목관묘 실측도(서울대학교박물관, 『馬霞里 古墳群』보고서, 2004)

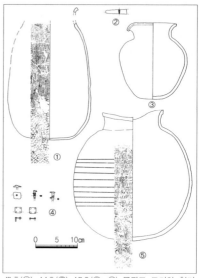

III호(①), V호(②), VII호(③~⑤) 목관묘 토기와 철기 (서울대학교박물관, 『馬霞里 古墳群』보고서, 2004)

VIII호 목관묘의 무덤 남쪽에서는 유리구슬이 나와 시신은 남향이었을 것으로 추정된다. 서쪽 2.9m 거리에 13호 석곽묘, 동쪽 3.3m 거리에 12호 석곽묘, 북서 6.1m 지점에는 16호 석곽묘의 구덩이가 있다. 출토유물은 유리구슬 25점 외에 직구단경구형호 2점, 구형호 1점, 원저소호 1점, 장란형토기 1점, 철기파편(1점) 등이다.

IX호 목관묘의 남쪽 편에서도 21점의 유리구슬이 출토되었는데, 이외에 다른 유물은 없다. 남쪽 5.8m 지점에 16호 석곽묘, 동쪽 2.7m 거리에 18호 석곽묘, 남서쪽 4.8m 거리에 17호 석곽묘, 북쪽 3.5m 거리에서는 19호 석곽묘 구덩이가 보인다.

X호 목관묘는 파괴된 고분인 28호 석곽묘를 조사하면서 발견했는데, 무덤 남쪽 구덩이 외곽과 목관 사이에서 구형호 1점이 출토되었다. 남쪽 구덩이 바깥쪽은 거의 유실되었으며, 파손된 상태의 구형호 이외 다른 토기는 유실되었을 가능성이 높다.

석곽묘

28기의 석곽묘는 곽 내부의 장축길이가 대개 200~280cm, 구덩이의 장축은 230~240cm 이상 360cm 이하이다. 목관의 길이는 대략 160~220cm에 폭은 50~70cm로 추정하고 있다. 원형 또는 타원형의 봉분은 지름이 최소 3~5m에서 최대크기는 4~7m였던 것으로 보인다. 봉분의 직경은 목관묘보다 1~2m 가량 크고, 면적도 넓었을 것으로 추정하고 있다.

27호 석곽묘를 제외하고는 석곽묘의 장축을 남북방향으로 하고 있다. 목걸이에 쓰였을 것으로 보이는 유리구슬의 출토위치로 보아 시신의 머리는 산 경사면 위쪽을 향하게끔 안치했던 것으로 판단된다.

1호 석곽묘에서는 출토유물이 없고, 2호 석곽묘에서는 유리구슬(6점)과 토기 11점이 나왔다. 토기는 구형호(1점), 난형호(1점), 원저소호(1점), 발형소호(1점), 장란형 토기(2점), 심발형 토기(5점) 등이다. 2호보다 나중에 축조한 3호 석곽묘에서는 철제도자(1점), 직구단경호, 난형호, 장란형 토기, 심발형 토기 각 1점씩이 출토되었다. 그리고 등자와 철제교구 각 1점이 더 나왔다.

4호 석곽묘는 장축방향이 남북이며 유물은 없었다. 5호 석곽묘에서는 부장품이 나오지 않았으나, 북벽 단벽 안쪽에 부장곽을 만들고 토기를 부장했을 가능성이 보인다. 6호 석곽묘는 7호, 11호 석곽묘보다 먼저 축조된 것으로 밝혀졌는데, 여기서 남쪽으로 5.2m 거리에 III호 목관묘 구덩이가 있다. 북단벽 안쪽에서 7점의 토기가 나왔는데, 토기의 기종은 구형호(1점), 난형호(1점), 심발형 토기(5점)이다. 이외에 12점의 유리구슬이 나왔다.

7호 석곽묘는 동쪽 0.65m 거리의 6호 석곽묘와 인접해 있다. 남서쪽 2.5m 지점에 V호 목관묘, 남쪽 3.75m 지점에 II호 목관묘 구덩이가 보이고, 서쪽 2.65m 거리에 8호 석곽묘, 북쪽 3.7m 거리에 11호 석곽묘가 있다. 부장품은 전혀 없었다. 8호 석곽묘에서는 원저소호, 심발형 토기 각 1점과 60여 점의 유리구슬이 나왔다. 여기서 남서쪽(1.9m)에 VII호 목관묘, 서쪽으로 4.5m 거리에 9

호 석곽묘, 북동쪽(4.85m)에 11호 석곽묘, 동쪽(2.65m)에 7호 석곽묘, 남동쪽 3m 거리에 Ⅴ호 목관묘의 묘광이 자리했다.

9호 석곽묘는 마하리에서 조사한 석곽묘 가운데 가장 규모가 크고, 부장유물도 제일 많다. 그런데 Ⅵ호와 Ⅶ호 목관묘보다는 나중에 만들었고, 10호 석곽묘보다는 먼저 제작한 것으로 보인다. 가장 공들여 만든 석곽묘로서 봉분도 대형이었을 것으로 추정했다. 석곽의 내부장축은 310㎝, 단축이 120㎝, 최고높이 115㎝로서 바닥돌이 깔린 부분은 길이가 250㎝이다. 목관에 사용한 못의 출토 위치로 보아 목관의 크기는 길이 220㎝에 폭 1m 정도였을 것으로 추정된다. 부장품은 모두 곽 내부에서 나왔다. 못 2점을 포함한 총 18점의 철기는 바닥돌이 깔린 부분에서 나왔다. 철기류는 못 8점, 낫 1점, 살포 1점, 등자병부 1점, 교구 3점, 화살촉 2점, 도자 2점(완형 1, 편 1)이다. 토기는 모두 16점으로 북단벽에 부장했다. 토기류의 기종은 직구단경호(1점), 구형호(1점), 난형호(3점), 원저소호(1점), 'U'자형 토기 1점, 심발형 토기 9점이다.

10호 석곽묘에서는 시신 허리부위 지점에서 철도자 1점, 그리고 장벽 가까이에서 화살촉 1점, 서장벽 중앙부 바깥쪽에서 토기 5점이 수습됐다. 토기는 구형호(1점), 난형호(1점), 심발형 토기(1점), 소형 병(1점)이다.

11호 석곽묘의 남쪽(3.7m)에는 7호 석곽묘, 북서쪽(4.8m)에 8호 석곽묘의 구덩이가 인접해 있는데, 6호 및 8호 석곽묘보다 11호 석곽묘가 나중에 만든 것으로 보인다. 무덤 동쪽 모서리 바깥에서 장란형 토기 2점을 사용한 합구식옹관이 확인됐다. 옹관은 길이 125㎝, 단축길이 60㎝로 구덩이를 얕게 판 다음 안치했는데, 11호 석곽묘의 봉분 범위 안에 들어있는 것으로 보아 11호 석곽묘에 배장한 것이다. 11호 석곽묘에서도 목걸이용으로 보이는 60여 점의 유리구슬이 시신의 머리와 가슴부에서 나왔다. 이외에 구형호 2점, 심발형 토기 3점 등이 나왔다. 토기는 3호 석곽묘와 마찬가지로 묘광 서쪽 일부를 확장한 부장갱에서 출토되었다. 12호 석곽묘에서는 유물이 나오지 않았으며, 13호 석곽묘에서는

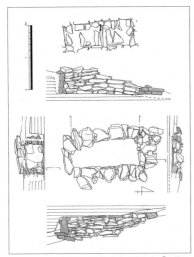

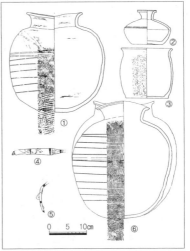

10호 석곽묘 실측도(서울대학교박물관, 『馬霞里 古墳群』보고서, 2004)

10호 석곽묘 토기와 철기(서울대학교박물관, 『馬霞里 古墳群』보고서, 2004)

철제도자 1점이 출토되었다.

14호 석곽묘는 곽 내부의 장축이 280㎝, 단축 95㎝, 높이 60㎝로 9호 석곽묘 다음으로 크다. 목관의 크기는 200~210㎝(폭 80~85㎝)로 추정되며, 곽 내부에서 부장품이 출토되었다. 여기서 나온 유물은 못 21점, 꺽쇠 2점 및 토기로서 구형호(1점), 난형호(1점), 난형소옹(원저소호(1점), 장란형 토기(1점)) 등이다.

15호 석곽묘에서도 유물이나 토기편이 전혀 출토되지 않았다. 만약 유물을 부장했다면, 곽 외부의 봉분 속에 두었을 것으로 추정된다. 17호 석곽묘의 묘광 밖에서는 난형호(1점), 장란형 토기(2점), 심발형 토기(2점)가 심하게 파손된 상태로 나왔다. 이외에 토기구연부와 동체부 파편, 격자문이 시문된 대옹편이 약간 나왔다.

18호 석곽묘에서는 원저소호(1점), 곽 내부에서 재갈 1점, 철촉 1점이 발견되었다. 그리고 19호 석곽묘 역시 곽 외부에서 나온 원저소호(1점) 외에는 유물이 발견되지 않았다.

　20호 석곽묘는 곽 내부에서 쇠낫(1점), 철도자(1점), 그리고 유견호로 추정되는 회청색 경질토기(1점)가 석곽 동장벽 바깥 봉토 속에서 나왔다. 21호 석곽묘는 22호보다는 먼저 만들어진 무덤인데, 부장품은 모두 곽 안에 부장한 상태였다. 교구(1점), 도자(2점), 낫(1점), 등의 구형옹(1점), 난형호(1점), 원저소호(1점), 병(1점), 장란형 토기(1점), 심발형 토기(3점) 등의 토기류가 나왔다. 그리고 22호 석곽묘에서도 난형호 2점, 심발형 토기 5점, 용도미상의 철편 1점 그리고 유리구슬 33점이 출토되었다. 23호 석곽묘에서는 부장품이 전혀 나오지 않았다. 24호 석곽묘에서도 난형호(2점), 심발형 토기(3점)이 나왔으나 석곽 내부에서는 유물이 발견되지 않았다. 24호 석곽묘 무덤구덩이 동벽에서 동쪽 1.2~2.2m 거리에서 구형소옹 하나가 완전히 깨진 상태로 출토된 것으로 보아 이 구형소옹은 24호 석곽묘 축조 이후에 안치한 것으로 보인다.

　25호 석곽묘에서는 대형옹의 저부편 1점 외에 따로 출토된 유물은 없었다. 26호 석곽묘 역시 유리구슬(2점), 철제낫(1점) 외에 다른 유물은 발견되지 않았다. 27호 석곽묘는 두 개의 관을 남북방향으로 안치한 합장석곽묘이다. 그런데 북벽 일부를 확장하고, 난형호 1점과 함께 매장주체부에 든 금귀고리 1점이 나왔다. 28호 석곽묘는 민묘를 축조하는 과정에 파손되어 구조나 형태를 파악할 수 없었다.

석실분

　묘광은 동서 4.7~4.95m, 남북 4.2~4.75m의 말각방형이다. 석실 내부는 동서 320~330cm, 남북 260~270cm이고 묘실벽의 최대높이는 110이다. 목걸이에 쓰였을 것으로 추정되는 유리구슬과 귀고리가 묘실 북쪽에 치우쳐서 출토된 것으로 보아 시신의 두향은 북향이었을 것이다. 묘실 바닥에는 3구~5구 정도의 시신(목관)을 안치하는데 사용한 것으로 보이는 판석이 배치되었다. 발굴팀은 4구의 시신을 안치했을 것으로 판단했다.

제1시상부에서는 철제못(4점), 도자(1점), 유리구슬(50여 점), 금귀고리(1점), 심발형 토기 파편 등이 나왔다. 관의 길이는 180㎝ 정도였을 것으로 추정한다. 유리구슬로 보아 시신의 두향은 북향이었고, 제1시상부를 가장 먼저 만든 것으로 조사됐다.

묘실 중앙에 위치한 제2시상부는 1시상부보다 늦게 만든 것으로 보인다. 철제 화살촉 1점, 도자 1점, 유리구슬 260여 점이 나왔고, 제3시상부는 묘실 북벽에 치우쳐 있다. 판석 3매와 소형판석, 할석 5개로 구성되었다. 금귀고리, 철제 화살촉(1점), 심발형토기 파편 등이 나왔다.

제4시상부는 여러 개의 판석으로 관 받침을 담은 제4시상부는 묘실 동쪽에 위치한다. 철제교구(2개체), 유리구슬(50여 점), 도자(1점) 등이 모두 북쪽에 치우쳐 있었고, 묘실 남동쪽 모서리의 출입구 바로 안쪽에는 토기를 두었다. 토기는 난형호

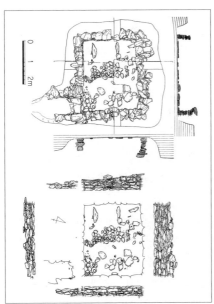

석실분 실측도(서울대학교박물관, 『馬霞里 古墳群』보고서, 2004)

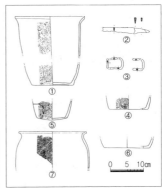

석실분 토기와 철기(①~⑦)(서울대학교박물관, 『馬霞里 古墳群』보고서, 2004)

1점, 장란형 토기 2점, 직구단경소호 1점, 심발형 토기 4점 등 모두 8점이다.

백제집터

1996년 일부 발견되어 동쪽 편만 먼저 조사되었다. 이후 1999년 확장한 발굴에서 2실(室) 구조의 백제집터임을 확인했다. 동쪽방(東室)과 서쪽방(西室)로 이루어져 있는데, 동실이 생활공간이고 서실은 부엌과 같은 기능을 한 보조공간이었을 것으로 파악하고 있다.

동실은 기둥자리를 기준으로 보면 평면이 사다리꼴이다. 그러나 서실과의 연결통로에는 주기둥과 보조기둥을 두어 육각형을 띠게 배치했다. 이는 한강유역권의 육각형 집터와 유사하다.

동실은 남벽이 4.25m에 북변은 5.05m, 남북폭 3.75m(평균 3.4m)이며 면적은 15.8㎡이다. 서실은 남변이 3.4m, 북변 4.1m에 넓이는 6.8㎡로서 동실과 서실을 합친 넓이는 22.6㎡이다.

동실과 서실에는 각기 하나씩의 부뚜막시설이 딸렸다. 동실의 부뚜막은 방의 한가운데서 동쪽으로 1m 정도 치우쳐서 있다. 바닥에 목탄과 재의 부식층이 보이는데, 불은 남동쪽에서 지폈을 것으로 추정했다. 그러나 배연통로나 배연구는 확인되지 않았다. 서실의 부뚜막은 방의 동남모서리에 하부만 남아 있었다. 부뚜막 북쪽, 즉 방의 중앙부에서 불을 지피고, 연기는 남쪽 배연구를 통해 배출했을 것으로 보인다.

이 집이 폐기되고 나서는 집터의 북쪽 바닥이 깎여나간 것으로 보인다. 화재 같은 재해는 아닌 것으로 보인다. 동실 부뚜막 주변에서 호, 장란형 토기, 심발류, 기와편, 파수, 화살촉(1점), 숫돌(1점)이 나왔다. 이 집터에서 나온 유물 중 주목되는 것은 기와이다. 모골을 엮은 틀로 만든 기와는 기벽이 매우 얇다. 5~6세기의 기와와는 전혀 다른 것으로 백제 초기의 것들로 보인다. 이와 같은 제작기법에 의한 기와는 풍납토성을 비롯, 한강유역의 유적에서 출토된 바 있다.

화성 발안리 마을유적

경기도 화성시 향남면 발안리(發安里 밭 205-1)의 수원~발안 간 43번 국도변
에 있다. 이 유적은 이웃 봉담면 왕림리 유적·당하리 유적·마하리 백제고분
군·기안리 제철유적 등과 더불어 원삼국~백제시대에 형성되었다.

총면적 12,600평(41,610㎡)에 이르는 이 유적에서는 원삼국~백제시대 수혈
주거지 56동과 유구 54기·굴립주건물지 30기·소형 수혈 150기·옹관묘 4
기·야외노지 5기 등 총 320여 기가 발굴됐다. 이외에도 신라시대 주거지 1
기·기타 민묘 20기가 더 나왔다.

청동기시대 이후 원삼국시대의 문화 양상과 더불어 주거 인구가 백제의 정치
적 성장에 미친 영향을 유추할 수 있는 길을 열어준 유적이기도 하다. 백제 중
앙의 풍납토성이나 하남시 미사리 유적과 대비되는 지방의 취락구조를 보여주
는 하나의 사례로 평가되었다. 그래서 초기 한성백제기로부터 3~4세기에 이르
는 시기의 생활상이 유적에 차곡차곡 쌓였다. 특히 여러 형태의 주거지와 굴립
주건물·구(溝)·수혈 등 생활유적을 중심으로 한 다양한 유구가 돋보인다. 그
리고 중도무문토기에서 백제토기로 이행하는 토기의 과도기적 양상도 확인했
다는 점에도 의미가 실릴 수 있다.

주거지

주거지는 방형 · 장방형 및 '凸' 자형이 주류를 이루지만, 오각형(五角形)도 약간 있다. 주거지는 장축이 6m 안팎인 소규모의 것과 11m 정도에 이르는 대형도 보인다. '凸' 자형 주거지는 내부에 노지(爐址)만 갖추었거나, 노지와 부뚜막을 함께 갖춘 형식, 또 부뚜막만 갖춘 형식 등으로 구분된다.

주거지의 내부시설로서 ① 노지만 있는 것 ② 노지와 부뚜막이 있는 것 ③ 노지와 'ㄴ' 자형 부뚜막이 공존하는 것 ④ 부뚜막만 있는 것으로 구분할 수 있다. ①의 경우 주거지 형태는 대부분 '凸' 자형 주거지이고, 중도식 무문토기만 출토되었다. 다만, 평면이 오각형인 3호 주거지는 판석형 노지를 갖추었다. 여기서는 장란형 토기와 내부 저장혈에서 병이 출토됐다.

노지와 부뚜막이 함께 있는 ②형태의 주거지는 '凸' 자형인데, 14호 · 18호가 대표적이다. 노지와 'ㄴ' 자형 부뚜막이 공존하는 대표적 주거지(③)는 1호 · 11호 · 19호 · 52호이다. 1호 주거지를 제외하면, 길이가 9m 안팎으로 '凸' 자형 주거지가 대형에 속한다.

부뚜막 시설만 있는 주거지는 20여 기로서 '凸' 자형 주거지는 물론 장방형 · 오각형 등 모든 주거형태에서 나타난다. 중도식 무문토기만 출토된 30호 주거지를 제외하면, 백제토기만 출토되었다.

① 단독 노지만 있는 주거지 안에서는 중도식 무문토기만 출토되고, ② 부뚜막과 노지가 함께 있는 주거지에서는 중도식 무문토기와 타날문이 들어간 원저단경호가 함께 출토됐다. ③ 부뚜막만 설치

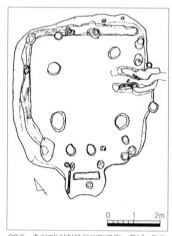

28호 주거지(기전문화재연구원, 華城 發安里 마을遺蹟 보고서)

한 주거지에서는 대체로 시기가 늦고, 대부분 백제토기만 출토된다.

장방형 주거지의 경우 출입구가 분명치 않아 '凸'자형 주거지와 구분이 쉽지 않다. 노지가 설치된 가운데 중도식 무문토기가 나온 24호 주거지를 제외하면, 대부분 부뚜막이 설치되었다. 여기서는 백제토기가 나왔다.

유구모습(기전문화재연구원)

방형 주거지는 출입구의 유무를 파악하기 어려울 만큼 교란되었고, 노지가 없이 부뚜막 시설만 보인다.

주거지 부속주혈

이외에 주거지 내부에는 수혈 벽면을 따라 파 놓은 주혈(柱穴)이 많이 드러났다. 수혈 벽면 내 주혈 외에도 26호 · 28호 · 29호 주거지는 내부에 4개의 큰 주혈을 갖춘 사주식(四柱式)으로 같은 시기에 만들었던 유구로 보인다. 22호 · 27호 주거지는 길이가 11~12m나 되는 장방형 주거지이다. 이 주거지 내부에는 주혈 외에도 장벽(長壁)을 따라 외부에 5~6개의 주혈이 더 있다. 그래서 일반 주거지와는 다른 지붕(주거지 상부) 구조가 상상되었다.

① 소형수혈 – 주거지와 주거지 사이에는 주거지 부속시설로 보이는 소형 수혈이 있다. 2~3m 내외의 규모가 대부분이나, 4~5m 크기도 더러 있다. 원형 · 타원형 · 방형 · 장방형 · 부정형 등 형태는 다양하다. 13호 · 45호 수혈 내부에

서는 타날문이 들어간 원저단경호 완형이 출토되었고, 102호 원형수혈 내부에
서는 조족문토기 단경호 구연부와 동체편이 나왔다. 65호 수혈에서는 타날문
이 있고, 토기와 완이 출토되었다. 65호 수혈은 인접 26호 주거지의 부속시설
일 가능성이 보인다. 이들 수혈에서 유물이 출토되지 않은 점은 나름대로의 특
징이다. 71호 수혈과 114호 수혈에서는 중도식 심발형 무문토기 서너 개체분이
소결된 점토 및 석재와 함께 출토됐다.

② 구(溝)-구(溝)는 모두 54기가 나왔다. 이들은 마을 내의 공간분할 또는 방
어 목적의 환호(環濠) 성격을 가진 구(溝) 등 그 규모와 형태에 따라 세 가지로
구분된다.

1호와 2호 구(溝)가 한 조(組)를 이룬 가운데 둘 사이에는 출입구로 추정되는
부분(폭 6.5m)이 보인다. 바닥은 'U'자형으로 최대폭 1.7m, 최대깊이 0.5m였
다. 또한 한 조를 이룬 3호·4호 구와 7호 구의 단면은 'U'자형이고, 4호와 7
호 사이에 폭 4m의 출입구가 마련되었다. 구의 최대폭은 2.4m, 최대깊이는 35
㎝ 정도이다.

4호 구의 외곽에는 지름 약 50cm의 수혈 4기가 등간격으로 자리했다. 이들
수혈의 내부에서는 목탄과 부식토가 발견되었다. 5호와 8호 또한 한 조를 이루
었다(최대폭 1.5m, 깊이 35cm, 출입구 폭 2.2m).

이들 3조의 구(溝) 가운데 4호가 가장 먼저 구축되었고, 1호와 2호는 나중에
조성된 것으로 보인다. 나머지 2조의 구는 동일시기에 만들어졌을 것으로 추정
된다.

대형구(23호·27호·30호)에서는 중도식 무문토기와 회청색 경질토기가 출
토되었으나, 이 유구의 기능을 밝혀줄 유물은 나오지 않았다. 이처럼 유구에서
발견된 유물이 빈약한데다 용도를 알 수 없는 중소형의 유구가 주거공간에 불
규칙하게 분포되어 주거지와 관련한 단순 시설물일 것으로 추정된다. 이외에
주거지와 굴립주건물 외곽을 감싼 구(溝)가 더 있다. 이는 빗물이 침수되지 않

게 하기 위한 것이거나, 내부시설을 보호하기 위한 보조시설일 가능성이 높다.

③ 굴립주건물(掘立柱建物) - 발안리 마을유적에서는 30여 기의 굴립주건물 (掘立柱建物)이 발굴되었다. 건물지 내에 주공이 조밀하게 자리한 가운데 그 주 위에 구가 보이는 특수한 구조의 건물지도 나왔다. 주공 안의 목주(木柱)는 모 두 부식되었으나, 목질 부식 흔적은 비교적 잘 남아 있었다.

발굴팀은 이들 건물지의 평면형태와 구조에 따라 네 가지 유형으로 구분했 다. 1칸×1칸 굴립주건물지(한 변이 2m 내외의 방형)는 환호취락의 망루(望樓) 시설이었을 가능성이 높은 것으로 보았다.

1칸×2칸 또는 1칸×3칸의 장방형 건물지는 창고와 같은 저장시설로 추정되 었다. 1호·12호 굴립주건물지가 여기에 속하는 것으로 파악했다. 그리고 한 변이 5m 내외인 2호·15호·16호·23호와 같은 2칸×2칸의 방형 굴립주건물 지도 있다. 이들은 확실한 용도를 알 수 없으나, 창고는 아닌 것으로 보인다.

3칸×4칸 또는 4칸×5칸과 같은 특수한 굴립주건물지도 있다. 3칸×4칸의 방형에 1칸×2칸 건물이 결합된 19호 건물지나, 4칸×5칸의 외곽 주공열 양단 벽을 따라 그 내부에 일정 간격으로 주공이 배치된 22호 굴립주건물지가 대표 적인 케이스다. 남북방향으로 장축을 둔 9호 굴립주건물은 한 변이 6m에 이르 는 대형이다. 그 외곽에는 폭 4.4m의 구(溝·30호)가 둘러쳤다. 이 구 내부에서 는 장란형 토기·회청색 경질토기편이 집중출토됐다.

④ 옹관묘 - 발안리 마을유적은 밀집된 생활유적이므로 매장유구는 없다. 다 만 주거지에 인접한 부분에서 4기의 옹관을 확인했는데, 이 가운데 2호 옹관묘 의 경우 타날문(打捺文)토기 2개를 합구(合口)해 북서방향으로 안치한 상태였 다. 상부는 파괴된 길이 50~60㎝의 소규모 옹관이다. 중도식 무문토기(外反口 緣甕)와 단경호 계통의 토기를 맞물린 1호 옹관묘는 31호 주거지 동쪽 수혈 벽 면에 중복되었다. 3호는 중도식 무문토기만 사용하여 합구했고, 4호는 타날문 장란형 토기를 마주 내놓은 상태였다.

⑤ 야외 노지 – 이 유적에서 확인된 야외노지는 5기이다. 2호 구(溝) 동쪽편에서 발견된 1호 야외노지는 타원형으로 토광을 파고 그 안에 돌을 원형으로 쌓아서 만들었다. 동서 150m, 남북 123cm 크기에 노지 않에는 5~20cm 크기의 돌들이 불에 그을린 채 가득 들어 있었다.

유물

① 토기류 – 앞에서 언급한 대로 발안리 마을유적에서 출토된 토기를 보면, 중도식 무문토기만 출토되는 경우를 꼽을 수 있다. 그리고 중도식 무문토기 · 타날문단경호 · 대옹이 함께 출토되는 경우와 백제토기만 출토되는 경우로 나눌 수 있다. 10여 기의 주거지(5호 · 30호 · 34호)에서는 중도식 무문토기만 출토됐다. 이 토기의 기형은 외반구연의 옹 · 심발 · 뚜껑 등이다.

중도식 무문토기와 타날문토기가 함께 출토되는 주거지는 10여 기(1호 · 11호 · 18호 등)이며, 기종은 외반구연 옹 · 파수부 옹 · 심발 · 시루 등의 중도식 무문토기류와 대옹 · 단경호 · 적갈색 격자타날문 옹 등의 타날문토기 종류이다. 이들은 기종이 비교적 다양해지고 대형화하는 경향을 보인다. 이러한 변화양상은 당시 생산력의 증가와 관련한 것으로 해석할 수 있다.

백제토기는 장란형 · 회청색 경질단경호 또는 적갈색 연질단경호 · 심발형 토기 · 광구호 · 고배 · 병 · 삼족기 · 대옹 · 완 등 다양하다. 하지만 그 중에서도 장란형 토기와 단경호 · 난형호(卵形壺) · 심발형 토기가 중심을 이루었다.

② 기와류 – 모두 3점의 기와가 출토되었는데, 적갈색 계통의 니질태토(泥質胎土)를 사용해 만들었다.

③ 토제품 – 손잡이가 떨어져 나간 내박자(內拍子) 1점 · 방추차 3점 · 이형토제품 1점 그리고 끝에 구멍이 난 숫돌 조각 1점 · 청동제 구슬 1점 · 마노 옥 1점이 출토됐다.

④ 철기류 – 1호 주거지의 'L' 자형 부뚜막에서 철도자 1점과 철겸 · 이형철기

1점 그리고 3호 주거지에서 철촉 2점 등이 출토되었다. 지름 5cm 정도에 문고리 모양의 원형철기 1점도 나왔다.

이상에서 대략 살펴본 바와 같이 유구나 유물을 통해 발안리 마을이 시대별로 어떠한 변화를 겪었는지는 토기를 빌려 명확하게 파악되었다. 토기는 크게 중도식 무문토기와 백제계 토기로 분류되어 원삼국시대의 이 지역 발안 일대 원삼국시대의 문화가 한성 백제기에 백제의 영향권 안으로

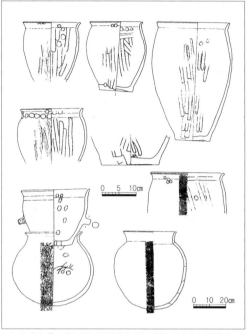

1호 주거지 출토유물(기전문화재연구원, 華城 發安里 마을遺蹟 보고서)

점차 편입돼 간 사실을 확인할 수 있었다.

또한 주거지의 방향이나 배치 상태에서도 규칙성이 나타났다. 원삼국시대 주거지는 조사지역의 서쪽 편에 집중 분포했고, 주거지는 2~3기가 일정한 간격을 유지했다. 이는 서로 상관관계를 갖보여주는 양상인 것이다. 그리고 굴립주건물지는 수혈과 세트를 이루었을 가능성이 있다. 이들 주거지는 화재로 거의 폐기되었으나, 출토유물은 많은 편이었다.

주거지 외곽에는 구(溝)를 돌려 빗물이나 다른 물이 유입되는 것을 막은 사실

을 알 수 있었다. 주거지의 장축방향과 내부 시설은 시기적으로 차이가 난다. 특히 노지와 부뚜막 연도(燃道)의 설치여부 · 부뚜막의 위치에서 변화가 보이고, 출입구는 남쪽에 두었지만, 시기별로 주거지 방향은 서로 다르다. 원삼국시대 주거지는 북서—동남향이고, 백제시대 주거지는 남향이었던 것이다.

중도식 무문토기만 출토되는 주기지 5기 중에서 노지만 있는 것이 3기, 노지와 부뚜막이 있는 것이 1기, 부뚜막만 있는 것이 1기이다. 또한 중도식 무문토기와 타날문토기가 함께 나오는 주거지 8곳 중에서 노지만 나온 곳은 3기, 노지와 부뚜막시설이 있는 것은 2기, 노지와 'ㄴ'자형 부뚜막이 있는 주거지는 3기이다. 백제토기가 출토된 주거지 20호는 노지 2기 · 부뚜막 18기로 부뚜막만 설치된 경우가 압도적으로 많다. 이것은 단독노지에서 노지와 'ㄴ'자형 부뚜막으로 변화했다가 부뚜막으로 이행하는 변화를 보여주는 것으로 이해할 수 있다.

화성 왕림리 유적

경기도 화성시 봉담면 왕림리 산15번지 일대 야산 구릉지 남동사면에 위치한 유적이다. 백제시대의 주거지 9기와 저장공 2기, 토기폐기유구, 옹관묘 그리고 시대 미상의 유구로서 2기의 부석유구와 구(溝, 도랑) 및 조선시대 민묘 10기가 확인됐다.

이 유적 외에도 화성지역에는 화산 고분군, 마하리 고분군, 길성리토성, 백곡리 고분군 등이 분포한다. 이 지역은 개발로 인해 앞으로 더욱 많은 백제시대 유적이 발견될 가능성이 크다.

구릉 완경사면에 분포한 주거지를 발굴한 조사팀은 오히려 발굴지 바깥지역에 더 많은 주거지가 존재했을 것으로 예측했다.

주거지

조사한 주거지는 모두 잔존상태가 나빠서 전체규모나 형태를 알 수 없는 경우가 대부분이다. 가장 잘 남은 3호 주거지가 방형이고, 나머지는 모두 경사면 아래쪽이 유실돼 'ㄷ'자형의 평면형태가 확인되었다. 이에 따라 원래 이들 주거지는 모두 방형 또는 장방형이었을 것으로 짐작했다. 주거지의 장축방향은 등고선과 나란히 배치되었다. 주거지의 형태나 입지 주공의 배치로 미루어 이 왕림리보다 약간 이른 시기의 유적인 천안 장산리 유적과 매우 유사한 것으로

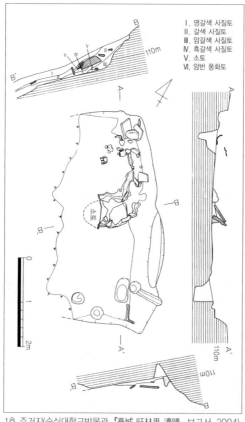

I. 명갈색 사질토
II. 갈색 사질토
III. 암갈색 사질토
IV. 흑갈색 사질토
V. 소토
VI. 암반 풍화토

1호 주거지(숭실대학교박물관, 『華城 旺林里 遺蹟』 보고서, 2004)

판단하고 있다. 주거지의 장축은 6m 이상인 것(1호, 2호, 4호, 5호, 6호, 9호)과 그 이하인 주거지(3호, 7호, 8호)로 나눌 수 있다. 이와 같은 규모는 중서부 지방에서 발견되는 백제시대 주거지와 대략 동일하다. 파주 주월리 유적이나 몽촌토성, 용인 수지 유적에서 확인된 육각형 주거지들은 장축이 10m 이상이다. 이러한 규모의 차이는 유물 양상이나 주거지 배치로 볼 때 시기적인 차이보다는 집단 또는 집단에서의 위계 차이나, 기능적인 차이에서 비롯된 것으로 보고 있다.

주공은 수혈벽 아래에 정연하게 배치된 상태를 보여주어 주거지 구조를 짐작할 수 있다. 주공의 배치는 대략 세 가지로 구분된다. 주거지의 양쪽 모서리에만 30~35㎝의 주공이 있는 것(1형식)은 4주식의 소형 주거지로 판단된다. 4호 주거지가 이에 해당한다. 이와 달리 6주식도 있다. 6주식은 보조기둥이 있는 것과 없는 것으로 구분된다. 보조기둥이 없는 것은 장축벽에 3개의 기둥을 대응하게 배치한 형태인데, 이에 해당하는 것이 1호, 2호, 5호 주거지이다. 보조기둥이 있는 형식은 양 모서리에 주공 옆에 30㎝ 내외의 주공을 하나씩 더 설치한 것이다. 3호, 9호 주거지가 이에 해당한다.

한편 노지가 마련된 주거지는 1호, 3호, 5호, 8호, 9호이다. 이들 노지는 난방용인지 아니면 취사용 부뚜막인지는 알 수 없다. 그러나 1호를 제외한 3호, 5호, 8호, 9호 주거지의 노지는 중앙부나 수혈벽에 치우쳐 점토로 만든 일종의 부뚜막시설로 보인다. 하지만 주거지가 폐기된 뒤 무너져서 그 형태를 자세히 알 수 없었다. 다만 노지 가운데에는 바닥을 파고 약 30㎝의 돌을 세워 그릇을 받치기 위한 받침대를 마련했던 흔적이 보인다. 이와 같은 형태의 노지는 원삼국시대 타원형 주거지에서 보이는 부뚜막의 초기 형태와 별로 다르지 않았다.

이와 달리 1호 주거지에서는 'ㄱ'자형의 터널형 노지가 확인됐다. 주거지 중앙에 아궁이를 설치하고, 수혈동벽을 따라 연통부를 두어 ㄱ자 모양이며 북벽에 배출부를 두었다. 이러한 형태의 노지는 철기문화와 함께 전파된 형식으로서 하남 미사리, 수원 서둔동, 대전 구성동과 오정동에서도 확인됐다. 이러한 노지는 중도식 무문토기, 타날문토기와 함께 서북한 지역을 거쳐 남쪽으로 전해진 것으로 알려졌다. 이 전통이 백제시대로 이어져 왕림리에서도 계속된 것으로 볼 수 있다.

최근의 발굴조사에서 백제시대 주거지 내부의 노지(난방 또는 취사용)에는 부뚜막 형태와 터널형의 두 가지가 공존하는 것으로 확인되었지만, 이들 사이의 선후관계라든가 주거지 형태와의 관련성에 관해서는 아직 깊은 연구가 된 것이 없다.

저장공

백제시대에는 대체로 저장공이 주거지보다 더 많이 발견되는 경우가 일반적이다. 왕림리에서는 2기의 저장공만이 확인되었다. 이웃 당하리 유적에서는 주거지 1기에 6개의 저장공이 확인된 바 있고, 조사구역 바깥지역에 더 많은 수의 주거지와 저장공이 나타날 가능성도 높다.

이 지역 왕림리 2호 저장공은 몽촌토성이나, 하남 미사리 유적에서 조사한 백제 특유의 저장공 형태인 복주머니 모양이다. 그리고 바닥에 넓적한 판석을 깐 것으로 보아 일단 저장구덩이였을 것으로 보고 있다.

옹관묘

장란형 토기 2기를 합구식으로 안치한 옹관묘는 등고선과 직교한다. 이같은 형태는 몽촌토성에서도 확인되었고, 인근 마하리에서는 석곽묘의 매장형식으로 사용한 흔적을 찾아냈다. 장란형 옹관은 주거지에서 나온 장란형 토기와 흡사하다. 그리고 저부 바닥에 불에 그을린 흔적이 보여 생활용기로 사용하던 것을 매장용으로 그대로 썼을 가능성이 있다. 이렇듯 장란형 토기를 옹관으로 사용한 케이스는 초기 백제지역에서 널리 관찰되고 있다.

토기

왕림리에서는 토기, 철기, 석기류가 출토되었는데, 절대 다수를 차지한 유물은 토기이다. 하지만 완형은 한 점도 나오지 않았다.

토기편은 모두 120여 점이 나온 토기편 가운데 작은 동체편이 가장 많다. 토기는 적갈색 사질계, 회색 사질계, 회색 점질계, 흑색 사질계, 회청색 점질계로 분류된다.

왕림리에서 출토된 토기는 적갈색계가 절반을 차지한다. 적색 계열은 장란형 토기, 심발형 토기 등 조리용기의 기종에 많은 것으로 조사되었다. 회색 계열은 전체의 36.5%이고, 회색 사질계는 적갈색계가 변화 발전한 형태로 보고 있다.

한편 회청색 점질계 토기는 9.1%인데, 이는 경질계가 9.1%라는 사실을 의미한다. 왕림리 토기 중 9.1%가 연질계임을 알 수가 있다.

한편 3㎝ 이상 되는 동체부편 647편을 대상으로 문양을 조사한 결과 무문계, 승문계, 승문횡선계, 격자문계, 격자문+횡선계, 승석문으로 구분할 수 있었다. 이 가운데 가장 많은 것이 승문계였다. 그 다음이 격자문, 무문, 승석문의 순서였다.

다음으로 왕림리에서 출토된 토기를 기종별로 구분한 결과 장란형 토기, 심발형 토기, 소용류, 시루류, 발, 소호, 뚜껑류 등 8종이 확인되었다. 하지만 전형적인 백제 양식의 토기이기도 한 삼족기, 고배, 직구단경호 등은 출토되지 않았다. 이와 같은 토기가 조금 나온 하남 미사리, 의정부 민락동, 수지 주거지와는 차이가 있다.

장란형 토기는 전체 84점 중 16.7%를 차지했다. 1호 주거지에서 출토된 장란형 토기는 'ㄱ'자형 노지 주변에 있었다. 장란형 토기와 함께 원삼국시대 말에 나타나는 심발형 토기는 백제시대 전기간에 사용되었던 기종이다. 이 심발형 토기는 왕림리 유적에서 가장 많은 수를 보인다(총 84점). 적갈색, 회색 사질, 흑색 계열인데, 심발형 토기는 구연의 형태에 따라 4가지로 구분할 수 있다.

호와 옹류도 출토되었다. 비록 완형은 없지만 시루

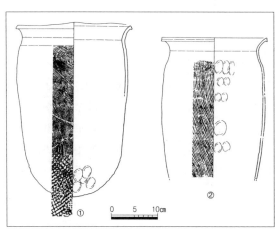

옹관(북관 및 남관) (숭실대학교박물관, 『華城 旺林里 遺蹟』 보고서, 2004)

편도 나왔다. 구경이 저경보다 넓은 동이형 바닥에는 시루구멍이 뚫렸고, 동체부 중간에는 파수가 달려있는 일반적인 형태이다.

이외에 문양이 없는 회청색 경질의 완 2점과 발형토기 2점이 출토되었다. 또 구경이 8㎝ 이하인 소호 3점이 출토되었다. 이 소호는 회색 연질계가 2점, 회색 경질이 한 점이었다. 태토의 질로 보아 후기형으로 파악됐다.

이처럼 왕림리 유적 출토 토기는 회색 사질계가 많은 수를 차지한다. 그리고 장란형 토기와 심발형 토기의 구연부 형식이 다양하고, 완이 형식상 후기의 것으로 파악돼 그 하한연대를 5세기 중엽으로 보고 있다.

반면 이 유적의 상한연대는 3세기 후반으로 보았다. 이는 1호 주거지의 노지 형태나 장란형 토기의 구연부에 원삼국시대의 전통이 남아 있다는 사실에 근거한 것이다. 그리고 주거지 축조방식과 형태가 천안 장산리 주거지와 유사해 장산리 주거지의 마지막 단계와 같은 시기와 이어지는 것으로 보기 때문에 3세기 말엽을 상한연대로 판단하고 있다. 다시 말해 왕림리 유적은 3세기 말~5세기 중엽 사이에 조성된 것으로 보는 것이다.

기타 유물

이외에도 왕림리 유적에서는 석기류, 철기류, 토제품 등이 출토되었다. 석기류로는 지석 3점, 토제품으로는 방추차 1점(토제), 원형 토제품 1점을 수습했다. 철기류는 도자 3점, 철정으로 짐작되는 유물 1점이 출토되어 철기의 출토비율이 극히 낮다. 파주 주월리 유적에서 출토되는 철기의 양과 대조적이다.

더욱이 인근 마하리 고분군에서도 토기와 구슬의 출토량에 비해 철기는 매우 적어서 당시 이 일대의 주민이 갖는 정치적, 사회적 위상을 간접적으로 시사하는 바 크다고 할 수 있다.

인천광역시

인천 불로 · 동양지구 유적

　인천지역의 불로 · 동양지구에서도 백제시대 토광묘와 옹관묘 및 유물이 수습돼 백제시대 유적이 상대적으로 적은 이 지역 연구에 관심이 쏠리는 계기가 되었다. 이 지역에서 유적을 쉽사리 찾지 못했던 이유의 하나는 인구 밀집지역이어서 일찍부터 많은 유적이 쉽게 파괴 · 훼손되었기 때문인 지도 모른다.

　2004년 인천시 계양구의 동양지구와 인천 서구 불로동 일대에서 청동기시대 및 원삼국시대 주거지와 옹관 · 토광묘 · 주구묘가 확인된 것은 매우 중요한 의미를 갖는다. 현재 인천광역시 검단개발사업소(인천광역시 도시개발본부)가 추진 중인 '인천 검단지역 토지구획정리사업지구' 내에 있는 불로지구는 이미 지난 1999년에 문화재보호재단이 지표조사를 한 바 있다. 당시 모두 4개의 시굴대상지역이 보고되었고, 2003년(7월부터 10월까지)에는 청동기시대 주거지 1기 · 소성유구가 발굴되었다. 그리고 구석기문화층 조사가 이루어지기도 했다.

　불로지구는 용해산과 황화산 산줄기에 위치한다. 이 지역에서 고토양층과 삼국시대 토기, 기와편이 수습된 수혈유구가 확인되었다. 수혈유구 4기 · 소성유구 1기 · 회곽묘 2기를 포함한 7기의 유구가 확인되었다. 그러나 고토양층에는 석기유물이 없었다. 다만 지표조사에서 구석기 유물 일부가 수집되었는데, 그 까닭은 이미 지표의 문화층이 깎여 나갔기 때문이었을 것이다.

　4기의 수혈유구에서는 대형옹관의 조각편이 확인되었고, 3호 · 4호 수혈은

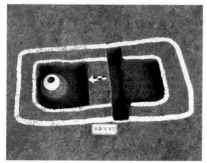

백제 초기 토기 출토 모습(한국문화재보호재단)

크기가 1m 이하의 소형 수혈이다. 내부에서 목탄 및 화재의 흔적이 보여 불에 타고 나서 버려진 것으로 추정했다.

인천시 계양구의 동양동 유적에서는 2003년 3월 무문토기·타날문토기편·고려 이후 조선시대 토기와 자기편이 수습되어 동양1지구와 2지구로 나누어 한국문화재보호재단이 발굴조사에 나섰다. 발굴결과 청동기시대 주거지 3기·삼국시대 추정 주구묘 1기·백제시대 토광묘 4기 및 옹관묘 1기 등 9기의 유구가 확인되었다.

청동기시대 1호 주거지는 11.7×6.3m의 장방형이다. 내부에서 다량의 탄화재와 소토가 나왔다. 따라서 화재로 인해 폐기되었을 것으로 추정되는데, 여기서는 토기와 석촉·석부·석창·지석 그리고 수정편이 나왔다. 2호 주거지에서도 이중구연토기·석기·지석 및 석편과 기타 석기제품들이 출토되었다. 이로 보아 본래 석기 제작공방일 가능성이 높다. 3호 주거지에서도 무문토기편과 지석 등 석기가 여러 점 나왔다.

한편 원삼국시대의 무덤으로 추정되는 주구묘도 확인되어 일찍부터 일정 단계의 문화가 존재했던 것으로 보인다.

인천 계양산성

인천광역시 계양구의 계양산성(桂陽山城)은 한강 하류 김포평야와 서해로 가는 관문으로 예전에는 서울의 요충이었다. 서울과 서해를 잇는 수로(해로)가 지나가 삼국시대 이후 대외무역의 전진기지였다. 아울러 외적 방어에 중요한 역할을 담당했던 터라 한성백제시대부터 문화적·군사적·경제적 중요성이 매우 높았다. 계양산성을 중심으로 한 부평지역은 북쪽 편 대안(對岸)인 현재의 고양시와 파주 일대 못지않은 지역이었다. 따라서 이 일대는 한성백제의 위례성으로 들어가는 인후지처(咽喉之處)이자, 순치지간(脣齒之間)에 해당한다. 한성백제시대 온조 백제가 비류 백제를 통합한 이후 계양산성을 더욱 주목하게 되었다.

이런 배경이 감안되어 1999년 계양산성 지표조사에 이어 2003년에는 산성 내 서벽을 대상으로 한 1차 발굴이 시작됐다. 그러나 1차 발굴 에 이은 2005년 2차 발굴에서는 특이한 유물들이 나와 학술적으로 그 가치가 더욱 중시되었다. 그래서 앞으로 백제사 연구에서 빼놓을 수 없는 유적으로 부상했다.

최근 하남시의 이성산성을 비롯 서울 송파구의 풍납토성·몽촌토성 등 하남 위례성의 도성으로 짐작되는 여러 유적의 발굴로 더욱 관심이 집중되고 있다. 이 밖에 아차산성을 포함한 한강권의 주요 방어유적에 대한 고고학적 성과가 집약되면서 한강 하류에까지 그 영향이 미치고 있다. 특히 백제사와 함께 등장한 비류백제의 영역 미추홀이라는 사실을 감안하면, 미추홀의 주요 거점 중 하나였을 계양산성에 시선이 쏠리는 것은 어쩌면 당연한 일일 것이다. 한성백제가 대외관계를 위해 가장 먼저 열어야 했던 국가적 관문이 바로 김포반도와 파주·고양 일대를 남북(좌우)에 끼고 있는 지역이 계양산성이었다. 그래서 경제·군사·외교적 측면에서 중요한 거점이었거니와, 한성의 여러 도성(都城)만큼이나 가치를 둘 수밖에 없는 요충지이기도 했다. 백제사의 복원을 위해 풍납토성에 이어 계양산성에 주목한 발굴자의 계산이 이같은 부분에 깔렸을 것이다. 그리고 실제 상당한 성과를 거두었다.

2차 발굴 성과

2005년의 2차 발굴에서 거둔 최대의 성과는 무엇보다도 1600~1700년 전의 백제인들이 논어(論語)를 익히는데 사용한 목간편(木簡片)을 여러 점 발굴한 것이다. 이들 목간에는 논어의 공야장편(公冶長篇)을 먹으로 기록한 사실이 적외선 촬영 결과 밝혀져 한성백제시대 백제사 연구의 새로운 문물자료가 되었다. 이러한 유물은 논어와 유교의 보급 시기를 한층 올려 잡아야 하는 것은 물론 『삼국사기』의 백제사 관련 초기 기록들의 신빙성을 한결 높이 끌어올린 성과로 평가될 수 있다.

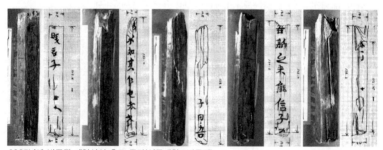

2005년에 발굴된 계양산성 출토 목간(선문대학교박물관)

이 발굴을 주도한 선문대 고고연구소 이형구 교수는 계양산성 동문지(東門址) 내 집수정(集水井)에서 나온 목간편에 대해 '한국인이 중국의 한자문화와 논어를 받아들인 시점이 우리가 그동안 알고 있던 것보다 훨씬 이른 시기로 올라가게 됐다'고 밝힌 바 있다. 그러나 고구려가 372년에 太學을 설립하고, 귀족 자제를 가르친 것을 감안 할 때 백제가 3~4세기에 논어와 같은 한자문화 및 유교 수입을 서두른 것은 당연한 일이었을 것이다.

이들 목간은 지금까지 발견한 여타의 목간과는 형태가 다르다. 지금까지의 목간은 앞면과 뒷면 양면이었으나, 계양산성에서 출토된 목간은 다섯 면으로 되어 있는 것이 특징이다. 즉 나섯 면에 각기 한 행(行)씩 다섯 행의 글귀를 적게 만든 오각형(五角形) 목간이다. 이를 사용한 시기는 백제의 최전성기인 한성 백제시대에 해당한다. 발견된 목간의 길이는 대부분 15~16㎝에 이른다. 그러나 원래는 25~26㎝ 정도였을 것으로 보인다. 이 산성에 파견된 성주(城主)나 지도자들이 평소 휴대하고 다니면서 논어의 중요 구절을 암송한 것으로 추정된다. 2차 발굴(2005년)에서 나온 목간편(木簡片)은 부러저 버린 것이 집수정으로 쓸려 들어갔을 것으로 추정하고 있다. 이들 목간의 제작시기는 대략 3~4세기로 보인다.

논어의 구절이 확인된 목간편은 김해 봉황대 유적(2000년도 발굴)에서도 나왔으나, 이는 신라시대인 7세기의 것으로 밝혀졌다. 김해 봉황대 출토 목간편도 사실은 5세기 무렵까지 올라갈 가능성도 보이지만, 시기상으로 계양산성 출토품보다 훨씬 뒤의 것이다.

이 밖에 계양산성 동문지에서도 많은 유물이 나왔다. 돼지나 소의 것으로 보이는 짐승뼈(獸骨)와 소형 철도자(鐵刀子)를 비롯해 3~4세기의 것으로 추정되는 흑색 원저단경호가 출토되었다. 그리고 백제시대 계양구(桂陽區, 예전의 富坪縣이며 현재의 富坪) 일대를 이르는 지명(地名)인 '主夫吐'란 이름을 새긴 완형의 기와를 비롯 도리깨 모양의 목제품·대합 따위의 패각류와 여러 점의 박

(瓠)이 나왔다. 단경호를 포함한 대부분의 토기류는 한성백제시대의 것으로 추정하고 있다.

우리나라에서 흔히 보이지 않는 남방지역의 거북이가 나와 주목을 끌었다. 이 거북이는 왜(倭)를 비롯한 남방지역과의 교류를 시사하는 것이다. 이를 X-ray 촬영한 결과 전체적인 거북등 모양이 파악되었다. 나아가 거북이의 구체적인 종(種, Family)까지도 추정할 수 있을 만큼 보존상태가 좋다. 하지만 귀갑(龜甲)에는 각자(刻字)의 흔적은 없다.

이같은 유물이 계양산성에서 나온 것으로 보아 역사 기록에서 누락된 사실들이 향후 추가로 나올 가능성이 없지는 않다. 더구나 산성의 입지로 미루어 백제의 중요인물이 머물렀을 것으로 보여 발굴 진행에 따라 귀중한 유물 출토가 기대되고 있다.

계양산성은 서해에서 한강으로 들어오는 과정을 거쳐야 하는 주요길목의 성이기 때문에 내탁과 외탁이 제대로 이루어진 석축성이다. 한강의 통행을 통제하는 주요 기능을 지닌 성이라는 점에서 계양산성은 한성백제시대의 설봉산성이나 설성산성 · 반월산성 등과 함께 보다 면밀한 연구가 검토되어야 할 것이다.

그러나 화살촉 등 실전(實戰)에 사용한 무기류의 유물은 2차 발굴 때까지는 나오지 않았다. 이로 보아 동문지 집수정에서 출토된 유물들은 중요 의식(儀式)과 관련한 유물일 것이라는 의견도 제기되었다. 그러나 방어목적의 산성인 만큼 무기류 또한 추가발굴에서 많이 출토될 것으로 보인다.

이들 목간이나 목제 도구의 나무 재질은 참나무(상수리나무)이고, 목간은 소나무로 밝혀졌다. 연륜연대측정법과 방사성탄소연대측정법을 병행하면 목간과 목제도구의 보다 정확한 연대를 밝힐 수 있을 것으로 보인다. 그러나 한성백제시대에 해당하는 3~4세기의 것으로 보는 데는 이견이 없다. 지금까지 발견된 목간 중에서 지난 1988년 창원 다호리에서 나온 목간편을 제외하면, 계양산성에서 나온 이 목간은 현재로서는 가장 오랜 것이다. 논어가 적힌 증거물로서도 가장 이른 시기의 것이다.

이로써 백제의 왕인이 일본에 천자문과 논어를 전해주었다는 사실 또한 보다 명백해졌다. 소위 백제 고이왕시대에 백제가 비로소 국가로서의 면모를 갖추었다는 학설은 더 이상 설득력을 잃게 됐다는 주장에도 힘이 실리게 됐다. 계양산성이 서해로 나가거나 한성백제로 들어갈 때 반드시 거쳐야 하는 요충인 점을 감안할 때 주요 지방행정관이 이와 같은 논어를 일찍부터 익힌 사실을 2차 발굴유물로써 확인한 셈이며, 동시에 이 유물은 백제가 건국 초기부터 이 시기까지 이미 문화적으로 상당한 단계에 올라 있음을 전해주는 실물자료이기도 하다.

4세기 중후반 백제의 최전성기를 이끈 근초고왕(近肖古王)으로부터 그 이전 3세기 무렵에는 일본과의 교류가 왕성한 시기였다. 이 시기에 일본에 칠지도(七支刀)를 전해준 사실도 그렇고, 거북이와 같은 유물로 보더라도 남쪽지방과의 교류는 한층 확실한 것같다. 한자문화를 일찍부터 습득한 백제인들이 이를 일본에 다시 전한 것은 백제인들의 문화적 자신감이 그만큼 컸다는 사실이 파악되는 것이다.

목간의 묵서

여기서 나온 오각형 목간은 국내에서 또 다른 출토사례는 아직 없다. 다면(多面)의 목간은 중국 한(漢)나라시대에 유행한 유형이다. 3각 · 4각 등의 목재편에 문서나 문장을 묵서한 것이 보통이었다. 이와 같은 유형의 목간을 따로 고(觚)라는 이름으로 부른다. 이는 양면으로 된 방형(方形)의 목편과는 다르지만, 옛날 사람들이 글을 쓰는데 사용한 간(簡)과 같은 것(木之方者 古人用之以書 猶今之簡也)이다.

한편 풍납토성에서 위진남북조시대의 청자나 전문(錢紋)도기 등 중국제 도기가 출토되는 것으로 미루어 3~4세기 무렵에 유교경전도 함께 따라 들어왔을 것으로 보인다. 계양산성에서 출토된 원저단경호(圓低短頸壺)의 제작연대가 4

세기 무렵으로 추정되었고, 목간에 쓰인 글씨의 서체도 중국 위진(魏晉)시기에 유행하던 해서체이다. 그래서 백제는 한강유역에 나라를 세울 무렵부터 중국 한(漢)과 교섭을 시작했을 것으로 보고 있다.

한편 목간편에 적힌 논어의 공야장(公冶長) 편은 공자의 제자 가운데 한 사람이자 공자의 사위인 공야장 관련 기록(公冶는 성씨 이며 長이 이름)이다. 여러 개의 목간 가운데 '賤 君子…人…' 이란 글씨가 남아 있는 목간이 보이는데, 이는 公冶長 제3장의 '(子謂)子賤君子哉若人魯無…' 라는 부분이다. 즉, 공자가 子賤에게 말하기를 '자천은 군자다. 만일 노나라에 군자가 없다면…' 에 해당하는 부분 '그가 어떻게 그런 학문을 터득했을까'(君子者 斯焉取斯) 하는 다음 구절은 확인되지 않았다. 그 아랫부분은 오랜 세월이 흐르는 동안 지워졌을 것으로 추정되었다.

다음으로 '吾斯之未能信子' 라는 구절이 적힌 목간편도 발견됐다. 이는 그 앞부분의 '子使漆雕開仕 對曰…' 이라는 구절이 날아가고, '吾斯之未能信子' 다음의 '說' 이라는 글자도 탈락된 상태이다. 즉 '子使漆雕開仕 對曰吾斯之未能信子 說' 이란 구절을 적었던 목간으로 보이는데, 그 내용은 "공자가 칠조개(漆雕開)에게 벼슬을 주려 하자, 칠조개가 말하기를 '저는 아직 벼슬을 감당할 만한 자신이 없습니다' 라고 하니 공자가 크게 기뻐하였다"는 것이다. 또한 '也 不知其仁也赤也' 라는 글자가 확인된 목간의 원래 내용은 '孟武伯問…(求也 千室之邑 百乘之家 可使爲之宰)也 不知其仁也赤也' 였으며 현재 남은 글자는 이 구절의 뒷부분에 해당한다. 그 내용은 맹무백이 공자에게 '求는 어떻게 합니까' 하고 물으니, 공자가 말하기를 '구(求)는 천호(千戶)의 큰 읍(邑)이나 백승(百乘)의 경대부(卿大夫) 집에서 읍장(邑長)이나 가신(家臣) 노릇을 할 수 있을지는 모른다고 했다. 이어 그는 어진 사람인지 아닌지는 알 수 없다' 는 말을 더 덧붙였다. 그러자 맹무백이 계속해서 말하기를 '그러면 赤은 어떻습니까' 하고 물었다는 것이다. 여기서 맹무백은 노나라의 대부(大夫)이며 求는 공자의 제자로서 노나라 사람 염유(冉有)라고 했다.

이외에도 글자가 판독되지 않거나, 일부만 해독되어 전체적인 내용을 파악할 수 없는 목간편도 더 있다.

계양산성 1차 발굴 성과

계양산성의 육각정(六角亭) 일대에 대한 1차 발굴조사(2003년 8월 1일~10월 12일)는 부평의 진산인 계양산(394.9m) 동쪽 202m 고지에 축조된 산성 일부에 대한 기초조사(선문大 발굴조사)로 이루어졌다. 이 발굴에서는 계양산성의 초축국이 백제이고, 신라가 나중에 차지해 집중경영한 사실을 확인하게 되었다. 부평, 특히 계양산을 중심으로 한 계양구 일원은 본래 백제의 주부토현(主夫吐縣)이었고, 온조 백제가 흡수한 비류 백제의 영역이었기 때문에 오랜 기간 백제 관할 안에 들어가 있었다. 후에 고구려의 영토가 되었다가 다시 신라로 넘어갔지만, 백제와 신라 지배의 근거되는 상당량의 유물이 발굴되었다. 그러나 첫 발굴에서 얻은 성과는 계양산성은 백제시대에 초축한 산성이었지만, 인화문토기와 단각고배 등이 출토된 것으로 미루어 통일신라 초기에는 이미 신라의 손에 넘어간 사실을 알아내는 것으로 그쳤다.

계양산성의 성벽은 돌로 성의 안과 밖을 쌓은 내외협축식 산성으로 외벽의 잔존높이는 4m, 내벽은 3.8m(두께는 상부 4m, 하부 4.4m)인 것을 확인했다. 외벽 기저부는 황갈색 점토로 20cm 가량을 다지고, 그 위에 돌을 놓아 성을 쌓았다. 현재 남은 성벽으로는 여장시설을 찾을 수가 없는 상태이지만, 여기서 다량의 기와편이 나왔다. 그래서 산성 근처에 와요지

계양산성 출토 토기들(선문대학교 고고연구소)

계양산성 출토 목제품(선문대학교 고고연구소)　　계양산성 출토 목제품(선문대학교 고고연구소)

(瓦窯址)가 있었을 것으로 추정하게 되었다.

　1차 발굴조사는 계양산성의 체성구조를 확인하기 위한 것이었다. 이 때 육각정에서 10m 거리의 서벽을 가로 6m×세로 13m의 트렌치로 구획한 다음 성벽의 단면을 파악했다. 이 트렌치의 서벽은 정상부에서 지표까지의 외벽높이가 4.5m이다. 그러나 거의 대부분의 서벽은 붕괴되어 가장 높이 남은 성벽이라야 1.5m 가량이다.

　그 정도가 비록 남았지만, 계양산성 서벽은 잔존상태가 가장 나은 한 부분이다. 서벽 발굴지에서 출토된 유물로는 토기와 토제품·철기류·기와 등이다. 토기는 백제계와 신라계로 나뉘고, 기와는 평기와가 주류를 이룬다. 여기서 1.5톤 트럭 한 대 분량의 기와가 나왔다. 기와는 무문도 보이지만, 이는 일부에 지나지 않았다. 대부분 종선문이나 사선문의 선문(線紋) 계열 평기와가 주종을 이루었다. 그러나 완형은 몇 점 되지 않았고, 막새기와나 명문기와는 한 점도 출토되지 않았다. 기와는 상면을 물손질해서 한 번에 구운 것으로 밝혀졌는데, 기와의 측면에는 와도흔이 남아 있다. 안쪽 면에는 다른 기와와 마찬가지로 포목흔이 보인다. 토기류는 대부분 파편 상태로 출토돼 전체 기형을 파악하기는 어렵다. 기종별로 보면 토기는 고배류·호(壺)류·완류·시루·뚜껑류·발형토기편이 있다. 시루는 소량이 출토됐다.

계양산성 철제 출토품(선문대학교 고고연구소)　　계양산성 출토 기와(선문대학교 고고연구소)

　백제토기는 동체부 조각과 파수가 출토됐으나, 모두가 기형을 파악할 수 있
는 것은 아니었다. 연질무문토기가 주류를 이루었다. 그러나 한강유역에 나타
나는 중요한 특징인 타날문토기는 나오지 않았다. 토기의 바닥은 평저형이고,
파수는 우각형으로 따로 만들어서 붙였다.

　백제토기보다 신라토기의 출토량이 많았다. 신라토기는 백제토기와 마찬가
지로 모두 깨진 조각으로 출토되어 기형을 파악하는 데는 어려움이 있다. 고배
류 · 완류 · 호류가 중심이다. 고배는 단각고배와 투창이 난 고배가 함께 출토되
었으나, 유개고배도 있다. 뚜껑에는 인화문이 들어갔고, 원문과 화염문 뚜껑도
있다. 모두 경질토기로서 자연유를 사용했기 때문에 광택이 나는 것도 있다. 구
연부는 외반되었으며, 광구호 형태이다. 지표 아래 3.5m까지 토기나 기타 유물
이 출토되었지만, 그 아래로는 유물이 없다.

　한편 조사지역의 면적에 비해 많은 양의 철기가 출토됐다. 철촉 · 철정 · 도자
등 모두 53점이 나왔다. 철촉은 유엽형과 능형 등이 있으며, 이 외에 마제석기
와 거울 · 숟가락 손잡이로 보이는 청동유물 · 원추형 어망추도 나왔다.

계양산성 略史

　참고로 현재의 계양산성과 그 남쪽으로 반경 2km 거리는 예전 부평현(富坪縣)

의 중심지였다. 계양산(桂陽山)에 대한 옛 기록은 '부평부의 북쪽 2리에는 진산 (府北二里鎭山)인 일명 안남산(一名 安南山)이 자리했고, 여기서 黑點石이 나온 다'는 사실과 함께 계양산 고성(古城)은 석축둘레가 1,937척으로 기록되었다. 계양산성은 부평의 진산인 계양산(394.9m) 동쪽 202m 고지에 축조한 산성이 다. 이 산성에 올라서면, 김포반도와 한강이 굽어보인다.

계양(桂陽) 즉, 부평에 대한 기록으로 '本百濟彌趨忽地高句麗取之主夫吐郡新羅 景德王改名爲長堤郡高麗初改樹州毅宗時改爲安南都護府高宗時改稱桂陽忠烈王時陞 吉州牧忠宣王初改爲富平府'(원래는 백제 미추홀의 땅이었는데, 고구려가 그곳을 차지해 주부토군(主夫吐郡)이 되었다는 내용이 나온다. 신라 경덕왕이 지명을 고쳐 장제군이라 했고, 고려 초에는 수주(樹州)로 고쳤다. 이어 고려 의종(毅宗) 때는 안남도호부(安南都護府)로 다시 고치기도 했다. 고려 고종(高宗) 때는 계양 (桂陽)이라 불렸고, 충렬왕 때 이를 폐해 현재의 길주목(吉州牧)에 부쳤다. 충선 왕(忠宣王) 초에 부평부(富平府)로 다시 고쳤다)는 내용이 있다.

여기서 길주목은 고양시로서 예전의 행주 일대에 해당한다. 즉 한강 건너편 강북의 행정 군사중심지에 속한 속현(屬縣)으로 만든 것이다. 한강을 사이에 두 고 마주한 북쪽 고양시의 속현으로 묶어버린 것은 충렬왕 때 이 지역이 전선(戰 線)에서 멀었기 때문일 것으로 보인다. 예전에는 부천시 송내 일원까지도 바닷 물이 들어왔다. 그래서 최근 이 일대를 개발하기 전까지도 염전이 있었던 것이 다. 즉 계양산성 북편으로는 만조시 바닷물이 들어오던 지역이었다. 계양산성 에 올라서면, 서울과 인천지역을 한눈에 조망할 수 있다. 이같은 지형적 조건은 삼국시대 백제의 요충으로 계양산성을 중시할 수밖에 없는 요인이 되었다.

대전광역시

대전 계족산성

　대전시 대덕구 장동 계족산(鷄足山)에 자리한 계족산성은 삼국시대 때 쌓은 석축산성으로 알려졌다. 대전시는 계족산성을 정비 복원하기 위한 사업을 1992년부터 추진한 가운데 첫 발굴은 1997년 11월 13일~1998년 7월까지 이루어졌다. 성 안의 건물지와 저수지・봉수대・우물지 등 2,800여 평이 우선 그 대상이었다.

　이 때 발굴 목적은 계족산성이 백제가 처음 쌓아 계속 사용한 것인 지를 밝히는 것이었다. 그러나 발굴결과, 백제유물은 전혀 출토되지 않아 많은 의문을 남겼다. 다만 11~13세기에 만든 어골문 기와 가운데, 雨述・雨述天國과 같은 명문이 있는 기와가 출토돼 기록상의 雨述城이었을 가능성을 한결 높였다.

　이 지역은 본래 백제의 우술군(雨述郡)이었으나 신라 경덕왕이 비풍군(比豊郡)으로 지명을 개편했다. 고려시대에 다시 회덕현(懷德縣)으로 바뀌었다. 계족산성은 회덕현의 동쪽 3리(三里)라고 하였으니, 본래 회덕 동편의 산성이 회덕현의 현성이었을 것이다. 그러니까 백제의 우술성이었다는 얘기가 된다. 계족산과 식장산(食藏山)을 중심으로 한 산록에는 계족산성을 비롯 13개의 산성이 있다. 산성의 축조연대가 정확히 밝혀진 적은 없으나, 이렇듯 많은 성이 존재한다는 것은 삼국시대 백제와 신라의 접경지대여서, 이 일대가 전략적으로 매우 중요시되었음을 의미한다.

지금까지의 고고학 성과와 연구에 의하면, 금산이나 옥천 등 계족산 동편 지역은 6세기 중반 이후는 신라의 영역이었다. 대전 – 진잠 – 연산을 잇는 선의 이서지역을 백제의 대신라(對新羅) 최전선으로 볼 수 있다. 이를 뒷받침하는 또 하나의 사례는 이 일대 성에 나타나는

제1 건물지 전경(남 → 북) (충남대학교박물관, 「鷄足山城」 보고서, 1998)

성벽구조이다. 대전지역의 산성은 갑천(甲川)을 경계로 하여 동서로 구분할 수 있다. 즉 서쪽 지역의 산성은 성벽의 높이가 동쪽이 높고 서쪽이 낮은 동고서저(東高西低)이다. 이에 비해 동쪽 계족산을 중심으로 한 산성들은 거의가 서고동저(西高東低)로 서쪽 성벽이 높고 견고하다. 이는 서로 다른 세력이 동쪽과 서쪽으로 서로 마주보고 대치했음을 시사하는 것이다.

그럼에도 발굴결과는 의외였다. 백제토기의 특징인 삼족기(三足器)는 나타나지 않은 대신 신라토기 일색이었다. 더구나 성벽 축조기법이 보은의 삼년산성이나 충주의 충주산성 및 단양의 온달산성과 같은 신라의 산성과 유사했다. 계족산 동편의 장대리나 주산동(注山洞) 고분군에서 나온 것과 동일한 단각고배나 부가구연장경호(附加口緣長頸壺) 등 6세기 중반 및 후반 이후의 신라토기만이 출토되었다. 따라서 자연히 이 산성을 백제가 처음 쌓아 사용하다가 신라에 넘겨줬는지에 대해서도 의문을 갖게 되었다.

그러나 이 지역 계족산성이 맞거나, 또 고려시대의 '雨述' 명문 기와에 나오는 명칭을 밝히는 문제에 부닥칠 수 밖에 없었다. 기록상의 우술군이나, 우술성은 백제의 성이다. 백제가 처음 쌓고 경영한 백제의 성인 것이다. 그렇다면 발굴은 성벽 기저부나 축성 당시의 성토 단계부터 좀더 면밀하게 조사할 필요성이 제기되었다.

저수지 발굴

계족산성 내에서 가장 특징적인 발굴은 저수지였다. 삼국시대 산성 내 저수지 중에서는 가장 규모가 크고, 매우 정교하게 축조되었다. 계족산성 내 초축 저수지인 1차 저수지는 크기가 38×21m이다. 이는 하남시의 이성산성(16×26m)이나, 호암산성(17×13m)의 저수지보다도 월등히 크다. 호안석축을 3단의 계단식으로 만들어 저수량의 변화에 따라 접근하기 쉬울 뿐 아니라, 석축도 견고하게 쌓았다.

2차 저수지는 1차 저수지를 메우고 나서, 그 규모를 줄여 19×8m의 장방형에 깊이 약 5m 규모로 다시 만든 저수지이다. 한때 사용하다 폐기한 2차 저수지 내부 매립토 속에서 통일신라 토기 및 기와편이 나왔다. 그러나 청자라든가 기타 고려시대의 유물은 전혀 나오지 않은 점으로 보아 이미 통일신라 말기에 매립한 것으로 보인다.

2차 저수지 석축상부 출토 '雨述' 명기와(충남대학교박물관, 『鷄足山城』 보고서, 1998)

성벽과 접한 저수지 동쪽 석축을 조사한 결과 성의 동벽은 협축으로 쌓았고, 성벽의 높이는 9.5m였다.

이와 아울러 생토층 위로 60~80cm 두께로 뻘층이 형성되었음을 확인했다. 이는 층위상 1차 저수지를 만들기 전에 저수지가 이미 존재했

2차 저수지 석축 축조상태(북 → 남) (충남대학교박물관, 『鷄足山城』 보고서, 1998)

저수지 구역 동벽 축조상태(충남대학교박물관, 『鷄足山城』 보고서, 1998)

다는 사실을 시사하는 것이다.

이 저수지에서는 선조문과 격자문이 들어간 기와가 주로 나왔고, 雨述 명문기와 3점이 출토되었다. 토기는 신라 후기의 단각고배·장경호·완·호·합이 나왔다. 이외에 8세기 중반 무렵에 제작된 인화문토기도 출토되었다. 뻘층에서는 농구와 공구의 자루(목제), 박으로 만든 그릇이 나왔다. 그리고 다슬기나 복숭아씨같은 열매도 출토되었다.

건물지 발굴

계족산성 내 평탄지 여러 곳에는 10여 개 이상의 건물지가 있는 것으로 짐작되는데, 첫 발굴은 북벽 부근 고지대(1,200평)에서 이루어졌다. 삼국시대~통일신라시대의 건물지도 확인했으나, 가장 잘 남은 건물지는 고려시대의 건물지 2기이다.

제1 건물지(15.8×6.8m)에서는 청자편과 토기편 및 명문기와가 나왔다. 제1

건물지 서편으로 나란한 제2 건물지(14×7.1m)는 온돌을 갖추었고, 제1 건물지와 마찬가지로 12~13세기의 건물지였다. 이들은 같은 시대에 함께 있었던 것으로 보인다. 이들 건물지에서는 고려시대 동이와 병·완과 같은 토기 외에 상감청자나 순청자로서 완·잔·병이 출토되었다. 청자편 중에는 '良醞納'이란 명문이 들어간 것도 있었다. 이로 보아 공납용 술병 조각으로 짐작된다.

이외에 여러 고려 건물지 아래에서 6세기 중후반 이후 8세기의 것으로 보이는 삼각집선문(三角集線文)·점열문(點列文)·인화문 뚜껑이나 단각고배·부가구연장경호·완과 같은 신라유물이 출토되었다. 이외에 철제 말(馬)과 솥·쇠스랑·따비·못과 같은 유물이라든가 동경(銅鏡)이 출토되었다.

기와류의 문양은 선조문(線條文)·격자문·어골문으로 구분된다. 6세기 중엽 이후 통일신라의 기와 및 雨述·雨述天國·棟樑道人六廻와 같은 명문이 들어간 고려시대 기와가 많이 나왔다.

신라 문무왕 원년(661년)에 '우술성을 쳐서 1,000여 명의 목을 베었다'고 하였으니, 이 시기까지도 우술성은 백제의 성으로서 함락되지 않았다가 이후 비로소 점령했음을 알 수 있다. 따라서 6세기 중반 진흥왕대에 북진하여 백제와 서로 다투었던 사실도 알 수 있다.

명문기와나 출토유물로 보아 성의 초축국 문제를 비롯한 몇 가지 의문은 여전히 해결되지 못했다. 그리고 경덕왕 이후

봉수대 전경(서 → 동) (충남대학교박물관, 『鷄足山城』 보고서, 1998)

비풍(比豊)으로 지명이 개편되고, 고려시대에 회덕으로 바뀌었음에도 雨述이란 지명이 그대로 계속 사용된 배경 역시 의문으로 남았다. 그래서 향후 정밀발굴에서 그 답을 기대할 수밖에 없게 되었다.

대전 월평동 산성

　대전지역은 백제가 웅진·사비로 천도하면서 그 중요성이 부각되었다. 신라와의 접경지역으로서 화전(和戰) 양면에서 그 역할과 기능이 강화될 수밖에 없는 요충이었기 때문이다. 특히 신라와의 교통로 역할을 한 이 지역에는 갑천(甲川)을 따라 그 좌우의 구릉에 산성을 이중으로 배치할 만큼 방어선이 철저하게 구축되었다. 그래서 여느 지역보다 산성의 방비가 철저했고, 지금까지 조사한 산성만도 29개에 이른다. 대전 월평동 산성(月坪洞山城)은 1974년 지표조사에서 비로소 백제산성으로 알려졌다. 목책이나 석성 등 여러 가지 관방시설이 확인되어(1989년 대전광역시 기념물 7호 지정) 충남대학교박물관과 국립공주박물관은 산성 바로 아래의 월평동 유적 공동발굴에 나섰다(1994년 8월 23일~1995년 6월 25일). 이때 방어시설·저장고·원형 수혈유구 등 많은 유구의 존재를 알게 되었고, 백제유적으로서의 중요성도 파악하기에 이른다. 월평산성 발굴(2001년 4월 2일~6월 9일)은 백제시대 유적으로 밝혀진 월평동 유적 발굴의 후속이었다. 이에 따라 방어시설과 월평산성의 축조시기·기법 등을 분석해 그 성격을 밝히기 위한 것이었다. 월평동 산성의 둘레는 745m이다. 산성은 고대지를 기준으로 해발 137m의 나지막한 야산에 있다. 동·서·북의 세 방향에 각기 문지가 보이고, 동쪽 성벽 평탄지에는 건물지가 있었다. 북문지 평탄지에도 연지와 건물지가 있었다.

월평동 산성 전경(충청문화재연구원, 『大田 月坪山城』보고서, 2001)

월평동 산성이 자리한 유성(儒城)은 삼국사기 지리지에 나오는 奴斯只縣이다. 경덕왕 때 지금의 유성이라는 이름으로 개편됐다. 본래 백제의 雨述郡을 比豊郡으로 고쳐 그 영현으로 삼았다. 이런 까닭에 월평산성의 옛이름은 유성산성이다.

월평동 산성은 대전분지를 남북으로 관통하는 갑천의 동쪽 편 해발 100m 안팎의 능선으로 이어진 지형의 북쪽지역에 위치한다. 북단 가지능선이 갑천변으로 연장된 지역에 자리했다. 능선과 계곡을 감싼 포곡식 산성으로 축조되었다.

발굴성과 및 유적의 성격

발굴은 고대지(高臺址)와 고대지 정상에서 북서쪽 35m 거리의 서성벽을 절개하는 것으로 시작했다. 이 발굴은 공주박물관이 먼저 조사한 월평동 유적과 월평동 산성의 방어시설이 어떤 연관을 갖는지를 찾기 위한 목적을 겸한 것이었다.

남동쪽 모서리의 고대지는 월평동 산성에서 가장 높은 지역이다. 인위적으로 흙을 쌓아 주변을 조망할 수 있도록 만든 시설인 것이다.

고대지 남쪽지역 조사 전경(충청문화재연구원, 『大田 月坪山城』보고서, 2001)

　성벽 기초부는 성벽의 폭보다 3배나 넓게 흙을 쌓아 다졌다. 성벽 축조 이전의 원지표층에서는 고구려토기편이 기초부에 쓸려 들어간 것이 확인됐다. 고대지 남쪽 능선상에는 19기의 원형 수혈유구 및 성격미상의 유구도 있었다. 성벽과 고대지는 그 이전의 지형을 정지하고 기반을 조성했다. 기반조성다짐층에서 원지표층과 대단위 성토다짐층·구상유구·주공·원형수혈유구 등 앞선 시기의 유구가 확인됐다.

　특히 원지표층에서 출토된 유물로 월평동 산성의 축조 상한연대를 알 수 있는 중요 정보를 얻었다. 원지표층과 성벽 축조 이전의 유구에서는 백제토기와 고구려토기가 함께 출토됐다. 백제토기로는 대형 장경옹편·타날포편·뚜껑편 등이 나왔다. 파편 상태에서 기형 파악은 어려웠으나, 구연부를

성벽 축조이전 원지표층 출토 백제 토기편(충청문화재연구원)

비롯한 세부적인 특징으로 보아 한성시대 말~웅진시대의 것으로 파악됐다. 다시 말해 성벽 축조 이전 다짐층에서 출토된 유물은 월평동 산성의 최하층 유물에 해당한다. 여기서는 대형 장경옹의 구연부편과 경부편 그리고 개배·개배뚜껑편·우각형 파수편이 1점씩 출토됐다. 이들 토기편의 하한연대는 한성백제 말기로 추정된다.

한편 월평동 유적에서는 원형 수혈유구를 약 350기나 조사한데 이어 월평산성의 고대지 남쪽 능선에서도 19기의 수혈유구를 확인했다. 이는 월평동 산성 축조 이전에 월평동 지역에 대단위 유적이 존재했음을 알려주는 현상으로 파악하고 있다.

월평동 산성 출토유물은 토기 200여 점·기와 250여 점·기타 철기 29점·청동용기 1점 등이다. 토기 및 기와는 사비도읍기의 것들이 대다수를 차지한다. 그리고 성벽 축조 이전의 원지표층에서는 고구려토기가 약간 나왔다.

고구려토기는 옹편·장동호편·완편·접시 등이다. 그러나 이들 유물은 호로고루나 아차산보루·구의동 고구려 유적 등에서 나온 고구려토기보다는 몽촌토성에서 출토된 고구려토기와 유사하다. 몽촌토성 출토 고구려토기는 475년 한성백제가 함락된 뒤로부터 신라와 백제의 연합으로 고구려가 한강유역을 잃기(551년) 이전에 해당하는 유물이다. 아차산보루나 구의동 출토 토기보다는 몽촌토성의 고구려토기가 시기적으로 약간 앞선다. 따라서 월평산성에서 나온 고구려토기는 475년 이후 5세기 말까지의 시기에 제작된 토기라 할 수 있다.

고대지 석축굴(너비, 높이가 각 1m씩이며 병장기를 숨겨두었던 곳으로 추정) 안에서는 통일신라시대 토기가 나왔다. 이 중에는 인화문토기도 1점이 있었다. 하지만 월평산성에서 출토된 토기는 백제토기가 전체의 약 80%를 차지한다.

백제토기는 심발형 토기(2)·장란형 토기(3)·옹(6)·외반구연 호(11)·직구호(3)·원저호(2)·동이(12)·시루(2)·병(2)·삼족배(3)·완(3)·등잔(1)·고배

(1)·뚜껑(6) 등 총 14개 기종에 56점이었다. 이 외에도 8점의 토기가 더 나왔는데, 이들 8점 가운데는 기형을 알 수 없는 동체·파수의 종류가 확인되지 않은 동체 및 저부편 등이 있다.

주공(柱孔)에서는 장란형 토기편 2점·대형옹편 2점 및 기타 호의 구연부편·고배 대각·격자 타날 원저호 저부편이 각기 1점씩 출토됐다. 원지표층에서는 대형장경옹·호의 구연편 1점과 뚜껑 2점·원저호의 저부편·동체편 그리고 고구려토기가 나왔다.

월평산성의 성벽축조 이전 유적은 백제토기 연대로 보면 한성백제 말기 이후 웅진 초기에 해당한다. 이는 고구려토기로 보아도 같은 연대를 추리할 수 있다. 그래서 이 일대가 군사적 요충으로서 성의 주인이 빈번히 바뀌었다는 사실을 관방시설의 방향에서도 추정할 수 있었다.

월평동 유적에서도 5세기 후반 무렵의 목책과 호(濠)로부터 6세기 후반의 석축성벽·호(濠) 및 7세기 전반의 성벽이 확인됐다. 월평동 산성에서 고구려토기가 출토되는 유구들은 백제와 신라가 한강하류 유역을 되찾은 551년을 하한시점으로 잡을 수 있기 때문에 월평동 산성의 축조연대 상한은 551년일 것으로 볼 수 있다.

월평동 산성은 내탁토루(內托土壘) 외벽에 석

산성 및 성벽트렌치 전경(충청문화재연구원)

성벽 축조상태(충청문화재연구원, 『大田月坪山城』보고서, 2001)

성벽 중심부 판축상태(충청문화재연구원, 『大田 月坪山城』보고서, 2001)

축을 덧쌓아 조성했다. 이같은 축성법은 부여의 나성이나, 부소산성 북성벽 축성법과 유사하다. 따라서 체성은 토루와 석축 성벽으로 구성되어 있으며 이들 산성은 모두 체성을 판축토루로 조성했다. 석축 벽면은 그랭이기법으로 쌓았다. 그리고 하단석을 계단식으로 쌓은 것 역시 부여 나성과 동일하다.

내벽 보강 다짐층 위의 구지표층에서는 구연편 3점·대옹편 1점·심발평토기편 1점과 다량의 기와편이 출토되었다. 이외에 시대적으로 가장 늦은 회색 또는 회흑색의 연질소성 '동이'는 바깥면에 선조문이 타날되었다. 이는 기형이나 양식으로 보아 백제 사비기의 것이다.

고구려토기

현재까지 남한지역에서 고구려토기가 나온 지역은 임진강 북안의 호로고루(瓠蘆古壘)·당포성지·은대리성지·무등리산성 그리고 구의동 유적·아차산보루·몽촌토성 및 청원 남성골 유적·대전 월평동 산성 등지이다. 중부지역까지 그 분포범위가 차츰 넓어지는 추세이다. 청원 상봉리나 진천 회죽리 유적에

서는 고구려계 귀걸이가 나온 사례도
있다.

고구려토기는 옹·장동호·동이·
시루·완·접시 등 6개 기종 26점에
이른다. 그러나 전체 기종을 알 수 있
는 것은 완과 접시였고, 나머지는 저
부편이나 구연부편들이다. 이들은 성
벽 축조 이전의 원지표층에서 출토되
었다. 물론 이외에 성벽 축조 이전의
원형 수혈유구나 고대지 남쪽 능선과
지표에서도 여러 점이 나왔다.

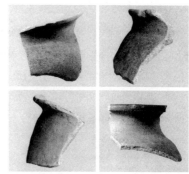

성벽 축조이전 원지표층 출토 고구려 토기편(충
청문화재연구원)

고구려토기는 연질과 경질 사이의 경도(硬度)를 보여주는 것들이 대부분이
며, 토기의 색깔은 황색계(4점)·흑색계(1점)이다. 이외에 대부분의 토기는 회
흑색 또는 회색이다. 기벽 바깥면에 타날흔이 들어간 것은 없고, 회전물손질로
매끄럽게 처리했다. 바닥은 모두 평저이며, 굽 달린 토기나 원저형은 나오지 않
았다. 이외에 호나 옹·동이류의 구연부(8점)도 나왔다.

통일신라토기

고대지 석축굴이나 지표에서 수집한 신라토기는 기형이 파악되는 토기편들
이다. 부가구연장경호(附加口緣長頸壺)·경부파상문대옹(頸部波狀文大甕)·호
편·주름무늬병 등이고, 부가구연장경호 외의 나머지 토기는 9~10세기의 것들
이다.

이들 통일신라 유물은 백제 멸망 이후 신라가 남긴 유물들이다. 이들 토기는
상대연대 및 절대연대 비정에 중요한 기준이 되므로 자료적 가치가 크다고 할
수 있다.

기와

월평동 산성에서는 250여 점의 기와가
출토되었다. 이 가운데 총 183점의 기와
는 암키와(142점) 및 수키와(41점)로 구
성돼 있다. 그러나 와당이나 특수기와는
한 점도 출토되지 않았다. 문양은 선조
문·격자문·이중문·무문·변형선문·
어골문 등이다.

성벽 출토 기와편(충청문화재연구원, 『大田
月坪山城』보고서, 2001)

원지표층은 5세기 후반~6세기 전반
의 고구려토기와 백제토기가 집중적으로 출토되는 층이다. 그러나 여기서는
기와가 한 점도 나오지 않았다.

강원도

원주 법천리 백제고분군

강원도 원주시 부론면의 부론면소재지인 법천리 일대에서는 백제고분군과 초기 백제의 주거지 형태인 '凸' 자형 주거지(건물터)가 발굴되었다. 그래서 백제사와 관련한 많은 문제와 해답을 던져주었다. 한성백제시대에 이 지역을 장악하는 과정과 한강유역으로 진출한 신라가 다시 이 지역에 세력을 떨쳐 새로운 주인이 되는 6~7세기까지의 시대상을 반영한다. 이 일대의 토기나 묘제 및 기타 문화의 변천상을 구체적으로 확인하는 계기가 되었고, 더구나 한성백제시대 묘제나 토기의 편년 설정에 명확한 기준을 제시했다.

이와 더불어 신석기시대 즐문토기와 청동기시대 무문토기·초기 철기시대 점토대토기편 등이 수습되었다. 이들 유물은 삼국시대 고분군이 들어서기 이전부터 오랜 세월 동안 법천리 일대 남한강변에 사람이 거주한 사실을 알게 되었다.

법천리 일대는 1999년 1차발굴 이후 2000년의 2차 발굴 및 2001년 3차 발굴이 이루어졌다. 3차 발굴에서는 토광묘 4기와 옹관묘 3기·석곽묘 2기 및 '凸' 자형 주거지 1기가 조사되었다. 2000년까지는 19기의 고분과 구덩이유구 2기를 발굴했다.

특히 법천리 백제고분군은 한성백제기 중앙의 문화가 지방으로 영역이 확대되어 백제의 성장 과정과 지방통치조직을 가늠하는 하나의 기준을 제시한 유적이기도 하다. 1차 발굴에서는 무덤의 구조나 형태별로 편년을 설정할 수 있는 준거를 제시했다. 그래서 이를 기준으로 백제의 지방통치 구조및 정치력 확산을 추정할 수 있게 되었다.

부론면은 여주의 동쪽 편 경계 너머에 있다. 남한강과 섬강(蟾江)이 만나는 합수머리에서 남한강 상류방향으로 약 2km를 거슬러 올라가면, 여주군 점동면 삼합리(三合里)와 그 대안(對岸)의 부론면소재지인 법천리이다. 마을 뒤편 황학산 줄기에는 유명한 법천사지가 자리했고, 동쪽 황학산을 넘으면 거돈사지(居頓寺址)가 있다. 이 지역은 수도 한양과 충북·경기·강원의 산간 내륙을 잇는 교통로의 중심지여서 사람과 물자의 이동이 활발하게 이루어졌다. 그래서 경제적·군사적·정치적 요충이었고, 일찍부터 조창(曹倉)이 발달했다. 합강에는 조선시대 흥원창(興原倉)이 있었다.

이 법천리가 고고학에서 주목을 받기 시작한 것은 지난 1973년으로 거슬러 올라간다. 당시 이 지역 주민 홍병주(洪炳柱)씨가 중국 동진(東晋)시대 (317~420)의 양형청자(羊形靑磁)를 비롯, 청동초두(靑銅鐎斗)·등자(鐙子)·재갈과 같은 유물을 거두어 신고하면서부터였다. 시기가 비교적 명확한 양형청자로 말미암아 백제의 대외교류는 물론 백제의 지방통치 방식이나 체계 등을 가늠하게 되었던 것도 이로부터였다. 또한 고분의 양식이나, 등자와 같은 유물을 빌려 삼국시대 고분의 편년(編年) 설정 기준이 제시되기도 했다.

발굴성과

법천리 1차 발굴 결과 총 8기의 무덤이 확인되었다. 여기서 나온 유물은 모두 537점이었다. 무덤양식별로는 토광묘(1기)·횡구식석실분(1기)·횡혈식석실분 (2기)·횡구식석곽묘(2기)·석실분(파괴된 것, 2기)이다. 이들을 무덤의 축조방식이나 출토유물을 기준으로 상대연대를 구분하면, 토광묘(6호)·횡구식석실분(4호, 2호 및 5호는 파괴되었다)·횡혈식석실분(1호·3호)·횡구식석곽묘(7호)·횡구식석곽묘(8호)의 순서로 편년을 설정할 수 있다. 즉 1차 발굴에서 확인한 8기의 묘제 가운데 토광묘가 시기적으로 가장 앞서는 것이다.

평면이 장방형인 6호 토광묘(길이 230㎝, 폭 75㎝)는 4호 석실분 북쪽에 있다. 무덤방향은 동북향인데, 피장자의 두향(頭向)은 남침이다. 바닥에 주먹돌을 두 세 겹 깔아 시상(屍床, 길이 200㎝, 폭 45㎝)을 만들었고, 동쪽벽 근처에서 타날 문단경호(1점) 위에 유견호(有肩壺, 1점)를 올려놓은 상태로 출토되었다. 유견호 는 높이가 14.5㎝, 구경 10.5㎝이고, 타날문단경호는 높이가 17.2㎝에 불과하다.

이 토광묘는 원주지방에서는 처음으로 발견된 양식이다. 그리고 출토품은 3 세기 말~4세기 초 마한에서 백제 문화로 전환되는 문화전환기의 토기편년에 기준과 척도가 되는 유물로 보았다.

4호 횡구식석실분은 가장 많은 유물이 쏟아져 나와 가장 주목을 끄는 무덤이 다. 이 지역에서 백제의 석실분을 받아들이던 시기인 4세기 말~5세기 초의 묘 제인데, 궁륭식(穹窿式) 천장에 석축을 견고하게 쌓고 회를 두텁게 발랐다. 이 미 도굴된 상태에 발굴되어 유물을 온전하게 파악할 수는 없었지만, 금동식리

4호 횡구식석실분(국립중앙박물관)

(金銅飾履)·연화문 청동뚜껑·칠기(漆器)· 유리(琉璃)구슬·관옥과 같은 중요한 유물이 나왔다. 이 고분에 묻힌 피장자의 신분과 위상이 가늠되는 유물인 것이다. 화장한 인골과 상어·민어·조기·도미·준치·정어리 등 6종의 바다 물고기뼈가 나와 더욱 흥미를 끌었다. 남한강과 한강을 이용해 서해로 나가 교류하며 물자와 사람의 이동이

4호 횡구식석실분 출토유물 청동개(국립 중앙박물관)

폭넓게 이루어졌음을 알 수 있다. 나아가 2003~2004년 출토된 금동식리·금동관모 등이 나온 공주 수촌리 고분과 거의 같은 시기에 조영된 무덤군으로도 해석되어 공주 수촌리 발굴 당시 이 법천리가 다시 부각되었다.

2호분에서 나온 중국 동진제의 양형청자 역시 법천리 석실분을 만든 집단이 한강을 통해 한성은 물론 서해지역과 교류한 증거이다. 2호 석실분에서는 1973년 매장문화재 신고 당시 양형청자와 숫돌·직구호(1점)·심발형 토기 2점이 나왔다. 중국 동진시대 월주요(越州窯)에서 만든 양형청자는 남경(南京) 상산(象山) 7호분에서 나온 유물과 아주 흡사하다. 이 유물을 빌려 2호분의 조성연대를 4세기 말~5세기 초로 확정하게 되었다. 최초 발견자에 의하면, 석실 남동쪽에서 양형청자가 나온데 이어 남서쪽에서는 토기 3점, 북동쪽에서 지석이 발견되었다고 한다. 직구호는 연질회색이고, 바닥은 평저형이다. 심발형 토기 역시 평저형에 높이가 11~12cm에 불과한 크기다. 이외에 철기로서 꺾쇠와 도자(刀子)·관정 등이 출토되었다.

3호 횡혈식석실분은 연도가 우편재이고, 묘의 장축방향이나 축조기법은 1호분과 동일하다. 다만 규모만 작을 뿐이다(석실분 전체길이 381cm, 폭 177cm. 석실 내부길이는 177cm, 폭 132cm, 연도 141cm). 궁륭식 천장과 석실 북벽은 도굴로 파괴되어 내부가 교란된 상태였다. 유물은 관정 10점, 꺾쇠 3점이 나왔다.

한성백제기 석실분이 이 지역에 정착한 시기인 5세기 전반 이후 중반 무렵의 무덤으로 볼 수 있는 1호 및 3호 횡혈식석실분은 궁륭식 천장에 평면이 장방향이고 우편재(右偏在) 연도를 갖추었다. 이는 백제 석실분의 특징을 잘 보여주는 사례로 꼽힌다. 횡혈식석실분인 1호분(석실분 전체길이는 690㎝, 폭 318㎝, 석실 내부길이 320㎝, 폭 200㎝)은 1973년 청동초두(1점) · 등자(鐙子 1점) · 말재갈(1점) · 철검(2점) · 철모(1점) · 토기(4점)이 발견된 무덤이다. 이 무덤은 1999년 조사 때까지 벽석(壁石)이나 관대 · 연도는 그대로 잘 남아 있었다 여기서는 금제 세환이식 2점과 등자(2점) · 운주(雲珠) · 관정 · 꺾쇠 · 골제품 등이 추가로 나왔다.

금제 세환이식(2점, 세환 직경 1.2~1.3㎝, 무게 5.1g · 4.9g, 전체길이는 3.7㎝) · 금동식리 · 청동초두 등은 백제의 최고급 부장품이다. 그리고 철제 등자 · 재갈과 같은 마구(馬具)라든가, 철검 · 철모(鐵뎼) · 철촉 등의 무기류는 생존 당시의 피장자의 신분을 증거하는 유물들이다. 철검은 장검과 단검의 두 가지가 나왔다. 장검은 길이가 63.1㎝나 되고, 단검은 길이가 28.7㎝로 짧다(무게 126g). 손잡이와 다리 세 개가 달린 초두는 풍납토성 출토품과 같다. 이외에 장경호는 목과 동체 상

1호 횡혈식석실분 출토유물 금제이식(국립중앙박물관)

1호 횡혈식석실분 출토유물 청동초두(국립중앙박물관)

부 및 하부 일부가 찌그러진 것과(2점) 단경호(2점)가 있다. 단경호는 회청색 경질인데, 그릇에 담았던 유기물의 흔적이 남아 있었다. 구체적으로 무엇이었는지는 확인할 수 없는 상태였다. 이들 장경호와 단경호 역시 1973년에 신고를 받은 유물이다.

1호·3호·4호 석실분의 구조와 유물의 차이는 법천리를 중심으로 한 원주지방에서 한성백제의 문화를 받아들이면서 종전의 문화와는 다른 급격한 변화를 겪고 있었다는 사실을 시사하는 것이다. 이는 공주지방과 더불어 지방통치체제의 변화를 암시하는 현상이기도 하다. 4호분 역시 이미 도굴된 상태였지만, 석실에서는 창모양의 횡구부와 계단식 출입구가 보여 횡구식석실분으로 분류했다. 천장에는 3매의 개석(蓋石)을 덮었고, 내벽과 돌틈·천장석 안쪽에는 두껍게 회를 발랐다. 바닥에는 판석(板石)을 한 겹 깔고 나서, 남북방향으로 묘실을 절반으로 나누어 서쪽에는 다시 2~3단의 판석을 더 쌓아 관대(棺臺)를 만들었다. 여기서 2구의 인골과 유리구슬·관옥·관정·꺾쇠 등이 집중적으로 출토됐다. 인골이 나온 상단은 매장 주체부이고, 하단은 부장공간으로 나뉘었다. 그런데 하단 남동쪽에서는 칠기 2점, 북동쪽에서는 타날문단경호 1점 및 생선뼈 6종이 나왔다. 금동식리 조각은 석실 내부의 흙을 체로 걸러서 찾아낸 것이다. 인골은 화장한 것과 화장하지 않은 인골(2구)이 있었지만, 이들이 어떤 관계인지는 석실 내부가 너무 심하게 교란된 탓에 알 수 없었다. 금동식리편·초호(鐎壺)나 초두(鐎斗)의 뚜껑으로 보이는 청동뚜껑은 도굴로 본체는 없어졌지만, 한쪽에 경첩이 달려 본체에 부착하게 만들었다. 그래서 본체가 별도로 있다는 사실을 알게 되었다.

한편 머그컵 모양의 칠기(漆器)는 안에 주칠(朱漆)을 하고, 밖에는 옻칠을 한 목심칠기(木心漆器)로서 높이는 16㎝ 정도이며 주둥이 구경은 8.2㎝로 종이컵 정도의 크기로 추정된다. 이와 더불어 이배(耳杯)도 출토됐는데, 귀 일부만이 남아 있다. 역시 안쪽에는 주칠을 했고, 밖에는 옻칠을 했다. 이와 같은 칠기의 전통은 일본 칠기에 미친 영향을 고려할 때 앞으로 면밀한 연구가 나올 것으로 기대된다.

인골은 치아(3개, 어금니)·견갑골(3편)·추골(椎骨, 3편)이 나왔는데, 피장자의 나이는 40~60세로 추정된다. 인골은 노천에서 화장한 것으로 보았다.바다 물고기 뼈는 석실바닥 북동편 하단에서 출토되었는데, 용기에 담았을 것으로 짐작된다. 하지만 용기는 도굴로 없어지고 생선뼈만 남았다. 뼈를 가지고 분류한 결과 민어(1마리)·상어(1마리)·정어리(1마리)·조기(2마리)·도미(1마리)·준치(1마리)로 밝혀졌다.

그런데 매우 흥미롭게도 이들 생선뼈를 바탕으로 이 무덤의 주인이 사망한 시점도 추정하게 되었다. 먼저 민어는 우리나라 서남해의 주요 어종 가운데 하나다. 지금은 거의 없으나, 덕적도 근해에서 여름철에 산란하는 것으로 유명했다. 기수역까지도 들어오며 7월이 산란성기이다.

상어는 서해에서 일반적으로 보이는 개상어일 확률이 높다. 인천만과 강화도 일대에 많고, 산란성기는 역시 7월이다. 염장이나 별다른 보관법이 별로 없으며 물에 데쳐서 껍질을 벗겨 먹는다.

조기는 5월 초순 인천·강화지역에 올라오고, 5월 중순 연평도에 이어 6월이면 발해만까지 올라가 산란한다. 염장하여 말리는 방법으로 장기보관이 가능하다. 도미는 덕적도를 북한계선으로 하여 그 이남지역에만 있다. 대호만 부근까지 올라오는 바닷고기로서 5월 중순~6월 초가 산란성기이다.

정어리는 원래 동해와 남해에 많은 어종으로 남서연해에 분포한다. 산란기는 7월 수온이 22~25도 이상으로 오르는 시기이다. 8월이 지나면 모두 남해 멀리로 빠진다. 준치는 6~7월 강하구에까지 올라와 산란하는데, 산란성기는 7월이다.

이들 여섯 가지 바닷고기가 가장 잘 잡히는 시기는 산란성기이다. 쉽게 말해 이들은 모두가 여름고기이다. 당시의 기온과 조건이 지금과 비슷했다면, 이 무덤에 묻힌 사람은 7월에 사망했을 확률이 가장 높다. 또한 7~8월 두 달 사이에 사망했을 확률은 절대적이고, 6~8월 석 달을 제외한 시기에 사망했을 확률은 거의 제로(0)에 가깝다고 할 수 있다.

이와 함께 충남 서해안 지역과의 교류라든가, 정어리가 잘 잡히는 동해안 지역과의 교류를 가정해 볼 수도 있을 것 같다. 백제무덤에서 바닷고기의 뼈가 나온 것은 대단히 흥미롭고, 이례적인 것이다. 고령 지산동 고분에서 나온 누치뼈라든가 경산 임당동에서 출토된 민물고기 뼈와 달리 바닷고기의 뼈가 대량으로 나온 것은 이 법천리 일대를 지배한 세력이 서해를 비롯한 여러 지역과의 유대 및 교류관계를 갖고 있었음을 증명하는 것이어서 매우 주목된다.

한편 5호 석실분은 2호분과 마찬가지로 커다란 할석으로 쌓았는데, 4호분과 관련한 것으로 보고 있다. 관정이나 꺾쇠가 2호분이나 4호분의 꺾쇠보다 훨씬 커서 관의 크기나 석실의 규모도 2호분 및 4호분보다 월등히 컸을 것으로 짐작된다. 높이가 16㎝인 단경호가 나왔는데, 색깔은 갈색이며 연질의 토기이다.

그러나 2호분과 5호분은 오래 전 유구 상부가 파괴되었다. 2호 석실분 주변에서는 도자(刀子)·관정(棺釘)·꺾쇠 등 88점의 유물이 수습되었고, 5호분 주변에서도 토기 1점과 대형관정·꺾쇠 29점이 나왔다.

횡구식석곽묘인 7호분에서는 대부장경호(臺附長頸壺)·단경호와 같은 신라계통의 토기가 출토된 것으로 보아 신라가 6세기 중반 한강유역으로 들어와 이천·충주 등지를 장악한 다음 6세기 중반 이후 7세기 초에 축조한 무덤으로 보인다. 횡구식석곽묘와 토기양식은 신라의 것을 수용했으나, 신라의 중앙지역에서 보이는 양식과는 다른 이 지방의 특색을 드러냈다.

한편 8호 횡구식석곽묘는 두 차례에 걸쳐 사용한 무덤이다. 시상 바닥에서 나온 청동 이식은 신라 때의 것인데 비해 상층에서 나온 청동교구(靑銅鉸具)나 청동숟가락(靑銅匙)·유리구슬 그리고 8구의 인골 및 말의 아래턱뼈는 고려시대의 것이었다.

한편 2001년의 3차 발굴에서는 '凸' 자형 주거지(1기)와 토광묘(4기)·옹관묘 (3기)·석곽묘(2기)를 발굴했다. '凸' 자형 주거지는 '呂' 자형 주거지와 함께 몽 촌토성이나 풍납토성·하남 미사리·춘천 중도 등지에서도 확인되었다. 법천 리 '凸' 자형 주거지는 장축이 710㎝이고, 단축은 465㎝로서 비교적 큰 규모이 다. 출입구는 폭 280㎝에 길이가 220㎝이다. 가장자리에는 큰 기둥을 세 개씩 세우고, 보조기둥을 설치했던 것으로 드러났다. 이 주거지는 풍납토성에서 확 인한 불탄 기둥으로 보아 화재 직후에 버려진 것으로 보인다.

이 주거지는 옹관묘(29호)를 설치하면서 부분적으로 파괴되었다. 주거지는 별도의 토광묘(28포)를 파괴한 상태였으므로 토광묘가 들어선 이후로부터 옹관 묘를 만들기 전까지의 어느 시기에 주거지가 들어섰을 가능성이 크다.

한편 29호 옹관묘 안에는 두 사람 이상의 인골이 들어 있었다. 팔다리뼈를 우 물 정(井)자 모양으로 쌓아놓은 것을 확인했는데, 이로 보아 시신을 일단 가매 장한 뒤 육탈된 상태에서 주요 부분의 뼈를 추려 다시 2차장이나, 쇄골장을 한 것으로 추정하고 있다.

지난 2000년도의 2차 발굴에서는 남녀 각 1명의 머리 없는 인골이 들어있는 합구식 옹관을 발굴했는데, 2001년의 발굴에서는 사람의 머리뼈만 들어 있는 한 개짜리 옹관이 나왔다. 이들 사이에 어떤 관련이 있고, 서로 다른 매장방식 은 어떤 의식(儀式)에서 나온 것인지 자못 흥미롭다.

이외에 24호 토광목곽묘에서는 바닥에 자갈을 두세 겹 깔고 그 위에 시신이 든 목곽을 안치한 것으로 밝혀졌다. 여기서 은제귀걸이 한 쌍이 출토되었는 데, 이와 같은 귀걸이는 평양 낙랑유적에서 발굴된 것들과 유사하다. 그래서 두 지역 사이의 교류나 어떤 관련성을 가정하고 있다.

충청북도

충주 장미산성

충북 충주시 가금면 장천리와 가흥리, 하구암리에 걸쳐 자리한 장미산성은
한성백제 시대인 A.D. 475년 이전에 해당하는 4세기 후반 이후에 축조된 백제
산성으로 밝혀졌다. 장미산성 1차 발굴(2004년 11월 13일~5월 27일, 재단법인
중원문화재연구원)에서 다량의 한성백제시대 유물이 발굴되어 그간 고구려 산
성으로 짐작해온 관련 학자들에게 뜻밖의 충격을 안겨 주었다. 고구려가 이 지
역을 확보하기 전에 이미 백제가 산성을 쌓고, 중원지방을 지배하기 위한 거점
기지로 활용했다는 사실이 드러났던 것이다. 일부에서는 신라의 산성으로 보기
도 했지만 출토유물이 한성백제 시대의 것들이었다. 그래서 4~5세기 백제가
신라 남방경영 저지를 위한 거점기지로서 최대 규모의 석성을 동남쪽 국경지역
인 남한강 상류에 축조한 사실을 확인하게 되었다.

장미산성은 이미 한성백제시대의 산성으로 밝혀진 이천 설봉산성 및 설성산
성, 포천의 반월산성과 거의 동일한 구조였다. 남쪽과 동쪽, 북쪽 삼면의 강이
자연 해자의 역할을 하는 남한강 요충지에 자리한 석축산성이다. 조선시대에는
충주를 중심으로 한 중원지방 및 영남으로부터 올라오는 물자를 운송하던 물류
창고 가흥창(可興倉)을 가흥리에 둘 만큼 이 일대는 지리적으로 매우 중시되던
지역이었다. 이러한 전통은 이미 백제시대에 자리를 잡아 일찍 하천지배권을
확보했던 것이다. 이는 결국 교통 및 영역을 순조롭게 통제하는 요충지의 역할

을 담당했던 것으로 보인다.

발굴내용 및 특징

장미산성의 석축방법으로는 내외 겹축과 외축내탁 축조방법(편축법)을 혼용되었다. 암반을 계단식으로 깎아내고, 점토로 다진 다음 돌을 쌓되 안쪽에는 막돌과 점토를 다져서 쌓는 방식을 택했다. 성벽 외측면 기단부는 암반층을 그렝이쌓기로 축조했고, 점토를 다져 돌을 쌓아 1층석의 절반 정도 이상이 묻히게 쌓았다. 이러한 축조방법은 침수 등으로 인해 성벽이 붕괴되지 않도록 하기 위한 것으로 판단된다.

장미산성의 배수로는 성벽 안쪽에 두었다. 이는 경사면을 따라 흘러내린 빗물이 성벽에 닿지 못하게 미리 배려한 것이다. 이 빗물을 집수시설에 모았다가 성벽 너머로 배출한 것으로 보인다. 이는 교란된 배수로 부분에서 확인한 원형의 집수시설이 증거한다. 빗물이 성벽을 넘어 흐르게 되면 성벽과 기단부가 훼손 또는 붕괴되기 때문에 이를 막기 위해 성돌을 약간씩 안으로 들여쌓았다. 바닥은 점토로 다지고 그 위에 큰 석재를 바닥에 깔았다. 그 사이에 할석(割石)과 잡석을 채워 기단부를 튼튼하게 다졌다. 성벽 안쪽에는 장형 또는 장방형으로 구덩이를 파고,

충주시 가금면의 장미산성. 축성방법이나 출토유물로 보아 백제가 쌓은 산성임이 밝혀졌다(충북대학교 중원문화재연구소).

그 안에 주먹 크기의 강돌(조약돌)을 다량 묻어둔 것이 1차 발굴에서 확인되었다. 이같은 흔적은 성 안쪽을 따라 여러 군데서 발견되었는데, 이는 유사 시 적에게 던지는 무기로 쓰기 위해 갈무리한 일종의 석환(石丸,=돌탄환)일 것이다. 이천 설봉산성에서도 이와 똑같은 석환 및 돌멩이 창고가 발굴된 바 있다.

성벽을 따라 배수로가 지나가고 있다(충북대학교 중원문화재연구소).

장미산성의 북서쪽과 동북쪽 붕괴된 사면 안쪽에는 2단 이상 16단까지 성벽이 비교적 잘 남아 있었다. 북쪽 원탑이 자리한 회절부에서 북쪽으로는 계단상의 능선이 이어졌다. 여기서는 목책렬(木柵列)이 발굴되었다. 이는 목책으로 된 치성이 있었을 가능성이 보인다. 이와 같은 목책렬은 석축산성에서는 흔히 보이지 않는 현상이다.

A지구 북쪽 성곽과 연결된 이중 목책렬(충북대학교 중원문화재연구소)

목책은 풍화 암반층에 지름 95cm 내외의 구덩을 파서 세웠는데, 기둥간의 거리는 185cm 전후이다. 그런데 두 줄의 목책렬이 확인되었다. 전체 목책의 길이는 11m 정도였다. 이 목책은 성을 쌓을 당시 함께 세워서 사용했거나 아니면 목책을 세워서 사용하다가, 후에 석성을 쌓은 것으로 볼 수도 있다. 이런 점에서 불탄 목책기둥의 탄소연대측정 결과가 나오면 전후사정을 추리해내는데 많은 도움이 될 것으로 보인다. 아울러 이 목책 치성 내부에서는 건물지로 추정되는 유구가 확인

정상부에 위치한 주거지. 이곳에서 토기편이 대량 출토되었다(충북대학교 중원문화재연구소).

되었고, 여기서 황갈색 연질토기편 등 다양한 유물이 출토되었다.

성 북쪽 회절부 외측면에는 능선을 따라 장방형의 치성이 있다. 그런데 치성의 기둥 구덩이가 두 줄을 이루었다. 일반적으로 고구려나 신라의 치성은 석성에 잇대어 축조하는 것이 보통인데, 장미산성 북쪽 회절부 치성은 목책으로 이루어졌다. 이는 고구려나 신라와는 다른 점이다.

나아가 이 치성은 석축 성벽보다는 나중에 설치되었을 가능성이 있다. 장미산성의 석축성벽 회절부 모서리에 목책 치성을 세운 예는 청원 남성골 유적에서도 조사한 바 있다. 또한 성벽 안쪽에 석축 배수로 시설과 방어를 위한 조약돌을 비축한 것은 고대산성의 독특한 특징으로 꼽을 수 있을 것이다.

한편 봉학사 진입로 확장 포장공사 중에 드러난 가마터가 조사되었다. 원형 또는 타원형에 가까운 가마터 소성실 내부에는 바닥에서 굴뚝으로 연결되는 연도가 딸렸다. 그리고 입구쪽에서는 판석형의 석재로 된 폐쇄부가 발견되었다. 이 가마터의 붕괴된 벽체 아래에서 두터운 층의 숯이 발견되었고, 연질토기편과 회청색 경질토기편이 무너진 퇴적토 위쪽에서 나왔다. 숯가마로 추정되는 이 가마터는 조성연대는 숯을 시료로 한 연대측정 결과에 따라 보다 정확한 연대가 밝혀질 것으로 보인다.

장미산성 1차 발굴은 A·B구역 성벽을 중심으로 이루어졌다. 이 때 가마터에 대한 조사가 함께 이루어졌다. A구역에서는 격자문 적갈색연질토기편이 나온데 이어 등산로 부근에서 토기호(壺)와 조족문(鳥足文)토기편 및 적갈색 원통형토기편·화살촉 등이 수습되었다. B지구에서는 토기병·고배편이, 가마에서는 적갈색 토기편 및 회청색 토기편이 수습되었다. 조사 결과 토기류는 백제토기가 대부분을 차지하고 있다. 집선문이 들어간 원저경질토기편·조족문토기(새발자국무늬토기)편을 비롯 각종 고배편이 출토되었다. 이외에도 타날문토기편이 다량 나왔다. 파상문과 점열문이 혼합된 적갈색 단지도 나왔다. 지표조사와 시굴조사에서는 신라계통의 토기편이 일부 수습되었으나, 1차 본격 발굴조

A지구 내측 트렌치에서 출토된 회청색 경질토기   조족문토기편(충북대학교 중원문화재연구소)
(충북대학교 중원문화재연구소)

A지구 내측 트렌치 2에서 출토된 토기(충북대학교 중원문화재연구소)

A지구 내측 트렌치에서 출토된 유물(충북대학교 중원문화재연구소)

A지구 내측 트렌치 3의 추정 건물지 원통형 토기(충북대학교 중원문화재연구소)

사에서는 고구려 · 신라유물은 거의 출토되지 않았다. 장미산성 1차 발굴이 갖는 또 하나의 중요한 특징은 기와가 전혀 출토되지 않았다는 점이다. 추후 발굴에서 이 문제는 보다 확실하게 판명될 것으로 보인다.

충주시는 이 장미산성이 고구려 산성일 것으로 추정하고, 사적 제400호로 지정해둔 상태였다. 그러나 발굴 결과 유물이 백제의 것들 뿐이어서 1차 발굴현장 설명회에 참석한 전문가들을 깜짝 놀라게 했다. 이렇듯 대량으로 쏟아져 나온 백제유물로 미루어 장미산성은 5세기 중반 이전에 축조된 백제산성임이 밝혀졌던 것이다. 그래서 한성도읍기의 백제는 토축산성만 쌓았을 뿐 석축산성이 없었다는 일부 학자의 주장은 불가피하게 수정하지 않을 수 없었다. 일부에서는 장미산성 이전에 발굴되었던 이천

B지구에서 출토된 토기의 외부 모습 (충북대학교 중원문화재연구소)

B지구에서 출토된 토기의 내부(충북대학교 중원문화재연구소)

의 설봉산성이나, 설성산성에서 한성백제시기의 백제유물이 대량 출토되기는 했다. 그러나 이들 성을 백제가 쌓았다고 볼 수 없다는 주장이 제기되었다. 장미산성이 설봉산성과 매우 유사한 백제산성으로 판명되면서, 이같은 주장은 설득력을 잃고 말았다. 이와 같은 주장은 백제가 당시 현(縣) 단위의 변방에 3km 가까운 대규모 성을 쌓을 경제 여건을 갖추지 못했을 것으로 보았기 때문에 나온 것이다. 그러나 4세기 후반 근초고왕이 3만 대군을 이끌고 평양성을 쳐들어간 사실을 감안하면, 그 정도 규모의 성을 충분히 쌓았을 가능성이 있다.

한편 장미산성 내에서는 두 개의 가마터 유구가 발굴되었다. 발굴조사 이전부터 이미 가마 주변에서는 백제토기가 다수 수습되었다. 이로 미루어 토기가

마일 것으로 추정했으나, 발굴 결과 숯을 굽던 가마로 판명되었다.

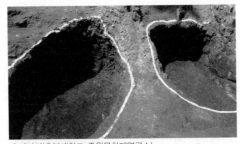

숯가마터(충북대학교 중원문화재연구소)

▲ 가마터 1 : 장미산성 정상 동쪽 경사부(해발 295m), 봉학사 대웅전 남쪽에 자리했다. 동서 260㎝, 너비(남북) 200㎝로 연도가 잘 남았다. 바닥에 숯이 두텁게 깔려렸고, 가마 표토층에는 적갈색 토기편이 다량 흩어져 있었다. 가마 안에서는 완형에 가까운 회백색 고배 등 백제시대 토기편들이 나왔다. 가마가 함몰되면서 퇴적된 것으로 추청되는 바닥에는 토기편이 없고, 소성실에 숯이 두텁게 깔려 숯가마로 보았다.

▲ 가마터 2 : 가마터 1의 남쪽에 있다. 동서 315㎝, 남북 200㎝의 규모다. 가마 내부에서는 회청색 또는 회백색 토기편이 나왔다. 그러나 이 역시 토기가마는 아니고, 역시 숯가마터로 추정된다.

▲ 추정 건물지 : A지구 돌탑 부근 회절부 안쪽 평탄지에서 1992년 지표조사 때 드러났다. 망대(望臺)나 기타 시설물이 있을 것으로 추정된다. 바닥에서는 점질토와 잡석을 깐 흔적이 확인되었다. 건물지로 추정되는 자리에서는 불땐 흔적이 드러났고, 황갈색 원통형토기편이 수습되었다. 이 원통형토기를 연통으로 보는 의견이 지배적이다. 이외에도 적갈색 시루저부편 · 단지형 토기 등 다양한 토기편이 수습되었다.

장미산성의 의미

장미산성은 薔薇山城으로 표기하고 있다. 붉은 꽃으로 대표되는 장미(Rose)를 차용한 이름이니까 성(城) 이름 치고는 아명(雅名)이다. 그런데 이 성이 자리한 산 이름은 본래 長尾山(337.5m)이다. '꼬리가 긴 산'이란 뜻으로 해석해야 하니까 다소 이상하다는 생각이 들거니와, 성 이름으로 잘 어울리지도 않는다.

여기서 중요한 것은 '미'라는 소리값이 갖는 의미이다. '미'는 우리말에서 물(水)을 의미한다. 고어(古語)에서는 '매'로도 쓰였다. 물을 가리키는 이 말은 지금도 '매'와 함께 쓰인다.

'매'가 물의 의미로 쓰이는 예는 바다 물때에서 찾을 수 있다. 바닷물은 매일 들어오는 물높이가 각기 다르다. 물높이가 최고조에 오르는 날은 사리이고, 최저치로 내려가는 날은 조금이다. 그리고 바닷물의 조석간만의 차가 없는 날은 물이 쉬는 날이라 해서 '무쉬(무시)'이다. 나머지는 1매·2매·3매·4매·5매·사리(6매)·7매·8매…11매 등으로 나타낸다. 매일 들어오는 물높이가 다른 것을 알기 쉽게 한 것이 물때인데, 이는 지금도 경기도와 충남 서해안 일대에서 사용되고 있다. 그런데 경상도지방 사람들의 주로 지금은 1물·2물 등으로 쓰고 있다.

'매'라는 용어는 삼국사기 지리지에 '買'로 표기된 사례가 비교적 많다. 고구려의 매홀군(買忽郡)이 대표적인 예이다. 이는 후에 水城郡(수성군)으로 바뀌는데, 여기서 '買'가 물을 의미하기 때문에 후에 수성군으로 바뀐 것이다.

'미'가 물이라는 의미로 쓰인 예는 멀리서 찾을 필요 없이 충주시 살미면(乻味面)이 대표적이다. 여기서 '미'가 물을 의미하며 '살'은 비록 전혀 의미가 다른 한자어를 빌어 쓴 것이지만, 순우리말 '살'을 의미한다. '살'은 빠르다는 뜻이고 보면, 물살의 '살'도 똑같은 의미이다. 이 장미산성에서 강을 따라 약 10㎞ 거리의 달천으로 거슬러 올라가면, 살미면(乻味面)이다.

이처럼 '미'와 '매'는 지금도 살아 있는 순우리말이다. 따라서 장미산성의 '장미'는 오히려 '長미'이다. 한자어와 순우리말이 결합된 말이어서 다소 어색하나, 의미상으로는 '긴(진) 미'이다. 다시 말하면, '긴 물(긴 강)'을 나타내는 것이다. 그러기에 장미산성이 자리한 마을 이름이 장천리(長川里)이다. 따라서

장미산성에서 내려다 본 남한강. 수운 및 육운 교통의 요지로서 영남과 서울을 잇는 허리에 해당한다.

장미산성은 한자화할 당시 우리말을 잘 아는 사람이 썼다면 長川山城(장천산성)
이라고 했어야 옳다. 이렇게 보면 현재 장천1호분 등 장천고분이 있는 집안(輯
安)의 '장천(長川)'이 연상되지 않는가? 장미산성에서 내려다 보면 탄금대로부
터 목계교까지는 남한강이 'ㅡ'자형으로 매우 긴 강처럼 보인다.

  아마도 남한강 수로(水路)와 그 통행권 확보에 주력한 고구려인들이 이 지역
을 차지하면서 생긴 이름이 아닐까 싶다.

장미산성 엿보기

  장미산성은 1997년 11월 11일자로 사적 제400호로 지정되었다. 성 둘레는 총
2,940m로서 백제의 성으로는 대형급에 속한다. 포곡식 석축산성으로서 이 성
남쪽으로 2㎞ 거리의 입석마을에는 중원고구려비가 있다. 그래서 충주시는 고
구려성일 것으로 추정했던 것이다. 해발 337.5m의 장미산 정상과 계곡을 아울
러 쌓아올렸으며, 조정지댐의 제방 바로 옆에 위치한 성이다. 강쪽으로는 거의

절벽지형에 가까울 정도로 가파른 경사를 이루어 성으로서는 천혜의 조건을 갖추었다. 멀리 달천과 탄금대까지는 물론 하류 목계교 및 강 하류지역을 조망할 수 있다.

1992년 충북대학교박물관이 맡아서 장미산성 지표조사를 하면서, 산성 내에서 수습된 유물로 미루어 한성백제기의 산성일 가능성이 높다는 의견이 제기되었다. 1차 발굴조사 결과는 한성기의 백제산성으로 가닥이 잡혔으나, 장미산성의 성격을 보다 정확하게 밝히기 위해서는 더욱 정밀한 조사가 필요하다. 발굴조사단은 6차에 걸쳐 연차적인 조사계획을 세운 바 있다. 그래서 2004년 5월 말까지의 발굴조사는 계획의 첫 발굴에 지나지 않는다.

청주시 산남동 · 분평동 유적

원삼국시대 이후 백제시대 수혈유구와 원형수혈이 나온 유적이다. 그리고 나
말여초의 기와가마 등이 발굴되어 산남동과 분평동 지역유적의 성격을 어느 정
도 추정할 수 있게 됐다. 재단법인 중앙문화재연구원이 약 1년 기한으로 발굴
한(2003년 12월 29일~2004년 12월 6일) 충북 청주시 흥덕구의 산남3지구 택지
개발사업지구 안에 들어간 산남동 · 분평동 유적(발굴면적 22만㎡, 분평동 Ⅰ유
적 20,437㎡ · 원흥리 Ⅲ유적 89,000㎡)에서는 원삼국시대 이후 백제 수혈유구
및 원형수혈과 더불어 나말여초의 기와가마 등이 드러났다. 한국토지공사 충북
지사의 의뢰를 받아 발굴한 이 유적에서는 분평동 Ⅱ유적 등 6개소에서 청동시
기대 주거지 등 146기가 드러난데 이어 산남3지구에서도 원삼국시대 이후 백제
시대의 생활유적과 유물이 출토되었다.

중앙문화재연구원은 두 달 동안(2003년 7월 1일부터 8월 30일까지)의 시굴조
사에서 5개의 유적을 확인하고, 이를 토대로 10개소를 발굴했다. 시굴 및 발굴
조사 대상유적 10개소 가운데 아래탑골 Ⅰ유적 · 분평동 Ⅱ유적 · 원흥리 Ⅰ유
적 · 홰나무골 유적 · 탑골 마을 유적 · 탑골경작 유적 등 6개소(2004년 4월 중
발굴완료)와 더불어 분평동 Ⅰ유적과 원흥리 Ⅲ유적이 발굴되었다.

아래탑골 Ⅰ유적

아래탑골 절터로 부르는 아래탑골 Ⅰ유적에서는 건물지 기단 1개소·우물지 1기·가마 1기가 확인됐다. 주거지 기단은 길이 16.8cm, 너비 7m이고, 기단은 3단까지 남아 있다. 우물은 바닥에서 상부까지 사질점토와 기와편으로 채웠는데, 이는 인위적으로 메운 것으로 보인다. 지름이 180cm 가량의 이 우물은 바닥을 파고서 30~50cm 가량의 돌을 쌓아 만들었다. 우물은 가로×세로 150cm의 방형이며 깊이는 160cm에 이른다.

건물기단 서쪽 1m 거리에서 가마가 나왔고, 그 내부에서는 기와 15점·막새류 14점·토기 및 도기류 3점·토제품 등이 출토됐다.

분평동 Ⅰ유적

고려시대 기와가마 및 고려 토기가마 등 3기를 발굴되었다. 그간 청주지역에

분평동 주거지 전경(중앙문화재연구원)

서는 가마가 별로 발견되지 않았기 때문에 이 지역에서의 가마 발굴은 나름대로 큰 의의가 있다.

발굴지역 가운데 남동쪽 해발 63m 내외의 구릉성 평지(농경지)에 위치한 분평동 I유적에서는 지표조사 및 시굴조사 때 원삼국시대 이후 백제시대 토기편과 쇠똥(Iron slag, 鐵滓)이 나왔다. 삼국시대 야철 유적지와 해나무골 유적에서 확인된 탄요가 어떤 연관을 맺을 것으로 추정되어 발굴한 유적이다. 발굴결과 원삼국~백제시대 수혈유구 8기·원형수혈 51기·용도 불명의 유구 2개소·주혈 등이 확인됐다. 수혈유구 8기의 중복관계는 시기상 큰 차이가 없는 것으로 판단되었고, 주거지에 비해 주혈의 배치양상(2주식·4주식)과 주거지 평면형태·입지·내부시설 등에서 다른 유적과 차이를 보인다. 이들을 좀더 자세히 살펴보면 다음과 같다.

① 수혈유구 : 분평동 I유적의 수혈유구는 조사지역 가운데 북서부에서 7기·남서부에서 1기가 확인되었다. 평면형태는 부정형이나, 대부분 파괴되었다. 거의 모두 적갈색 풍화암반토를 파서 만든 유구 내부는 숯이 포함된 회청색 사질점질토가 퇴적된 상태였다.

유구 내에 별다른 시설은 없었으나, 주혈이 불규칙하게 배열되었다. 주혈은 지름이 20~80cm 정도이고, 10~90cm 깊이로 박혀 있었다. 주혈 내부에는 갈색

분평동 수혈유구(중앙문화재연구원)

분평동 수혈 3호(중앙문화재연구원)

사질토 및 숯이 포함된 흑갈색 사질토를 채웠다.

② 원형수혈 : 발굴지역 북동 및 북서부 완경사면에서 51기의 원형수혈이 밀집된 상태로 출토되었다. 암반 부식토층을 파서 원형수혈을 만들었다. 북동부 지역에서는 20여 기의 수혈이 나온데 이어 북서부에서는 20여 기가 확인되었다. 평면 모양은 원형 또는 일부 타원형이었고, 일부는 방형에 가까운 원형수혈도 보인다. 원형수혈 규모는 117~230cm, 바닥지름 141~240cm이다. 측단면은 바닥으로 내려가면서 안쪽이 넓어지는 복주머니

분평동 수혈유구에서 출토된 토기(중앙문화재연구원)

형태인데, 입구가 좁은 플라스크형이 일부 있다. 수혈 내부에는 적갈색 암반덩어리가 포함된 흑갈색 사질점토·숯이 포함된 회갈색 사질토·갈색 사질토·갈색 점질토 등이 퇴적되었다. 유물은 수혈유구 내부의 함몰토에서 출토되는 유물과 같은 토기편이 나왔다. 조사된 유구 3기에서만 토기의 기형이 제대로 보이는 토기편이 출토되었다. 토기편은 격자문이 타날된 몸통편과 삼각거치문이 시문된 대형토기편·심발형 토기 저부편·호의 구연부편 등이다.

저장공으로 추정되는 원형수혈은 조사지역 동서편에 약 20여 기씩 밀집분포되었다. 이러한 원형수혈은 충주 수룡리 유적·대전 월평동 유적·대전 대정동 유적·대전 노은동 유적·논산 원북리 유적·공주 장선리 유적·공주 화정리 유적·연기 월산리 유적·군산 내흥동 유적·익산 사덕유적 등에서 조사된 바 있다.

이 원형수혈은 약간의 규모 차이는 보이지만, 아주 다양한 형태이다. 전국적

으로 확인되는 이 유구는 충북지역을 제외하고는 주거지와 함께 많이 나온다. 대전 월평동 유적과 공주 화정리 유적 등에서는 저장공만이 밀집분포했고, 논산 원북리 유적과 공주 장선리 유적 등은 주거지 및 토실과 혼재하기도 한다.

이번에 조사한 지역의 동쪽 부분의 산남 2지구 택지개발지구와 택지지구 바깥지역에는 주거지를 비롯해 백제시대의 다양한 생활유적이 존재했을 가능성이 보인다.

유물은 대개 호 구연부와 몸체 · 시루 · 파수 · 저부 · 대형토기편 · 난형 호 · 슬래그 등이 출토되었다. 이들 토기편 바깥면에는 평행선문 · 격자타날문이 시문되었고, 삼각거치문이 시문된 대형토기편도 나왔다. 이 삼각거치문 대형토기편은 오창리 유적에서 출토된 토기 모양과 유사한 것으로 판명되었다. 슬래그는 원형수혈과 용도 불명의 유구에서 출토되었는데, 원형수혈 내부 함몰토에서 직경 3㎝ 정도 크기의 작은 알갱이 상태로 출토되었다. 용도를 알 수 없는 유구에서는 일부 초본류가 확인되었다. 주변에 제련 관련유적이 존재했을 가능성이 있다.

③ 기타 유구 : 주혈과 쓰임새를 알 수 없는 용도 불명의 유구가 확인됐다. 주혈은 조사지역에서 불규칙한 배열을 이루었다. 주혈의 직경은 20~50㎝ 가량이고, 내부에는 흑갈색 사질점토를 채웠다. 조사지역 남쪽에서 부정형의 불명유구가 2개 확인됐다. 이 유구의 주변 흙은 황갈색 사질점토층이고, 유구 내부는

지표에서 수습된 방추차 및 유물(중앙문화재   수혈유구에서 출토된 토기편들(중앙문화재연구원)
연구원)

흑색 사질점토를 채웠다. 수혈 규모는 8m 정도이고, 깊이는 10~60cm였다. 주
혈 내부는 숯과 토기편이 섞인 흑색 사질점토층을 채운 흔적이 보인다. 유구 상
부와 내부 함몰토에서 토기편과 같은 슬래그가 출토됐다. 이 밖에 토기호·대
형토기편·시루편 등이 나왔다.

분평동 Ⅱ유적

정상부에서 청동기시대 주거지 1기·삼국시대 석곽묘 1기·조선시대 토광
묘 2기가 드러났다. 청동기시대 주거지에서는 무문토기 저부 1점이 나왔고,
석곽묘에서는 단경호 1점·유개합 1점·완 1점 등이 출토됐다.

청동기시대 주거지는 길이 975cm·너비 358cm(깊이 16cm)이다. 내부에서는
노지 두 군데가 확인되었다. 주혈은 장벽을 따라 9개가 확인되었고, 남쪽 단벽
에는 세 개가 있었다. 그리고 북쪽 단벽에서 1개, 서쪽 장벽에서 2개의 주혈을

분평동 Ⅱ유적 석곽묘(중앙문화재연구원)

찾았다.

이외에 삼국시대 석곽묘는 청동기시대 주거지 북서쪽 20m 거리에서 나왔다. 장축 방향은 남북방향이다. 석곽의 길이 225cm, 너비 93cm, 벽석

분평동 Ⅱ유적 석곽묘 출토 유물(중앙문화재연구원)

은 2단이었다. 시상(屍床)은 길이가 130cm에 너비는 80cm이다. 유물은 석곽 중앙에서 단경호 1점, 북동쪽 모서리에서 유개합 1점과 완 1점이 나왔다.

원흥리 Ⅰ유적

해발 82m의 구릉과 구릉 사이에 형성된 경작지 일부에 남아 있던 이 유적에서는 원삼국시대 토광묘 5기·삼국시대 석곽묘 1기·고려시대 이후 토광묘 50기 이상·수혈유구 8기 등 모두 64기의 유구가 확인되었다. 토기·도기류 29점을 비롯 금속류 71점·구슬 1개 등 모두 101점의 유물이 출토된 것으로 집계됐다.

원흥리 Ⅰ유적에서 확인된 5기의 원삼국시대 토광묘는 장축이 등고선과 나란한 장방형이다. 묘광의 길이는 340~400cm이고, 너비는 130~ 150cm에 이른다. 삼국시대 석곽묘 1기는 묘광의 길이 330cm, 너비 200cm이다. 그리고 석곽 길이 222cm, 너비 120cm, 높이는 60cm에 이른다. 8기의 수혈유구 가운데 1호·4호·7호 수혈유구는 조선시대 주거지이고, 나머지는 아궁이 시설로 추정된다.

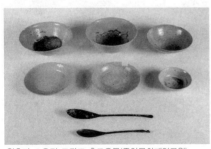

원흥리 Ⅰ유적 토광묘 출토유물(중앙문화재연구원)

한편 원흥리 Ⅲ유적은 해발 115m 가량의 구릉에 있다. 택지개발지구의 조사 지역 북서쪽에 자리했다. 2003년 시굴조사 결과 확인된 북서부의 가마를 제외 하고 시굴조사 대상지역에 들어간다. 능선의 남쪽으로 원흥이방죽에 이어 서쪽 으로는 마을과 경작지가 있다. 동쪽으로는 원흥리 Ⅴ유적이다. 시굴조사는 트 렌치를 5m 간격으로 넣어 2m 너비로 조사했다. 시굴트렌치의 깊이는 구릉 부 분은 현재 지표에서 10~50㎝ 정도이다. 계곡부에 형성된 경작지는 30~80㎝ 정 도의 퇴적층인 갈색 사질점토를 제거하자 곧바로 명갈색 풍화암반토층이 확인 됐다. 서쪽 능선에서 기와가마 3기가 드러났다.

　① 기와가마 : 기와가마는 2003년 시굴조사에서 확인된 것 1기와 이번 시굴 조사에서 확인한 3기를 합쳐 모두 4기이다. 1·2·3호 가마는 서쪽 능선의 중 간부분에서 1m 정도의 간격으로 나란히 확인됐다. 그리고 4호 가마는 능선의

원흥동 고려시대 가마터(중앙문화재연구원)

북서쪽 말단부에서 드러났다. 아궁이의 말단부는 나무뿌리가 뻗어 유실되었지만, 명갈색 풍화암반층을 파고 만든 가마는 확인되었다. 기와가마 바닥의 기울기는 아궁이에서 연도부로 갈수록 높아진다. 천정과 연도부의 상부는 유실된 상태였다. 기와가마 벽체 주변으로 열을 받아 적갈색으로 변색된 부분은 15~20cm 정도이다. 벽체와 가마 바닥이 유리질화되었으나, 두께가 얇고 단단하지 않은 것으로 보아 한 번 사용한 다음 폐기한 것으로 추정된다. 내부에서는 무너져 내린 천정편과 적갈색 소토·갈색 사질토들이 혼재되어 나타났다. 기와가마의 장축은 등고선과 직교하고, 기와가마의 규모는 700~900cm 가량이다. 회구부·아궁이·연소실·소성실·연도부로 구분된다. 회구부에서는 아궁이 앞쪽으로 비교적 평탄한 120cm 가량의 범위에서 재가 섞인 흑색 사질토층이 확인됐다. 측벽 일부가 남은 아궁이 바닥은 숯과 갈색 사질토로 채웠다. 아궁이는 연소실로 가면서 기울기가 점점 낮아진다. 길이가 150cm 정도인 아궁이 양옆으로 돌을 세우고, 긴 할석을 얹어 축조했다. 2호 가마의 경우 분묘 이장으로 절반 이상이 파괴된 상태였다.

잔존상태가 양호한 1호 기와가마와 아궁이는 양옆으로 50~60cm 정도의 돌 1매씩을 세우고, 그 위에 길이 70cm, 너비 30~40cm 정도의 할석 1매를 눕혀놓았다. 돌과 벽 사이에는 할석과 기와편들을 섞어서 쌓고, 그 사이에 점토를 발라 놓았다.

연소실의 평면은 소성실과 연결되는 부분이 넓은 사다리꼴 형태를 하고 있다. 연소실은 아궁이에서 비로소 경사가 진다. 연소실의 규모는 길이 120~150cm, 바닥 최대너비는 180~200cm에 깊이는 90~100cm이다.

연소실 바닥에다 기와와 돌을 쌓아 만든 소성일은 높이가 30~40cm 정도로 단(段)이 져있다. 연소실은 길이 400~450cm, 바닥너비 100~150cm이다. 소성실 바닥에는 기와편들이 깨진 상태로 남아 있었는데, 대부분은 암키와편이었다.

연도부의 평면형태는 원형으로 판단된다. 지름 42cm 정도에 이르는 연도부는 소성실 바닥 끝에서 'ㄴ'자 형태로 꺾여 올라갔다. 길이는 30~50cm 정도이다. 암키와만으로 이루어진 유물은 연소실과 소성실 바닥에서 출토됐다. 기와 바깥 면에서는 수지문·사격자문·복합수지문 등이 확인됐으나, 대부분 내면에 포흔이 남은 무문이었다. 기와가마는 가마 내부에서 출토된 수지문이 시문된 기와편 등으로 볼 때 나말여초에 조성된 것으로 판단되었다.

원흥리 Ⅲ유적은 시굴조사 결과 서쪽 부분에서 4기의 기와가마가 확인됐다. 기와가마는 회구부·아궁이·연소실·소성실·연도부로 구분되는데, 이 기와가마의 조성시기는 기와편으로 미루어 나말여초로 판단되었다.

청주 신봉동 백제고분군

충북 청주시 신봉동의 백제고분군은 한성백제 말기로부터 웅진도읍 초기에 해당하는 시기에 조성되었을 것으로 보고 있다. 실제 열발광 연대측정으로 토기편을 측정한 연대값도 대략 5세기가 중심연대에 들어간다. 그래서 청주지역 백제유적과 유물 연구에 중요한 기준이 될 것으로 보인다.

청주지역에서는 송절동 유적에서 토광목곽묘와 토광목관묘가 대규모로 조성되었다. 그 다음 시기로 이어진 봉명동에서는 마형대구(馬形帶鉤)를 동반한 토광목곽묘와 토광목관묘를 지었다. 곧이어 이 시기가 끝날 무렵이면 마구를 부장하기 시작하는 신봉동 백제 고분이 등장한다. 이 단계부터 무덤의 서열화가 이루어지고, 묘제가 위치에 따라 분화하는 가운데 서로 다른 무덤이 공존하기에 이른다.

이 지역에서 나온 대형 파배는 이웃 가경동 유적에서도 출토되었는데, 이들 대형파배는 청주지방 백제토기의 한 유형으로 보고 있다. 대형파배는 용량이 2,000~2,200㎖에 이른다. 요즘 4되 한 말(一斗)의 용량에 해당하는 특수용기의 기능이 보인다.

발굴성과

신봉동(新鳳洞) 백제고분군은 1982년에 처음 확인된 이후 1차 연도에 석실분

1기와 토광묘 14기를 조사했다. 고분의 중요성이 안정되어 1987년 국가 사적(제319호)으로 지정되었다. 1990년 충북대학교박물관과 국립청주박물관이 발굴에 들어가 모두 98기의 토광묘를 조사했다. 이어 1992년에는 충북대학교박물관이 다시 2기의 석실분과 108기의 토광묘를 추가발굴했다.

1995년에는 유물전시관 건립예정부지에서 토광묘 11기와 화장분묘 15기가 조사되었다. 이후 2000년도의 조사는 A · B 두 지구로 나누어 우선, A지역에서 39기의 토광묘와 소형토광유구(6기), 중세 민묘 1기 등을 포함해 모두 50기의 무덤을 조사했다. 그리고 B지구에서는 백제 토광묘 11기만이 조사되어 A · B 두 지구에서 발굴한 백제시대 유구는 모두 49기에 이른다.

대부분의 토광묘는 거의가 교란되어 봉토의 형태는 확인할 수 없었다. 토광묘는 말각장방형이었지만, 묘광은 일정 크기로 밀집돼 있는 것이 아니라 작은 것과 큰 것이 혼재했다. 묘광은 토광을 파고 그 안에 별도의 매장 주체시설(목관)을 두었던 것으로 보인다. 이와 같은 목관의 흔적은 A지구에서 14호 · 16호 · 23호 · 26호 · 29호 · 30호 토광묘와 B지구 10호 토광묘에서 확인됐다.

그러나 상당히 많은 부분이 도굴돼 유물의 부장 상태를 정확히 파악하는 데는 어려움이 있었다. 출토유물은 토기류와 철기류로 구분할 수 있다. 철기는 약 40점이 나왔는데, 도자(刀子) · 대도(大刀) · 검(劍) · 철촉 · 철겸 · 철부 · 철착 등이다. 이 신봉동 고분군에는 주로 외날칼인 대도가 출토되었다. B-10호분에서는 길이 75cm의 철검이 목관 안에 부장돼 있었다. 이 고분군의 특징적인 현상은 마구류가 전혀 출토되지 않았다는 점이다.

완형의 토기는 출토량이 적었다. 그러나 복원 가능한 것까지 합치면 약 100여 점에 이른다. 신봉동 백제고분군에서 출토된 토기 가운데 큰 특징적인 기형은 손잡이 달린 큰 잔, 즉 대형파배(大形把杯)를 들 수 있다. 이외에 조족문토기 · 광구호 · 단경호 · 심발형토기 · 원저난형옹이 보이고, 평저형 병과 개배형 토기가 동시에 출토되기도 했다.

1호 토광묘에서 삼족토기와 고배·개배가 출토되었고, 16호 토광묘에서는 백제 시유토기(施釉土器)·대형파배·평저소병(平底小甁)·평저유견직구호(平底有肩直口壺)·유리구슬이 나왔다. 또한 27호 토광묘에서는 신라 원저장경호·격자파상문(格子波狀文)이 들어간 원저광구호가 보인다. 이들 토기 가운데 삼족토기와 고배는 한성백제의 유물로 분류되었다. 이들 토기가 청주지역 백제 무덤에서 출토된 것은 신봉동이 처음이다.

백제 시유토기는 약 50여 개의 파편으로 발굴되었다. 그런데 이 시유토기는 서진(西晉) 또는 동진(東晉)으로부터의 수입품이 아니라 백제에서 직접 제작한 것이었다. 동체 아래쪽까지 자연유가 흘러내린 이 시유토기는 5세기 때 백제가 직접 고온에서 구어낸 것으로 밝혀졌다.

이 고분군에서 신라토기가 출토된 것은 4~6세기 백제와 신라의 나제동맹과 관련한 것으로 보인다. 이와 달리 백제에서 그같은 토기를 직접 만들었을 것으로 보는 견해도 있다.

신봉동 고분군의 무덤은 산 아래쪽부터 능선쪽으로 올라가면서 소형토광유구·토광목곽묘·토광목관묘·석실분의 순서로 분포하고 있다. 90m 이상의 주능선에는 석실분이 남북방향으로 분포하고, 나머지 무덤은 등고선 방향으로 배치되었다. 대형의 토광목곽묘는 해발 75m 이상 지역에 자리를 잡았다. 토광목곽묘와 토광목관묘에는 환두대도와 마구 따위의 위세품과 함께 철모·철착·단조철부·철촉·철겸 등 무기류가 나온다. 그러나 주능선이 아닌 65m 이하의 지역에서는 마구가 부장된 예가 없다.

충북 진천 송두리 유적

충북 진천군 진천읍 송두리 유적은 서로 다른 두 개의 문화층으로 이루어졌
다. 상층의 문화층에서는 마한~백제시대의 주거유구와 토기생산 관련 유물과
더불어 청동기 말기의 것으로 보이는 무문토기편과 유구석부 등이 교란된 채
수습되었다. 그리고 하층은 구석기문화층이다. 상층의 문화층은 한국문화재보
호재단이 맡아서 발굴했고, 하층의 구석기문화층은 중원문화재연구원에 의해
발굴되었다(2003년 3월 10일~8월 22일).

이 송두리 유적의 남쪽에는 백제 초기에 축조한 것으로 추정되는 대모산성
(大母山城)이 있다. 이 밖에 성석리, 삼룡리, 산수리(백제 초기 토기요지), 석장
리(백제 초기 야철지) 등 초기 백제시대의 유적이 분포되었다. 이 송두리 유적
상층에서는 고구려계 토기편과 신라토기편도 확인되었지만, 마한~백제시대의
생활양상과 문화가 가늠되는 유구와 유물이 더 큰 비중을 차지했다.

발굴은 먼저 상층의 주공군과 타원형·방형 유구가 자리한 백제문화층부터
이루어졌다. 이어 하층의 구석기문화층을 조사하는 순서로 진행되었다. 구석기
문화층은 중기 구석기 말기~후기 구석기시대의 유적으로 추정하고 있다.

송두리 유적 상층 발굴에서는 주혈유구와 말각방형 또는 타원형의 백제 초기
수혈주거지(1기), 말각방형 또는 타원형의 주거지(5기), 집수시설로 보이는 나
무귀틀유구(1기), 대옹편 매납유구(1기), 수혈유구(1기), 집석유구(集石遺構 1

송두리 발굴현장(충북대학교박물관)

기), 구상유구(2기), 노지(4기)를 확인하는 한편 많은 유물을 수습했다.

유물은 대부분 고배의 배신, 대각, 도가니, 완류, 호류, 장란형 토기, 시루, 대옹, 아궁이틀과 같은 마한~백제시대의 것들이며 이외에 청동기시대 유구석부와 신라시대 고배뚜껑 꼭지편 등이 나왔다.

대부분의 유구와 유물이 나온 곳은 주로 발굴지역의 서쪽 편이었는데, 1호 주거지는 표토에서 1m 아래에서 확인되었다. 상부시설은 모두 훼손되어 바닥의 벽구(壁溝)만 찾았다. 벽구의 형태로 보아 주거지는 말각방형이다. 이 주거지의 장축방향은 남서에서 동북방향으로 남동향에 세운 주거지였던 것으로 파악되었다. 벽구는 남쪽이 636cm이며(동쪽 잔존길이 138cm, 너비 30~45cm) 주변에서 주공들이 확인됐다. 1호 주거지 서쪽 약 1m 지점에는 2호 노지가, 북동쪽 10여 m 거리에는 2호 주거지가 있었다. 말각방형에 장축방향도 1호 주거지와 같다. 남은 벽구의 북쪽 편 길이는 418cm, 서쪽 벽구는 90cm, 남쪽 벽구는 58cm (너비 22~28cm)였다. 벽구 안에서는 크기와 깊이가 다른 주혈이 3개가 확인되었고, 벽구 주변에도 여러 개의 주공이 있었다.

2호 주거지의 동쪽 부분은 3호 주거지를 축조하면서 파괴되었으므로 3호보다 2호 주거지를 먼저 만들었던 것으로 보인다. 1호 주거지에서는 대옹 동체부편이 나왔다. 그리고 2호 주거지에서는 고배의 배신편, 개배 배신편, 완, 고배 대각, 대옹 동체부편, 원반형 토제품 등이 출토되었다.

3호 주거지와 2호 주거지가 중첩되었다. 여기서 다시 동쪽으로 12m 거리에 4호 주거지가 있다. 3호 주거지 역시 표토에서 1m 아래에 있었는데, 벽구 일부만 남아 말각방형 주거지였음을 알 수 있었다.(잔존벽구 : 북쪽 375㎝, 서쪽 144㎝, 동쪽 125㎝, 너비 16~41㎝). 고배 배신편과 대각, 완, 여러 개의 아궁이틀편, 도침(陶枕), 토제 박자(拍子) 등이 나왔다.

4호 주거지는 3호 주거지 서쪽 12m 거리에 자리했고, 남쪽 1.7m 지점에는 5호 주거지가 있다. 북벽과 동서벽 일부만 남아 있는데, 주거지는 장축이 404㎝(단축 잔존길이 160㎝, 깊이 40㎝)이다. 북벽에서 남쪽으로 70㎝ 거리의 서벽에서 직경 66㎝의 타원형 노지(무시설식)와 그 바닥에서 소토 및 소량의 숯이 확인됐다. 고배 대각, 발형토기 동체부편 · 저부편 등이 출토되었다.

5호 주거지는 4호 주거지 남쪽 1m 거리에 있다(여기서 다시 남쪽 6.7m 거리에 나무 귀틀유구가 있다). 북벽만 남고 나머지는 모두 유실된 5호 주거지는 남은 벽구의 형태로 보아 말각장방형 또는 타원형이었을 것으로 추정하고 있다. 장축은 동서방향이고 남은 북벽의 길이는 355㎝이다. 이 5호 주거지에서는 적갈색 또는 회흑색 · 회백색의 경질무문토기 구연부 · 동체부편들과 회흑색 대옹 동체부편 · 구연부편, 시루 저부, 무문토기 동체부편과 저부편, 숫돌, 파수편, 원반형 토제품 등을 수습했다.

주혈(柱穴)

유구 가운데는 주혈이 가장 많다. 조사구역의 서쪽 지역에서만 184개의 주혈이 확인되었다. 주혈의 간격은 정형성은 없으나, 대략 50㎝, 140㎝, 190㎝, 220㎝, 360㎝ 거리를 두었다. 주혈의 깊이도 10㎝, 25㎝, 60㎝ 등 다양했다. 이 같은 주혈의 상태로 보아 이들이 가옥과 직접적으로 연결되는 것인지는 연구 대상이다. 만일 주거지와 관련된 유구라면, 주혈의 배치는 방형이 아니라 타원형, 원형, 다각형이었을 것으로 보고 있다.

주혈 주변에서는 박자(拍子), 도침편(陶枕片) 그리고 뒤틀린 토기편 등이 나왔다. 이로 보아 경주 손곡동 유적에서 확인한 것처럼 고상식 토기건조장 시설유구였을 가능성도 제기되었다. 여기서 나온 유물은 회청색 고배의 배신, 개배편, 도가니, 개배구연부와 동체부, 완, 호 구연부·동체부편, 대옹구연부 또는 동체부편, 직구단경호편, 발저부 또는 동체부편, 이형토기 동체부편과 저부편, 시루 동체부편·저부편, 파배(동체부, 저부)편, 파수, 방추차(토제), 원반형 토제품 등이다.

나무귀틀 유구

가로×세로(178×187㎝)로 1m 깊이까지 말각방형으로 파고, 그 안쪽에 나무를 대어 맞춘 귀틀유구는 남은 부분으로 보아 한 변의 길이가 66㎝에 이른다. 나무(판목)의 양 끝을 'ㄴ'자형으로 깎아 직각으로 맞춰 사각형 귀틀을 만들었는데, 판목은 북쪽에 4층이 남아 있었다. 그리고 남쪽과 서쪽에는 3층, 동쪽에는 2층이 남아 있었다.

동쪽 지역에도 길이 18m(폭 320~250㎝, 깊이 80㎝)의 구상유구가 있었다. 일부가 유실된 데다 조사구역 경계 바깥으로 이어진 이 유구에서는 출토된 유물이 없어 구체적인 성격을 알 수 없었다.

이외에 동쪽의 유물산포지는 시굴조사 때 승문토기편이 출토되었던 지역이다. 여기서 나온 출토유물은 서쪽 지역과 차이가 있다. 연질태토에 격자문과 파상문, 횡침선문이 복합적으로 들어간 직구옹편과 회색 연질의 외반구연 장경토기편, 자배기편 등이 나왔다. 여기서 출토된 토기의 기종은 고구려 계통이었다.

충청남도

부여 관북리(官北里) 백제유적

2004년 10차까지의 발굴에서 관북리 유적은 비교적 풍부한 유물과 유구가 확인되었다. 그 중에서도 백제 왕실에서 사용한 것으로 보이는 지하냉장시설이 발굴되어 주목을 끌었다. 지하 모두 5기가 발굴된 지하저장시설에서는 1,500년 전 백제시대의 과일씨앗이 다량으로 나왔다. 한 말 이상의 참외씨를 비롯 복숭아씨·다래·머루 등과 같은 과일씨가 많이 나온 이들 지하저장고는 제작방법과 크기가 비슷한 것으로 밝혀져 왕실이 사용한 저온시설로 보았다. 이들 저장시설의 발굴을 계기로 백제 왕궁지는 현재의 발굴지역 남쪽에 자리했을 것으로 추정하게 되었는데, 저장시설은 대개 주요 건물 뒤에 있다는 사실을 고려한 것이다.

이외에 백제시대 연화문 와당과 토기류 및 통일신라시대 금속용기류와 불상도 주변지역에서 나와 이 일대가 백제 멸망 이후에도 부여의 중심지였음을 시사하고 있다.

이번에 발굴한 백제시대 지하저장창고 이외도 4기의 백제시대 지하 목곽창고와 석곽창고 1기가 더 있다. 목곽창고는 직사각형의 구덩이를 파고 그 안에 일정하게 다듬은 목재로 빈틈 없이 짜맞추었다. 이들 지하창고의 크기는 모두 비슷해서 너비는 1.8m 안팎에 깊이는 약 1.5m이다. 다만 길이에 차이가 나고, 가장 긴 것이 4.5m였다. 석곽창고도 직사각형 구덩이에다 석곽을 만들고, 그 안에 다시 나무기둥을 세운 다음 그 기둥을 목재로 차곡차곡 이어 빈틈이 보이

지 않게 제작하였다. 발굴
당시까지도 목재의 흔적이
고스란히 남아 벽체시설을
확인할 수 있었다. 그 크기
는 목곽창고와 거의 같았다.

오늘의 부여문화재연구소
남쪽과 남서편 지역 및 동편
일부를 아우르는 지역이 관
북리 유적이다. 이 유적에
대한 7차까지의 발굴
(1982~1992)은 충남대학교
박물관이 맡아 백제시대의

함께 발굴된 지하창고 가운데 유일한 석곽창고(국립부여문
화재연구소)

남북대로와 동서소로 및 건물지·연지(蓮池) 등을 확인했다. 8차 발굴은 7차까
지의 발굴성과를 바탕으로 백제시대 왕궁터를 확인하고, 왕경유적을 정비 복원
하기 위해 이루어졌다. 2001년 10월 15일부터 이듬해 10월 5일까지 약 1년 기
간으로 이루어진 8차 발굴은 부여군의 의뢰를 받아 연지 주변(가지구) 약 515평
과 연지 동편(나지구)을 발굴하면서, 공방 관련시설지 등을 확인했다.

그러나 8차 발굴에서도 사비백제 왕궁터를 확인하지는 못했다. 다만 연지와
굴립주건물지·구상유구·저수조 등과 공방 관련유구 등을 확인했을 뿐이다.
그리고 이 지역을 이용하기 위해 자연지형을 깎아서 바닥을 편편하게 다듬은
사실도 알아냈다. 이 일대가 사비백제 왕궁의 주변지역일 가능성은 충분하다는
결론을 내리게 되었다. 어떻든 백제시대 유구가 복잡하게 중복되거나 교란된
것으로 보아 이 지역을 백제시대에 지속적으로 이용했을 가능성도 있다. 발굴
지역에 건물이 들어서면서, 대부분 파괴되어 유구의 정확한 범위와 성격 파악
은 어려웠다. 조사지역 전체가 복토층으로 두텁게 덮였고, 복토 하층까지도 건

물이 들어서면서 심하게 파손된 흔적이 도처에 드러났다.

가지구에서는 백제시대 수혈주거지와 주공(柱孔), 통일신라~고려시대 건물지 석렬(石列)유구·조선시대 석축 배수로와 건물지가 확인됐다. 나지구에서는 동서방향의 석렬과 굴립주건물지·구상유구·저수조 및 장방형의 소형유구 등이 드러났다. 소형유구 안에서는 슬러지와 도가니편이 포함된 검은색의 재층과 함께 연지 주변에서는 백제시대 우물 1기·석렬유구·장방형 석축유구 및 조선시대 우물 2기가 확인됐다.

가지구의 연지는 장방형으로 장축은 동서방향이다. 동서 길이는 10m에 남북 6.2m, 깊이는 1.2m 내외로 밝혀졌다. 거칠게 다듬은 돌을 5~6단으로 쌓아 만든 연못 바닥은 생토면이었고, 입수구에는 수키와가 들어갔다. 그러나 출수구는 확인되지 않은 상태다. 여기서 백제시대 토기편과 기와편·목간이 수습되었고, 일본토기도 나왔다.

가지구에서 확인된 우물은 모두 3기였다. 모두 연지의 서쪽에서 나온 우물 모양은 모두 원형이다. 이들 우물 가운데 북쪽에 자리한 우물만이 백제시대 것으로 판단되었다. 우물은 판석의 석재를 길게 세운 뒤 그 위에 돌을 2단으로 덧쌓은 모양이다. 백제시대 기와가 출토된 우물은 지름 80cm, 깊이 70cm 가량이다. 이 우물의 서쪽 편에서 장방형의 석조구조물이 확인됐다. 연지 유구 안쪽은 석재의 면을 맞춰서 가지런히 쌓았다. 남북 폭은 72cm, 동서 잔존길이는 104cm이다.

주거지는 가지구 연못 서쪽 편이다. 그러니까 부소산에서 남쪽으로 이어지는 구릉상에 자리한 주거지 남쪽 부분은 파괴되었다. 생토면을 파고 만든 수혈주거지로 장방형에 동서폭 330cm에 남북 360cm, 깊이는 20cm 내외였다. 바닥면에서 백제 기와편이 출토됐다.

주거지 주변에서는 원형의 주공과 타원형 및 방형 주공이 생토면 바닥에서 확인됐다. 지름은 20cm에서 100cm까지지만, 30~40cm 내외의 주공이 가장 많았다. 남북 2열, 동서 3열의 주공이 확인됐다.

그리고 남북으로 이어지는 3기의 석렬과 동서방향 석렬 1기가 확인됐는데, 남북 석렬 3기는 모두 축조시점이 다르다. 백제시대 기와·토기편 및 통일신라시대 기와가 확인됐다. 3열 가운데 맨 동쪽 것은 길이가 12.3m로 3단을 이루었고, 나머지는 6.9m·12.3m짜리가 각기 동쪽과 서쪽을 바깥면으로 설치되었다.

현재 7.6m만 남은 동서 석렬은 주거지 북쪽 평탄면에 있었다. 석렬 남쪽에서 숯이 포함한 붉은 소토층이 확인됐고, 그 내부에서는 백제시대 기와가 나왔다.

나지구는 부여문화재연구소로 들어가는 진입로 동쪽 지역이다. 2002년부터 발굴에 들어갔으나, 백제시대 문화층이 파괴되었다. 4-1층에 공방 관련 시설물이 들어섰던 층이 남아 있었다. 나지구 남쪽 편에는 동서방향의 석축이 있고, 그 남쪽에서 백제시대 이후 통일신라시대의 주공 및 방형 주거지가 나왔다.

나지구에서는 구상유구·굴립주건물지·장방형 저수조·장방형 소형유구·석축렬이 확인됐다. 구상유구는 모두 8개가 확인됐다. 이 구상유구의 폭은 70cm에서 최대 250cm, 잔존깊이는 30~85cm 안팎이다. 철재(鐵滓)가 다량 함유된 목탄층을 뚫고 지나가며 조성된 굴립주건물지도 2기가 나왔다. 나지구 북동편에서 확인된 1호 건물지의 수혈 크기는 동서 100cm 내외, 남북 120cm이다. 그리고 360cm 거리의 등간격을 두고 배치한 3개의 주공이 확인되었다.

2호 굴립주건물지는 나지구 동서 석렬 북쪽에서 확인됐다. 5개의 주공을 350~360cm 간격으로 배치한 굴립건물지 수혈의 평면은 계란형이다. 그런데 두세 차례 보수한 흔적이 층위에 드러난 수혈은 동서 100cm, 남북 80cm이다. 중심부 목심의 직경은 20~40cm에 이른다. 또 하나 재미있는 유물은 장방형 저수조이다. 풍화암반층을 파서 동서 7m, 남북 6.1m, 깊이 60cm 규모로 만든 이 저수조는 별도의 다른 시설은 없다. 수조 동벽에서 수키와·토기호(壺) 저부로 만든 입수시설이 확인됐다. 내부에는 회청색의 진흙과 모래가 퇴적된 수조에서는 기와 · 토기뚜껑 · 자배기류 · 시류 · 완 · 흑요석편 등이 나왔다.

저수조 남쪽 편에서는 바닥부분만 남은 장방형 소형유구가 나왔다. 동서 230㎝, 남북 190㎝ 크기로서 수혈을 파서 만든 이 유구는 회청색 점토로 외곽을 채웠고, 점토 안쪽에 석축을 쌓았다. 나지구에서도 2열의 석축렬이 나왔고, 북편에서도 동서 240㎝의 석축렬이 드러났다. 남편 석축렬은 북편의 석축렬과 290㎝ 거리에 나란히 축조되어 있는 상태였다.

이 나지구에서는 백제시대 기와편과 토기편 · 도가니편 · 목간 등과 함께 통일신라시대 연화문수막새 · 당초문암막새 등이 출토됐다. 백제시대 유물은 대부분 연지 내의 퇴적토와 나지구에서 나왔다.

연지 안에서는 비교적 다양한 유물이 출토됐다. 호나 완류가 중심이고, 일본의 수혜기 1점과 완형에 가까운 도가니도 보인다. 이 수혜기는 백제와 일본과의 교류를 뒷받침하는 유물이다. 이외에도 백제시대 연화문막새가 달린 완형의 수키와 · 태극문막새가 부착된 수키와 등 많은 양의 기와편과 함께 목간 · 나무인형의 다리 1점 · 개원통보 3점 · 청동제품 · 벼루 등도 나왔다. 나지구에서는 기와류 · 토기류 · 도가니류 · 철재(鐵滓) 등이 나왔다. 소형유구 내부에서 나온 완의 바닥에는 '舍'이란 글자가 음각되었다. 이와 같은 완은 나지구 서쪽 지역에서도 1점이 더 나왔다. 돌로 만든 도가니와 흙으로 빚어 구운 도가니 · 심발형 토기를 이용한 도가니 세 점이 나왔다. 철재는 유적 전체에서 나왔으나, 나지구 동북편 중심부에서 철재와 목탄이 집중적으로 출토됐다.

관북리 8차 발굴

2002년의 관북리 유적(사적 제428호) 발굴에서 가장 두드러진 성과는 연못터에서 나온 대나무 자(尺)이다. 이 대나무 자의 눈금 간격은 평균 2.5㎝이다. 국내에서 처음으로 발견된 중국 남조척일 가능성이 높다는 견해가 제시되었다. 백제가 중국 남조(南朝 · 420~589)와 교류가 활발했던 웅진 사비기 일반적으로 사용했던 25cm 정도의 남조척(南朝尺)일 가능성이 높다는 주장이 제기된 것이다. 이 자가 남조척이라면 흔히 주척(周尺, 약 23.5cm)에 바탕을 둔 것으로 웅진백제와 사비백제시대 전반기 각 지역의 고분 조성이나 유물 제작에 사용된 실물자료라고 할 수 있다.

웅진기 및 사비기의 백제는 중국 남조와의 긴밀한 교류가 이루어졌다. 이에 따라 당시 25cm 정도의 소척(小尺·남조척)을 사용했을 가능성이 제기되기는 했으나, 이같은 가능성을 입증하는 실물자료가 확보되기는 이번이 처음이다. 그동안 한성백제기에는 낙랑군에서 들어온 23.7cm의 후한척(後漢尺)을 사용했고, 웅진·사비기에 비로소 중국 남조척으로 바꿔서 사용한 것으로 알려졌다. 그러다가 사비기 말 무왕(武王)대에 이르러 29.7cm의 당대척(唐大尺·당척)을 받아들인 것으로 추정되기도 했다. 이 대나무자는 7세기 전반 중국의 당척이 들어와 유행하기 전에 사용되던 것으로 짐작하고 있다.

이 대나무자는 붓으로 얼굴모양을 그린 토기편과 함께 출토되었다. 그러나 실물로 남는 대나무 자의 전체길이는 10cm에 지나지 않는다. 그리고 1.6cm, 두께는 0.3cm였다. 3개의 눈금을 확인한 이 자의 눈금 간격은 각각 2.5cm, 2.4cm, 2.6cm로 차이가 난다. 그러나 평균치로 따지면 2.5cm이다. 이 자의 본래 원형은 10치였을 것으로 추정되어 완형이라면 중국의 남조척과 같은 25cm 정도의 크기로 볼 수 있다. 뒤편에는 '大○竹○○'이라고 5자의 문자가 음각되었다.

웅진 및 사비기의 백제의 척도는 25cm 가량인 중국의 남조척이 사용됐을 가능성이 제기돼왔다. 이는 공주 무령왕릉과 송산리 6호분 등 웅진시대 전축분(塼築墳)과 부여의 백제 고분을 조사한 결과 당시 25cm 정도의 영조척(營造尺)을 사용했을 것으로 추정하였다.

국립부여박물관은 2003년 '백제의 도량형전' 전시도록에서 사비기의 대표적인 유물인 백제금동대향로(높이 61.8cm)와 창왕명석조사리감(높이 74cm)은 모두 25cm 척도를 사용해 각각 2자 반(5치)과 3자 크기로 제작된 것으로 설명한 바 있다. 부여 능산리 절터 · 궁남지 출토 목간 역시 이러한 척도를 사용해서 만들었다는 것이다.

고대사회에서 자(尺 · 척)는 도량형의 기본이 되는 척도이지만, 현존 실물자료는 매우 드물다. 관북리에서 출토된 대나무 자와 함께 하남 이성산성에서도 2점의 자가 나온데 이어 부여 쌍북리에서도 1점이 출토됐다. 이 가운데 부여 쌍북리에서 나온 자의 남은 길이는 19.2㎝이다(1998년 출토). 이는 한 1치가 2.9㎝로 완전한 형태라면, 29㎝가 되므로 당척이다. 하남 이성산성에서 나온 2점의 자는 각각 신라에서 사용된 당척(1999년)과 35.6㎝짜리 고구려척(2000년)으로 추정하고 있다. 백제는 7세기 전반기에 비로소 당척을 수용했고, 부여 외리 출토 무늬벽돌(길이 28~29.8㎝) 제작에 사용된 자는 당척이었을 것으로 추정했다. 부여 외리 무늬벽돌의 제작시기는 대략 630~640년대로 보고 있다.

관북리 9차 발굴

한편 관북리 백제유적 9차 발굴(2003년 3월 21~2003년 12월)은 관북리 백제유적 가운데 3,500평을 대상으로 한 것이다. 이 관북리 유적은 2001년에 사적 제428호로 지정(33,059평)되었다.

이에 따라 조사면적이 확대되어 9차에 걸쳐 약 5천 평(16,350㎡)을 조사하기에 이른다. 남쪽 지역과 동편 일대 대부분은 부여문화재연구소가 발굴을 담당했다. 백제와 통일신라 이후 지금까지 건축물이 지속적으로 들어서면서 백제시대 문화층이나 유구가 심하게 교란돼 있었다. 그러나 전체적인 토층이나 유구 분포 상황은 어느 정도 가늠되었다. 문화층은 모두 7개 층위가 드러났다.

토층은 맨 아래의 기반층인 1층부터 맨 위 7층까지다. 1층은 풍화암반층이며 적황색 점토이다. 옅은 회청색 사질토가 간혹 나타나고, 회갈색 사질점토로 이루어진 2층은 가 · 나 · 다지구 거의 전역에서 확인되었다. 두께는 30~40㎝였다. 무문토기가 약간 출토됐다.

3층은 사비백제 이전 시기의 암갈색 점토층이다. 가지구 연지 주변과 다지구 백제시대 성토층 하부 및 나지구 동편 등 상당히 넓은 범위에서 나타난다. 이른 시기의 백제시대 적갈색 토기편이 소량 혼입되었다.

사비백제층은 4층에서 시작된다. 이 4층은 다량의 목탄이 혼입된 흑갈색 사질토층(4-1층, 두께 10~15cm)과 백제시대 성토층(4-2층)으로 구분할 수 있다. 4-1층은 나지구에서만 주로 확인되었다. 도가니편과 슬래그가 섞인 하부에서는 청동·금 등의 금속을 가공한 것으로 보이는 노(爐) 시설·소토바닥·부석 유구 등이 확인됐다. 백제시대 성토층인 4-2층은 나지구의 북동쪽 일대와 연지 주변, 다지구의 성토대지 및 남북도로와 부소산록 석축 남쪽 편 등에서 드러났다. 이 층은 조사지역 전역에 형성되었던 것으로 추정했다. 부소산록 석축 남쪽과 다지구에서는 이 층이 1m 이상에 이른다. 그리고 연지와 남북도로·동서도로·부소산록 석축·배수로·나지구 와적기단 건물지 등과 관련한 이 층의 바로 아래는 백제시대에 축조한 주요유구가 있다. 황갈색 토양이지만 각 지구별 성토방법과 토양 성분에는 차이가 있다.

다음 5층은 회갈색 사질토로 통일신라시대에 형성된 층이다. 나지구 남서편 일대와 다지구 백제시대 성토대지 상부·부소산록 석축 남쪽 일부지역에서 확인된 이 5층에서는 9차 조사 때 많은 유구가 확인됐다. 나지구 동서 석축과 그 남쪽 방형의 주거지·다지구 건물지와 주거지 2기·굴립주건물지 등이 바로 이 5층과 관련이 있다. 이 5층은 다시 상층과 하층으로 세분할 수 있는데, 대부분 백제시대 토기나 기와가 여기서 출토되었다. 이외에 인화문토기 약간과 통일신라시대 어골문(魚骨文) 계열의 기와도 나왔다.

6층은 흑갈색 사질토로 이루어진 고려시대 층이다. 동서방향의 석렬 및 기와더미 같은 유구가 확인됐고, 청자도 나왔다. 7층은 조선시대 이후 현재까지의 층으로서 흑갈색 부식토이다.

가지구의 조사는 2001~2002년에 이어 2003년까지 이루어졌다. 이 때 연지의 남북 발굴둑을 제거하고, 연지 서편이 추가발굴되었다.

연지는 동서 10.6m · 남북 6.2m · 깊이 1~1.2m였다. 이와 더불어 2002년 발굴에서는 연지 동벽과 남벽에 인접한 주공열을 확인했다. 주공은 동벽쪽으로 6개, 남벽쪽으로 7개가 자리했는데, 이들 주공을 170㎝ 간격으로 나란히 배치되었다. 그리고 일부 주공에는 기둥이 그대로 남아 있었다. 하지만 북벽과 서벽에는 주공이 전혀 없었다. 연지 안의 발굴둑을 제거하는 과정에서 목간 1점과 짚신 등이 나왔다. 그리고 2001년 8차 발굴 때 출토된 목제 인형 다리와 한 짝으로 보이는 유물이 나왔다.

공방 관련 시설지는 나지구 동남쪽 일대 남북 9m, 동서 10m 구간 그리고 동북쪽 일대에서 확인되었다. 이 구간에서는 다량이 목탄을 포함한 흑갈색토와 그 아래 소토층에서는 벽체가 굳은 상태로 발견되었다. 흑갈색토에서는 소형 도가니편과 다량의 슬래그가 나와 이 층이 공방시설이 있던 층으로 판단하게 되었다. 주혈모양의 소결 구덩이와 소토 등은 금속을 녹이는 공방시설에서 나온 것으로 판단되고, 소형노(爐) 시설로 보이는 구덩이는 동남편에서 8기 · 동북편에서 1기가 확인됐다. 노시설 구덩이는 직경 30~60㎝에 깊이는 10~15㎝ 정도이다. 2002년에 조사한 장방형 저수조와 소형유구는 이 공방시설의 부속시설일 가능성도 있는 것으로 판단하고 있다.

나지구 남서쪽과 북쪽 중앙부에는 원형 또는 부정형의 폐기용 수혈유구가 있었다. 많은 양의 목탄을 포함한 흑갈색토가 퇴적되었고, 그 안에서 도가니 조각과 슬래그 따위가 출토되는 것으로 미루어 공방에서 나온 폐기물을 버렸던 곳으로 보인다. 나지구 남벽 밑에서는 원형의 폐기수혈(수혈1)이 나왔다. 직경 4.9m에 깊이 1.5m 규모인 이 수혈의 동쪽과 나지구 북편 중앙부의 폐기수혈은 일정한 형태가 아니어서 낮은 지형에 폐기물을 던져넣던 유구로 보고 있다. 북편의 폐기장소 안에서도 슬래그와 도가니편 그리고 많은 토기편이 출토됐다.

▲ 부석유구-나지구 남서편의 유구인데, 교란돼 규모를 정확히 파악할 수 없

었다. 다만 남북 4.9m, 동서 3.1m의 타원형으로서 20㎝ 가량 바닥을 파고 주먹돌을 깨어 바닥에 깔았던 흔적을 확인했다. 위에는 공방시설 지붕으로 보이는 흑갈색 목탄층이 퇴적되었다. 이 유구의 북쪽에는 와적기단 건물지가 자리했고, 그 밑에 이 유구의 북단이 걸쳐 있어 부석유구와 와적기단 건물지의 선후관계를 파악하는 중요 단서가 되었다. 부석시설 외에 특별한 시설은 없고, 백제시대 평기와 외에는 출토유물도 보이지 않는다.

▲ 와적기단 건물지−나지구 남서편에 있다. 남쪽과 동쪽 기단은 파괴되어 전체규모를 확인할 수 없었다. 다만 동서 9.5m, 남북 2.5m 구간과 서쪽 4.5m 구간만 양호하게 남은 상태였다. 북편 기단은 40~50㎝ 길이의 암키와를 세로로 세워 축조한 수직횡렬식이다. 서편 기단은 깨진 기와와 토기를 두 줄로 3단 이상 4단 가량 평적했다. 서쪽기단 인접부에 소토가 보이고, 소토 안에 호·옹 등이 박혔다. 건물지 동쪽으로는 옹·대부완·호·중국청자 등이 들어간 소형수혈이 있었다.

나지구의 남쪽 지역 중앙부에서는 방형 주거지가 나왔다. 청동기시대층(회갈색 사질점토층)을 파고 만든 주거지의 규모는 동서 3.6m, 남북 3.7m, 깊이 20㎝ 정도로 말각방형이었다. 유구 동벽을 따라 구들로 보이는 석축시설과 바닥에서 몇 개의 기둥구멍이 확인됐다. 그 안에서는 백제시대 기와와 인화문토기 뚜껑을 비롯한 통일신라시대 유물이 출토돼 통일신라시대에 사용된 주거지로 판단된다. 동벽을 따라 남북으로 만든 구들시설은 얇은 돌을 두 줄로 세우고, 그 위를 판석으로 덮었다. 중앙부에는 아궁이시설이 있었다. 아궁이 바닥에는 소토가 보였으나, 구들 내부에서는 목탄 등이 별로 나오지 않아 짧은 기간 사용한 주거지로 보고 있다.

이 주거지 남쪽에서도 비슷한 방향으로 놓인 방형 유구가 확인됐다.

▲ 동서석축−나지구 남쪽에 치우쳐 동서방향으로 뻗은 유구로 방형 주거지 북편에 인접해 있다. 서편은 파괴되어 32.8m만 남은 이 석축은 2단까지만 확인

됐다.

이와 더불어 부소산성 후
문 진입로 동쪽 지역인 다지
구의 발굴조사도 동시에 이
루어졌다. 다지구의 동쪽 편
은 조선시대에 배수로를 내
면서 이미 파괴된 상태였고,
근래 가옥이 들어서는 바람
에 문화층이 모두 파괴됐다.

다듬은 목재로 빈틈없이 짜맞춘 1호 목곽창고. 왕실에서 사
용한 과일을 보관한 오늘날의 냉장고(국립부여문화재연구소)

중앙 이남지역도 마찬가지였고, 다지구 북쪽 편에만 백제시대에 성토한 대지가
남았지만, 그 위에 백제시대 이후 고려시대의 유구가 복잡하게 얽혀 있었다. 성
토대지 위면에서 목곽저장고 3기 · 장방형 소성유구 1기 · 장방형 주거지 2기 ·
기와폐기장 등이 확인됐다.

이 성토대지는 북쪽에서 남쪽으로 완만하게 낮아지는 흑갈색 사질토의 경사
면을 이루었다. 성토층의 두께는 약 1m 정도에 이르는 이 성토대지는 남쪽은
두텁다가 북쪽으로 올라가면서는 얇게 다졌다. 성토대지 위에서 백제시대 이후
고려시대 유물이 출토됐다.

다지구 발굴에서 가장 두드러진 성과는 목곽저장고이다. 다지구에서는 3기
의 목곽창고와 석곽창고 1기 · 석축 기단건물지 · 수혈 등을 확인했다.

3,200평(10,597㎡)을 대상으로 한 이 발굴에서는 다지구의 북서편에서 나온 3
기의 목곽창고 가운데 1기는 남북 장축이다. 나머지 2기는 동서방향으로 배치
되었다. 남북 장축의 목곽고는 외곽 굴광범위가 5.25×2.9m였고, 목곽고 내부
규모는 4.3×1.8m로 조사되었다. 1호 목곽고의 장축은 정북방향에서 동쪽으로
4도가 기울었다. 황갈색 사질점토층의 생토바닥을 5.25×2.9m로 판 다음 벽을
따라 50㎝ 가량을 황색 점토로 채웠다. 그리고 그 점토 안쪽으로 판재를 옆으로

차곡차곡 대고, 이 판재들을 지탱하기 위해 동서 3개·남북 5개의 원형 말목을 박아놓은 흔적이 확인되었다. 하부 회색 사질점토층에서 백제시대 토기 2점과 기와편이 나왔고, 70~80㎝ 깊이에서는 초본류와 다량의 참외씨가 퇴적한 흔적을 확인했다. 2호·3호 목곽고 역시 마찬가지였다.

성토대지 상층에서는 장방형 소성유구가 나왔다. 바닥에 다량의 숯이 깔린 것으로 보아 불을 지펴 무엇을 만들었던 유구로 판단되었다. 이 유구 내부에서는 여러 점의 기와편과 소토 덩어리가 나왔다.

이와 더불어 성토대지 위면에서 기와무더기가 출토됐다. 사비 백제시기의 기와가 대부분을 차지했고, 인장와 연화문수막새도 다량으로 나왔다. 형태는 동서방향으로 긴 타원형이다. 이 기와 폐기장은 동서 10.5m×남북 2.5m로 매우 큰 편이다. 백제시대에 조성한 성토층을 파고 만든 구덩이에 다량의 기와가 퇴적된 상태였다.

조사지역 북편 중앙부에서는 적심건물지도 나왔다. 건물지 남쪽 편은 파괴되어 확인하기가 어려웠고, 북단은 부여문화재연구소 남쪽 편 담장 밑으로 연장되었다. 이 건물지는 남북 16.7m, 동서 6.6m이다. 서편 기단은 동서 4.1×남북 1.14m의 돌출부를 이루었다. 동벽의 기단석은 2단이 남았고, 안쪽으로 들여쌓기를 했다. 수직으로 쌓은 서벽은 4~5단이 남아 있었다. 적심시설 10기가 남았을 뿐 초석은 확인하지 못했다. 그러나 초석을 빌려 건물지는 남북 4칸·동서 1칸으로 추정할 수 있었다. 적심간 거리는 동서 3.9×남북 3.6m이고, 적심시설의 크기는 직경 1~1.6m 가량이다.

이외에 남북방향 건물지 상부에서 동서 석렬유구가 확인되었다. 고려시대에 조성된 것으로 보이는데, 동서 1렬의 석렬만 확인했을 뿐 남서동측 기단은 파괴된 상태였다. 조사지역 북쪽 중앙부에는 배수로와 축대가 조성되었다. 배수로의 동서 폭은 약 35m 정도이며 배수로 서벽에서도 축대가 확인됐다. 다지구에서는 연화문 와당과 토기편, '官上徒作'이란 글씨가 들어간 명문기와 그리고

'阿尼城' 명문와 · 당초문암막새 · 고려시대 청자 등이 출토됐다.

관북리 10차 발굴

관북리 백제유적 10차 발굴(2004년 3월 26일~2005년 1월 19일, 300일)은 9차의 나지구와 다지구에 이어 라지구와 마지구에서 이루어졌다. 부소산성 후문으로 가는 소로의 서쪽 편을 중심으로 한 조사였다. 여기서 나온 백제시대 유물로는 토기류 · 기와류 · 금속류 · 석제류 · 목제류 등이 있다. 그리고 4호 목곽창고 상부에서는 호자 · 각종 이형토기 · 발형토기(석곽창고 출토) · 직구단경호(1호 수혈 출토) 등이 출토되었다. 호자는 군수리 호자 출토 이후 처음 나온 것이다. 이외에 사비기의 백제 호(壺) · 뚜껑류 등이 나왔다. 기와류는 3호 및 4호 목곽창고 · 석곽창고 · 1호 수혈 내에서 수천 점이 출토됐다. 功銘 외에 '首府'銘 인장와 · 연화문수막새 · 태극문수막새 · 소형연목와 · 토수수키와 · 미구수키와 · 암막새(초기 형태) 등이 나왔다.

금속류로서는 다지구에서 2003년 9차 발굴 때 금동광배가 나왔다. 이 광배는 11.8cm(추정 길이 12.8cm) · 최대너비 8.2cm · 두께 0.2cm로서 北魏 普泰二年銘(532년) 금동보살일광삼존입상(높이 33.2cm · 광배높이 20cm)과 유사하다.

1호 목곽창고는 2003년에 조사를 마쳤으나, 2004년에는 2호와 3호 목곽창고를 조사했다. 1호와 2호 목곽창고에서는 각종 과일 씨앗이 나왔다. 3호 목곽창고는 안쪽 바닥부분에 목재의 껍질이 많이 남은 채 발굴되었다. 이들 세 기의 목곽창고는 규모에는 약간 차이가 나지만, 축조방식은 같았다. 이들 목

동시에 폐기된 백제시대 기와들(국립부여문화재연구소)

곽창고는 토광을 파고, 그 안에 규격화된 목재를 이용해 곽을 짠 다음 토광과 목곽 사이에 점토를 채워 넣어 벽체시설을 마감하는 방식으로 축조되었다. 2호 목곽창고에서는 1호 목곽창고와 마찬가지로 참외·복숭아·머루의 씨가 나온 것으로 보아 이 목곽이 일종의 냉장고와 같은 기능을 한 것으로 보고 있다. 2호에서 동쪽으로 2m 정도 떨어진 3호 목곽창고는 북쪽 벽이 토압을 이기지 못하고, 비스듬히 넘어진 상태로 발굴됐다.

북쪽 벽이 비스듬이 넘어져 있는 3호 목곽창고(국립부여문화재연구소)

부여문화재연구소 서편인 라지구 (4,218㎡)는 라-1·라-2·라-3·라-4의 네 지역으로 나누어 발굴했

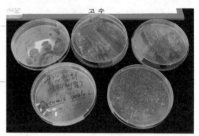

목곽창고에서 나온 각종 과일들의 씨앗(국립부여문화재연구소)

다. 이들 라지구 역시 맨 밑바닥의 생토층부터 지표까지 모두 7층으로 이루어졌다.

생토층(1층)은 적갈색 풍화암반이다. 그리고 2층은 백제시대 문화층인 갈색 사질점토층(Ⅱ-1층)과 이 층의 위에 성토를 한 적갈색 사질점토층(Ⅱ-2층)으로 이루어졌다. 4호 목곽창고와 석곽창고 역시 이 Ⅱ-1층을 조성할 당시에 존재했고, Ⅱ-2층은 라-2피트 남쪽 건물지 기단석렬 안팎에서 확인되어 건물 축조 당시에 이루어진 층으로 보인다. 층위로 볼 때 사비백제의 일정시점까지 창고나 수혈유구가 자리잡았다가 이들이 폐기되고 나서 그 위에 대규모 건물이 다시 들어섰던 것으로 볼 수 있다.

Ⅲ층은 갈색 사질점토층으로 라-2피트에서만 확인되었다. 어골문기와류가 주로 출토되어 상한을 9세기 이후로 보았다. 라-2피트에서 청동용기매납유구·소성유구 3기·라-4피트 수혈구덩이·폐기용 수혈 등이 확인됐다. 통일신라 말기에 형성된 층으로 추정된다.

Ⅳ층은 흑갈색 사질점토응으로서 고려시대층이다. Ⅴ층은 조선시대 층이며 분청사기 출토층(Ⅴ-1층)과 백자출토층(Ⅴ-2층)이 따로 있었다. Ⅵ층은 최근 교란층이며 Ⅶ층은 가옥이 철거된 이후의 표토층이다.

다지구의 서쪽인 라지구에서도 지하창고시설이 나왔다. 여기서는 목곽창고 1기와 석곽창고 1기가 나왔다. 4호 목곽창고는 다지구의 목곽창고와 달리 보전상태가 좋지 않아 나무기둥과 판재의 흔적만 조금 남아있다.

석곽창고 바닥에서는 1점의 완 이외에는 별다른 유물이 나오지 않았다. 나무기둥과 이들 기둥을 연결한 목재흔적만 보인다. 그런데 이들 라지구의 석곽·목곽창고는 폐기된 후 얼마간 자연퇴적이 이뤄지다 어느 시점에서 일시에 다량의 기와류와 소량의 토기가 이들 창고 내부에 쌓인 것으로 발굴단은 보고 있다. 4호 목곽창고의 경우 상부 폐기층에서 '虎子(호자)' 1점과 평기와 2,000여 점이 나왔고, 이 폐기층 아랫부분에서 '功'銘이란 명문이 오른쪽에서 왼쪽으로 들어간 인장와 여러 점도 출토됐다. 특히 호자는 다리 3개와 손잡이가 부러졌지만, 군수리 출토 호자 이후 처음 출토지가 분명한 유물이어서 출토의미가 크다. 아울러 발굴단은 이 호자의 용도를 남성용 변기로 보았는데, 군수리 호자에 보다 목을 약간 오른쪽으로

4호 목곽창고 상부 폐기층에서 나온 호자(虎子, 국립부여문화재연구소)

돌린 모습이어서 왼손잡이가 사용한 것으로 추정했다.

라지구에서는 지하창고 이외에도 다양한 수혈유구와 구상유구 및 굴립주열·건물기단석렬이 나왔다. 발굴단은 라지구의 토층상태를 확인한 결과 모두 7개의 층으로 구분했다. 적갈색 계통의 풍화암반층인 생토층 위의 II층이 백제시대 문화층이다. II층은 II-1층과 II-2층으로 나누는데, II-1층은 생토층을 파고 축조한 목곽창고와 각종 유구가 있는 층이다. II-2층은 건물지 기단석렬에서 보는 바와 같이 앞선 수혈유구 위에 흙을 쌓아 건물지를 축조했다. 즉 층위상 이곳은 백제 사비기의 어느 때까지 수혈유구와 창고시설이 존재했다가 이를 폐기하고 나서 다시 대규모의 건물지를 세운 것으로 해석하고 있다.

참고로, 이들 백제시대 유구는 방향이 대체로 자북에서 4~8° 가량 틀어져 지금까지 조사된 백제유구와 동일하다. 아울러 III층에서는 통일신라 말기의 소성유구와 폐기용 수혈이 나왔다. 순청자와 고려시대 기와류 및 건물지가 나오는 IV층은 고려시대 층이고, V층은 조선시대 문화층으로 추정했다. VI·VII층은 최근의 교란층이자 표토층이다.

이번에 나온 백제유물로는 토기·기와·석제·목제류 및 금속류가 더 있다. 토기류는 4호 목곽창고에서 나온 호자 이외에 각종 이형토기이다. 그리고 석곽창고에서 나온 발형토기 및 1호 수혈에서 나온 직구단경호 등을 추가할 수 있다. 아울러 동시에 폐기된 다량의 기와가 3·4호 목곽창고와 석곽창고 및 수혈 내부의 퇴적토에서 출토됐다. '首府'銘, '功'銘 기와를 비롯해서 연화문수막새와 태극문 수막새 소형 연목와 및 미구수키와와 토수수키와, 초기 형태의 암막새가 그것이다.

금속유물로는 2003년 다지구에서 나온 금동광배가 대표적인 유물이다. 1년 동안의 보존처리 과정을 거쳐 제 모습을 되찾은 광배는 주위에 장식을 달기 위한 고달이가 6개가 달려있는 독특한 생김새이다. 국내에서는 처음 이같은 양식은 북위(北魏) 보태(普泰 2년, 532년)銘 금동보살일광삼존입상과 유사하다.

다지구에서 출토된 금동광배(국립부여
문화재연구소)

석제류로는 건물지와 관련된 특수용도의 결
구식석제전을 들 수 있다. 이들은 라지구 2와
4피트의 성토층과 구지표층에서 나왔다. 아울
러 각 목곽창고에서 나온 목부재들은 당시의
목재가공기술과 고환경 및 수륜연대측정으로
각 유구의 연대 등을 추정할 수 있는 자료를
제공할 것으로 기대된다.

한편 라지구에선 통일신라와 고려시대의 유
물도 나왔다. 각종 어골문 평기와류와 막새류
는 물론 주름무늬병과 금동불상 2점을 비롯해
청동용기 따위의 통일신라 유물도 다량 출토

됐다. 그래서 출토유물 등으로 미루어 이 지역은 통일신라 말기에 공방시설 자
리로 추정되었다. 또한 이곳에선 약 6~7㎝ 크기의 소형 금동불상 2점도 출토됐
다. 여러 유구 가운데 무엇보다도 통일신라시대 청동
용기를 인위적으로 묻은 유구가 주목을 끌었다. 백제
시대 기단석렬과 가까운 라-2피트에서 나온 이 유구
에는 나말여초의 유물 28점이 묻혀있었다. 청동주자 2
점과 청동병 1점·청동완 19점·청동접시 1점·청동
숟가락 3점을 비롯해서 중국제 청자 1점과 철기 1점이
그것이다. 맨 밑바닥에 주자 2점과 병을 눕혀 놓고 그
위에 청동완과 접시를 포개어 올렸고, 맨 위에 중국제
청자완과 철기를 두었다. 이와 같은 방식은 일제시대
부소산성 주변 두 곳에서 발견된 예가 있어 매납 당시
특별한 의식(儀式)을 치렀거나, 어떤 특별한 의미에서
이들 용기를 묻은 것으로 추정했다. 그러나 아직 그 의

금동불상(국립부여문화재연
구소)

부여 관북리에서 출토된 백제토기(국립부여문화재연구소)

미는 밝히지 못하고 있다. 이외에 고려시대의 주요유물로서 각종 어골문계 기와류와 막새류 그리고 청자류가 더 있다. 특히 '南山在彌勒寺'銘 기와는 근처에 고려시대 사찰이 존재했던 사실을 시사한다.

부여 궁남지(宮南池)

경주의 안압지와 비견되는 백제의 원지(苑池)가 부여 궁남지이다. 부여 왕실의 이궁이 있었다고 하는 군수리사지(軍守里寺址) 일대가 바로 이웃했기 때문에 어떤 형태로든 부여 왕실과 관련한 지역으로 추정하고 있다. 더구나 무왕 및 무왕의 어머니와도 관련된 전설이 깃들여 더욱 주목되었다. 백제의 궁원(宮苑)·궁지(宮池) 등 왕실 원지(苑池)의 실상이 들어날 수도 있다는 점에서 발굴에 관심이 많았다.

궁남지에서 나온 유물 가운데 가장 이채로웠던 것은 짚신과 목간, 그리고 실물과 아주 흡사하게 돌로 다듬은 남자 성기였다. 특히 검은 돌로 반질반질하게 다듬은 남자 성기는 다산을 비는 풍습에서 나온 장신구류였거나, 실제로 사용한 실용도구였는지도 모른다는 호기심을 자아냈다. 청동기시대나 초기 철기시대에 다산(多産)을 비는 습속에서 돌로 다듬은 남자 성기를 몸에 지닌 것으로 추정되는 사례가 있기는 하지만, 안압지나 궁남지에서 나온 유물은 당시 실제로 사용했던 것으로 추정했다.

궁남지 발굴에서 얻은 또 하나의 큰 수확은 신라 목간 보다 출토사례가 현저하게 적은 백제 목간과 25점에 이르는 많은 짚신이 출토된 것이다. 이러한 유물은 당시 백제인들의 생활을 엿보는데 중요한 자료이다. 그리고 칠기·씨앗·목공구·빗·나무망치·방추차·토기류·우물·기와 등이 나왔고, 수레바퀴도

부여 궁남지 유적 전경(국립부여박물관)

확인돼 백제 말기의 생활상을 보다 구체적으로 들여다 볼 수 있게 되었다.

부여 궁남지 조사는 1990년부터 본격적으로 이루어졌다. 국립부여박물관이 두 차례(1991년·1993년)에 걸쳐 발굴했고, 이후 국립부여문화재연구소가 맡아 2003년까지 6차 조사를 마무리했다. 부여문화재연구소는 1995년·1997년·1999년·2000년·2001년까지의 발굴에서 궁남지의 동편·북편·서편 일대의 토층과 유구 분포상태를 확인했다. 백제시대에 조성된 수로와 더불어 여러 가지 다양한 형태의 기와류·도로유구·수전경작지·토기가마터 따위의 유구를 확인했다. 특히 귀중한 목간이 출토돼 백제 기록문화 자료를 추가하게 되었다. 그러나 본래의 목적인 궁남지의 규모와 범위에 대한 확인은 만족스럽게 이루어지지 않았다. 그리하여 발굴하지 않은 궁남지의 남쪽에 대한 6차 발굴조사가 계획되었고, 2003년에 우선 궁남지 남서편 일대(16,000㎡)를 조사하게 되었다

(2001년 3월 18일~6월 30일).

2003년 조사지역은 최근까지 논으로 경작되었던 땅이다. 이 지역의 생토층은 금강 배후습지로 장기간 퇴적된 층이다. 해발 6.5m 이상의 비교적 높은 지역인 생토층은 상부에 적갈색 모래가 반복적으로 퇴적되었고, 그 아래로 황적색 점토·회색 점토가 나타난다.

그러나 낮은 지역으로 가면 생토층은 모래층이 사라지고 점차 점성이 강해진다. 생토층 상부에 백제시대 이후 형성된 퇴적층이 있다. 해발 6~7m 이상인 조사지역 서편과 중앙부를 동서로 가로지르는 미고지에서는 생토층이 표토 바로 밑에서 확인되어 백제시대 유물포함층이 매우 얇다. 조사지역 동편 우물지 주변을 제외한 지역에서는 백제시대 유물포함층인 적갈색 사질점토층이 나타난다. 이 층은 낮은 지대로 갈수록 모래성분이 적어지고, 점성이 강해지는 특징이 있다.

발굴성과

백제시대 유물포함층인 적갈색 사질점토층과 우물 내부·구상유구 안에서는 토기·와전류·목제류·금속류 등의 유물이 출토됐다. 토기류는 백제 사비시대에 속하는 뚜껑이나 호·개배·완·발·삼족기가 대부분을 차지하고 있다. 뚜껑이 덮인 채로 직구단경호(EW 3-2 유물포함층)가 나왔고, 우물지 안에서는 밑바닥이 둥근 검은색의 발(鉢)이 완형으로 출토됐다. 일부 유구(NS 4-1)와 조사지역 동편 유물포함층에서는 3~4세기의 것으로 추정되는 타날문토기와 적색 토기가 수습됐다.

이외에 와전류로 연화문수막새·연화문연목와·상자형 전돌편과 많은 양의 백제시대 평기와가 출토됐다. 부여 군수리사지와 정암리요지·금성산 폐사지 등에서 출토된 바 있는 상자형 전돌편 두 점이 우물지와 유물포함층에서 출토됐는데, 그 문양이나 종류가 다른 유적에서 나온 것과 유사하다. 아마도 군수리

사지에서 사용하던 것들이 쓸려 들어와 묻힌 것이 아닌가 보고 있다. 연화문수
막새나 연목와 등은 사비시대 백제유적에서 많이 볼 수 있는 문양 형태이다.

목제류는 대부분 우물지 내부에서 출토됐다. 그리고 박으로 만든 바가지와
농구나 공구의 자루로 짐작되는 목제품·자연목 등이 수습되었다. 심하게 부
식돼 형태를 정확히 알 수 없는 철기 및 손잡이가 달린 철제도자(길이 20㎝,
우물 내부 출토) 등과 함께 동물뼈도 수습됐다.

조사지역 동쪽에서 나온 백제시대의 대형 웅덩이 유구는 이후도 지속적으로
사용했을 가능성이 있다.

그러나 조사단은 2003년 조사에서도 궁남지의 정확한 규모와 위치를 밝힐 수
있는 결정적인 고고학적 자료를 확보하지는 못했다. 그러나 옛날 지형과 유구
의 분포상태 등으로 미루어 대략적인 윤곽은 파악할 수는 있었다.

이에 앞서 궁남지 발굴조사는 2001년까지 6차 발굴이 이루어졌다. 특히 2001
년 조사에서는 동서방향의 수로 7기와 남북수로 3기 등 13기의 수로가 확인됐
다. 수레바퀴 자국·웅덩이유구·석렬(진녹색 점토층)이 확인됐고, 목간을 비
롯한 목제품과 소호·방추차·다양한 기종의 토기류·기와류·짚신·동물
뼈·금속 도자 등이 출토됐다.

2000년(3월 28일~6월 30일 발굴) 미조사 지역인 궁남지 북편 발굴에서는 백
제의 건축기술과 조경술을 집약한 흔적을 찾아낼 것으로 기대했다. 그러나 이
후 2003년 발굴 결과까지도 궁남지의 전체적인 실체를 파악하는 데는 한계가
있었다. 6세기에 조성했을 것으로 추정된 수로 안에서 당시의 유물과 유구가
꽤 많이 출토됐다.

우물

원형의 백제시대 우물은 잔존깊이 6m에 상부폭은 90~100㎝·최대폭 160
㎝·하부폭은 100㎝에 이른다. 우물 주변에는 강자갈을 깔았다. 발굴 당시까지

도 식수로 사용할 수 있을 만큼 깨끗한 지하수가 흘러나와 조사단은 이 유구의
보존 필요성을 주장한 바 있다.

EW 1-1 트렌치에서 확인한 이 우물을 비롯한 부여지역에서 찾아낸 우물은
모두 7기에 이른다. 구아리 유적에서 2기·군수리 서나성지·화지산 남쪽(현재
의 충혼탑 자리)에서 나온 우물 4기 그리고 2004년 동라성지역 발굴 때 나온 3
기의 우물이 그것이다. 그러나 다른 우물의 깊이가 대략 3m 전후였지만, 궁남
지 남서편 지역에서 나온 우물은 2004년 현재까지 발견된 백제우물 중에서 가
장 깊고 규모도 가장 크다. 이들 우물은 축조방식이나 규모·형태가 조금씩 다
르지만, 서나성지 발굴 당시 확인한 우물지가 원형으로 바닥에 강자갈을 깐 점
에서 궁남지 우물과 가장 유사하다.

10~30cm 크기의 방형 또는 장방형 깬돌을 쌓아 우물을 만들었는데, 배를 부
르게 하여 바른층 막쌓기를 했다. 우물 바닥으로부터 30cm 가량은 돌을 쌓지 않
은 채 회색 점토층인 생토를 그대로 이용했고, 바닥에는 판석으로 깬 돌을 불규
칙하게 깔았다.

우물은 폐기된 뒤 들어온 갈색 사질점토가 80cm 두께로 퇴적되었다. 그 아래
로는 점성이 강한 진회색 점토와 회색 세모래가 섞인 층이 두텁게 퇴적된 상태
였다. 우물 내부의 퇴적토 안에서는 사비시대의 각종 와전류와 토기류·농기구

수로근경(국립부여문화재연구소)

나 공구의 자루로 추정되는 목
재·동물뼈·목제 손잡이가 달린
도자(刀子) 등이 출토됐다. 3m 깊
이까지 우물지 상부에서 무너져
내린 석재들로 채워져 있었다.

한편 수로는 2003년 조사에서
도 나왔다. 수로 1(EW 1-5트렌
치)·수로 2(EW 3-1)가 확인됐는

데, 수로 1은 연접한 두 기의 단면이 'V' 자형인 수로와 나란히 지나가고 있다. 북쪽 수로(수로 1-1)는 깊이 50㎝에 상부폭이 약 80㎝이고, 남쪽 수로(수로 1-2)는 상부폭 50㎝에 깊이 40㎝이다. 이 수로는 황회색 점토의 생토층을 파고 만들었다. 내부의 모래 섞인 점토층에서는 승문이 타날된 기와편과 경질소호편(小壺片)이 출토됐다. 수로 2 또한 상부 폭 80㎝에 깊이가 50~70㎝였고, 안에서 삼족토기가 나왔다.

구상(溝狀) 유구

적황색 점토층의 생토를 파고 만든 유구이다. 남북방향의 넓고 얕은 구상유구 2기(NS 4-1), 트렌치 중앙부에서 원형으로 돌아가는 좁은 구상유구 1기, 그리고 트렌치(NS 4-1)의 남쪽 편에서 확인된 동서방향의 구상유구 2기 및 구상유구의 안팎에서 기둥구멍이 많이 발견됐다. 이들 유구는 토층상태와 내부에서 출토되는 유물로 미루어 일정한 시차를 두고 조성된 것으로 보인다. 기와류는 전혀 나오지 않고, 타날문이 찍힌 회색 토기와 격자문이 시문된 거친 태토의 적색 토기들이 주로 출토되었다. 이로 미루어 사비백제 이전에 형성된 것으로 보인다. 이외에 구상유구 주변의 수혈·주공·트렌치 북쪽 편에서 나온 고상가옥과 주혈 등의 적갈색 사질점토 유물포함층에서는 삼족기와 기와류 등이 쏟아져 나왔다. 그래서 이들 유구는 사비기에 조성된 것으로 보고 있다.

사비기에 조성된 남북방향의 구상유구는 깊이가 10~20㎝이고, 폭은 20~200㎝로 불규칙하다. 북에서 남쪽으로 경사진 지형에 자연적으로 형성된 구상유구일 가능성이 보인다. 그러나 이보다 먼저 조성된 구상유구 2기(동서방향와 원형의 구상유구는 인공으로 조성되었다)는 그 성격을 확실하게 파악하지 못했다.

구상유구 안팎의 주혈(柱穴)들은 깊이가 20~60㎝에 직경 10~50㎝로 매우 다양하기 때문에 배치의 정형성을 찾아볼 수 없다. 다만 트렌치 북쪽의 주혈들은 일정한 열을 이루었고, 구멍의 크기·깊이가 유사하여 고상가옥과 같은 건물의 기둥구멍으로 판단된다. 이 건물지는 남북 장축 5m에 폭은 확인되지 않았다.

대형 웅덩이

정확한 규모는 알 수 없으나, 토층 단면으로 확인한 깊이는 280㎝이다. EW 1-0 트렌치의 동쪽편에서 확인됐다. 하부에서는 백제시대 유물이 발견됐다. 그리고 중간 이상의 층에서는 옹기편이 출토돼 백제시대 이후 장기간 물이 고였던 연못 또는 대형 웅덩이였을 것으로 판단하고 있다. 동서 13m·남북 26m 이상으로 넓은 범위에 걸친 이 웅덩이 바닥은 20㎝ 두께로 가는 모래가 덮였다. 그리고 그 위에서는 자갈과 함께 백제시대 토기편·기와편이 확인됐다.

이외에 백제시대 기와가 많이 들어간 원형유구(EW 1-3)가 확인됐다. 이 유구는 직경 60~80㎝의 구덩이 윤곽선이 일정하게 열을 이룬 채 드러났다(EW 1-4). 백제시대 타원형 구덩이유구(EW 1-0)도 확인됐는데, 이들 유구의 분포 상황으로 보아 우물지·구상유구·기둥구멍·고상가옥처럼 약간 높은 미고지에서 드러났다. 그리고 수로 유구는 낮은 지형에서 발견됐다.

목제품에 사용된 수종(樹種)

궁남지 출토 목제품에 사용한 수종은 참나무 33%·소나무 27%·밤나무 9%·느티나무가 6%를 차지했다. 이는 사비백제시대의 식생이 현재와 크게 다르지 않았음을 보여주는 것이다. 이는 사비기 궁남지 일대에는 참나무와 소나무·밤나무·느티나무가 흔히 분포했고, 이 밖에도 다양한 침엽수와 활엽수가 혼재한 혼효림을 이루었을 것으로 추정되는 식생 현상인 것이다. 특히 자루·공구·끌방망이 등 강도를 요구하는 목제품에는 참나무가 사용되었고, 목간 등의 제품에는 소나무가 주로 쓰였음이 밝혀졌다. 그리고 궁남지 목간에 사용한 삼나무와 편백도 보여 당시 왜와 남중국(남조)과의 교류를 추정할 수 있다. 갈

궁남지 출토 목제품(국립부여문화재연구소)

이칼로 돌려 깎은 백제시대 목기는 50%가 느티나무 재질이다. 당시 느티나무를 목기의 재료로 널리 사용한 사실을 알게 된 것도 큰 수확이다. 이에 따라 부여 능산리 동라성 앞에서 나온 목기 등도 이와 관련해서 생각해볼 수 있게 되었다.

목간 및 목제유물

궁남지에서는 상당량의 목간이 출토돼 백제의 기록을 보완해주는 중요한 자료를 추가하게 되었다. 칠기(漆器)와 농구·공구·목재나 기타 생활용구 등이 다양하게 출토됐는데, 이 가운데서도 특히 목제 가래 5점이 나와 당시의 농경 생활상을 보다 자세히 짐작하게 되었다. 삽날이나 자루부분이 정교하게 한몸으로 이루어졌고, 제작기법도 숙련공의 솜씨다. 자귀 역시 가래와 같이 정교하게 만들었다. 이 외에 가로망치·방직기부품·빗·방망이형 목제품과 함께 남자 성기 모양의 이형목제품도 나왔다.

궁남지는 지금까지 백제시대 유적 출토 사례 가운데 가장 많은 양의 가래가 나온 유적이다. 기타 목제품은 절대연대측정에 따른 절대적인 기준이 되는 유물이다. 이외에도 여러 종류의 씨앗이나 동물뼈·우렁이나 조개와 같은 조개류 등은 당시의 식생활이나 환경복원에 도움이 되는 것들이 더 나왔다. 특히 탄화 층 위에서는 형태를 알 수 없는 그을린 동물뼈가 많이 나왔고, 개뼈와 말뼈·소 뼈가 출토된 것으로 보아 식용일 가능성이 크다. 우렁이 외에 재첩·말조개 등 의 조개류와 어골 등과 함께 계란껍질로 추정되는 부산물도 나왔다.

당(唐) 고조(高祖) 무덕(武德) 4년(621년)에 처음 주조된 이후 여러 차례 만들어 유통시킨 중국의 개원통보(開元通寶) 8점이 적갈색 사질점토층에서 출토됐다. 그래서 이 층의 바로 밑에서 드러난 수로는 600년 이전에 형성되었고, 적갈색 사질점토층은 612년 이후 백제 멸망까지의 시기에 이루어진 층위로 판단하게 되었다.

목제유물로는 목간 외에 칠기·도구·부재·말목 및 용도 미상의 목제품으로 구분할 수 있다. 용도 미상을 제외하면 말목이 27점으로 가장 많다. 말목은 끝을 뾰족하게 만들어서 땅에 박기 쉽게 제작되었고, 부재는 각재형과 판재형·원판재가 있다. 목간은 2001년에 2점이 나온데 이어 묵서는 확인되지 않은 목간형 목제품 8점이 2003년에 나왔다. 철도자·벼루 등과 더불어 이들 목간은 백제인의 문자생활을 엿볼 수 있는 유물이다.

칠기는 10점이 나왔는데, 일부를 제외하고는 칠기막의 보존상태가 좋지 않았다. 용기와 뚜껑 등으로 보아 당시 칠기는 제한된 계층에서 사용되었음을 시사한다.

궁남지 출토 목간(국립부여문화재연구소)

수로

수로는 동서방향 7기·남북방향 2기 등 총 13기의 수로와 함께 수로 사이에서는 도로가 확인됐다. 도로 위에는 수레바퀴자국이 나왔고, 웅덩이유구와 수로 퇴적층 상면에서는 사람의 발자국도 드러났다.

한편 궁남지 북편을 대상으로 한 2001년의 발굴에서는 규모나 조성방법이 비슷한 A·B·D수로를 조사했다. 이들 수로는 모두 동일시기에 조성되었다는 사실도 알아냈다. 이들을 폐기한 다음 2차 수로와 남북수로가 조성되었고, 다만 D수로보다 C수로의 조성시기가 다소 늦은 것으로 밝혀졌다.

수로 발굴과정에서 수로 사이에서 수레가 여러 차례 드나들며 생긴 수레바퀴자국은 수로를 조성하면서 생긴 것으로 추정된다. 이 수레바퀴자국들은 2000년에 발굴한(3월 28일~6월 28일) 서편 수레바퀴자국과 이어진 것이다. 그러나 수로 양쪽에 조성된 농로(우마차길)로 볼수도 있다는 견해도 제시되었다.

이 지역에서 출토된 유물은 자배기·호(壺)·옹류(甕類)·주구(注口) 병을 포함한 병류·개배·기대·대부완·파수·벼루·방추차·'十'자형 문양이 들어간 원편형 토기·도가니형 토기 및 여러 점의 기와가 출토됐다. 기와 중에는 후부갑와(後阝甲瓦)명 인장와 한 점이 포함되었다. 여기서 나온 명문 '後阝'(후부)는 사비 읍내의 뒷골목을 이르는 것이어서, 부여 왕궁 뒤편에는 여러 공방이 존재했던 사실을 짐작할 수 있다. 따라서 이와 관련하여 관북리 일대 발굴 결과를 주목할 필요가 있다.

또한 묵서가 보이는 목간과 목간형 목제품·말목·옻칠목기와 기타 목부재 같은 목제품도 나왔다. 이외에 빼놓을 수 없는 것이 짚신이다. 모두 25점의 짚신이 수로 내부 퇴적토에서 집중적으로 출토됐다. 그리고 바가지·조개껍질·씨앗류·동물뼈·도자(刀子) 1점도 나왔다.

백제의 짚신

부여 궁남지(사적 135호)와 관북리 유적(사적 428호) 등 백제시대 유적에서는 2004년 말 현재 모두 64개의 짚신이 출토됐다. 보존이 매우 잘된 상태로 출토됐기 때문에 사비백제시대(538~660) 백제인들이 무엇을 신고 다녔는 지를 정확하게 파악할 수 있게 되었다. 당시의 백제인들은 부들을 재료로 해서 만든 짚신을 신었지만, 형태는 오늘날의 그것과는 약간 달랐다. 신발 바닥만 있는 일본의 와라지(わらじ, 草鞋)와 유사하다. 그러나 조선시대 이후 최근까지 볏짚으로 삼은 짚신과는 소재나 형태에서도 다르다는 사실을 알 수 있었다.

이 부들짚신은 신라인들이 신은 부들짚신과 소재와 모양이 유사하다. 그래서 이같은 짚신이 일본으로 전해졌을 가능성이 높다는 의견이 긍정적으로 받아들여지고 있다.

지난 2002년 국립부여문화재연구소에서 '백제의 짚신'을 냈는데, 이는 많은 양의 백제짚신

백제인들의 신발 모양 그대로, 부들을 이용해 재현한 부들 짚신(국립부여문화재연구소)

부여 궁남지 유적 짚신 출토상태(국립부여문화재연구소)

이 출토되었기 때문에 가능한 일이었다. 짚신에 사용된 재료를 진공상태에서 수분을 없애는 진공동결건조처리법으로 출토 당시의 짚신 색감과 질감을 되살렸기 때문에 보존이 가능하게 되었다. 이에 따르면 백제의 짚신은 그 재료가 부들(Typha orien talis)이나 애기부들(Typha angus tata)과 같은 부들류인 것으로 밝혀졌다. 여러해살이풀로 저수지나 늪지·수로·개울 등지에 분포하는 부들은 키가 2~2.5m 가량이다. 부들은 줄기가 매우 강하고 탄력이 있다. 물이 잘 흡수되지도 않아 물에 잘 젖지도 않는다. 백제짚신의 '신날'은 네 개였다. 신발 바닥은 목피류와 같은 얇고 넓은 재료를 덧대어 폭신폭신하게 만드는 특수한 기법을 사용했다.

그러나 백제와 신라는 인접한 나라였으면서도 짚신의 형태에는 차이가 보인다. 백제짚신은 돌기총이 낮은데 비해 신라의 짚신은 돌기총이 높다. 반면 백제의 짚신은 신라의 짚신보다는 오히려 일본의 짚신과 유사하다.

신라인의 짚신 또한 재료는 부들을 사용했다. 부들신을 신은 사실은 여러 가지 기록이나 증거로써 알 수 있다. 대표적으로 신라 문무왕 때 신라의 서민이었던 광덕(廣德)은 분황사 서편에 살면서 부들로 신발을 삼아 경주읍내에 내다 팔아 생계를 이었다고 한 것으로 보아 부들신을 신은 것은 분명하다. 그러나 앞에

물가에 흔한 부들(蒲)을 재료로 만든 백제 부들
신발. 뒷편 당감잇줄이 뚜렸하다(국립부여문화재
연구소).

출토된 백제인의 짚신을 보존처리한 뒤의 모습
(국립부여문화재연구소)

서 잠깐 언급한 바와 같이 신라의 부들신은 백제의 것과 조금 다르다. 삼국사기
신라 직관지에는 마리전(麻履典)이 있었다는 기록이 나온다. 마리전은 삼(麻)으
로 삼은 미투리의 제작 및 공급을 담당했던 국가부서인데, 미투리는 부들로 삼
은 짚신보다 고급이다. 실제로 국립경주박물관과 경북대학교박물관에는 미투
리로 짐작되는 신발유물을 소장하고 있다.

부들신과 미투리 가운데 4~6두품의 관료는 미투리를 신었고, 일반 서민은
부들신을 신었다. 그리고 성골이나 진골 등 최고 귀족은 그와 다른 가죽신을 신
었을 것으로 추정한다.

한편 신라의 짚신은 신라 이형토기(異形土器)에서도 형태가 보인다. 짚신받
침에 술잔을 얹어놓은 이 토기는 죽은 이의 영혼을 담아 저승으로 보내기 위해
무덤에 넣은 그릇 모양의 부장품이다.

부여 능산리의 백제 절터에서는 나막신이 출토되었다. 이는 널빤지에 세 개
의 구멍을 뚫어놓은 것이었는데, 정확히 말하자면 나막신이라기보다는 지금의
일본 게다(下駄)와 똑같은 형태이다. 이것으로 보면 일본 게다의 연원도 백제에
뿌리를 두었고, 경산시 임당동에서 출토된 3~4세기의 나막신도 이와 비슷한
형태이다.

부여 왕흥사지(王興寺址)

왕흥사는 부소산 서북쪽의 백마강을 사이에 두고 강 건너편에 세운 백제왕실의 원찰(願刹)이다. 이 절터는 현재 울성산성(蔚城山城) 산록의 남향받이에 있다. 이 왕흥사는 백제 법왕 2년(600년)에 창건해 무왕 35년(634년)에 낙성했다는 기록이 보이나, 백제의 멸망과 더불어 사라졌다. 무왕은 재위 31년에 사비궁을 수축하고(重修泗沘之宮) 35년에는 법왕 때 초창한 왕흥사를 완성(春二月 王興寺成)한데 이어 다음달에는 궁남지를 축조했다. 1934년에 처음으로 규암면 신리의 왕흥사지 주변에서 '王興'이라는 명문이 들어간 기와가 발견돼 여기가 왕흥사지일 가능성이 처음으로 제기되었다. 이후 줄곧 왕흥사지로 전해져 왔다. 그리고 발굴에서 왕흥명 기와가 실제로 나와 왕흥사지임을 확신할 수 있었다.

발굴경과 및 성과

국립부여문화재연구소가 발굴조사 7개년 계획(1998~2004)을 세워 2000년에 1차 발굴이 이루어졌다. 그리고 2001년에는 사적 제427호로 지정되었다. 2003년 4차 발굴에 이어 2004년까지 5차 발굴을 마친 상태다. 2002년 발굴 때 '王興' 명 고려기와가 숭령중보(崇寧重寶)와 같은 고려시대 동전과 함께 출토돼 왕흥사의 정확한 위치를 비로소 알 수 있게 되었다.

1차 조사(2000년 9월 8일~11월 2일)는 가지구 1,500여 평을 대상으로 이루어졌으나, 백제시대 사찰관련 유구는 확인하지 못했다. 다만 당시의 조사지역이 사찰의 경역 바깥지역이라는 사실은 확인한 셈이다. 8엽의 연화문이 들어간 백제시대 수막새와 백제시대 평기와들이 출토되었고, 회청색 경질의 인장토기도 나왔다. 인장은 원 안에 꽃문양을 음각한 것이었다. 이러한 인화문토기와 자배기 그리고 17세기의 것으로 보이는 백자 접시(직경 13.6cm)·19세기의 백자 제기(14.8cm)도 함께 출토되었다.

2차 조사(2001년 10월 5일~12월 11일)는 나지구 약 500평을 대상으로 이루어졌다. 산지와 평지가 만나는 이 지역에서는 백제시대의 방형초석과 계단석 등이 노출되어 강당지(講堂址)일 것으로 추정되었다. 풍화암반층을 파고서 세운 석축시설과 고려~조선시대 건물지·석렬(石列) 등도 드러났다. 이 지역은 사역(寺域)의 중심부로 추정되는데, 경사면과 연접한 평탄대지에서 백제시대 건물지 일부가 확인됐다. 이로써 경사면 남쪽 대지에 백제사찰이 들어섰던 것으로 짐작하게 됐다.

각종 막새류와 卍銘기와가 출토된 점으로 미루어 사찰과 관련된 암자나 요사채가 있었던 것으로 짐작된다. 卍명 기와와 王興명 기와·숭령중보 등으로 미루어 적어도 11~12세기 고려시대 건물이 있었을 때까지는 왕흥사라는 이름의 사찰이 존재했고, 비록 백제시대와는 달리 규모가 축소되었을지라도 암자로서 이용되었을 가능성이 높은 것으로 보았다.

나지구에서는 비교적 많은 유물이 나왔다. 당초문암막새와 수막새·초화문암막새와 수막새·귀면문암막새와 수막새·귀목문(鬼目紋)암막새와 수막새·연화문수막새가 나왔다. 연화문수막새는 백제 것을 모방한 고려기와이고, 당초문·초화문·귀면문 기와는 모두 나말여초의 것으로 추정됐다.

왕흥(王興)명 명문와와 함께 출토된 卍명문와는 같은 시기의 것으로 보인다. '僧惠元一人 王…'이라는 명문을 새긴 완형에 가까운 회색연질 수키와(13×37.7 cm), '…走作' 명 암키와 그리고 고려시대 평기와로 해석하는 아니성(阿尼城) 명

문이 들어간 기와도 출토
됐다. 이외에 치미편(鴟
尾片)이나 토제병·토기
뚜껑·자배기·삼족기·
토제나발·흑유완(碗) 등
이 나왔다. 이 중 흑유완
은 중국 송대(宋代)의 것
으로 보인다. 진단구로
보이는 회청색 경질토기

왕흥사지에서 출토된 연화문수막새와 연목와(국립부여문화재
연구소).

가 뚜껑에 덮인 채로 나왔다. 청자 접시나 백자 대접·백자완 등도 함께 출토됐
다.

3차 발굴(2002년 3월 28일~7월 17일)은 나지구 2001년 발굴지와 그 남쪽
50m 거리의 평탄대지를 대상으로 한 것이었다. 논으로 경작되던 지역인데, 백
제시대 와적기단 건물지 2기가 확인됐다. 이 건물지의 남쪽으로 배후습지가 조
성되었던 사실도 알아냈다. 건물지와 저습지 사이에는 동서방향의 백제시대 석
축 일부가 드러났고, 여기서는 백제기와편도 다량 출토됐다.

나지구에서는 모두 6기의 건물지가 확인됐다. 1호 건물지(동서 750×남북
940㎝)는 11~12세기의 것으로 초석·적심시설·서편과 북편의 석축배수로가
확인됐다. 2호 건물지에도 1호와 같은 시기에 조성된 원형 초석과 기단석이 있
었다(1,550×900㎝). 3호 주거지는 기단석과 초석·연도(煙道)시설을 갖춘 조선
시대(17~19세기) 유구였다.

나지구 서편 끝에 자리한 동서방향의 석축은 5~6단에 12m 정도만 남아 있
었다. 동서 석축 아래 위(남북방향)는 20개 이상의 계단을 이루었고, 윗계단은
130㎝ 폭이 남아 있었으며, 아래 계단은 6m 정도가 드러났다. 계단지 하부에
동서방향으로 배수로가 길이 11m, 폭 60㎝ 정도로 남아 있었다. 동서 석축과

남북 석축 서편 사이 퇴적층에서 왕흥명 기와편이 다량 출토됐다.

2002년 조사지역인 다지구는 나지구 남쪽 편의 평탄면이다. 나지구보다 2m 이상이나 낮았다.

한편 2003년의 4차 발굴은 2002년(3차) 발굴지와 마주한 지역에서 이루어졌다. 즉 동편의 3차 발굴장소 맞은편의 서쪽 평탄대지이다. 3차 발굴지와 배수로를 사이에 두고 있는 지역인데, 3차 조사에서 확인한 남북 장축방향의 건물지 1동과 4차 발굴에서 조사한 건물지 1동은 각기 왕흥사의 동서회랑으로 밝혀졌다. 또한 남쪽에는 저습지와의 경계지대에 쌓은 백제시대 석축이 있었다.

2002년에 조사한 와적기단 건물지와 대칭되는 자리에 같은 구조의 건물지가 있어 이 건물지는 서회랑지로 추정하게 되었다. 이 서회랑지와 구조가 유사한 것으로는 능산리사지 회랑지인데, 이와 비교하면 회랑의 남북길이가 다소 짧은 편이다. 남북방향으로 3열의 적심석이 보이는 북쪽의 부속건물지 외곽에는 주공이 일정한 간격으로 배치되었다.

와적기단 맨 아래 부분에는 지대석 한 장을 깔고, 그 위에 쓰다만 평기와를 1~2단 평적했다. 기와와 기와 사이에는 고운 점토를 발라 하중을 받아도 기와가 깨지지 않도록 했다. 서회랑지의 남북 장축길이는 30.3m이고, 배수로 기준으로 남편 회랑지의 너비는 5.3m이다. 서회랑지와 동회랑지의 양끝 최대폭은 58.7m로 능산리사지 57.4m와 비슷하다.

한편 서회랑지 건물지 주변에서는 백제시대 평기와와 더불어 통일신라시대 평기와가

왕흥사지 서회랑지 와적기단 노출상태(국립부여문화재연구소)

다량으로 출토됐다. 연화
문수막새와 함께 연목와가
출토되었고, 서회랑지 부
속건물지 외곽에서는 치미
편이 나왔다. 극히 일부지
만 토기편도 출토됐다.

이와 더불어 사역(寺域)
남쪽에서는 2002년에 발굴

부여 왕흥사지 발굴 현장(국립부여문화재연구소)

한 동서방향의 석축이 서쪽지역으로 이어지는 사실을 4차 발굴에서 확인했다.
이 석축은 근래까지도 논둑으로 이용됐고, 여기서 빼낸 석재로 논둑을 쌓기도
했다. 현재까지 확인된 동서 석축의 길이는 70m 정도다.

4차 발굴(2003년)의 성과는 3차 발굴(2002년) 당시 조사한 와적기단 건물지
와 대칭되는 건물지를 확인하고, 서회랑지도 알아낸 것이었다. 이와 더불어 양
각연화문양전(陽刻蓮花紋樣塼) · 소형 연목와(小型 椽木瓦) 등 7세기 전반에 제
작된 토기나 기와 등 100여 점의 유물도 4차 조사에서 나왔다. 이로써 이들 두
건물이 왕흥사의 동서회랑이라는 사실을 알아냈고, 부분적으로나마 왕흥사의
사역(寺域)과 가람구조 따위의 실체를 비로소 파악하기에 이른 것이다.

2004년의 5차 발굴에서 얻은 결론은 탑지(塔址)와 금당지가 남북으로 일직선
상에 자리한 전형적인 일탑일금당식의 백제시대 가람구조라는 사실이다. 여기에
동서회랑의 폭이 58.7m로서 부여 능산리사지와 유사한 규모였음도 밝혀졌다.
회랑지는 백제시대 와적기단(瓦積基壇) 기법으로 축조되었고, 회랑 북편에 별도
의 건물지가 이어져 있다. 이 역시 능산리사지의 가람형태와 동일한 구조였다.
또한 사역 남쪽에 동서방향으로 쌓은 길다란 석축은 백마강을 건넌 배가 접안할
수 있도록 한 시설이었거나, 호안석축(護岸石築)이었을 것으로 추정되었다.

기단 하부에 지대석을 놓은 와적기단 형식은 현재까지 국내에서는 여기 말고

출토된 사례가 없기 때문에 비교할만한 자료가 없다. 다만 일본의 경우 穴太寺 址나 숭복사(崇福寺) 등에서 확인되었던 만큼 이와 같은 건축기술은 백제에서 일본으로 전파된 것으로 추정할 단서를 확보한 셈이다.

부여 능산리 동라성(東羅城) 주변

　부여 능산리 동라성(東羅城) 남쪽 편 일대에서는 백제시대 경작지와 당시 수전(水田)경작을 위해 조성했던 농수로 및 마을유적과 우물이 나왔다. 그리고 밥그릇(목기)이나 숟가락, 당시에 통용되던 중국화폐인 오수전과 사거리 따위의 유물과 함께 목제 다리(木橋) 흔적이 확인되었다. 이에 따라 사비백제시대 도읍(都邑) 동편지역 산촌(散村) 마을의 생활실태를 보다 더 선명하게 파악할 수 있었다. 특히 목제 다리는 국내에서 처음으로 확인된 것이어서 매우 가치 있는 유물이라고 할 수 있다. 이들 유물·유적이 나온 지역은 능사와 능산리 고분 등 왕실 관련유적이 있는 지역이다. 그래서 능산리 고분군 아래에서 부여읍 내로 들어가는 백제시대 주요도로와 그 주변 민가나 경작지 등의 생활유적의 실상이 드러나게 되었다.

　이 지역은 특히 사비도성을 에워싼 동라성의 안팎지역이어서 고고학적으로 매우 중요시되는 지역인데, 1,500여 년 전 백제시대의 도로와 생활면은 현재보다 4~5m 아래였다는 사실도 함께 확인할 수 있었다. 부여~논산 간 국도 4호선 확장 및 포장공사구간 중 '부여나성' 발굴지역인 이 일대의 조사면적은 11,200평(37,025㎡)이었다. (재)충청문화재연구원은 이들 동라성 외곽 능산리 일대 1지역(9,538㎡)과 나성 내부의 가탑리 일대 2지역(14,921㎡), 왕포천을 가로질러 남서쪽의 3지역(3,112㎡), 2지역과 용수로를 사이에 둔 4지역(4,175㎡) 등 네 군데로 나누어 발굴했다. 동라성을 경계로 나성 외곽지역에 해당하는 능산리 일대를 Ⅰ지역, 나성 내부에 해당하는 가탑리 일대는 Ⅱ지역, Ⅱ지역 남서방향은 Ⅲ지역, Ⅱ지역과 용수로를 사이에 두고 서쪽에 위치한 곳은 Ⅳ지역으로 구분해 발굴한 것이다(발굴은 2004년 1월 26일부터 11월 10일까지 340일간, 충청문화재연구원 조사).

백제시대 유물과 유적층은 지표 3~4m 아래에서 확인되었다. Ⅱ지역에서 대형 수로와 백제시대 유물 및 유적이 나왔다. Ⅱ·Ⅲ·Ⅳ지역 모두는 위에서부터 적갈색 사질점토층·회녹색 점질토층·흑색 사질점토층·흑색 점질토층의 층위구조를 드러냈다. 흑색 사질점토층에서는 백제시대 유물 유적이 나왔고, 대형 수로는 흑색 점질토층에서 나왔다. 2지역의 흑색 사질점토층(생활면)에서는 백제시대 사거리(교차로)·건물지 4동·우물지 3개가 나왔다. 2지역에서 확인한 남북방향 도로 3개(1~3호) 중 1호 도로는 폭이 3m 안팎으로 일정하다. 동서방향 도로와 교차하며 도로 상면에는 두세 쌍의 수레바퀴 흔적이 남아 있었다. 바퀴 한 쌍의 폭은 120cm였다. 여기서 95cm 동쪽으로 2호 남북도로가 있다. 폭은 1m였다. 3호 남북도로는 2호에서 동쪽으로 110cm 떨어진 거리에 자리했고, 폭은 3m에 자북에서 동으로 약 5도 가량 기울어진 상태였다. 궁남지 주변에서도 수로와 수레바퀴 자국

폭 3m 안팎의 도로가 나왔고 교차로도 확인되었다. 마차바퀴의 자국이 보인다(대한문화재신문).

등이 확인되었지만, 이 지역의 수레바퀴 흔적도 선명하게 남아 이들 두 유적의 수레바퀴의 폭을 빌려 당시 수레의 크기를 확인할 수 있게 됐다. 특히 도로의 교차로(사거리)와 민가의 배치·도로 옆의 도랑(배수로)·경작지 등은 당시의 소박한 생활모습을 전해주는 매우 귀중한 유물·유적으로 평가할 수 있다.

동서방향 도로의 북쪽 측구에서는 당시의 건널목도 확인됐다. 3호 우물지 부근에서 직경 20㎝ 안팎의 나무와 10㎝ 내외의 나무로 이루어진 폭 150㎝의 소형 구조물은 바로 건널목이었던 것이다. 2지역 서남쪽의 네 개의 건물지 가운데 1호 건물지 내부에서는 다량의 유기물 퇴적층과 성격 미상의 소성유구가 나왔다. 잘 다듬은 석재로 외곽을 만들고, 그 내부에 목주를 세웠던 건물지의 동서축은 6.4m, 남북은 7m이며 목주(木柱)는 직경 15~20㎝, 목주간격은 1m였다. 내부 소성유구는 화덕시설이었을 것으로 추정되었다. 1호 건물지에서 북동 30m 거리의 2호 건물지는 그 남쪽 3호 건물지와 인접했고, 주공(柱孔)만 남아 있었다. 직경 45㎝나 되는 주공이 확인됐는데, 주공간 거리는 1m였다. 그런데 내부에서 숯이 나온 것으로 보아 아궁이 부분으로 추정된다.

2호 건물지의 남쪽 5m 거리의 3호 건물지는 주변 면보다 약간 높게 돋구었다. 내부에서 토기편 약간과 주공이 확인됐다. 건물지 동쪽에서 숯편이 약간 나와 화덕시설이 있었던 것으로 추정된다. 그러나 석렬·소토·숯이 정연하게 나오지 않아 유실된 것으로 판단했다. 그리고 4호 건물지 내에서도 소토와 숯이

가운데 부분이 길이다(대한문화재신문).

목주가 위에서 아래로 일정하게 박혀있다(대한문화재신문).

발굴된 집자리(대한문화재신문)

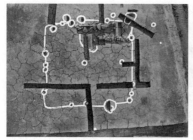

Ⅱ지역 4호 건물지(충청문화재연구원)　　　Ⅱ지역 2호 우물(충청문화재연구원)

뒤섞여 있었다. 판석과 할석으로 만든 전체길이 3m규모의 화덕시설과 함께 폭 40㎝ 가량의 고래도 확인되었다. 이 건물지의 크기는 남북 5m · 동서 4.6m인데 직경 15㎝의 나무기둥을 1m 간격으로 세웠다.

　한편 총 3개의 우물지 가운데 1호 우물은 바닥을 파고 돌을 쌓아 만들었다. 이 우물은 위로 올라가면서 너비가 넓어지는 형태이다. 깊이는 124㎝에 상부 지름은 70㎝였다. 1호 우물 동편으로 50m 거리의 2호 우물 역시 1호 우물과 조성방법이 같다. 밑에 통나무를 절구모양으로 파서 놓고, 그 위에 돌을 쌓은 점만 다르다. 목통을 포함해 우물 깊이는 132㎝에 상부 지름은 78㎝였다. 2호 우물에서 동편으로 다시 50m 거리에 3호 우물이 있다. 이들 세 우물은 등간격을 유지했고, 1호 우물과 같은 방법으로 만들었다.

　Ⅲ지역에서도 백제시대 도로와 경작유구가 나왔다. 도로폭은 대략 4m 정도 (406~417㎝)로 지금의 2차선 도로와 비교해도 큰 차이가 없어 당시에는 매우 큰 도로였음을 알 수 있다. 도로 바닥에는 직경 5㎝ 이내의 잔자갈과 굵은 모래가 섞인 회흑색 사질점토를 8~15㎝ 두께로 단단하게 다져서 만들었다. 도로 상면과 노견부는 유수에 의해 침식돼 유실된 상태지만, 부분적으로 도로를 보수한 흔적도 남아 있었다. 수레바퀴 사이의 폭은 90㎝ 짜리와 130㎝ 짜리 두 가지 종류가 있었음이 확인됐다. 이들 서로 다른 수레의 폭은 마차(馬車)와 우차(牛

4지역 출토 유물(대한문화재신문)

車)의 차이거나, 전차(戰車)와 일반 수레의 차이를 알려주는 자료일 수도 있다.

Ⅲ지역의 백제시대 경작유구는 이랑이 대략 남북방향이다. 이랑폭은 53~68
cm, 고랑폭은 50~62cm, 고랑깊이는 7~12cm 가량으로 조사되었다. 두 번째 밭
유구 주변에는 밭 사이의 소로가 나 있었다. 'ㅜ'자형의 이 소로는 남북방향 폭
이 138~160cm, 동서도로 폭은 110~130cm였다. 3지역의 장방형 1호 건물지에서

출토 목기(대한문화재신문)

나무로 만든 숟가락(대한문화재신문)

발굴된 토기들(대한문화재신문)

출토된 동물뼈(충청문화재연구원)

오수전(충청문화재연구원)

는 2열 3조의 주공이 보인다. 이 건물지의 기둥거리는 170~220㎝, 동서 188~205㎝였다. 그런데 2호 건물지는 3호 건물지와 중복돼 있었다. 2호 및 3호 건물지는 주공이 네 개인 방형건물지이다. 2지역에 비해 3지역은 유물은 많이 나오지 않았으나 건물지에서는 칠기·소형 완·토제 등잔·완·기대편 등이 출토됐다. 이 가운데 옻칠을 한 목기는 소형 밥그릇으로 생각되는데, 이들 목기로 백제시대의 공예 수준을 비로소 가늠할 수 있게 됐다.

동서도로와 남쪽의 평탄대지 사이에는 폭이 450~590㎝인 수로가 지나갔고, 수로의 하상(河床)에는 대량의 유기물이 퇴적되어 침식흔적이 고스란히 남아 있었다.

Ⅳ지역에서는 백제시대 생활면 및 청동기시대 수전면이 나왔다. 4지역 남쪽에도 도로유구가 있었는데, 도로의 폭은 270~300㎝이다. 여기서도 바퀴의 흔적이 보인다. 수레바퀴의 폭은 2.6m이고 수레의 폭은 128~130㎝였다.

이 4지역에서는 모두 8개의 수로가 확인됐다. 그러나 이 중에서 두 개의 수로는 청동기시대 수전과 관련이 있는 수로이고, 6개는 백제시대 생활면과 관련된 수로이고, 그 밑에 있는 2개의 수로는 청동기시대 수전면과 관련된 것이다. 청동기시대 수로는 깊이 39~44㎝에 폭 104~117㎝였다. 그 상층에는 폭 50~53㎝, 깊이 7~10㎝의 작은 수로가 하나 있었다. 이들 청동기시대 수전층에서는 사질이 많이 섞인 무문토기 몸통편 7점이 출토됐다.

청동기시대 수전층은 등고선 방향을 따라 계단식으로 조성되었으나, 수전층의 구분은 어려웠다.

Ⅳ지역의 백제시대 생활층에서는 기와편 · 삼족기편 · 소형 완조각 및 회흑색 경질뚜껑(직경 24.8㎝) 등이 수습됐다.

부여 염창리 고분군

논산~부여 4호 국도 확장사업을 위한 사전조사가 이루어진 것은 1997년 국립부여박물관의 지표조사이다. 이어 1999년 시굴조사 및 2000년의 구제발굴에서 염창리 고분의 전모가 소상하게 드러났다. 부여 중심부로부터 동쪽으로 약 4km가 떨어진 부여읍 염창리(鹽倉里)에 자리한 이 백제시대 고분군은 사비도읍기의 묘제와 문화상을 파악하는데 매우 중요한 유적이다. 약 320기의 분묘가 밀집 분포되어 사비기 백제의 장제(葬制) 및 묘제의 특성을 고스란히 간직했기 때문에 학술적 가치가 크다. 특히 백제가 공주에서 부여로 도읍을 옮긴 시기부터 집중적으로 분묘가 조성된 것으로 보인다. 그래서 염창리 고분군 언저리는 사비도성의 도성민(都城民)이 분묘지역으로 사용한 사실을 알 수 있었다.

그러나 당시의 문화상이 가늠되는 초기 석실분 내 부장유물이 도굴되었다. 이에 정식 발굴에서 수습한 유물만으로는 백제사회사에 연구는 물론 해석에도 한계가 뒤따랐다. 다만 백제가 공주에서 사비로 도읍을 옮긴 이후 사비지역에 살던 백성들의 무덤 공간을 얼마만큼 들여다 보았다는 사실은 그런대로 수확일 수도 있다. 그러나 출토 유물로 보아 평민들만 묻혔던 무덤이 아닐 것이라는 결론을 얻기에 이른다.

발굴은 조사지역(고분군 분포범위는 14,000여 평)을 7개 지구로 나누어 진행되었다. Ⅰ구역에서는 13기의 석실분과 주거지 3기가 나왔다. Ⅱ구역은 22기,

Ⅲ구역 101기, Ⅳ구역에서는 86기의 석실분과 1기의 옹관묘를 확인했다. 그리고 Ⅴ구역에선 61기의 석실분과 3기의 토광묘(석실분과 토광묘 중에는 고려시대의 것도 있다)에 이어 Ⅵ구역에서는 17기를 조사했다. Ⅶ구역은 8기의 석실분과 1기의 토광묘 및 성격이 불분명한 유구가 보였으나, 분묘는 Ⅲ구역에 밀집 분포했다.

Ⅰ-2호분 북벽(공주대학교박물관)

이 유적에서 확인된 유구는 308기·토광묘 4기·옹관묘 1기 및 초기 철기시대 주거지 3기 등 317기이다. 이들 유구를 분석해 보면, 청동기시대의 주거지 3기·고려시대 토광묘 3기·고려시대 석곽묘 25기이다. 이들

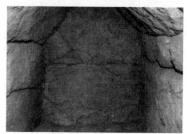

Ⅳ-86호분 북벽(공주대학교박물관)

을 제외한 나머지 280여 기가 백제시대의 것이다. 이들 유구 가운데 석실분은 백제시대의 것이 대부분이지만, Ⅳ·Ⅴ구역에서는 고려시대의 석실분도 확인했다. 토광묘로 분류된 것도 대부분 고려시대의 것이다. 백제시대의 석실분과 고려시대의 석실분은 중복되었다. 주거지에서 나온 점토대토기로 미루어 주거지는 초기 철기시대의 것으로 보인다. 이는 보령 교성리 유적에서 나온 점토대토기와 비교된다.

묘제의 유형과 특징

염창리 고분군에서 발굴한 분묘 유구 가운데 석실분은 309기이다. 앞에서 언급한 대로 이외에 토광묘·옹관묘를 포함하면 모두 317기인데, 이들 분묘 유구

는 모두 입구를 갖추어 백제 석실분의 형태로 볼 때 백제 말기에 해당하는 것이다. 이들 석실분은 횡혈식(橫穴式)과 횡구식(橫口式)의 두 가지인데, 절반 가량씩을 차지하고 있다. 횡혈식석실분은 묘실 출입로인 연도(羨道)를 설치한 반면 횡구식은 별도로 연도나 입구를 두지 않은 채 한쪽의 좁은 벽면 전체를 열어 입구로 활용한 흔적이 보인다. 횡혈식에는 터널식과 고임식·수평식·양벽 조임식 등 네 가지 유형이 있다. 양벽 조임식은 터널식에서 고임식으로 넘어가는 중간단계와 고임식에서 수평식으로 변화하는 과정으로 구분된다. 네벽 조임식이나 궁륭식 또는 아치식과 같은 횡혈식석실분은 전혀 확인되지 않았다.

이같은 유형으로 미루어 횡혈식석실분은 백제 말기 중에서도 후기에 속하는 형식만이 있을 가능성이 크다. 다만 백제 석실분이 남향 경사면에 조성되는 특징에서 벗어나지는 않았다. 횡혈식석실분 중에서도 터널형은 천장의 전후 단벽 수직을 이루었고, 동서 장벽은 원형으로 조성한 것이 특징이다. 이 터널식 유형은 중국 남조(南朝)의 전축분(塼築墳) 묘제가 유입되어 이전의 궁륭식석실분이 변화한 것이다. 따라서 터널식의 초기 유형에는 궁륭식 요소가 남았고, 점차 장방형 묘실에 문틀을 갖춘 입구와 연도를 갖추게 된다. 염창리 고분군의 석실분에서 터널식은 약 3분의 1 정도를 차지한다. 장방형의 묘실 평면을 기본으로 하면서 세장방형으로 변한 것도 있다. 거칠게 다듬은 할석이나 괴석을 사용해 축조했다. 그리고 입구나 연도는 남쪽 경사 아래쪽에 두는 일반적인 형식을 따랐고, 우편재라는 공통성을 지녔다. 또한 묘실 바닥에 배수로를 설치하거나 정교하게 돌을 까는 특징이 엿보인다.

횡혈식 유형 가운데 고임식석실분의 특징은 전후 단벽은 수직이고, 동서 장벽은 벽체를 수직으로 구축한 가운데 상단에 내경의 고임돌을 올려놓아 묘실의 단면을 육각형으로 조성한 것도 가장 큰 특징의 하나이다. 횡혈식을 유지하면서도 입구나 연도를 중앙에 설치하거나, 연도를 짧게 만들고 배수로를 생략하는 변화가 나타난다.

횡구식석실분은 석실분의 절반 가량을 차지하고 있다. 묘실에 입구를 마련할 때 남벽 좁은 벽면 전체를 그대로 활용하는 형식이다. 횡구식석곽묘는 수혈식 석곽묘와 횡혈식의 영향을 받아 한쪽 벽체를 그대로 열어놓아 입구로 사용하는 것이라면 이 횡구식석실분은 횡혈식석실분이 퇴화한 것이어서 횡구식석실분은 입구의 설치상태나 묘실 규모로 보아 횡혈식석실분과 차이가 있을 뿐, 횡혈식 석실분의 묘제 속성을 그대로 갖고 있다.

따라서 횡구식석실분의 축조환경이나 재료는 횡혈식석실분과 다르지 않다. 단지 묘실 규모만 작고, 묘실 평면이 세장방형이라는 점에 차이가 날 뿐이다. 횡혈식은 다장(多葬)을 목표로 한 것인 반면 횡구식은 단장(單葬)을 전제로 축조 되었다. 묘실은 3m 이내이고, 너비 70~80㎝ 폭으로 짓는 것이 일반적이다. 묘 실의 높이는 대략 1m 이내이고, 벽은 횡혈식의 양벽 조임식이나 수평식을 답습 했다.

염창리 석실분은 고분군 일대의 경사면 위쪽으로 올라갈수록 밀도가 높다. 횡혈식석실분은 위쪽으로 올라가면서 줄어들지만, 횡구식석실분의 밀도는 높 아지는 특징을 보인다.

백제 말기에는 유물 부장(副葬) 풍습이 사라진다는 것은 널리 알려진 사실이 다. 백제 말기의 분묘가 집중된 이 염창리 분묘군 역시 그러한 사실을 증명이라 도 하듯 출토 유물이 너무도 적다. 수습된 유물은 매우 적어서 320기에 가까운 유구에서 나온 토기가 겨우 20여 점에 불과하다. 유물이 적은 것은 이들 고분이 이른 시기에 도굴된 데도 그 원인이 있기는 할 것이다.

고분 출토유물과 특징

무덤에서는 관고리와 관정·토기·이식(耳飾)과 관식(冠飾) 등이 출토되었 다. 유구에서 관못은 공통적으로 나왔다. 인골 또한 적지 않게 수습되었다.

I-2호 무덤에서는 세환 수식이 달린 금동제 이식이 나왔고, I-9호분의 경

우 회색의 평저형 토기 저부편과 소성도가 낮은 연질 계통의 토기 동체편에 이어 우각형 파수가 달린 토기편(1-10호분)이 출토되었다. 그리고 세장방형의 주거지(I-1호, 길이 520cm, 너

Ⅲ-81호분 출토 유물(① 광구단경호, ② 직구소호, ③ 연질심발형토기, ④ 개물 1, ⑤ 개물 2, ⑥ 삼족토기 / 공주대학교박물관)

비 123cm)에서는 우각형 파수부호가 나왔다. 이와 더불어 흑색의 점토대토기(복원구경 17.8cm)와 두형토기(豆形土器) 저부편도 나왔다(I-2호 주거지). 개중에는 고려시대 토광묘와 거기서 나온 청동제 숟가락·청동대접·호형토기 등도 보이지만, 나머지는 모두 백제시대 말기에 조영된 분묘이다.

그러나 횡혈식석실분·횡구식석실분에서는 토기가 출토되는 예가 거의 없고, 도굴로 인해 심하게 파손된 상태다. 은제관식이나 귀걸이·모자 철심이 피장자의 머리 주변에서 출토되었으나, 대부분의 고분에서는 관못과 관고리가 나왔다. 그리고 요대·세환이식·토기 등은 특정 무덤에서만 발견되었다. 백제시대 309기의 분묘에서 관못과 관고리가 출토되는 것으로 보아 목관을 사용했음

Ⅲ-41호분 출토유물 단경호(공주대학교박물관)

을 알 수 있었다. 관고리의 경우 6엽 또는 8엽의 꽃무늬가 들어간 것과 원판으로 구분되었다. 6엽의 화문 관고리를 사용한 석실분에서는 모자 철심과 같은 유물이 출토되었다. 이는 하나의 특징적 유형으로 파악된다. 그러나 토기가 들어간 유구 가운데 횡구식은 거의 없다. 이른 시기의 횡혈식석실분으로는 터널식의 유형이 많다.

토기는 백제 사비시대에 속하지만, 기종이나

형태상으로는 큰 차이는 없기 때문에 정확한 시기 추정은 어렵다. 토기는 단경
호와 고배·삼족토기·심발형토기·소형호가 있다. 이외에 도자(刀子)와 주조
(鑄造) 철부가 머리 쪽에서 다양한 종류의 옥과 함께 출토됐다. Ⅲ구역 41호·
62호·81호(이들은 가장 이른 시기의 것으로 판단된다)에는 구슬을 비롯해 여
러 점의 토기가 남아 있었다. 그러나 유물로 연대를 추정하기보다는 유구를 통
해 염창리 고분군의 조영시기를 추론할 수밖에 없다.

고분의 조성시기

염창리 고분군에서 확인한 석실분은 횡혈식과 횡구식 두 가지이다. 횡구식석
실분은 횡혈식석실분 말기에 다장묘(多葬墓)의 묘제가 단장묘로 변화하면서 새
롭게 나타난 양식이다. 염창리고분군의 고분 묘제는 횡혈식에서 횡구식으로 변
화하는 양상을 엿볼 수 있다. 횡혈식은 7세기 전반 무렵까지는 비교적 널리 유
행하였으나 횡구식은 아무리 일러도 7세기 전반을 거슬러 올라갈 수 없다. 이
로 보아 염창리 고분군은 횡혈식석실분으로 축조되다가 횡구식이 횡혈식과 함
께 병행했고, 후에는 횡구식만 남은 것으로 볼 수 있다. 결국 염창리 고분군은
백제의 사비 천도와 더불어 조영되기 시작해 7세기 전반까지는 횡혈식석실분
이 사용되다가 7세기 전반 무렵 횡구식으로 변화한 것이다.

Ⅲ구역의 41호·62호·81호는 사비 천도 이전에 조성된 분묘로 추정된다.
그러나 이 지역에 잔존한 사비 천도 이전의 고분은 극히 드물다. 횡혈식석실분
가운데 터널형 묘제는 무령왕릉에 나타난 전축분의 등장과 관련한 것으로 보고
있다. 무령왕릉 이전에는 궁륭식으로 조성되는 것이 일반적이었으나, 무령왕릉
이 조성된 다음 시기인 530년 무렵에는 궁륭식보다는 무령왕릉을 모방한 터널
식과 아치식 묘제가 많이 등장한다. 이 무렵 백제는 부여로 천도하지만, 묘제는
터널식이 사비지역으로 옮겨간다. 이러한 터널식 묘제로는 성왕의 능으로 추정
되는 부여 능산리 중하총(中下塚)이 대표적인 사례로 꼽힌다. 이런 점에서 터널

Ⅲ-41호분 유구조사 완료 후(공주대학교박물관)

식은 부여 천도 초기의 묘제로 보아도 무방할 것이다.

염창리 고분군에서 적지 않은 비중을 차지하는 고임식석실분은 터널식석실분에 이어 6세기 중반 이후부터 사용되었다. 횡혈식석실분 가운데서 고임식은 6세기 후반에 시작되어 7세기 전반까지 계속 사용한 것으로 보았고, 횡구식석실분은 7세기 전반에 등장해 백제 멸망기까지 이어진 것으로 해석하고 있다.

염창리 고분군 지역의 백제 석실분을 보면, 조사구역 아래쪽(해발이 낮은 쪽)으로 이른 시기의 터널식 횡혈석실분이 몰려 있고, 위쪽에는 주로 늦은 시기의 횡구식이 밀집되었다. 이는 분묘를 아래쪽에서 위쪽으로 올라가며 조성했다는 사실을 드러낸 것이다. 백제 석실분 가운데 초기형인 아래쪽 석실분에서 실제로 많은 유물이 도굴되었다는 주민들의 전언을 참고하면, 맨 아래쪽의 고분이 가장 이른 시기에 조성되었음을 알 수 있다.

염창리 고분군은 단일 유적으로는 범위와 규모가 매우 크거니와, 조사한 분묘 숫자도 많다. 그리고 시차를 두고, 묘제 변화 양상이 나타나고, 석실분의 조영 규모와 사용한 재료에 따라 분묘마다 다른 품격을 느낄 수 있다. 화강석을 잘 다듬어서 사용한 횡혈식석실분은 규모도 크고, 나름대로 어느 정도 품격도 보여 일반 평민의 무덤으로 볼 수는 없다. 그런데 이러한 묘는 괴석재를 사용해서 축조한 보다 작은 규모의 묘와 혼재되어 이들 사이에 위치상 차별성을 인정할 수는 없다. 이는 염창리 고분군의 분묘가 계급이나, 신분에 따라 조영된 것이 아니었음을 알려주는 것이다.

염창리 고분군은 백제가 사비로 도읍을 옮긴 다음에 조영되었기 때문에 백제

후기의 석실분 변화양상을 고스란히 간직하고 있다. 횡혈식 묘제가 횡구식으로 변화하는 양상과 함께 형혈식의 경우는 터널식에서 6세기 후반에 고임식으로 변화한데 이어 다시 고임식에서 수평식으로 변화한 과정이 엿보인다. 횡혈식에서 횡구식으로의 변화는 묘실 입구나 연도의 형태 뿐만 아니라 다장(多葬)에서 단장제로 장제가 변화한 사실도 드러났다. 횡혈식은 2개의 목관을 안치했지만, 횡구식은 한 구의 목관만을 안치했다는 특징을 갖고 있다. 횡구식석실분으로의 전환은 바로 이같은 관계에 뿌리를 두었음을 시사한다.

부여 나복리(羅福里) 유적

부여읍 내에서 서쪽으로 백마강을 건너면 규암면이다. 규암면 반산리의 반산 저수지 우측편 남향받이에 나복리 유적이 자리했다. 한국문화재보호재단이 2001년 부여 종합체육시설 부지를 2001년 시굴조사(나복리 470번지 일대, 7,000여 평)를 하면서 무문토기와 석기 등이 출토되었다. 이 때 청동기시대 원형주거지와 석관묘, 백제시대 석실분과 옹관묘, 조선시대 주거지를 확인한 것을 계기로 2002년 발굴에 들어갔다.

이 유적에서는 청동기시대 · 초기 철기시대 · 백제시대 · 통일신라시대 · 고려 · 조선시대에 이르는 다양한 시기의 유구가 확인되었다.

청동기시대 주거지 22기 및 분묘 11기(석관묘, 석개토광묘, 토광묘 10기, 옹관묘 1기), 초기 철기시대 주거지 1기, 백제시대 횡구식석실분 7기와 합구식 옹관묘 1기, 통일신라시대 토광묘 1기, 고려시대 석실분 1기, 조선시대 주거지 3기와 토광묘 28기 등을 발굴하는 성과를 거두었다. 청동기시대 주거지는 대부분 내부에 타원형 구덩이가 보이는 송국리형 주거지였다. 원형의 주거지 12기, 방형계 8기, 그리고 유실돼 형태를 알 수 없는 주거지 2기 등이다. 유적의 중앙에 해당하는 주거지 정상부에는 주로 원형 주거지가 자리를 잡았고, 동사면에는 방형과 원형이 혼재한다.

이들 주거지에서는 편평편인석부, 검신부편, 양인석부편, 갈판, 유구석부, 소형석착, 반월형 석도편, 석촉편, 미완성 석기편, 일단경식석촉, 유엽형 석촉편, 석검자루편, 옹형 무문토기 구연부편, 원형 점토대토기편, 적색 마연토기 구연부편, 무문토기 저부편, 적색 마연토기 저부편 등이 출토되었다.

청동기시대 분묘는 유적 남단에서 석관묘 3기, 석개토광묘 2기, 토광묘 3기가 나왔다. 그리고 북단에서 나온 무덤은 석관묘 1기와 옹관묘 1기였다.

1호 석관묘에서는 마제석검(길이 24.3cm) 한 자루가 나왔고, 석개토광묘(石蓋土壙墓)에서는 별다른 유물이 출토되지 않았다. 2호 석개토광묘에서만 무문토기 구연부와 동체부 조각이 출토되었다. 토광묘에서는 무문토기 저부편, 동체부편, 구연부편 등이 보인다.

내부에 타원형 구덩이를 가진 송국리형 주거지는 인근 공주 산의리·태봉동·안영리·장선리, 논산 원북리, 대전 구성동, 보령 진죽리, 서천 오석리, 천안 남관리, 청원 내수리 등지에서 확인된 바 있으며 호남지역과 영남내륙 일대에서도 계속 보고되고 있다.

청동기시대 4호 및 8호 주거지의 숯을 시료로 한 절대연대 측정에서 연대는 B.C. 700~400년으로 나왔다. 4호 주거지는 B.C. 8세기, 8호 주거지는 B.C. 5세기의 것으로 판명되었다. 또한 4호 미상유구의 연대는 A.D. 7세기 초로 나타났다.

한편 초기 철기시대의 수혈주거지 남벽은 청동기시대 8호 주거지와 중복되었다. 평면은 말각방형으로 남북 460cm, 서벽의 깊이는 14cm 정도였다. 내부에서는 상면지름 60cm에 깊이 6cm 정도의 노지와 함께 주공과 원형구멍이 확인되었다. 남쪽 벽면 가까이에서 시루편이 나왔고, 서쪽 벽면 근처에서 무문토기 저부편과 석기 등이 출토되었다. 이외에 시루편(저부, 동체부), 무문토기 저부편, 미완성 석기편 등도 나왔다.

백제시대 유구로는 석실분 7기와 옹관묘 1기가 조사되었는데, 석실의 장축방향이 등고선과 직교한다. 돌자리의 흔적으로 보아 횡구식이었을 것으로 추정되었다. 벽석은 판석·판석형괴석·괴석형할석을 이용해 조성한 횡구식석실분 바닥에는 할석을 깔았다. 바닥에서 관정이 출토됐다.

5호 및 6호 석실분은 장축방향은 같고, 바닥면의 높이가 다르다. 이들 2기의 석실분 서쪽 10m 거리에 합구식 옹관묘 1기가 자리했다. 5호 석실분, 6호 석실분을 제외한 5기의 석실분에서는 관정이 출토됐다.

1호 석실분은 청동기시대 9호 주거지와 13m 거리에 인접했고, 동쪽으로 3m 거리에는 10호 주거지와 가까이 있다. 묘광은 길이 240㎝, 너비 120㎝에 깊이 22㎝이고, 묘실 길이 210㎝, 폭 65㎝, 잔존높이 60㎝였다. 묘실바닥에는 크기와 모양이 일정하지 않은 자연할석을 듬성듬성 깐 묘실 내부 바닥면에서 10여 점의 관정이 나왔다. 관못에는 목질의 흔적이 남아 목관을 사용한 사실을 알 수 있었다.

2호 석실분은 북서쪽 5m 거리의 1호 석실분과 인접해 있었다. 천장석으로 사용한 장타원형의 판석이 드러난 이 석실분의 묘광은 길이 300㎝, 너비 140㎝, 깊이 66㎝였다. 묘실은 길이 220㎝, 너비 70㎝에 바닥에서 천정까지의 높이는 60㎝였다. 역시 목관에 사용한 6점의 관정이 수습됐다.

3호 석실분은 2호 석실분 남동쪽 9m 거리에 있었는데, 묘실은 길이

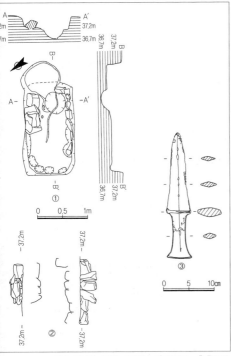

1호 석관묘 ①평·단면도, ②입면도, ③출토유물(충남역사문화원)

220cm, 너비 64cm, 잔존
높이 46cm였다. 북서단
벽에 판석 1매를 사용했
고, 남서장벽에는 4매의
판석을 사용했다. 길이
5.5cm 정도의 관정 5점
이 나왔다.

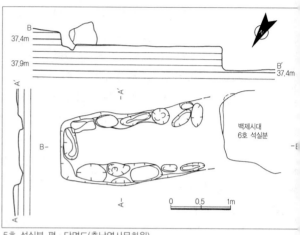

백제시대
6호 석실분

5호 석실분 평·단면도(충남역사문화원)

4호 석실분은 동남쪽
7.5m 거리의 11호 청동
기 주거지와 함께 북동
쪽 10m 거리에는 12호
청동기시대 주거지가
인접했다. 다른 석실분과 마찬가지로 여러 점의 관정이 수습되었다.

5호 석실분은 서쪽으로 10m 거리에 백제시대 옹관묘가 있고, 다른 석실분과
규모나 구조가 비슷했다. 그러나 6호분과 더불어 5호분에서는 출토된 유물은
없다.

7호 석실분은 청동기시대 10호 주거지 북동벽 일부를 파고 만들었다. 묘광은
길이 306cm에 너비 124cm로 다른 것보다 약간 크다. 8점의 관정이 출토되었을
뿐 다른 유물은 없다.

이외에 백제시대 옹관묘 1기가 조사되었는데, 2001년 시굴조사 때 이미 묘광
선을 확인한 바 있다. 묘광은 길이 105cm, 너비 84cm이고, 생토면에서 밑으로
약 20cm를 파내려간 사실을 확인했다. 두 개를 서로 맞춰 놓은 옹관은 길이 70
cm, 너비 35cm였다. 구연부와 동체부가 약 20% 가량이 파손된 상태로 나온 옹
관은 경질소성토기였다. 구순 상면에는 음각선 한 줄이 돌려져 있었으며 경부
는 짧고 동체는 구형이다.

부여 가탑리 · 왕포리 유적

부여~논산 간 확포장공사구간 내에서 확인된 유적이다. 왕포리 · 군수리와 함께 가탑리(佳塔里)유적에서는 백제 사비시대의 수혈유구 22기, 고상건물 3동, 구상유구 1기, 우물 2기, 옹관묘 3기, 수전(水田) 유구가 발굴되었다. 고려시대 와요지 1기 등을 빼고는 주로 사비시대의 백제 생활유구가 큰 비중을 차지한다 (발굴 : 충청문화재연구원, 발굴기간 : 2000년 8월 31일~2001년 6월 26일).

조사지역 중앙부에 주로 분포한 수혈유구 가운데 고상건물지 역시 수혈유구 한가운데서 확인됐다. 고상건물 주변에서는 많은 수의 주혈이 확인돼 구릉사면의 말단부에는 고상건물이 더 있을 것으로 보고 있다.

옹관은 조사지역 중앙에서 1기, 수전유구 지역에 2기가 있었다. 옹관은 상단부가 결실되었으나, 하단부의 잔존상태는 양호한 편이었다.

우물은 수전에 인접해 있다. 수전면 안에 들어간 우물은 논둑을 파고 만든 것이었다.

출토유물

22기의 수혈유구에서는 연회색 연질토기 구연부와 회색 경질토기 동체부편, 흑회색 경질토기 동체부편, 회녹색 경질옹형토기편, 흑색 경질토기편, 회백색 연질토기 완편, 회청색 경질토기 개배편 뚜껑, 회흑색 경질토기 삼족기편 등의 토기편들이 출토되었다.

수혈유구 중앙부의 고상건물지 3동은 수혈유구와는 중복되지 않은 것으로 보아 수혈유구와 고상건물은 같은 시기에 조성되었을 것으로 판단하고 있다. 이로 볼 때 수혈유구(주거지)가 원형으로 에워싼 한가운데에 고상가옥이 있었던 것으로 보인다. 이는 고상유구에 거주하던 이를 중심으로 그 주변의 수혈유구에 산 사람들의 신분체계가 2원적이었음을 시사한다.

고상건물은 주혈의 지름이 1호의 경우 30cm(깊이 22~30cm), 2호는 40~50cm(깊이 20~30cm), 3호는 90cm(깊이 40~50cm)였다. 1호 고상건물의 장축과 단축은 230cm, 180cm로서 가장 작은 규모이다. 2호는 340×240cm(장축×단축), 3호는 300×300cm였다. 그러나 고상건물지 내부에서는 유물이 나오지 않았다.

수혈유구

가장 많이 확인된 수혈유구는 원형 또는 타원형 및 부정형이다. 1호 수혈유구는 동서 342cm, 남북 396cm로 조사되었다. 그리고 2호 수혈유구는 말각방형으로 380×340cm 규모에 깊이는 40cm였다. 내부에는 1개의 주혈과 2기의 토광형 구덩이가 드러났다. 그리고 서쪽벽에 인접한 소형 구덩이 상면에서 연질, 경질토기편과 원통형 토기가 출토되었다.

3호 수혈은 직경 142×130cm의 원형으로 내부에는 아무런 시설이 없었다. 다만 회청색 경질 옹편이 많이 나왔다. 4호 수혈유구는 모서리가 일그러진 부정형으로 남북 330×동서 폭 220cm였다. 내부에는 아무런 시설이 없었고, 북쪽벽에서는 삼족기가, 남쪽 벽에서는 연질 및 경질의 토기편이 출토되었다. 적갈색 연질토기, 회백색 연질토기 구연부편, 동체편, 적갈색 경질옹형 토기 동체부편, 회흑색 경질 또는 연질토기 저부편, 회색경질토기 개배편 등이 나왔다.

5~7호 수혈유구는 비슷한 규모로서 유물이 출토되지 않았다. 8호 수혈유구에서는 기대편 1점이 출토되었고, 모서리가 일그러진 원형의 9호 수혈유구(남

북 120㎝, 동서 100㎝)에서는 출토유물이 없었다.

11호 수혈유구에서는 연질 암키와(적색) 1점이 출토되었다. 12호에서도 연질토기 동체부 및 구연부 등이 나왔다. 그러나 10호, 13호, 14호, 15호, 17호, 19호, 20호, 21호, 22호 수혈유구에서는 출토된 유물이 없다. 16호 수혈유구에는 연질 및 경질토기편이 산재해 있었고, 18호 수혈유구에서는 연질·경질의 토기편 및 삼족기편이 나왔다.

구상유구(溝狀遺構)

조사구역 중앙부의 서쪽 편 구릉 상단부에 자리했다. 동서로 길게 뻗어 수전면까지 이어진 이 구상유구는 길이 약 45㎝에 폭 3.5×4m, 깊이 80~100㎝ 정도이다. 내부에서 많은 양의 연질, 경질토기편이 출토되었다.

먼저 옹형토기의 일부로 추정되는 적갈색 연질토기 구연부편과 황갈색 연질토기 구연부편, 회청색 경질토기 구연부편, 회흑색 연질토기 구연부편, 회청색 경질옹형토기구연부편, 적갈색 연질토기구연부편, 회청색 경질토기구연부편과 동체부편, 회백색 연질토기저부편, 회녹색 시루(연질)저부편, 회청색 경질완편 및 개배편, 회청색 경질삼족기다리편, 적갈색 연질파수부편, 부식이 심한 철기편 등이 나왔다.

수전(水田)

조사구역 북동쪽에서 발견되었는데, 토층은 총 18개 층으로 이루어졌다. 지하 2m 깊이에서는 강자갈·모래가 쌓인 바닥층을 확인했다. 왕표천 유로의 영향을 받은 것으로 추정되었던 가탑리 유적의 수전층 가운데 1~5층은 현재의 경작면과 관련을 갖는 층이었고, 6~12층은 홍수에 의해 형성된 사질층이다. 13~16층은 수전 경작이 지속적으로 이루어진 것이 아니라 수전의 폐기 후에 쌓인 것으로 토양 분석 결과 밝혀졌다. 다만 회청색 점질토를 중심으로 한

16~18층이 수전층이었는데, 지하수위보다 낮은 습전의 위치가 바로 이 층인 것으로 파악됐다.

수전은 모두 15개 면이 확인됐다. 수전 한 개의 크기는 대략 한 변이 4~5m 의 둑을 두른 방형 또는 장방형의 소규모이다. 둑은 높이가 15cm에 폭 30~50cm 정도이다. 수전면 내부에서는 둑과 수로, 수구, 족적, 식물흔적 등이 확인됐다. 이들 식물유기체를 시료로 식물규소체 분석을 한 결과 벼와 갈대의 존재가 확인되었고, 벼 규소체의 빈도가 높은 점으로 미루어 벼를 집중적으로 재배한 것으로 판명됐다.

이들 수전에 물을 대기 위한 수로도 네 군데서 확인됐다. 수로의 폭은 20~40 cm, 깊이 10cm 정도였다.

사람의 발자국(15~20cm)도 확인됐다. 그러나 발가락 흔적은 남지 않았다. 수전면에서는 백제 사비시대의 완, 개배, 삼족기 등의 토기편이 출토되었다. 주로 흑회색 경질구연부편, 회색 경질구연부편, 황갈색 연질구연부편, 회색 경질대부합편, 회청색 경질기대편, 개배편, 흑회색 연질완편, 회청색 경질평저단경호 구연부편, 회청색 경질삼족토기편, 삼족기다리, 철도자편 등이다. 토기류는 수혈유구에서 나온 것보다 훨씬 큰 편이 나와 기형을 한결 더 많이 알 수 있었다.

우물

가탑리 유적에서는 모두 2기의 우물이 확인됐다. 수전 중앙에서 1기, 수전 서쪽 외곽에서 1기가 나왔다. 수전 중앙의 1호 수혈은 수전이 폐기된 뒤에 만들어진 것이고, 수전 외곽의 2호 우물은 축조방식이 독특한 형태였다.

1호 우물은 지름 155~160cm, 잔존깊이 50cm 정도인데, 할석을 돌려가며 맞물려 쌓았다. 벽석틈에서 출토된 토기편 외에 다른 유물은 없었다.

2호 우물은 수전면 서쪽 4m 거리에 있다. 우물을 깊게 파기 전에 먼저 땅을 폭 350cm의 원형으로 확장한 다음 중앙부에 다시 타원형(길이 270cm, 폭 200cm,

깊이 90cm)으로 파고 들어가는(2차굴광) 방식으로 만들었다. 이 때 원형으로(직경 52cm, 깊이 50cm) 바닥면까지 파고나서는 내부에 직경 50cm, 높이 60cm의 연질토기를 놓고, 그 주위를 굵은 모래와 연질 또는 경질토기편으로 채웠다. 2차 굴광선까지 이같은 방식으로 채운 다음에는 연질토기 하단부 주위를 20cm 크기의 할석을 1단 돌렸다. 그리고 할석 주위로 다시 10cm 크기의 둥근 자갈이나 할석을 층층이 채워 원통형 토기의 3분의 2 가량을 메웠다. 또 그 위로 2차 굴광선까지 점토를 깔아 토기 내부의 용수가 밖으로 새는 것을 막았다. 연질토기 위로 직경 44~76cm, 높이 78cm의 회청색경질토기를 올린 다음 그 주위를 할석과 점토로 마무리지었다.

우물 안에 넣은 원통형 토기는 동체부가 직립이고, 기벽에 규칙적으로 지름 2.2cm 가량의 구멍을 뚫었다. 바깥면에는 대상파수 4개가 등간격으로 달려 있으며, 토기 높이는 78.9cm이고 지름은 74.6cm이다.

이 원통형토기 위로 암갈색 경질의 옹형토기를 올려놓았는데, 회전물손질한 흔적과 사람의 손가락 지문이 남아 있다. 높이는 24.9cm, 구경 22cm이다. 이외에 회녹색 경질토기병(높이 18.3cm, 저경 10.8cm)이 나왔다.

옹관

모두 3기의 옹관이 출토되었다. 이 가운데 1기는 수혈유구가 밀집된 데서 나왔다. 그리고 나머지 2기는 수전 지대와 인접한 데서 출토되었다. 1호 옹관은 단옹식으로 2개의 토기 뚜껑과 함께 나왔고, 2호 및 3호는 합구식으로 2호 내부에서 연질토기저부편 및 파수부편도 함께 드러났다. 3호 옹관 내부에서는 유물이 나오지 않았다.

가탑리 유적이 자리한 필서봉의 서쪽 가지능선 말단부의 왕포리유적에서는 건물지 1기, 수혈주거지 1기, 기타 성격 불명의 원형 수혈유구 1기가 확인됐다. 건물지는 잔존상태가 나빠 건물지의 성격을 파악하기는 어려우나, 기와건물지로 추정되었다. 남북방향의 기단석렬이 길이 460cm 가량(높이 30cm) 남아 있었는데, 초석으로 추정되는 돌 3개가 확인됐다. 말각방형의 초석은 25~60cm 정도의 크기이다. 그리고 건물지 중앙에는 남북방향으로 길이 200cm(폭 24cm) 정도의 구(溝)도 남아 있었다. 건물지 내부에서 적색소토와 와편 및 재가 나와 이 건물은 불이 나서 폐기된 것으로 추정되었다. 격자문, 무문, 선조문 기와 및 토기편이 나왔다.

수혈유구는 원형이다. 그 바깥에 남북 480cm, 동서 360cm(깊이 40cm)의 'ㄷ'자형 주거지가 자리했는데, 주거지 내부에는 주혈, 굴뚝 등의 시설이 갖춰져 있었다. 주혈은 직경 30~50cm, 깊이 20~30cm 정도이고, 북쪽 모서리에서는 재와 토기편이 섞인 부분을 확인했다. 주거지 바닥면에서 연질·경질의 토기편이 다량 나왔다.

이외에 원형의 수혈유구가 더 확인되었다. 이 수혈유구는 남북 367cm, 동서 310cm, 가장 깊은 부분이 110cm 였다. 여기서는 유물이 출토되지 않았다.

가탑리 유적의 편년

유구상태로 보아 두 시기로 나눌 수 있다. 수전과 옹관이 층위적으로 선후관계를 이루었는데, 폐기된 옹관 위에 수전이 조성되었다.

수전은 고상건물 및 수혈유구와 동시대의 것으로 파악되었다. 옹관묘의 조성 시기는 이들과 달랐다. 옹관의 뚜껑 형식으로 보아 6세기 중엽 또는 후엽에 가탑리 유적에 어떤 변화가 일어났던 것으로 보인다. 사비시대 초기에 처음으로 옹관묘가 조성되었고, 1호 옹관의 뚜껑은 6세기 중후반에 편년되는 점은 이를 뒷받침한다. 어떻든 사비 초기부터 6세기 중후반까지 옹관이 사용됐음을 알 수 있다.

즉 사비 초기에 옹관이 만들어지면서 6세기 중후반까지 조성된 수전이 2호 옹관의 상면에 조성되었음을 알 수 있다. 옹관이 폐기되는 시점을 지나 6세기 후반~7세기 초반에 수전이 조성되었고, 백제의 멸망과 더불어 이 유적에서 사람이 떠난 것으로 파악하고 있는 것이다. 다시 말해 사비 천도 이후 옹관이 조성된 시기는 6세기 전반~후반기이다. 그리고 6세기 후반~백제 멸망기에 옹관묘가 폐기되면서 수전 및 고상건물·수혈유구가 조성되었던 것으로 보인다. 이에 따라 가탑리 유적은 이상과 같이 두 시기로 구분할 수 있었다.

부여 증산리 유적

　부여군 석성면 증산리(甑山里) 유적은 부여~석성 우회도로 공사를 앞두고 2002년에 발굴했다(9월 2일~10월 31일, 60일간). 석성면소재지 십자로에서 799번 포장도로를 따라 조촌방향으로 약 1.5km를 가면, 증산3리 중낙골로 들어가는 소로가 도로 좌측에 이어진다. 이 소로와 799번 지방도가 만나는 지역이 바로 발굴지점이다.

　Ⅱ구간(Ⅰ지점, 3,200㎡), Ⅰ구간(Ⅱ지점, 800㎡)을 대상으로 발굴되었다. Ⅰ지점(Ⅱ구간)에서는 청동기시대 주거지 13기와 수혈유구 6기, 원삼국시대 주구묘 7기, 백제시대 석실분 1기와 석곽묘 2기, 통일신라시대 석곽묘 1기, 조선시대 토광묘 3기가 나왔다.

　Ⅱ지점(Ⅰ구간)에서는 지표상에서 많은 양의 백제토기편을 수습했고, 조선시대 주거지(2기)와 토광묘(8기) 및 시대 미상의 수혈유구와 석곽묘를 조사했다.

　청동기시대 주거지는 원형계 또는 타원형으로서 부여지역에서 나타나는 전형적인 형태의 송국리형 주거지이다. 평면으로 본 주거지의 규모는 10~25㎡이다. 출토유물 269점 가운데 81%(218점)가 토기류이다. 토기는 무문토기가 중심이고, 일부 적색마연토기가 포함돼 있다. 잔존 토기편으로 보아서는 외반구연 옹형토기인 송국리형 토기이다. 이외에 석촉, 석도, 석부, 유구석부, 평편인 석부, 지석, 방추차 등 비교적 다양한 종류의 석기가 나왔다. 석기 중에서는 석촉

(8점)이 가장 높은 비율(23.7%)을 차지했고, 석도(4점)는 완형이 아닌 일부 편으로 출토되었다. 이는 삼각형 석도로 추정되어 청동기시대 중기 이후 송국리형 문화단계가 보이는 표지적인 유물로 평가된다. 석부는 소형 석착(石鑿)을 비롯한 9점이 나왔다. 방추차는 석제 1점 외에 토제 방추차 6점이 더 나왔다. 토제 방추차는 토기의 저부편을 재활용한 것이다.

전형적인 송국리형 토기와 석기류(삼각형 석도와 유구석부)로 보아 청동기시대 중기 송국리형 문화단계의 유적으로 파악됐다. 절대연대측정 결과 1호 주거지의 연대는 B.C. 5~4세기로 청동기 말기의 유적이다. 2호 주거지는 V.C. 10~7세기로 청동기시대 전반기, 3호 주거지는 B.C. 7~5세기로 청동기시대 중기, Ⅰ지점의 13호 주거지는 B.C. 5~3세기로 나와 청동기 말기의 유적으로 밝혀졌다.

그러나 이 유적은 문화의 단절이 없이 그대로 원삼국시대로 이어졌다. 청동기시대 원형주거지를 파괴한 다음에 만든 주구묘 7기가 Ⅰ지점에서 확인되어 이를 뒷받침했다. 그러나 매장주체부는 유실되어 주구만 남아 있었다. 다만 6호 주구묘 말단부에서 옹관묘로 추정되는 옹관 1점을 수습했다. 횡치한 옹관은 이미 파손된 상태여서 정확한 양상은 파악할 수는 없었지만, 옹관은 회색 연질의 타날문토기였다. 그러나 주구묘의 매장주체부가 확인되지 않아 조성시기를 파악하기는 어려웠다. 단지 송국리형 원형주거지를 파괴하고 만든 이후의 시점은 분명하다. 주구의 배치와 평면형태로 이른 시기의 것으로 보인다.

주구묘에서 출토된 유물은 철기유물 4점과 회색 연질의 타날문토기편이다. 모두 주구 내에서 출토되었는데, 철기는 주조철부와 단조철부 및 철겸과 철착 등이었다. 6호 주구묘에서 출토된 주조철부는 단면이 육각형으로 날 부분은 곡선을 이루었다. 이같은 단면 육각형 주조철부가 금강권에서 출토된 것은 여기가 처음이다. 지금까지의 연구결과에 의하면, 단면 육각형 주조철부는 기원후 2세기 중엽~3세기의 유물로 비정하고 있다.

백제시대 고분

백제시대 고분으로는 지하식의 횡혈식석실분 1기, 훼손이 심한 횡구식석곽묘 1기, 수혈식석곽묘 1기를 확인했다. 이들 묘제는 모두 웅진시대 말~사비시대의 것으로 추정하고 있다.

· 1호분(횡혈식석실분)과 2호분(횡구식석곽묘)은 등고선과 직교하는 횡혈계 고분이다. 이는 모두 사비시대에 조성된 것으로 추정된다. 특히 1호 석실분은 판석을 정교하게 쌓아 단면육각형으로 만든 석실분으로 전형적인 사비기의 묘제이다. 또한 석실분의 구조나 내부에서 출토된 관모테로 보아 상당한 지위에 올랐던 인물의 무덤으로 보았다. 다만 현실의 규모가 245×110㎝로 나타나 능산리 고분보다 작다. 그래서 그들보다 낮은 계층의 무덤이었거나, 조성 시기가 후대일 것으로 추정하고 있다. 석실의 구조와 관모테로 보아 피장자는 사비도성이나 그 주변에서 일하던 관료층이었을 것이다. 은화관식(銀花冠飾)이 출토되지 않아 그다지 높은 관위의 인물은 아닌것같다.

고분유구 발굴 광경(충남역사문화원)

2호 석곽묘는 사비시기의 묘제이지만, 3호 석곽묘는 웅진시기의 것으로 추정하고 있다. 따라서 6세기를 중심으로 하여 7세기까지의 연대에 해당하는 무덤으로 볼 수 있다.

Ⅱ지구에서는 다량의 백제토

기편을 수습했다. 시루외 동이류의 생활용기가 중심이다. 그런데 대부분 굽는 과정에서 잘못된 불량 소성품이어서, 백제시대 토기를 생산하던 인근 가마에서 나온 불량품을 활용했던 것으로 보인다.

발굴지로 보아 Ⅰ지점은 청동기시대 유적지이고, Ⅱ지점은 백제시대의 유적지로 정리할 수 있다. Ⅱ지점 대벽 건물지 퇴적층에서 수습한 시료로 절대연대를 측정한 결과 A.D. 6~8세기로 나와 백제 말기의 유적임이 확실하다.

공주 장선리(長善里) 유적

　장선리 유적은 청동기시대 이후 마한시대 생활유적이다. 백제시대로 내려올
수 없는 유적인 것이다. 조사결과 청동기시대의 생활유적은 B.C. 560년을 전후
한 시기에 조성되었고, 마한시대 유적은 1600~1700년 전에 형성된 것으로 밝
혀졌다. B.C. 7~6세기부터 조성되어 A.D. 3~4세기까지 이루어진 장선리 유적
은 청동기시대로부터 마한시대까지 사람이 거주한 사실을 알게 됐다. 이 유적
에서 국내 처음으로 확인된 토실(土室)은 전혀 새로운 형태의 주거지이다. 그래
서 주요시설이나 방을 지하에 만든 특이한 구조가 보인다. 이는 토굴과 수혈주
거지를 혼합한 듯한 형태로 3세기 말에 조성된 것으로 보고 있다. A.D.
280~290년을 전후한 시기에 혹한기가 있었기 때문에 소빙하기에 일시적으로
나타났다가 사라진 주거 형식인지, 아니면 만주 일대 말갈인이나 기타 북방 종
족의 주거형태인지는 아직 밝혀내지 못했다.

　이 장선리 유적을 마한시대 중심으로 생각하면, 한성백제가 남쪽으로 그 세
력을 확장해 가기 직전의 생활유적에 해당한다. 결국 백제는 이같은 세력들을
기반으로 초기 국가로서 발전할 수 있었다. 이 유적이나 유물을 바탕으로 당시
의 생활상을 복원하면, 백제의 지배력 강화와 통치력 확대 과정을 이해할 수도
있다. 백제의 성장 기반이 되었던 장선리 유적에서는 한성백제기 지방의 실체
가 가늠되기도 한다.

장선리 유적에서 확인된 토실은 모두 39기이다. 이 가운데 10기만 발굴조사
하고, 나머지는 유구의 존재만 확인하는 것으로 조사를 마무리했다. 마치 토굴
같은 형태인 토실의 천정은 최소 1m 이상 두께이다. 한 개 이상 2~3개의 방
(房)이 서로 연결되었다. 토실 한 개의 규모는 작지만, 1~2개의 방으로 연결되
어 주실과 부실이 하나의 세트를 이룬다. 그래서 토실의 내부 전체는 비교적 넓
다.

토실은 지상에서 수혈을
깊게 파고, 사다리를 놓아
오르내리게 만든 주거공간
이다. 그래서 지표에서 내려
가자마자 만나게 되는 편편
한 공간인 외실과 여기에 딸
린 주실(主室) 및 부실(副室)
등으로 이루어졌다. 지상에

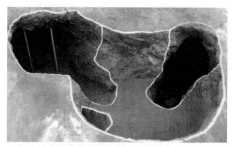

12호 토실 유구(충남발전연구원)

서 사다리를 타고 내려가 맨 먼저 만나는 외실은 대개 장방형이다. 그리고 외실
에서 주실로 통하는 출입부는 한쪽 벽과 바닥이 접하는 모서리 부위를 반원형
(또는 원형) 모양으로 파서 만들었다. 출입구를 수직으로 파내려간 다음 하나의
커다란 방을 만든 개념이다. 주실 바닥은 사다리꼴 · 삼각형 · 원형의 세 가지
형태 중 어느 하나가 채택되었다. 토실 벽면은 60~80cm 높이까지는 내경(안으
로 기울게 만든 형태)을 이루었고, 그 위로는 돔과 같은 형태이다. 천정은 궁륭
상이다. 토실 내부의 바닥에서 천정까지의 높이는 130~200cm이고, 지표면에서
주실 바닥면까지는 약 3m 깊이이다.

부실은 주실의 측면이나 후면에 주실보다 약간 작게 만들었고, 주실에서 부
실로 통하는 출입구는 60~80cm의 원형이다. 평면의 모양이 방형 또는 타원형
인 부실 바닥은 편편하게 다듬었다. 발굴조사한 토실 가운데 5기에서는 환기시

설을 찾아냈다. 지표에서 원뿔 형태로(아래로 내려가면서 점점 좁게) 파내려가 토실 내부의 천정과 '맞창'을 낸 형태의 이 환기시설은 토실이 사람이 주거한 공간임을 증거한다.

토실의 내부규모는 길이 2×너비 3.5×높이 1m에 이른다. 원형 또는 타원형인 토실의 면적은 7㎡ 전후이다. 그러나 장방형 수혈과 2~3개의 방으로 이루어진 내부면적은 10㎡ 이상이나 되어 주거에 큰 문제가 없었을 것으로 보인다.

발굴내용

장선리 유적의 위치는 충남 공주시 이인면 이인리(利仁里)와 탄천면 장선리·안영리(安永里) 일대에 걸쳐 있다. 공주시 탄천면소재지 동쪽 약 5km 거리에 위치한 천안-논산 간 고속도로 휴게소부지가 장선리 유적이다. 이 가운데 상행선 휴게소부지(2,269평, 7,500㎡)에서는 3기의 고려시대 토광묘도 발굴됐다. 1호 토광묘에서는 청동숟가락(길이 30㎝)이 나왔으며 1호 토광묘와 6m 거리에 있는 2호 토광묘에서는 구슬·청동인장·동전이 출토됐다. 동물 모양의 청동인장은 높이가 3.2㎝이다. 동전 6점과 토제구슬 5개(중앙에 지름 0.1㎝의 구멍이 뚫려있다)가 함께 출토되었다. 3호 토광묘에서는 청자대접·청동대접·토기병·청자접시와 앙연문(仰蓮文) 청자대접·청자잔·청동대접이 나왔다.

이들 유적은 부여와 공주의 중간지역으로 청동기 유적인 부여 송국리(松菊里) 유적과 가까운 거리에 있다. 그래서 송국리 주거지 문화권으로 보고 있다. 남산리·분강 저석리(汾江 楮石里) 유적과 2~5km 범위의 산의리(山儀里)·화정리(花井里)·안영리 유적 등이 분포했다. 그래서 청동기시대 생활유구 및 매장유구와 더불어 백제고분이 집중적으로 분포한 여러 유적을 뭉뚱그려 생각할 필요가 있다.

하행선 휴게소 부지 5,143평(17,000㎡)를 발굴한 결과 청동기시대 주거지와 마한시대 토실유구·수혈주거지·저장공·조선시대 주거지와 토광묘 등이 중복되어 혼재한 사실을 밝혀냈다. 청동기시대 주거지와 저장공·석관묘·옹관묘, 마한시대 토실유구와 수혈주거지·저장공이 중심을 이룬다. 청동기시대 주거지 유구는 평면이 원형인 송국리형 주거지이다. 마한시대 토실을 조성하면서 청동기 유구가 중복되어 파괴된 경우도 많다. 그리고 청동기시대 분묘로는 석관묘 1기와 옹관묘 1기가 나왔다. 청동기시대 주거지 서북쪽 90여 m 거리의 능선 상단부에서는 생활유구와 분묘유구가 분포되었다.

마한시대의 토실·수혈주거지·저장공·기타유구 가운데 주목할 것은 토실유구이다. 토실은 장방형 또는 원형으로 지표면을 수직으로 파내려간 다음 다시 측벽에서 수직으로 파고 내려가 토실을 별도로 만들거나, 토실 가장자리를 다시 파내려가 3단으로 만든 형태가 있다.

장선리 유적은 천안-논산 간 고속도로 하행선 휴게소가 중심을 이룬다. 이 유적에서는 청동기시대 주거지 4기·저장공 35기·석관묘 1기·옹관묘 1기·마한시대 토실유구 39기·수혈주거지 6기·저장공 25기 및 기타 유구·조선시대 주거지 1기·토광묘 1기 등이 발굴되었다. 1m 이상의 두께로 이루어진 토실에는 2~3개의 방이 딸렸고, 서로 연결되었다. 그동안 알려진 주거지 구조와는 전혀 다른 형태이다.

청동기시대

① 청동기시대 석관묘 : 생활유구로부터 서쪽으로 약 90m 거리에서 확인됐다. 덮개돌은 없었고, 네 벽면과 바닥을 확인하는데 그쳤다. 회색 및 적갈색 사질토를 채운 내부는 북동-남서방향에 길이 75㎝, 너비 40㎝ 규모이다. 판석을 세워 석관을 만들었다. 바닥에는 무문토기편을 깔았다.

② 청동기시대 옹관묘 : 송국리형 옹관묘로 평저형의 옹관 바닥에는 직경 2.2㎝의 구멍이 뚫렸다. 없어진 상태로 발굴된 구연부는 옹관 안쪽에는 지두흔이

보이고, 기벽은 얇고 태토는 모래가 많이 섞인 거친 점토였다. 잔존높이는 25.1 ㎝이고 바닥지름(저경)은 9㎝였다.

③ 청동기시대 주거지 : 1호부터 4호까지 모두 4기의 주거지를 조사했다. 주거지는 모두 평면이 원형인 송국리형 주거지로 중앙에는 타원형의 구덩이가 있다. 구덩이 양쪽으로는 주공이 하나씩 배치되었다. 1호 주거지에서는 직경 520 ㎝의 유구선을 확인했다. 2호 주거지 북쪽 2m 거리의 3호 주거지를 포함한 이들 세 주거지는 삼각형을 이루었다. 지표하 60㎝ 깊이에서 나타난 주거지 바닥에서는 청동기시대 저장공 11호 · 12호 · 13호가 중복돼 있었다.

이 1호 주거지에서는 발형무문토기구연부와 동체편 · 저부편 및 마연토기구연부편 · 저부편 · 유경식 석촉 · 석검편 · 반월형 석도편 · 석부 · 용도 불명의 석기와 지석 · 석도편 등이 출토됐다. 2호 주거지 내부 바닥에서는 무문토기구연부와 저부편, 마연토기구연부와 더불어 반월형 석도편 · 석부 등이 나왔다. 3호 주거지는 청동기시대 저장공이나 마한시대 저장공과 같은 유구가 복잡하게 중첩되어 청동기시대 주거지의 원형은 많이 파괴된 상태였다. 지름 650㎝(깊이 35㎝)의 원형을 이룬 3호 주거지 내부에는 청동기시대 저장공이 여러 개 조성돼 있었다.

그리고 황갈색의 평저형 발형무문토기(바닥 중앙에는 직경 2.5㎝의 구멍이 뚫려 있다)가 구연부 일부가 파손된 채 3호 주거지에서 출토됐다. 복원결과 구경 10.3㎝, 높이 11.7㎝, 기벽두께 0.8㎝, 바닥지름 6㎝였다. 무문토기저부편 · 반월형석도편 · 석기 · 석촉편 등이 함께 출토됐다. 4호 주거지(직경 600㎝, 북벽 깊이 12㎝)는 3호 주거지 동남쪽 1m 거리에 인접해 있었다. 주거지보다 후대에 조성한 청동기시대 저장공 25호 · 2호 수혈유구가 주거지 내에 중첩되었다. 무문토기(평저, 적갈색) 저부편과 유엽형 석촉(천마암제) · 갈판(사암제) 등의 유물이 나왔다.

④ 청동기시대 원형 저장공 : 이외에 35개의 원형 저장공이 능선 정상부에 고

루 분포되었다. 저장공은 넓이 1~1.8m에 깊이는 20㎝ 이상 1m였다. 주거지 내부 또는 주거지 주변에 분포했다.

이들 청동기시대 유구에서 출토된 유물은 토기류 총 126점·석기류 37점·토제 방추차 1점 등이

토실 내부에서 상부를 본 모습(충남발전연구원)

다. 지표에서 채집한 토기는 22점·석기류 22점이었다. 토기는 무문토기와 적색 마연토기로 대별되었다. 무문토기는 옹관을 포함해 104점이다(주거지 출토 토기가 31점·저장공 출토품 54점·기타유구 출토품 19점). 적색 마연토기는 모두 22점이 나왔다. 석기는 석촉 7점·석검 2점·석부 6점·지석 6점·기타 10점으로 총 37점이 출토됐다.

2호 주거지 바닥에서 출토된 숯을 방사성탄소연대로 분석한 결과 장선리 유적은 청동기시대 유구의 절대연대는 2,563±3년이고, 중심연대는 B.C. 560년으로 확인되었다. 이는 B.C. 7~6세기에 해당한다.

마한시대

마한시대 유구로는 토실 39기 외에 수혈주거지 6기·저장공 25기·야외노지 3기·횡혈묘 1기가 확인됐다. 수혈주거지의 주공 이외의 내부시설로는 한두 개의 노지시설이 있다. 이들 노지는 벽면에 붙여서 설치했기 때문에 취사용으로 보인다. 심발형토기나 장란형토기 두 개를 한 세트로 거꾸로 박아 노지로 이용했다.

노지 외에 주거지 안에 벽구가 마련된 것은 3호 주거지가 유일하다. 3호 주거

지는 네 개의 주공이 서로 대칭으로 배치되어 움집으로 '凸'자형 또는 '呂'자형 주거지와는 다른 형태이다. 이러한 형식의 주거지는 안성천 이남지역에 집중적으로 분포하는 것으로 알려져 있다.

마한시대 유구에서 출토된 유물은 총 526점이다. 이 가운데 토실유구에서 나온 유물은 310점이다. 그 외의 주거지에서는 41점의 유물이 나왔다. 그리고 저장공 25기에서 나온 유물은 153점이고, 기타유구 출토유물 22점이 있다. 유물 526점 중 500점(95.1%)이 토기류이고 석기는 25점(4.7%)·철기 1점(0.2%)으로 토기류가 유물의 대부분을 차지하고 있다. 토실유구에서 나온 310점의 유물 가운데 토기류는 296점·석기류 13점·철기류가 1점이다. 토기류는 연질소성이 210점으로 경질소성(86점) 토기의 2.4배나 된다.

주거지와 저장공 및 유구에서는 216점의 유물이 나왔다. 이 중 203점이 토기류이다. 연질소성 토기(147점)가 경질소성(56점)의 2.6배를 차지하고, 이외에도 석기류 12점·토제구슬 1점이 있다. 전체적인 기형을 알 수 있는 완형토기는 발형토기 6점·장란형 토기 1점·주구토기 1점·양이부호 1점·완형토기 5점이다.

연질토기의 기종은 발형토기·완형토기·호형토기·옹형토기·장란형토기·주구토기·시루·양이부호 등이다. 발형토기는 61점이 출토됐다. 토실유구에서 33점·주거지에서 8점·저장공에서 17점 그리고 기타 유구에서 3점이 출토됐다. 완형토기는 횡혈묘에서 1점이 나왔고, 호형토기는 토실유구(22점)·주거지(3점)·저장공(5점) 등에서 30점이 나왔다. 옹형토기는 토실유구(10점)·주거지(1점)·저장공(2점)에서 총 13점이 나왔고, 장란형 토기는 28점(토실유구 12점·6호 주거지 3점·저장공 5점·기타유구 8점)이 출토됐다. 주구토기는 11점(토실 7점·주거지 2점·저장공 1점·기타 유구 1점)이 나왔다. 시루는 8점(토실 3점·주거지 1점·저장공 3점·기타유구 1점)이 출토됐으나 완형은 없다. 양이부호도 복원완형품 1점이 있다.

출토 토기류(충남발전연구원)

경질토기의 기종으로는 완형토기 · 호형토기 · 옹형토기 · 이중구연토기 등이 있다. 완형토기는 9점이 조각으로 확인됐고, 이중구연토기는 구연부편 1점이 나왔다. 호형토기는 21점 · 옹형토기는 조각 형태로 7점이 나왔다.

이들 토기는 발형토기의 경우 원삼국시대 3기(A.D. 200~250)의 것으로 보았다. 격자문 심발형 토기는 350~400년대의 것으로 보인다. 격자문 장란형 토기는 3세기 후반 이후 4세기 중반 이전의 것으로 추정되었다. 또한 격자문 심발형 토기와 장란형 토기가 함께 출토된 2호 토실과 21호 토실에서 나온 숯을 방사성탄소연대측정으로 조사한 연대는 2호가 A.D. 320년, 21호 토실은 A.D. 270년으로 나와 유물의 편년과 일치하는 것으로 보고 있다.

지금까지 전국에서 발굴한 삼국시대 집자리는 수혈주거지이다. 이 때까지의 가장 일반적인 주거형태가 수혈주거지인데, 장선리에서 나온 유구는 이들 보편적인 주거형태와는 다른 구조이다. 장선리의 토실과 수혈주거지가 동시에 존재한 이유는 아직 밝히지 못하고 있다. 이와 유사한 주거형태는 동북아시아의 고대 민족의 주거지에서도 찾아볼 수 있다. 따라서 이들 종족의 일부가 남하해 정착하면서 나타난 형식으로도 볼 수 있으나, 내부에서 나온 유물은 여타 지역의 마한 유물과 차이가 없는 것이 문제로 지적되었다. 이와 관련해서 A.D. 280~290년 사이 10년 동안은 극심한 추위가 닥쳐 이 시기에만 유행한 주거형태로 보는 견해도 있다. 역사시대에도 매우 혹심한 추위가 찾아오는 소빙하기가 여러 번 있었다. 따라서 토실은 3세기 말에 찾아온 소빙하기 때 일시적으로 나타났다가 사라진 주거형태로 보는 근거가 될 수도 있다.

실제로 2001년 2월 1일 오후 2시와 4시, 5시의 외부온도가 1℃, -1℃, -2℃였을 때 내부온도는 일정하게 6℃를 유지했다는 발굴팀의 조사결과(장선리 21호 토실유구 기온변화)도 제시되었다.

그러나 문제는 이들 토실과 함께 6기의 수혈주거지가 이 유적 전체에서 조사됐다는 점이다. 20~50㎝ 가량 바닥을 파고 내려가 수혈 안에 주거지를 마련하고 노지·벽구시설·주공을 배치한 한 흔적을 확인했다. 이 수혈주거지와 토실이 동시에 존재하는 이유에 대한 해명이 이루어지지 않고 있다.

그렇다면 토실은 왜 장선리와 그 일대에만 집중적으로 나타나고, 기타 한강이남의 다른 지역에서는 거의 발견되지 않는가 하는 문제가 의문으로 남는다.

한편 2호·37호·39호를 제외하고는 토실유구에서 노지가 확인되지 않았다. 장선리 유적에서는 3개의 야외노지가 확인되었는데, 토실 내에 노지가 없는 경우 야외(옥외)에서 취사를 했을 것으로 추정하고 있다.

이들 토실에 대해서는 발굴자나 관련 학자들은 유형에 따라 다섯 가지로 구분했다(출입부와 주실·외실과 주실·출입부와 주실 및 부실 등으로 구분). 토실에 관한 첫 기록은 삼국지(三國志) 위지(魏志) 동이전(東夷傳) 한조(韓條)나 후한서(後漢書)·진서(晋書) 등에 나온다.

1. …居處作草屋土室 形如冢 其戶在上 舉家共在中 無長幼男女之別…(三國志 魏書 烏丸鮮卑東夷傳 30 韓傳 馬韓條).

2. …作土室 形如冢 開戶在上…(後漢書 東夷列傳 韓傳)

이들 기록에 나타난 草屋土室의 草屋은 짚이나 풀로 덮은 집이다. 土室은 흙방으로 해석해 하나의 주거지로 파악하거나, 開戶在上 其戶在上을 근거로 문(戶)을 위에 낸 집인만큼 모양이 무덤과 같아 위에서 사다리를 타고 내려간 A.D. 1세기의 수혈주거지(수혈깊이 40~100㎝)로 보는 견해도 있다. 어쨌든 토실에서 온 집안 식구가 함께 살기 때문에 장유(長幼)와 남녀의 구별이 없었다는 기록이 전하는 것이다.

形如塚이라고 한 사실에서 塚은 봉분이 있는 무덤의 형태이다. 그리고 開戶 在上이라 했으니, 출입구가 위에 난 구조를 이르는 말이기도 하다. 토실 내부는 방형 또는 장방형의 수혈 외실과 기타 1~3개의 토실로 이루어졌고, 토실의 평 면도 타원형이다. 천정은 궁륭형이고, 토실 상부는 수혈의 움과 같은 형태였을 것으로 추정한다. 이러한 형태의 혈거는 읍루(挹婁)·숙신(肅愼)·말갈(靺鞨) 등 송화강(松花江) 중·하류역에 이르는 지역에 흑룡강 하류에 사는 사람들의 주거형태로 볼 수도 있다. 그러나 유물은 마한적 색체를 띠어 해석상의 혼란이 뒤따른다. 좀더 많은 사례가 나타나 자료가 축적되었을 때 이들 토실의 사용자 와 마한인과의 관계, 마한인과 백제인의 관계가 해명될 것이다.

공주 수촌리 백제고분군

 2003년 말~2004년 봄 국내 고고학계의 최대성과는 공주 수촌리 백제고분 발굴 결과였다고 할 수 있다. 충남 공주시 의당면 수촌리 백제고분군에서 금동관모와 금동신발·금동제 허리띠(과대)·등자와 재갈 같은 마구류 등 많은 유물이 쏟아져 나왔다. 그래서 이를 근거로 5세기 백제의 통치 영역과 중앙과 지방의 세력 관계 등을 가늠할 수 있게 되었다. 이는 백제사 연구에 새로운 전기를 마련하는 계기로도 작용했다. 따라서 수촌리 발굴을 무령왕릉 발굴에 버금가는 일로 평가되었다. 금동관모와 금동신발·환두대도 및 금제귀걸이 등이 추가로 발굴된 1호분은 6기의 수촌리 고분 가운데 가장 신분이 높은 인물의 무덤으로 짐작했다. 특히 토광목곽묘인 1호분에서는 1m 길이의 살포(2점)가 나와 이 무덤의 주인공의 위상에 대한 문제가 제기되었다. 발굴 주체인 충남발전연구원 부설 충남역사문화연구소는 살포는 본래 논의 물꼬를 트는데 사용되는 농기구의 하나이지만, 피장자의 신분을 나타낸 의례용이었을 것으로 추정했다. 또한 금동허리띠는 하트모양의 장식이 줄지어 나온 점으로 미루어 소재는 가죽이었을 것이다. 백제시대의 허리띠는 지난 1971년 공주 무령왕릉에서 2점이 출토되었고, 서울 몽촌토성과 풍납토성에서도 일부분을 확인한 바 있다. 그래서 수촌리 고분에서 나온 금동허리띠는 백제시대 것으로는 네 번째 출토품인 것이다.
 또한 수촌리 초기 철기시대 토광묘 한 군데서는 세형동검을 비롯 청동제품 5

수촌리 발굴 현장(충남역사문화원)

점과 원형 점토대토기 및 흑도 장경호가 출토되었다. 이들 청동유물은 토광 중앙부 북쪽벽에서 출토되었으며 2점은 서쪽벽에서 발견되었다. 세형동검 외에도 창이나 끌·철부(도끼)·작은 칼 등의 유물도 함께 나왔다. 만약 수촌리에서 백제고분이 출토되지 않았다면, 이들 초기 철기시대 청동유물만으로도 크게 주목을 받았을 것이다.

무령왕릉보다 100여 년이나 앞선 4세기 말 이후 5세기에 조성한 이 수촌리 고분군에서 쏟아져 나온 유물은 화려했다. 한성백제의 왕에 버금가는 강력한 토착세력이 공주 수촌리에 존재한 사실을 시사하는 것이라고 할 수 있다. 그간 학계에서는 초기 한성백제의 강역과 영향력이 경기도 안성일대에 머물렀고, 공주지역까지는 미치지 못했을 것이라고 보았다. 그러나 이들 실물이 출토됨으로써 백제는 이미 4세기에 공주 금강권으로까지 세력을 확장한 가운데 강력한 토착세력과 유대관계를 맺은 것으로 보인다. 금동제의 다양한 유물들이 이같은 사실을 입증하고 있다. 유개사이호를 비롯 중국제의 도자기류는 원주 법천리나 청주지역에서도 발견되는 점으로 미루어 한성백제의 공주 천도 이전에 이미 공주지역에는 강력한 토착세력이 형성되었을 것으로 추정되기는 했다. 그러나 실물이 출토되지 않아 드러내놓고 거론할 수 없는 실정이었다. 수촌리에서 발굴된 고분군은 한성백제의 중심지역에서 나타나는 묘제와는 다르다. 왕에 버금가는 세력과 지위가 아니면 사용할 수 없는 금동제 유물이 대량 출토되었던 것이다.

충남발전연구원 부설 충남역사문화연구원의 수촌리 고분 발굴은 공주시가 추진 중인 의당농공단지 조성 예정부지에 대한 문화재보호법상에 따라 사전 조사로 이루어졌다. 지표조사 및 시굴조사 결과를 바탕으로 그동안 공단 예정부지의 중앙에 위치한 수촌리 유적 I 지점 1,000평 범위와 남쪽 경계지역인 유적 II 지점 300평에 대한 조사가 먼저 진행되었다. 유적 I 지점에서는 청동기시대 주거지 1기 · 초기 철기시대 토광묘 1기 · 백제시대 토광묘 5기 · 방형 주거지 1기 · 원형 수혈유구 1기 · 백제시대~통일신라시대 석곽묘 12기 · 고려시대~조선시대 토광묘 13기 등의 다양한 시대의 유적이 확인되었다.

이 중 초기 철기시대의 토광묘 규모는 장축 276cm · 단축 102cm · 잔존깊이 120cm였다. 내부에서는 세형 동검과 동검 손잡이 끝장식인 검파두식 그리고 나무에 구멍을 파거나 다듬는데 사용한 끌인 동착 등 청동유물 5점이 나왔다. 그리고 단면원형점토대토기 · 흑도 장경호 2점이 발굴되었다. 청동기가 이처럼 세트를 갖춰 나온 것은 매우 이례적인 현상이다. 이들 청동기의 제작연대는 대략 B.C. 3세기로 추정하고 있다.

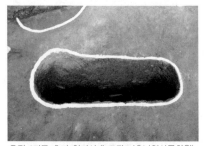

유적 1지구 초기 철기시대 토광묘(충남역사문화원)

특히 I지점의 능선 전체에서는 토광묘 5기와 석곽묘 12기가 확인되었다. 토광묘는 고려시대와 조선시대 것이 혼재했으나, 여기에선 출토된 유물이 없다. 따라서 이들이 조성된 정확한 시대를 가늠하기 어려운 형편이다. 백제시대와 통일신라시대의 양식이 함께 보이는 석곽묘는 훼손이 심한 상태다. 그러나 출토유물로 미루어 볼 때 등고선과 나란한 무덤은 백제시대의 것이 분명하고, 등고선 방향과 직교(直交)하는 무덤은 통일신라시대의 것으로 보인다.

유적 II지점에서는 백제시대의 분묘 6기가 확인되었다. 무덤 구덩이를 파고, 그 안에 나무관을 추가로 안치한 대형 토광목곽묘 2기 · 무덤방 입구를 갖춘 횡혈식석실분 2기 · 별다른 입구가 없이 현실을 돌로 만든 횡구식석실분 1기, 그리고 수혈식석곽묘 1기가 드러났다. 유물은 금동관모 2점 · 금동신발 3쌍 · 중국제 흑유도기 3점 · 중국제 청자 2점 · 금동허리띠 1점 · 환두대도 3점 · 호등 및 재갈 등의 마구류와 같은 중요 유물이 출토되었다. 이외에도 많은 양의 백제토기와 철제 유물이 나와 한성백제의 공주 천도 직전상황을 보다 소상하게 짐작할 수 있게 되었다. 이는 사료부족으로 어려움을 겪던 백제사를 다시 쓸 정도로 많은 정보를 쏟아낸 것이다.

특히 1호 토광목곽묘에서는 백제시대 금동허리띠가 나와 주목을 끈다. 지금까지 금동허리띠 유물은 1971년 공주 무령왕릉에서 출토된 2점이 완전한 형태로 출토되었을 뿐 풍납토성과 몽촌토성에서는 일부만을 실물로 확인한 상태이다. 이 때문에 수촌리 출토 금동허리띠는 백제사 연구에 그만큼 가치가 높다. 수촌리에서 출토된 금동허리띠는 많은 부분이 부식되었지만, 하트모양의 장식물이 줄을 지어 매달렸다.

1호분에서는 1m 정도 길이의 철로 만든 살포가 발견되었다. 살포는 물꼬를 트는데 사용하는 농기구의 일종이지만, 1호분에서 출토된 이 유물은 피장자의 신분을 표시하기 위한 의례용으로 추정되었다.

1호분은 유적 II지구에서 발견된 6기의 분묘 가운데에서 신분이 가장 높은 인물이 묻힌 무덤으로 추정하고 있다. 그 이유는 금동관모·금동신발·금제 귀걸이·환두대도·중국제 자기류 등 최고급의 다양한 유물들이 대량 출토되었기 때문이다.

2호분에서는 금동제 귀걸이 한 쌍이 출토되었다. 여기서 함께 나온 구슬목걸이는 당시 여성들의 머리모양을 엿볼 수 있는 유물이다. 그래서 백제의 복식 추정에도 도움이 될 것으로 보인다. 이 무덤은 1호분 피장자의 부인 묘로 추정된다. 2지구의 수촌리 고분 6기는 시계반대방향으로 돌아가면서 축조되었으며 무덤 형태로만 보면 4세기 후반 이후 5세기 중반에 걸쳐 조성한 가족의 집단 무덤으로 여기고 있다.

3호분에서 출토된 호등은 백제유물로는 처음 선보인 것이어서 상당한 의미를 갖는다. 이와 함께 나온 재갈 등 마구류도 수촌리 발굴의 성과와 가치를 더해주는 유물이다.

1호 토광묘 환두대도 노출모습
(충남역사문화원)

이들 유물은 대부분 흙 속에 묻힌 상태로 발굴되었다. 그래서 고분의 보존 상태는 비교적 양호했고, 일부 사람의 뼈는 눈으로 확인할 수 있을 정도였다. 더구나 금동신발 안에서는 피장자의 발가락뼈가 일부 남아 금동신발이나 금동관모 따위의 금동제유물은 단순한 의례용이 아니라, 실제 사용한 물건임을 알 수 있게 되었다.

발굴 주체인 충남발전연구원 측 역시 수촌리 고분군을 한 집안의 가묘(家墓)로 보고 있다. 3기의 무덤에서 높은 지위의 사람들이 사용한 것으로 보이는 환두대도와 금동신발이 나왔고, 2기에서는 금동칼과 말 재갈이 출토되어 이들 고분은 남자의 무덤이 분명했다. 그리고 나머지 1기의 무덤에선 목걸이와 옥 귀고리가 나와 피장자는 여자였을 것으로 추측하고 있다. 더구나 단일 유적에서 금동신발 및 금동관모가 다량으로 처음 출토되었다는 사실에 주목하고 있다.

수촌리 백제고분에서 출토된 유물 가운데 고분의 시기와 유물 연대의 절대적인 척도가 되는 중국제 도자기들은 중국 동진(東晉, 서기 317년~419년)시대의 것들이다. 그래서 고고학계는 수촌리 고분군의 조성 시기를 서기 4~5세기로 보았다. 이 시기는 백제의 웅진 천도 이전에 해당한다. 그래서 웅진 천도 이전의 백제사연구에 큰 역할을 할 것으로 기대했다.

수촌리 백제 무덤의 주인공들은 한성백제기의 공주 토착세력으로서 중국과 직접 교류를 했을 것으로 보기는 어렵다. 그래서 학계는 백제의 중앙정부가 중국 도자기 등 진귀한 물건을 금동제품과 함께 공주의 토착세력에게 하사하면서, 이 지역을 간접 지배한 것으로 보고 있다. 금동관과 금동 신발·고급 장신구가 쏟아져 나온 이 고분들은 왕에 버금가는 지역 토착 지배계급의 무덤이기는 하다. 그러나 이 지방 세력들이 중국에서 직접 도자기를 들여왔을 리가 없다. 그래서 한성에서 이 지역 토착 지배세력에게 보낸 하사품으로 봐야 한다는 것이 일반적인 견해인 것이다.

이는 중폐비사(重幣卑辭)로써 지방의 호족세력을 중앙의 정치력 안으로 포섭한 고려 왕건의 경우와 흡사하다. 한성백제가 당시 마한을 비롯한 지방의 수장급 집단들을 포섭했다는 사실을 생각해볼 수 있다. 이 고분의 주인공들을 백제 수도인 한성에 기반을 둔 중앙의 집권층이 아닌 공주지역의 정치세력으로 보는 것이다. 금동관모·금동신발·중국제 도자류 등 고분군에서 발견된 유물들은 중앙에서 파견된 귀족들이 사용하다가 부장품으로 묻은 것일 수도 있기는 하다. 그러나 한성에서 파견된 지배층이 웅진 현지에 무덤을 쓸 가능성이 거의 없다는 점에서 공주지역의 유력한 정치세력의 무덤으로 보는 것이다.

이 수촌리 발굴에서 짐작되는 상황은 한성백제기의 영역문제이다. 이를 다시 말하면, 백제의 정치적 영향력이 현재의 서울 · 경기 · 충남 천안시 정도에 미쳤을 것으로 보았던 그동안의 고고학적 통념을 넘어 금강 이북인 충남권까지 확장되었다는 점이다.

지금까지 고고학계는 기존의 백제유적과 유물이 발견된 원주 · 천안 · 청원지역까지를 백제의 정치적 영향력이 미친 지역으로 보았다. 그래서 한성백제가 공주지역에서 정치적 영향력을 행사하지 못했던 것으로 추정했다. 그러나 수촌리 발굴에서 왕 혹은 최고 지배층이 사용하던 금동관이 발견되어 한성백제(서기 전 18년~서기 475년)가 이 시기에 이미 공주지역으로까지 국가적 영향력을 넓히기 시작했다는 점에서, 한성백제의 공주 지배력을 인정해야 한다는 것이다.

삼국사기에는 초기 백제의 영역을 다음과 같이 기록하고 있다.

"한산 아래로 나아가 목책을 세우고, 위례성의 민가들을 옮겼다. 8월에 사신을 마한에 보내 도읍을 옮긴 것을 알리고 마침내 강역을 구획하여 정하였다. 이때 북쪽으로는 패하에 이르렀고, 남쪽으로는 웅천을 경계로 하였다. 그리고 서쪽으로는 큰 바다에 막혔고, 동쪽으로는 주양(走壤)에 이르렀다."

이제까지 학계에서는 남쪽의 경계인 웅천(熊川)을 경기도 안성지역일 것으로 추정해 왔다. 그러나 수촌리 고분 발굴을 계기로 금강변의 공주를 웅천으로 보는 것이 타당하다는 쪽으로 의견이 기울었다. 이에 따라 『삼국사기』의 기록은 사실과 부합하고, 『삼국사기』의 4세기 이전 기록 역시 신뢰할만한 자료로 평가하게 되었다.

그리고 수촌리 고분군의 발견은 그동안 추정한 토착세력의 실체 확인이기도 했다. 이에 무덤의 주인공들이 백제의 지방통치 조직이었던 담로였을 가능성도 제기되었다. 담로에 대한 우리 측의 기록은 거의 없다. 그러나 중국 기록에는 백제에서 왕의 자제나 종족을 22개 지역에 파견 통치하는 담로제를 시행했다는 내용이 나온다. 왕족이나 그에 버금가는 세력가가 사용했을 금동관이나 금동신발과 같은 위세품은 무덤의 주인공이 지방 지배를 위해 중앙에서 파견된 왕족일 수도 있다는 얘기다.

서기 475년 장수왕이 이끄는 고구려 30,000대군의 공격으로 백제 개로왕이 피살되어 수도 한성까지 함락된 후 백제는 웅진으로 도읍을 옮긴다. 그런데 이 배경을 수촌리 출토유물에서 찾으려는 것이 학계의 반응이다. 수촌리 고분군은 백제가 웅진시대를 열기 이전부터 강력한 정치세력이 이미 공주지역에 존재했음을 알려주는 증거이다. 중앙의 정치세력과 이전부터 상당한 유대를 쌓아온 웅진세력이 멀리 존재했기 때문에 고구려를 피해 황급히 남쪽으로 천도를 단행할 수 있었을 것이다.

지금까지 백제의 웅진 천도 이유를 방어에 적합한 여건에서 찾았다. 그러나 수촌리 발굴을 계기로 백제 왕실과 이 지역 토착세력과의 긴밀한 인연이 천도가 신속하게 이루어진 배경으로 추정하게 되었다. 물론 수촌리에 고분군을 축조한 웅진지역의 토착 정치세력이 과연 천도 이후에도 백제사회에서 어떤 역할을 했는지를 가리기는 아직 어렵다. 그러나 이들이 백제 왕권이 웅진에서 재도약하는데 어떤 식으로든 협조를 했으리라는 추정은 어렵지 않다.

기존의 공주유적이 대부분 금강 남쪽에 위치한데 비해 수촌리 발굴지역은 금강 북쪽이다. 이같은 점에서 백제가 금강 남쪽으로 진출하기까지는 상당한 시간이 걸렸을 것이라는 추정도 가능하다. 이는 백제 왕실과는 다른 현지 세력의 존재를 주장하는 점이기도 하다. 이같은 측면에서 무령왕릉 출토 매지권에서 짐작되는 백제 중앙정부와 금강 이남의 공주 토착세력 사이의 타협이나 융화과정을 상정해볼 수도 있을 것이다. 금강 북쪽에는 방어를 위한 산성만이 존재한 것으로 여겼던 것과는 달리 수촌리 유적은 이 지역의 강력한 세력관이 존재했다는 사실을 일깨웠다. 그래서 이들 지방세력이 이미 중앙 관료제에 편제된 상태로 가정한 견해도 나왔다.

수촌리 2지구에서 발굴한 고분은 모두 6기이지만, 이 일대에 수 백기의 고분이 더 있을 가능성도 없지는 않다. 상당히 넓은 지역에 걸쳐 지방 정치세력의 취락지가 공주 강북지역에서 나타날 확률도 높다고 보는 견해 역시 이와 같은 배경에서 나온 것이다.

수촌리 2지구 백제고분 발굴성과

백제시대 공주지방 최고지배층의 무덤에서 1971년 무령왕릉 발굴한 이후 35년만에 가장 많은 유물을 쏟아내 학계의 관심을 집중시킨 수촌리 유적은 충남역사문화원이 2003년 12월부터 조사에 착수했다. 그 결과 4세기 말~5세기 초의 목곽묘·수혈식석곽묘·횡혈식석실묘 등 다양한 묘제와 매우 흥미로운 유물들이 확인되어 백제사 복원에 새로운 전기가 마련되었다.

수촌리 유적 1지구와 2지구 가운데, 1지구는 초기 철기시대 무덤과 백제시대 석곽묘로 구성되었다. 그리고 2지구는 백제 토광묘 및 석실분이 주류를 이루었다. 대략 3세기에 조성된 것으로 추정되는 1지구에서는 청동검·세형동검·청동도끼·청동착(끌) 등의 유물이 나와 이들 유물 자체만으로도 학계의 주목을 끌기에 충분했다. 그러나 2지구의 백제시대 토광묘와 석실분 5기에서 나온 화려한 금동유물과 살포 따위의 철제품은 1지구를 능가했다.

2지구의 1호 토광묘와 2호 토광묘는 남성과 여성의 부부묘로 추정하고 있다. 금동관모·금동식리·금제이식·환두대도·금동과

1호 토광묘 출토 청동기(충남역사문화원)

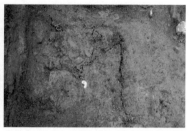

유적 2지구 1호 토광묘 출토 관모 및 금제이식
(충남역사문화원)

유적 2지구 2호 토광묘 출토 목걸이(충남역사문
화원)

1호 토광묘 곽내 부장유물 출토상태
(충남역사문화원)

1호 토광묘 출토 토기(충남역사문
화원)

1호 토광묘 출토 중국제
청자 유개사이호(충남역
사문화원)

대·중국제 사이호가 출토된 1호 토광묘 피장자의 두향은 북침 상태였다. 2호
토광묘는 금제이식·목걸이(옥)·머리장식 등이 나와 여성의 무덤(북침)으로
보았다.

2호 토광묘 동쪽 1m 거리에 있는 3호 석곽묘는 지하에 묘광을 파고 그 안에
할석을 쌓아 묘실을 만든 횡구식석곽묘이다(길이 520㎝·너비 280㎝). 석실 안
에서 금동식리·환두대도·철모·호등·재갈·교구 및 광구장경호·광구호·
직구호·단경호·양이부호·유개파배·꺾쇠·관정이 출토됐다. 동북쪽 단벽
가까이서 금동식리가 나와 서남쪽에 머리를 둔 남자묘로 추정되었다. 4호 석실
분은 3호 횡구식석곽묘에서 동북방향 6m 거리에 있다.

4호분은 지하에 토광을 파고 그 안에 석실을 만든 횡혈식석실분이다. 묘도를

3호 석실분 금동신발 노출 모습(충남
역사문화원)

3호 석곽묘 출토 합(충남역사
문화원)

3호 석실분 출토 토기(충
남역사문화원)

포함한 전체길이는 664㎝. 묘광은 길이 540
㎝에 너비는 440㎝였다. 묘광 남쪽에 연도와
묘도가 딸렸다(길이 120㎝, 너비 190㎝). 할
석으로 묘실을 쌓았고, 바닥에는 강자갈을
깔았다. 안에서 길이 264㎝, 너비 116㎝의

3호 석실분 토기 출토 모습(충남역사문
화원)

중국 동진시대의 계수호(충남역사문화원)

관 대 (棺
臺)가 확인됐다. 관대의 재질은 주목(朱木)이
었다. 관대 위에서는 금동관모·금동식리·
금동과대·청자잔·유리구슬·중국제 흑갈
유양이부병·광구장경호 등이 나왔다. 관대
와 벽면 사이에서는 중국제 계수호·흑갈유
토기·살포·등자·재갈·교구·기대·직
구단경호·유개합·대형옹·꺾쇠·관정 등
이 발견되었다.

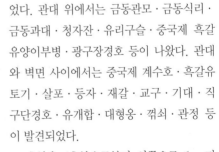

토광묘에서 출토된 기대(충남역사문화원)

　5호분은 4호분으로부터 서쪽으로 6m 가
량 떨어져 있다. 횡혈식석실분으로 4호분과
마찬가지로 지하에 묘광을 파고, 그 안에 할

석으로 묘실을 만들었다. 묘광은 남북방향 길이가 500cm, 동서 너비는 440cm이다. 남벽쪽에 연도와 묘도를 만들기 위하여 가로 170cm, 세로 190cm의 묘광을 두었다. 묘도부를 포함한 묘광의 길이는 680cm이다. 손바닥 크기의 할석을 깐 묘실 바닥에서는 금제이식·관옥·등자·재갈·교구·유개삼족기·단각고배·광구호·고배·뚜껑·대호·유개파배 등의 토기와 토기편·관정·꺾쇠 등이 수습되었다.

여기서 나타난 특징은 관옥을 둘로 부러뜨려 4호분과 5호분에 각기 한쪽씩 부장했다는 점이다. 그래서 4호분과 5호분은 부부의 무덤이거나, 어떤 친연관계를 가진 이들의 무덤으로 추정했다. 4호분과 5호분은 3m 거리에 근접해 있다.

이처럼 제한된 지역인데도 수촌리 유적 2지구에는 토광목곽묘·횡구식석곽묘·횡혈식석실분 등의 묘제가 섞여 백제 석실분의 변천과정이나 토광묘가 석실분으로 넘어가는 과정 등을 살필 수 있게 되었다.

수촌리 백제고분 출토 금동관

국립부여문화재연구소는 2004년 공주시 의당면 수촌리에서 출토된 유물 가운데 2지구 4호 석실분에서 나온 백제시대 금동관모(金銅冠帽)를 1,600여 년 전의 모습 그대로 되살려냈다. 청동기·철기 및 금제(또는 금동제)·은제 등 수촌리 고분에서 출토된 140여 점의 금속유물을 약 2년간의 보존처리 과정을 거쳐 비로소 그 모습을 밝혔던 것이다.

금동관은 내관과 외관을 완벽하게 갖추었다. 투조와 타출(打出) 기법으로 문양을 섬세하게 표현했다. 그래서 4세기 말~5세기 초 백제의 섬세하고 정교한 세공기술을 그대로 보여 준다.

청동판에 금도금을 입힌 금동관의 외관(外冠)은 띠처럼 머리에 두르는 부분이다. 대륜부(帶輪部)와 이마쪽에 세 갈래의 삼지형(三枝形) 입식(立飾, 세움장

식)을 세워서 붙였다. 대륜부의 폭은 1.6cm이고, 입식은 가로 16.5cm, 세로 23cm
이다. 이 입식에는 용과 물고기 비늘모양의 무늬 및 구름무늬(雲紋)를 여러 군
데에 새겨 화려하고도 생동감 넘치는 분위기를 연출했다.

내관(內冠)은 가로 11.5cm, 세로 15.5cm의 고깔모양이고, 역시 구름무늬를 새
겼다. 아울러 내관의 맨 뒤 끝에는 반구형의 방울이 달린 수발(首鉢) 장식이 붙
어 있다. 이 금동관은 피장자의 머리에 착용한 상태였다. 주목(朱木)으로 만든
관대(棺臺) 위에 관을 안치했던 것으로 밝혀졌다. 금동관은 부식된 이후 흙이
내려앉아 찌그러진 상태로 수습되었다.

백제지역의 금동관은 지금까지 나주시 반남면 신촌리의 신촌리 9호분과 익
산시 웅포면 입점리에서 출토됐다. 그러나 입점리 금동관의 경우 외관이 출토
되지 않아 신촌리 금동관 외관이나 수촌리 금동관과 비교할 수 없다.

이들 두 군데에서 출토된 관모 역시 금동관이다. 입식이 달린 외관 및 관모로
구성된 데다 내관 뒤편에 수발장식이 달려 기본적인 구도는 같다. 그러나 이들
금동관에 새긴 무늬는 주로 두드려 찍는 타출기법으로 제작되었고, 입식이 나
뭇가지형(樹枝形)이었다. 그래서 일정한 문양 디자인을 바탕으로 금동판을 뚫
어서 만드는 투각(透刻) 기법을 바탕으로 어룡문을 타출한 수촌리 금동관과는
다르다. 신촌리 9호분·입점리 출토 금동관의 입식은 나뭇가지형이지만, 수촌
리 금동관 입식은 세 갈래로 갈라졌다.

수촌리 금동관은 금강 이남의 입점리와 반남 신촌리 9호분 출토 금동관과 더
불어 일본 구마모토 현(熊本縣)의 에다후나야마(江田船山) 고분에서 나온 금동
관과도 유사하다. 신촌리 9호분과 입점리에 이어 에다후나야마 고분 출토 금동
관은 양식과 기본 디자인이 너무 흡사하다. 그래서 백제와 왜의 교류는 물론 정
치적 교섭관계 등을 밝힐 귀중한 자료로 평가되었다.

그러나 수촌리 금동관은 이들과 다르다고 보는 의견도 있다. 외관과 내관을
갖춘 고대 관모라는 점에서는 동일하지만, 디자인과 모티브 및 문양에서 큰 차

이를 보이고 있기 때문이다.

토광묘는 초기 철기시대부터 내려온 지방 토착민들의 묘제이다. 한강 하류지역에도 토광묘가 존재하지만, 이들은 수촌리의 토광묘와는 차이가 난다. 신봉동 고분·용원리 고분·두정동 토광묘와 공통점이 보인다. 수촌리의 토광묘는 한성시대 백제 왕도의 외곽에서 나타난 토광묘로 파악된다는 얘기다.

다만 3호 횡구식석곽묘가 4호·5호 횡혈식석실분보다 먼저 조성되었을 것이라는 게 발굴팀의 판단이다. 수촌리 묘제는 토광묘에서 횡구식석곽묘를 거쳐 횡혈식석실분으로 변천했다는 것이다. 그런데 문제는 석실분의 조성시기이다.

횡혈식석실분을 중앙지배층의 무덤으로 보았던 기존의 통설에 대한 반론도 나왔다. 최근 발굴자료를 바탕으로 백제의 횡혈식석실분은 지방에서 먼저 받아들였다는 주장이 제기된 것이다. 그러나 4세기 후반부터 5세기 전반에 이미 백제 고지(古地)에 횡혈식석실분이 등장한 것이 분명하기 때문에 수촌리 석실분도 5세기 전반 이전에 조성되었을 것으로 발굴팀은 결론지은 바 있다. 그런데 여기서 중요한 문제가 제기되었다. 실제 금동관과 함께 묻힌 사람의 신분과 그 출자(出自)에 관한 문제이다

한성백제시대 한성 이외의 지역에서 나오는 석곽묘가 한성백제의 복속지 확장에 따른 것이라면, 석실분은 이들 복속지역에 대한 지배력 강화로 보는 견해가 그것이다. 적석총과 횡혈식석실분은 지배층이 사용하던 중앙의 묘제이고, 나머지는 피지배층인 토착민들의 무덤이라고 보는 게 통설이다.

그렇다면 수촌리 유적의 경우 석실분의 피장자는 누구일까? 중앙에서 파견된 관리인지, 아니면 토착민인지의 문제가 남는다. 여기서 무덤의 피장자와 관련해서 몇 가지 생각해 봐야 할 점이 있다. 먼저 발굴을 주도한 충남역사문화원은 수촌리 고분의 피장자는 중앙에서 파견된 관리라기보다는 지방의 재지세력일 것으로 보았다.

묘제는 다양한데도 매장방식이 동일한 것도 근거의 하나로 제시했다. 4호와

5호 무덤은 부부 무덤으로 횡혈식석실분이 부부 합장 원칙이었는데도 이 지역에서는 각기 따로 쓴 단장묘를 채택했다. 당시 백제사회에서 단장묘는 이질적인 묘제이기 때문에 4호분과 5호분은 일반적인 백제 횡혈식석실고분과 차이가 있다.

토광묘에서의 유물 수습 광경(충남역사문화원)

이는 4호·5호분의 주인공이 중앙에서 파견된 관리가 아니라, 이 지역 토착민이라고 보는 이유이기도 하다. 그런데 이들 무덤에서 나온 금동관모·금동식리·중국제 자기 등 당시 최고의 유물은 수촌리 고분의 피장자들인 이 지역 수장층이 백제의 중앙으로부터 하사받은 위세품이 분명하다. 토광묘에서 석실분으로 바뀌어간 것도 중앙세력과의 관계를 상정할 수 있는 근거인 것이다. 이런 점은 고분군의 피장자를 지방 수장층으로 보는 이유가 되었다.

그러나 여기에도 문제는 있다. 방이동을 비롯 한성백제의 고분에서 출토된 금동관이 아직 정확히 보고된 것이 없다는 점이다. 중앙 한성백제왕이 하사품으로 쓰기 위해 복제한 모조품(Replica)과 이 수촌리 금동관이 어떻게 같고 다른지 밝힐 수 있는 기준이 없는 것이다.

2지구 1~5호 무덤에서는 형태가 동일한 꺾쇠가 출토됐다. 토광묘나 석실분 모두 동일형태의 목곽을 사용했다. 수촌리 횡혈식석실분은 토광묘와 같은 장제로 매장되었다. 이는 비록 두 묘제는 다르지만, 피장자의 출신성분이 같다고 보는 근거가 될 수도 있다. 토광묘를 쓰던 사람들이 횡구식석곽묘·횡혈식석실분같은 새로운 묘제를 받아들였다는 의미이다. 백제에서 횡혈식석실분을 처음으로 받아들인 것은 지방 수장층이라는 견해가 없는 것은 아니다. 이로

1호 토광묘 전경(충남역사문화원)　　　2호 토광묘 전경(충남역사문화원)

미루어 보면, 한성백제 말기에 지방 수장층들이 횡혈식석실분을 먼저 받아들였다가 웅진 천도 후 백제 왕실에서도 수장층의 횡혈식석실분 묘제를 받아들였다는 얘기가 된다.

수촌리 고분이 백제의 웅진 천도 이전에 축조한 것으로 보는 근거 중의 하나는 피장자의 침향(枕向)이다. 무령왕의 침향(枕向)은 남침(南枕)이고, 사비시대는 북침으로 고정된다. 그러나 수촌리 고분의 피장자 침향에는 일정한 원칙이 없다. 1호 · 2호 · 토광묘는 북침인 반면 3호 · 4호 석실분은 남침이다. 또 5호 석실분은 서침으로 제각각이다.

이같은 점 때문에 이들 무덤의 주인공을 백제의 담로세력 또는 백제대왕이 임명한 왕이나 제후급 무덤으로 보는 이들도 있다. 이는 재지세력의 무덤이라고 보는 시각과 다른 의견인데, 수촌리 발굴 책임자들은 여러 정황상 지방 수장급의 가묘(家墓)로 보았다. 무덤 조성시기도 5세기 중반에 못 미친 450년 이전이라는 견해에 다른 이론이 없기를 바란다고 밝힌 바 있다. 웅진 천도 직후에 금동관을 제작한 것으로 본 일부의 견해에 대한 발굴자로서의 입장표현이었던 것이다.

공주 단지리 횡혈묘군

　충남 공주시 서북쪽 7~8㎞ 거리의 우성면 단지리(丹芝里)에서 5세기 말 6세기 초의 유적으로 추정되는 백제시대 횡혈묘(橫穴墓)의 대량 발굴은 백제시대의 묘제 이해에 새로운 길을 열었다. 다양한 묘제가 존재했던 백제사회에 또 다른 새로운 묘제인 횡혈묘가 존재했다는 사실을 알려 준 것이었다.

　우성면 소재지의 단지리와 동대리 일대의 도로건설공사 구간의 발굴은 2002년 시굴조사 때 이미 제기되었다. 그 당시 5개 지구에서 백제시대 석축고분·옹관묘·주거지·통일신라 와요지(瓦窯址) 등이 조사되었기 때문이다. 대전지방국토관리청은 이 지역에 대한 발굴을 (재)충청문화재연구원에 의뢰했다(2004년 2월 24일부터 270일간 19,000여 평). 대전지방국토관리청이 시행한 신풍(新豊)~우성(牛城) 간 도로건설공사에 따른 구제발굴로 진행되었다. 이 지역에 대한 지표조사(2000년 5월 30일~7월 13일)를 바탕으로 시굴조사(2002년 5월 6일~10월 26일)에서 이미 백제시대 석축고분·와관묘(瓦棺墓)·주거지, 통일신라시대 와요지(瓦窯址), 조선시대 토광묘를 확인한 바 있었다. 이에 따라 2004년에는 270일 동안의 본격발굴이 이뤄져 비로소 그 전모가 드러나기 시작했다. 이 발굴은 신풍면에서 우성면까지 다섯 개의 지구(1~5지구)로 나누어 순차적으로 이루어졌는데, 단지리 횡혈묘군은 4지구에 있다. 1지구인 영정리(永井里) 유적으로 여기서는 조선시대 분묘(토광목관묘·회곽묘)가 확인되었다.

단지리 3호 횡혈묘 출토 유물(충청문화재
연구원)

(재)충청문화재연구원이 신풍 – 우성 간
32번 국도건설공사구간 내 성재산 남서편
경사면 일대를 대상으로 한 발굴에서 15기
의 횡혈묘가 나왔다. 어떤 형태로든 고대
한국과 왜(倭)의 교류관계를 증명하는 것
으로 본 이들 횡혈묘에서는 개배(蓋杯)·
소호(小壺)·철제도자(刀子)·철부 및 기타
토기편들이 출토되었다. 부장품으로 출토
된 토기의 제작시기를 5세기 말~6세기 초로 추정했다. 이 시기는 웅진백제의
동성왕~무령왕시대에 해당한다.

발굴결과 및 성과

이들 횡혈묘는 풍화된 화강암 암반층을 밑으로 파 내려간 다음 다시 좌우 횡
(橫)방향 또는 종방향으로 2m 내
외의 현실(玄室)을 마련한 것이 특
징이다. 현실 안에 시신을 넣어 넙
적한 판석으로 입구를 막은 무덤
형태이다. 2004년 횡혈묘가 집중
적으로 발굴된 단지리 횡혈묘군은
신풍 – 우성 간 발굴현장 5개 지구
중 제4지구에 자리했다.

신풍 – 우성 간 5개 지구 유적은
모두 해발 55~65m의 산 정상부
에 주로 분포했다. 유구천이 'U'
자형으로 돌아나가는 우성초등학

횡혈묘가 집중 발
굴된 우성 단지리
4지구 3호 횡혈
묘 묘도부(남서방
향에서 촬영, 충
청문화재연구원)

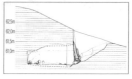

교와 이웃한 3지구(동대리)와는 불과 3~400m 거리이다. 우성면사무소 바로 뒤편인 단지리 가장골이 4지구인데, 여기서 횡혈식 무덤군이 집중적으로 발굴되었다. 그간 횡혈묘가 산발적으로 보고되기는 했지만, 22기나 되는 횡혈묘가 집중적으로 발굴된 적은 없었다. 더구나 단지리 4지구 횡혈묘는 도굴을 당하거나 파괴되지 않아 부장유물이나 인골이 온전하게 남아 있었다. 이에 따라 횡혈묘의 구조와 기타 특징은 물론 축조시기 등이 제대로 밝혀졌다. 그래서 한일 사이의 횡혈묘 기원문제에 대한 실마리를 풀 수 있는 중요한 자료로 평가되었다. 한반도의 횡혈묘와 일본의 횡혈묘는 어디까지나 사람과 문화의 교류를 바탕으로 이루어졌을 것이다.

단지리 횡혈묘는 표토층 바로 아래 묘도부의 평면 윤곽이 선명하게 드러났다. 그러나 오랜 세월 지형이 깎여나간 탓에 분구(墳丘)의 형태는 확인할 수 없었다. 다만 묘의 입구인 묘도부는 경사면 위쪽이 넓고 아래가 좁은 역제형(逆梯形)으로 밝혀졌다. 그러나 입구 상면에 석렬을 두른 묘(19호)가 자리한 점으로 보아 횡혈묘를 조성할 당시에는 묘지의 위치를 표시했던 것으로 짐작됐다. 대부분 현실 천정이 내려앉은 상태였다. 화강암 풍화암반층을 파고 조성한 현실

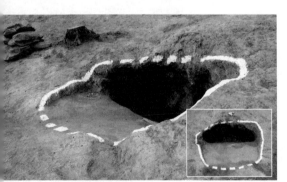

묘도부와 횡혈묘. 단지리 4지구에 집중돼 있다. 4-14호 횡혈묘 묘도부(충청문화재연구원)

바닥에는 모래 또는 모래와 자갈을 함께 깔았다. 그리고 시상(屍床)을 마련한 다음 그 위에 시신을 안치했다. 일부에서는 관에 박았던 못(관정)이 발굴돼 횡혈묘 내에 목관을 넣었던 것으로 보인다.

현실은 대부분 판석으로 막았다. 그러나 10호 횡혈묘의 경우 목판으로 묘를 막았던 흔적

이 확인되었다. 그리고 23호 횡혈묘는 암수 기와로 묘실을 막고, 현실 입구는 장판석 3~4매를 세로 방향으로 막은 다음 판석 1~2매를 덧대어 이중으로 막은 상태였다. 폐쇄석 사이의 빈틈은 작은 할석들로 채워 넣었다.

현실은 입구부보다 10~60cm 낮게 파고 만들었다. 시신 안치 방향에 따라 종장식(縱長式, 16기)과 횡장식(橫長式, 17기)으로 나뉜다. 현실 바닥에는 강자갈을 깔고, 그 위에 시신을 그대로 안치한 것이 대부분이다. 바닥에 강자갈과 모래를 섞어서 깔았거나, 모래만 깐 경우도 있다.

기와로 현실을 막은 23호분의 경우 횡장식횡혈묘로서 암키와 2개를 바닥에 깔고, 네 벽에는 수키와 편을 세워 놓았다.

연도부의 토층과 현실 내의 인골 개체수로 추가장의 흔적을 엿볼 수 있었다. 2호 · 3호 · 4호 · 8호 · 10호 · 19호 · 21호 등 종장식 횡혈묘에는 추가장이 이루어졌고, 현실의 좌측과 우측에 각기 1구씩 2구의 시신을 안치한 것이 보통이다. 그러나 3호 횡혈묘의 경우 성인 4~5구를 먼저 매장한데 이어 나중에 다시 5~6세의 어린이 1구를 추가 매장한 사실이 확인됐다. 즉, 5~6회에 걸쳐 5~6명을 추가장의 형태로 안치한 것이다.

7호묘에서는 완 · 심발형토기 · 병이 나왔다. 그리고 8호묘에서는 방추차 · 병 · 심발형 토기가 출토되었다. 10호묘에서는 1차장 때의 유물인 개 · 삼족배 · 단경호와 추가장 때 넣은 완과 주조철부 등이 있었다. 횡혈묘에 부장한 유물은 소호(小壺) · 개배(蓋杯) · 심발형 토기와 완 · 병 · 방추차 등의 토기류와 더불어 철겸 · 철도자 · 주조철부와 같은 철기(농공구)로 구분된다. 그러나 무기류나 의기(儀器)는 없었다. 이외에 무개고배(2호 출토, 3

단지리 4-3호 인골 노출 상태
(충청문화재연구원)

단지리 4-3호분 출토유물(충청
문화재연구원)

단지리 4-3호(① 묘도부 폐쇄 상태, ② 단지리 4-3호 횡혈묘 폐쇄석 제거 후의 상태, ③ 단지리 4-3호 횡혈식 현실 내부 / 충청문화재연구원)

점)과 광구소호(壙口小壺, 19호 출토)는 횡혈묘 부장유물로는 특이한 것이라고 할 수 있다. 아울러 금동제이식(耳飾)이 2호·8호·21호묘에서 각기 한 쌍씩 출토돼 이들 횡혈묘에 안장된 피장자의 신분을 얼마만큼 파악하게 되었다. 이들 유물 가운데 개배나 삼족기 등의 토기류가 지닌 특징을 감안하면, 횡혈묘가 조성된 시기는 웅진도읍기 전반기였을 것으로 짐작되었다.

횡혈묘가 집중 분포한 이 4지구에서는 15기의 횡혈묘 외에도 석축고분 17기·옹관묘 1기 등 백제시대 분묘군이 발굴되었다. 그리고 수혈주거지 2기와 조선시대 건물지도 나왔다. 그러나 이 백제시대 유적의 주된 무덤형태는 횡혈묘인 것으로 확인됐다.

4지구 중 동쪽 경사면 일대에서는 석축고분 10여 기와 수혈주거지도 나왔다. 15~25도 각도의 경사면에 3~4기씩 모여 있는 이들 횡혈묘군은 대략 3개 구역으로 구분된다.

그러나 이같은 횡혈식묘가 발견된 것은 이번이 처음은 아니다. 이미 지난 1937년 부여 능산리에서 횡혈묘 1기를 조사한데 이어 조사된 사례가 있으며, 2000년에는 공주시 탄천면 안영리(安永里) 새터·신매유적에서 3기가 나왔다. 또 장선리(長善里)에서 1기, 부여

단지리 10호 횡혈묘 출토유물(충청문화재연구원)

정동리(井洞里) 유적에서도 횡혈묘로 추정되는 묘가 확인된 바 있다. 그러나 모두 잔존상태가 좋지 않았고, 부장유물도 없었다. 이에 조성 시기도 밝혀지지 않아 일본에서 발굴한 횡혈묘와의 상호 비교·연구에도 한계가 뒤따랐다.

단지리 9호 횡혈묘 출토유물(충청문화재연구원)

단지리 4-9 횡혈묘 묘도부   단지리 4-9호 횡혈묘 현실 내
와 현실 폐쇄상태(충청문화   부(충청문화재연구원)
재연구원)

이 단지리에서 발굴된 횡혈묘는 묘도부터 현실까지의 잔존상태가 양호하다. 상당수의 부장유물과 더불어 2~5인씩 합장한 인골까지 확인되었고, 나중에 다시 시신을 묻은 추가장 흔적이 파악되어 횡혈묘 연구에 귀중한 자료를 확보하게 되었다. 이들 횡혈묘는 일본의 횡혈묘 등장 시기와 비슷한 시기이거나, 그보다 다소 이른 시기에 조성되었다. 이 점으로 말미암아 일본 횡혈묘의 기원이 백제에서 비롯했을 가능성이 높아졌다. 일본 횡혈묘는 후쿠오카(福岡) 行橋市·直方市 및 大分縣 등 5세기 말 규슈(九州) 북부지방에 나타나 8세기까지 유행했다. 이들 횡혈묘에는 한반도계 유물이 부장된 예가 많다. 그간 횡혈묘는 일본 전지역에서 다수 조사되었으나, 국내 발

단지리 4-10호 횡혈묘 목비(木扉)흔적(충청문화재연구원)

굴 사례는 단지리 외에는 거의 없었다. 그래서 횡혈묘 묘제의 기원을 밝히기가 대단히 어려웠다. 그러나 단지리에서 횡형묘 실체가 무더기로 드러나 이 문제는 자연스레 풀릴 것으로 보인다.

단지리 4-2호 출토유물(충청문화재연구원)

이제 남은 문제는 지금까지 발굴된 횡혈묘의 숫자상 차이다. 지금까지 일본 전 지역에서 출토된 횡혈묘는 수만 기에 이른다. 그러나 국내에서는 단지리를 제외하고는 얼마 되지 않는다.

어떻든 우선 단지리 4지구의 이들 횡혈묘가 본래의 뿌리를 명쾌하게 찾기까지는 시간이 걸릴 것으로 보인다. 단지리 횡혈묘와 일본 횡혈묘의 연관성을 규명할 확실한 증거는 아직은 없는 것이다. 다만 묘제만 같을 뿐이고, 여기서 나온 토기 등의 유물은 백제식인 것은 틀림없다.

횡혈묘가 일본에서 유입된 묘제일 것이라는 주장은 일본에서 무령왕이 돌아올 때 이를 따라온 왜인들의 무덤일 가능성이 높다고 보는데서 비롯했다. 다소 막연한 추정이기는 하다.

지금까지 조사된 횡혈묘에는 두 가지 유형이 있다. 현실의 입구가 넓고 시신을 좌우방향인 횡으로 넣는 횡장식(橫長式) 무덤과 입구를 좁게 파고 들어가 시신을 종방향으로 깊숙하게 넣는 종장식(縱長式) 무덤이 그것이다. 단지리 횡혈묘 15기 중에서 14기를 분석하면, 횡장식은 5기에 불과한 반면 종장식은 9기이다. 일본 횡혈묘는 초기에 횡장식과 종장식이 함께 나타나다가 후기에는 종장식만 나타난다.

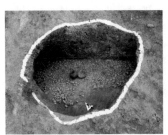
단지리 4-7호 횡혈묘. 시상에 강돌을 깐 것이 분명하게 보인다(충청문화재연구원).

이로 미루어 단지리 횡혈묘는 일본 횡혈 묘의 초기 형태에 가깝다. 이들 횡혈식 무덤에서 확인한 또 다른 특징의 하나는 한번 시신을 묻은 횡혈묘에 나중에 다시 시신을 추가 매장한 형식이다. 15기 가운 데 4기의 횡혈묘에서 추가장이 확인되었 고, 3호 횡혈묘의 경우 4~5구의 인골이

단지리 7호 횡혈묘 출토유물(충청문화재연 구원)

발견돼 최소한 서너 차례의 추가장이 이루어졌다.

이들 횡혈묘는 도굴이 이루어질 수 없었기 때문에 유물이 온전하게 남아 있 었다. 최소 3점에서 많게는 18점까지 유물이 나왔다. 3호묘의 경우 대부완(臺附 碗)·심발형 토기·개배·병·철겸·주조철부·토제방추차 등이 있었다. 선후 관계는 파악하기 어려웠지만, 몇 차례에 걸쳐 유물을 부장한 흔적이 보였다. 4 호묘의 경우 현실 좌측 후면부에 개배·심발형 토기·철도자(鐵刀子)·주조철 부(鑄造鐵斧)가 있었고, 현실 우측 후면에는 개배·소호가 부장되어 유물이 두 부분으로 나뉘어 있었다.

지금까지의 분석 결과로는 단지리 횡혈묘의 조성연대가 일본보다 더 빠르다. 조금 늦더라도 일본의 횡혈묘제가 나타나는 초기에 해당하기 때문에 일본 횡혈 묘의 기원을 백제에서 찾을 수 있다는 것이다. 이제까지 조사한 사례로 보면, 국내 횡혈묘는 단지리 유적을 비롯해 공주·부여지역에서만 나타나는 것도 특 이한 점이다.

그러나 이와 반대로 백제에 온 일본인들의 무덤이라고 보는 시각도 무시할 수는 없다. 이 무덤의 조성연대가 동성왕(479~500)·무령왕(501~523) 때에 해 당하므로 일본에서 태어난 무령왕을 따라온 왜인들의 집단묘지일 가능성도 제 기되는 것이다.

서천 봉선리 유적

　충남 서천군 시초면 봉선리(鳳仙里)에 자리한 유적이다. 서천~공주 간 고속도로건설구간 6-2지역 내 16,000평(52,833㎡)을 대상으로 한 발굴조사에서 청동기시대 이후 백제시대와 고려~조선시대에 이르는 시기의 생활유적 및 분묘유적이 드러났다. 발굴에 앞서 진행한 시굴조사(2002년 6월 20일~11월 16일 및 2003년 2월 10일~12월 16일) 때도 모두 12개 지점(56,000평)에서 청동기시대·마한시대 및 백제시대 생활유적과 분묘군 이외에 고려~조선시대 유적이 존재한다는 사실이 보고됐다.

　그러나 이 지역에서 마한~백제시대 주거지와 분묘가 대규모로 드러난 것은 처음이다. 이때 나온 토기 및 철기유물은 당시의 문화를 파악하는데 중요한 자료가 되고 있다.

봉선리 1유적

　봉선리 유적에서 조사한 총 360여 기의 유구에서 500여 점이 넘는 유물이 나왔다. 봉선리 유적은 1지구(1,200평)·2지구(2,300평)·3지구(12,500평)로 나누어 발굴되었다. 이 조사결과 유구는 크게 마한 이후 백제시대의 것과 조선시대 유구로 나뉘었다. 봉선리 1지역의 마한~백제시대 유구는 수혈주거지 10기(봉선리 1지역 6기)이다. 그리고 백제시대 유구만 따져서는 수혈식석곽묘 19기(봉

봉선리 유적 모습(충남역사문화원)

선리 1지역 1기) 및 수혈유구 1기가 조사됐다. 조선시대 유구는 수혈주거지 7
기 · 건물지 1동 · 적심석 1기 · 토광묘 4기 · 온돌시설 3기 · 아궁이시설 1기 ·
소성유구 3기 · 수혈유구 4기 · 적석유구 1기 등이다. 봉선리 2지역도 마한~백
제시대 주거지가 4기 나왔고, 석곽묘 18기 · 토광묘 5기 · 수혈유구 2기가 발굴
됐다.

봉선리 유적 3지역은 조사범위가 넓어서 유구 수도 많다. 따라서 봉선리 유
적 3지역은 3-1 · 3-2 · 3-3의 세 지역으로 나누어 발굴되었다. 조사 결과 청동
기시대부터 조선시대에 이르기까지 다양한 유구와 유물이 나왔다. 청동기시대
석관묘 13기와 주거지 25기 · 원형구덩이 7기가 나왔다. 그리고 마한시대 주구
묘 12기 · 토광묘 57기 · 옹관묘 6기가 나온데 이어 백제시대의 유구로는 토광
묘 3기 외에 석곽묘 25기 · 석실분 6기 · 주거지 38기 · 원형구덩이 93기가 드러

났다. 이외에 조선시대 토광묘 11기와 주거지 2기가 따로 확인됐다.

▲ 청동기시대 주거지 – 봉선리의 청동기시대 주거지로는 '송국리형'으로 불리는 원형 주거지와 방형(및 장방형) 주거지 두 종류가 다 확인되었다. 주거지에서는 무문토기와 석기류가 출토됐고, 원형구덩이에서는 송국리형토기인 무문토기(단도마연토기)가 다량 출토됐다. 주거지에서 떨어진 석관묘의 내부 바닥에서는 깨어서 깔아놓은 무문토기편을 수습했다.

▲ 마한시대 유구 – 마한시대의 유구로는 토광묘·주구묘·옹관묘·주구(周溝)가 확인됐다. 생토면에 말각장방형으로 토광을 파고, 그 안에 목곽이나 관을 넣은 토광묘는 상단부가 많이 파괴되어 성격을 자세히 파악하는 데는 한계가 뒤따랐다. 그러나 많은 양의 유물이 출토돼 토광묘의 조성시기를 알 수 있었다. 토광묘에서는 양이부호·이중구연호·원저단경호·환두대도·철부·철정·철모 등이 출토됐다.

능선의 평탄면과 완만한 경사면에 주로 분포한 다양한 형태의 주구묘에서는 매장주체부도 확인됐다.

▲ 백제유구 – 이 봉선리 유적의 백제고분 밀집도는 높은 편이 아니다. 그러나 토광묘와 석곽묘·석실분 등 그 종류는 다양하다. 묘실 내에서 다양한 유물이 출토돼 묘의 조성시기를 구체적으로 파악하게 됐고, 백제의 중앙과 달리 이 지역의 묘제 변천과정이 드러나 비교자료로도 가치가 충분하다.

잔존한 형태로 보아 마한 ~백제시대 주거지는 평면이 방형 또는 장방형으로 추정될 뿐이고, 대개 능선 경사면을 'L'자로 파내고 만들었다. 봉선리 1유적에서는 6기의 주거지가 발견되었다. 이

출토 토기(충남역사문화원)

가운데 1호 주거지가 가장
양호한 상태로 남아 있었다.
동서 5m, 남북 5.1m, 깊이
90㎝ 규모였으며 각 모서리
마다 주공(柱孔)이 있는 것으
로 보아 4주식(四柱式)으로
구분할 수 있다. 주거지 안
에서 주공·벽구·노지시설

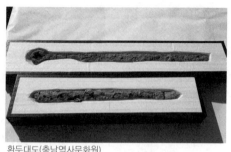

환두대도(충남역사문화원)

등과 같은 내부시설이 확인됐다. 표면에 격자문이 찍힌 적갈색 연질토기편(장
란형 토기·발형토기)과 회색 연질토기편이 함께 섞인 채 나왔다. 적갈색 연질
토기편이 절대 다수를 차지한다.

봉선리 1유적에서는 백제시대 수혈식석곽묘 1기가 드러났다. 그러나 천장석
은 유실되고, 벽석 3~4단만이 남은 상태였다. 풍화암반층을 평탄하게 깎고, 그
위에 판석형 할석을 뉘어쌓기한 무덤이다. 북쪽벽에서 직구호 1점·병형토기 1
점·고배 1점·광구장경호 1점이 나왔다.

▲ 조선시대 주거지 – 한편 조선시대 주거지는 소형으로서 대부분 평면이 원
형 또는 타원형이다. 안에서 온돌시설과 관련된 것으로 보이는 석렬(石列)이 확
인됐다.

봉선리 2유적

봉선리 2유적에서는 마한~백제시대 주거지 4기가 나왔다. 주거지는 능선 선
상부에서 서향사면 중하단부에 있다. 안에서 노지·구·주공시설 등이 확인됐
다. 그리고 장란형 토기편·발형토기와 회청색 경질계통의 타날문토기편도 나
왔다.

봉선리 2유적에서는 백제시대 토광묘(5기)와 석곽묘(18기)가 나와 당시의 묘

제 연구에 상당한 자료를 추가하게 됐다. 토광묘는 능선 선상부 서쪽 사면의 평탄한 자리에 있다. 토광묘의 장축은 등고선 방향과 같았다. 호(壺)를 주류로 한 토기와 함께 환두대도 · 철부 · 철촉 · 철정 등 다양한 종류의 철기들이 출토됐다. 석곽묘의 네 벽면이 잘 남아 구조가 파악되는 석곽묘는 7기 뿐이었다. 이들은 모두 수혈식석곽묘로 평면이 장방형 또는 세장방형이다. 장축방향은 등고선과 평행한데, 다만 5호 · 9호 석곽묘는 등고선과 직교한다.

석곽묘에서 출토된 유물은 토기류 · 철기류 · 장신구류로 구분할 수 있다. 토기는 직구호 · 장경호 · 단경호 · 발형토기 · 개배 · 고배 · 삼족토기 · 병형토기 · 소형호(壺) 등 다양하다. 환두대도 · 철촉 · 철부 · 철겸 · 철준 · 도자 등의 철기류와 함께 이식 · 구슬 · 곡옥 등의 장신구도 나왔다.

이외에 조선시대 토광묘 6기가 있었으며 1호 및 5호 토광묘에서만 유물이 나왔다. 조선통보(朝鮮通寶) 11점 · 인화분청사기 완 2점 · 인화분청사기 1점 · 청동합 1점 · 청동수저 2점 · 동곳 1점 등이다.

봉선리 3유적

봉선리 3유적 역시 1유적 · 2유적과 비슷하다. 청동기시대 유구로 중앙부에 타원형 구덩이가 있다. 그런데 구덩이 양끝에 기둥구멍 한 개씩과 두 개의 주공이 배치된 송국리형 주거지이다. 여기서는 무문토기편이나 화살촉 등이 출토됐다. 그리고 경사면에 등고선 방향과 나란하게 묘광의 장축방향을 둔 마한시대 토광묘에서는 호(壺)를 비롯한 다양한 종류의 토기와 더불어 철부 · 철도 · 철정 및 환두대도 · 구슬이나 옥과 같은 장신구가 출토되었다.

3유적에서는 마한시대 옹관묘도 나왔다. 장타원형의 토광을 파고, 그 안에 회색 연질의 대형 옹 2기를 합구식(合口式)으로 안치한 형태이다. 옹관은 경부가 짧고, 구연부는 직각으로 꺾인 이 합구식 옹관 동체부에는 격자문이 들어갔다. 한쪽 옹관의 저부는 일부러 깨트린 상태였고, 옹관 내부에는 격자문이 든 적갈색 연질단경호 1점이 들어 있었다.

백제시대 주거지는 능선 북향 또는 서향의 완경사면에 조성되었다. 주거지의 평면형태는 다양하다. 육각형의 주거지 1기를 제외하면 말각방형 또는 장방형이다. 이 중 1호 주거지는 서쪽 벽면이 유실되기는 했으나, 평면이 육각형으로 안에 노지·주공·구덩이시설 등이 보인다. 고배·심발형 토기·장란형 토기·시루·호 등 다양한 기종의 토기가 출토됐다. 대부분 적갈색·회색 연질토기이지만, 회청색 경질고배편도 포함되었다.

백제시대 횡혈식석실분도 나왔다. 풍화암반층에 묘광을 파고 지하식으로 조성한 이 무덤은 입구부 묘도가 돌출되게 '凸'자형으로 파고 만들었다. 여기서는 토기·철기·귀금속 등이 출토되었다. 관정·관고리는 확인되지 않았다. 이 외에 장축방향이 모두 등고선과 직교하는 수혈석곽묘 5기에서는 여러 토기 호(壺)와 더불어 철정·철부·철겸 등이 나왔다.

서천 추동리 유적

　서천~공주 간 고속도로 건설공사 구간에 들어간 서천군 화양면 추동리 일대
의 유적이다. 지표조사(1999년, 공주대박물관)를 토대로 한 2002년 시굴조사(6
월 20일~10월 30일)에서 청동기시대 주거지와 백제시대 고분군, 고려시대~조
선시대 토광묘와 건물지 및 와요지 등이 확인되었다. 이에 따라 2004년까지 본
격적인 발굴이 이루어졌다. 이 유적은 서천 봉선리나 화산리 유적 등과 더불어
충남 서남부 해안지역의 백제시대를 포함한 고대사회의 생활상을 잘 드러낸 대
표 유적으로 꼽힌다.

추동리 I구역

　추동리 유적은 모두 세 구역(I구역·II구역·III구역)으로 나누어 먼저 추동
리 I지역을 2003년부터 본격발굴했다. 추동리 I지역은 추동리 산 101번지 일
대의 서해고속도로와 만나는 군장 JCT 북쪽 편 지역(14,500평)이다. A·B·
C·D·E·F 등 6개 구역으로 나누어 발굴이 진행되었다. 조사결과 청동기시
대 주거지 14기와 분묘 6기·백제시대 분묘 54기·통일신라시대 분묘 1기가 드
러났다. 이 밖에 고려~조선시대의 유구 370여 기가 확인됐다.

　먼저 청동기시대 주거지 14기 가운데 12기는 내부구조와 출토유물로 보아 청
동기시대 중기의 이른바 송국리형 주거지이다. 나머지 2기는 평면이 장방형인

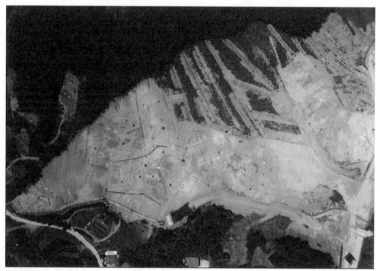
서천 추동리 발굴현장 항공사진(충청문화재연구원)

주거지로서 내부에서 원형점토대토기가 출토돼 청동기 후기의 것으로 판단하
고 있다.

이들 송국리형 주거지는 D-1호 주거지를 제외하고는 모두 남쪽 구릉 정상부
에서 서쪽 경사면(A지구) 일대의 비교적 넓은 범위에 분포한다. 남사면 하단부
에 있는 4기의 주거지는 해발 21~22m 사이에 등간격으로 조성되어 곡간저습
지를 경작지로 활용한 사람들과 무관하지 않은 것으로 보았다. 주거지는 말각
방형 또는 방형인 이들 주거지 내부 중앙에는 타원형 구덩이가 있다. 그 양쪽에
두 개의 주공이 배치되어 있다. 또한 A-11호 주거지는 타원형 구덩이 안에 4개
의 주공이 배치된 특이한 형태였다. 이러한 주공 배치는 보령 관창리에서도 확
인된 바 있다. 주거지는 길이 330~430cm에 깊이는 13~85cm이다. 타원형구덩이
는 길이 69~71cm, 너비 44~70cm로 규모가 작은 편인데, 후대에 분묘를 조성하

면서 대부분 일부 또는 절반 이상이 파괴되었다.

주거지에서는 무문토기편·지석·석제방추차·일단경식석촉 등이 나왔다. A지구 남쪽 능선 부근에 자리한 청동기 후기의 주거지(2기)는 길이 488~510㎝, 너비 318㎝의 장방형이다. 여기서는 원형점토대토기·무문토기·조합식 우각형 파수·원시타날문토기편·숫돌·삼각형 석촉 등이 출토됐다. 내부의 퇴적토와 바닥 근처에서 소토편이 드러났다. 청동기시대 분묘는 A지구에서 5기·B지구에서 1기가 발굴됐다. 분묘는 여러 장의 판석을 잇대어 만든 석관묘와, 할석으로 만든 석곽묘가 있다. 바닥은 생토를 그대로 이용했거나 돌을 깔았고, 개석(蓋石)으로 납작한 할석 여러 장을 잇대어서 덮었다. 석관이나 석곽은 길이 65~124㎝에 너비 25~54㎝로서 다양한 편이다. 유물은 석촉편 1점이 있다 (A-3호).

백제시대의 무덤(54기)은 수혈식석곽묘(2기)·횡혈식석실묘(22기)·횡구식 석곽묘(26기)·옹관묘(4기) 등 네 가지 묘제가 있다. 이들 분묘는 A지구 남쪽 경사면에 집중된 상태로 하나의 큰 묘역을 이루었다. B지구에서는 B-5호분을 중심으로 6기의 횡구식석곽분이 밀집했다. A지구 묘제보다 후기에 조성한 평천장 묘가 주류를 이룬다.

반면 D지구에서는 수혈식석곽분(D-1호) 1기와 횡구식석곽분(D-2호) 1기만이 확인되었다. 그리고 F지구에서는 옹관묘 1기가 나와 추동리 Ⅰ지구 분묘의 중심은 A지구 남쪽 경사면이었다.

▲ 수혈식석곽분－수혈식석곽분은 2기(A-25호·D-2호분)가 나왔다. 묘광의 장축방향이 등고선 방향과 평행하는 이들 수혈식석곽분은 할석으로 석벽을 만들고, 생토면을 바닥으로 활용했다. 병과 뚜껑을 부장했다. D-2호분에서는 직구호·삼족기·금동제세환이식 등이 출토되었다. 이 수혈식석곽분의 축조시기는 출토된 토기의 형식으로 보아 웅진기 후반~사비기 초기로 추정된다. 이 일대에서는 바로 이 수혈식석곽분이 가장 먼저 축조되었다. 그리고 웅진기 후반

이후 이 지역 토착세력이 지역적 전통을 유지한 상태에서 소수의 분묘를 따로 만든 것으로 보인다.

▲ 횡혈식석실분－A지구 남쪽 경사면에서 나온 22기의 횡혈식 석실분은 평면의 형태·천장 축조기법·석실의 단면형태·연도

횡혈식석실묘(B-9호분, 충청문화재연구원)

(羨道)의 형태·부장유물의 양과 종류 등에 따라 여러 형식으로 분류할 수 있다. 그 중에서 천장축조기법과 연도의 형태에 따라 몇 가지로 분류된다. 천장 축조방법으로는 크게 변형궁륭식(Ⅰ유형)과 고임식(Ⅱ유형)으로 구분할 수 있다. 연도의 위치에 따라서는 우편재식(右偏在式) 또는 좌편재식(A형)·중앙연도식(B형)으로 나뉜다. 그리고 문틀시설이 없는 a형과 연도 벽석 돌출형인 b형·문지주석 부가형(c형)·문틀시설 채용형(d형) 등으로 세분된다. 이같은 천장의 축조기법과 연도의 형태변화는 분묘 변천의 시간을 반영한 것이다. 그래서 추동리 고분에서는 다양한 형식이 존재한 가운데 연속적으로 변화한 양상이 엿보인다.

이 기준에 따라 석실분은 석실 단면형태에 따라 벽석 상부의 각(角)이 큰 것과 각이 져서 단면이 육각형인 것까지 있다. 이들을 하나의 세부형식으로 추가하면, 분묘의 형식은 더 다양해질 수 있다. 이외에 봉토 일부가 남았거나, 석실분들이 조사되었다. 그러나 판축상의 봉토는 없었다. 주구는 횡구식석곽분에서도 보여 주구의 유무가 분묘의 속성 구분에 어떤 기준이 되지는 않았다.

변형궁륭식은 A지구 남쪽 경사면 일대에서 6기가 발굴됐다(A-16호·24호·27호·29호·35호·36호). 30~50㎝의 할석을 횡장변(橫長邊) 및 횡단변(橫短邊) 평적기법으로 축조하고, 대판석(大板石) 두 장을 연도 개석으로 덮었다.

일부 석실분은 벽면에 회를 바른 흔적이 확인되었다. 이들 추동리 변형궁륭식 석실분은 천장이나 연도 축조방법·석실 등이 공주 금학동 고분군의 변형궁륭식 석실분과 동일한 형태(ⅠAa식)이다. 다만 석실의 규모가 금학동 고분에 비해 약간 작은 편이고, 금학동 고분보다는 가늘고 긴 편이다. 27호분에는 두 명이 합장되었다. 좌측 파장자의 머리와 가슴 쪽에서 금제화형장식과 금제영락·은제팔찌·동제뒤꽂이 등이 나왔고, 우측 피장자의 머리 부근에서는 관모철심(冠帽鐵心)이 출토됐다. 이 관모철심은 그동안 사비기의 고임식석실분에서 출토되었으나, 추동리에서는 웅진기의 변형궁륭식 석실분에서 출토되었다는 점에서 관심을 끌었다. 그래서 관모철심과 은화관식의 출현시기를 웅진기로 올려봐야 한다는 것이 발굴 주체인 충청문화재연구원의 견해다. 이외에 직구호 1점도 함께 나왔다.

이로 보아 좌측은 여성(부인), 우측은 남자(남편)으로 추정된다. 우측 피장자의 관 장식이 좌측 피장자 위로 넘어진 것으로 보아 부인이 먼저 안치된 것으로 보고 있다.

A-35호 변형궁륭식 석실분에서도 은제팔찌와 가락지가 출토됐는데, 형식은 A-27호분의 것과 같다.

한편 22기의 횡혈식석실분 가운데 고임식 천장형태를 한 것은 14기이다. 그러나 연도가 우측으로 치우친 우편재 형태부터 문틀시설을 갖춘 연도까지 형태도 다양하다. 그 중에서도 A-38호분과 A-14호분은 제일 이른 시기의 고임식 석실분(ⅡAa식)으로 벽면에 회를 바른 것이 특징이다.

이들 고임식석실분 다음 시기의 것으로 추정되는 분묘가 A-1호분이다. 그리고 A-30호분은 ⅡAc형으로서 우편재연도의 고임식석실분으로 분류되었다. 이들 무덤에는 금동세환이식(A-1호분)·철겸·철도자(A-30) 등을 부장한 것으로 보아 부장품을 적게 넣는 사비 중후반 이전에 조성된 묘로 추정하고 있다. A-26호분이나 A-21호분은 문지주석·문지방석·문비석 등을 구비하게 된다

(ⅡBd형). 고임식석실분의 연도는 ⅡAa식까지는 할석으로 입구를 막았고, Ⅱ Ab식 이후에는 판석을 세워서 막는 쪽으로 변화한다. 그리고 ⅡBc형부터는 부장유물이 현저히 줄어든다.

▲ 횡구식석곽분 – 평천장에 석곽 입구를 할석으로 폐쇄했다. 석곽 단면은 아래가 넓고 위는 좁은 사다리형(梯形)부터 사각형까지 다양하다. 이 가운데 비교적 이른 시기의 무덤은 A-6호 · A-7호분이다. 이들은 단면이 제형(梯形)이다. A-7호분에서는 세환이식편이 출토되었다. 이들 석곽분의 동쪽에는 보다 나중에 축조된 것으로 보이는 A-9호분이 있다.

▲ 옹관묘 – 옹관묘는 A지구에서 2기(A-1 · A-2), B지구에서 1기(B-1호), F지구에서 1기(F-1) 등 모두 4기가 발굴됐다. B-1호는 A지구 동쪽 경사면의 북편에 치우쳐서 외따로 떨어져 있다. F-1 옹관 또한 주변에 백제 분묘가 없다. 그러나 A-1호 · A-2호 옹관묘는 A지구 남쪽 묘역의 맨 가장자리를 차지했다. 기본적으로 합구식 옹관묘이고, 묘광을 타원형으로 판 다음에 옹관을 안치했다. B-2호 옹관묘는 한성백제의 양식과 같다는 점에서 주목되었다. 그리고 F-1호 옹관묘는 장란형토기와 회청색 경질대옹을 조합한 특징을 드러냈다. 이들 분묘는 웅진기 중후반 무렵부터 사비기와 통일신라 초기 사이에 축조되었다. A지구에는 7세기 후반의 통일신라시대 횡구식석곽분이 존재한 것으로 보아 이미 통일신라 초에는 이 지역에서 분묘를 축조하는 일이 중단된 것을 알 수 있다. 이는 백제의 멸망에 따른 정치적 변동과 무관하지 않은 것으로 보인다.

추동리 Ⅱ구역

추동리 Ⅱ지역(추동리 산111-10번지 일대)은 Ⅰ지역의 남쪽 편(17,000평 범위)이다. 시굴조사(2003년 10월 31~12월 19일)에서 이미 원삼국시대 주거지와 백제시대 고분에 이어 고려~조선시대 건물지와 토광묘 · 구상유구(성격 미상) 등 총 36기의 유구가 확인되었다. 이를 토대로 2004년(3월 8일~9월 13일) A~E

조선시대 건물지 온돌 노출상태(대한문화재신문)

삼국시대 초기 주거지에서 출토된 조족문토기. 조족문토기를 마한계 토기로 보는 견해도 있다(대한문화재신문).

의 5개 지구(9,640평)로 나누어 발굴했다.

추동리 Ⅱ지역에서는 청동기시대 석관묘 1기·수혈유구 2기·원삼국시대 주거지 24기·옹관묘 1기·주구토광묘 1기·주구 2기가 나왔다. 그리고 백제시대 주구석곽묘(추정) 2기·수혈식석곽실분 4기·횡혈식석석실분 13기·횡구식석곽분 13기·건물지 1기·원형수혈 2기가 발굴되었다.

이외에 고려시대 토광묘(4기)와 조선시대 온돌건물지(7동) 등 모두 150여 기의 유구가 나왔다.

청동기시대 유구는 2지구의 맨 남쪽(E지구) 일대를 중심으로 밀집했다. 생활유구(E)와 분묘(D) 등이 조성되었으나, 분묘는 D지구에서 1기만 확인됐다. E

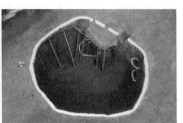

D-1호 청동기시대 석관묘(충청문화재연구원)

D-1호 원형수혈 전경(충청문화재연구원)

지구의 수혈이나 주거지 유구
는 중복관계가 심하다. D지구
에서 발굴한 석관묘(D-1호)는
길쭉한 할석으로 석관을 만들
고, 바닥에도 할석을 깔았다.
그러나 개석은 유실돼 알 수 없
다. 묘광의 길이는 160㎝, 너비
82㎝, 깊이 50㎝이고, 석관은
길이가 125㎝에 너비 40㎝, 높
이는 47㎝이다.

원삼국시대 주거지 출토 격자문장란형토기편(충청문화
재연구원)

E지구 하단에서는 2기의 수혈유구(E-1호 · E-3호)를 발굴했다. 수혈식석곽
묘(E-1호) 위쪽의 E-3호 토광묘 서벽에서 확인된 이 수혈유구(E-1호)는 평면
이 반원형이다. 안에서는 무문토기편이 나왔다. E-2호 수혈유구는 바깥에다
주구(周溝)를 돌렸다. 긴 타원형인 수혈유구 안에서는 무문토기편이 나왔다.

원삼국시대 주거지는 D지구에서만 24기가 나왔다. 해발 45~70m의 남동향
경사면에 장축이 등고선과 나란한 장방형 또는 방형이고, 길이는 277~445㎝
가량이다. 잔존깊이는 15~70㎝ 정도였다. 내부에서는 부뚜막시설이 딸린 주거
지도 확인됐다. 주거지에서는 격자문 장란형토기 · 시루 · 완 · 단경호 · 파수부
주구토기 · 방추차 · 갈판 · 철도자 등이 나왔다. 2기를 제외하고는 화재로 모두
폐기됐고, 불탄 주거지 안에는 지붕이나 벽의 부재로 추정되는 탄화목이 남아
구조를 파악할 수는 있었다.

해발 66m의 D지구 최상단 부근에서는 옹관(D-1호) 1기가 나왔다. 타원형으
로 땅을 파고 회색 연질의 대형격자문토기 하나를 옆으로 뉘어 옹관으로 사용
했다. 옹관은 파손된 상태였으며 유물은 없었다.

주구토광묘와 주구는 E지구 경사면 위쪽에서 발굴되었다. 주구토광묘(1기)

백제시대 8, 9호분 출토유물(대한문화재신문)

백제시대 A-2호 원형수혈에서 나온 토기(대한
문화재신문)

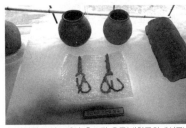

조선시대 토광묘에서 출토된 유물(대한문화재신문)

고려시대 토광묘에서 나온 유물(대한문화재신문)

는 등고선과 나란하게 장방형의 토광을 만들고, 'ㄷ'자형으로 주구를 돌렸다. 그런데 가장 낮은 쪽으로 주구가 열려 있다. 주구 내부에는 잡석이 퇴적돼 있었다. 목관 사용여부는 알 수 없고, 유물도 나오지 않았다.

주구만 남은 유구는 E지구에 2기가 있었다. 이 유구는 주구토광묘나 주구석곽묘(추정)처럼 매장주체부가 확인되지 않아 이들과의 관련성은 파악하기 어렵다. 다만 E-1호 주구의 잔존 형태나, 타날문토기편이 E-호 주구에서 출토된 것으로 미루어 원삼국시대에 조성된 것으로 보인다. E-2호 주구는 'U'자형으로 가장 넓은 부분은 최대깊이 110cm, 최대너비 200cm에 이를 정도로 규모가 크다.

백제시대의 분묘로는 주구석곽묘 2기·수혈식석곽분 4기·횡혈식석실분 13

기·횡구식석곽분 13기 등 32기가 발굴되었다. 그러나 각 묘제별로 조성시기에 차이가 난다. E지구에서 나온 주구석곽묘(추정)는 매장주체부로 보이는 석곽 안에서 할석을 확인했지만, 잔존상태가 나빠서 석재를 세우느라 땅을 판 굴광(堀壙) 흔적을 확인하는데 그쳤다. 이 석곽 밖으로 'ㅁ'자형으로 주구가 있는데, 이는 동일유구가 아닐 가능성도 있다. 만일 동일유구라면 주구토광묘를 축조하던 집단이 석곽묘를 매장주체부로 도입하면서, 주구를 만들던 전통을 그대로 전승했을 가능성이 짙다.

다음에 소개하는 묘제는 묘제의 특징과 변화상 및 출토유물의 형식 등으로 보아 한성백제시대부터 사비 말기까지 오랜 기간 동안 축조되었던 양식으로 보고 있다. 주구석곽묘(추정)와 수혈식석곽분들은 한성백제기에 먼저 조성되었다. 이후 웅진기에 중앙 양식의 묘제가 전파되면서 횡혈식석실분으로 묘제가 변화했다. 웅진기의 양식은 문틀시설 등에서 사비양식을 일부 채용하면서, 사비기 전반기까지 이어졌다. 그러나 고임식석실분과 같은 사비양식의 묘제로 이행되었다. 이후의 연도는 형태만 남은 횡혈식석실분으로 나타나는데, 이는 횡혈식석실분의 퇴화라고 할 수 있다. 그래서 완전한 평천장의 횡구식석실분 등 사비 말기의 고분들도 일부 보인다. 이로 보아 이들 고분군의 분묘는 사비 말기까지 계속해 축조되었을 것이다. 추동리 Ⅱ지역의 백제 분묘를 축조한 집단이 추동리 Ⅰ지역 집단보다는 약간 위상이 낮았던 것으로 추정된다. 이는 출토유물이나 분묘의 규모 등에서 추동리 Ⅰ지역에 비해 차이가 나기 때문이다.

▲ 주구석곽묘 – E-1호·E-2호 2기 가운데 E-1호는 말각방형이다. 주구 안에 등고선과 나

Ⅱ지역 주구석관묘(충청문화재연구원)

란한 방향으로 묘광의 장축을 두었다. 주구는 길이 약 8m에 너비가 6.5m 가량 이다. 그리고 주구의 너비는 30~110㎝, 깊이는 최대 80㎝에 이른다. 묘곽은 길 이 250㎝, 너비 90㎝, 잔존깊이는 25㎝ 가량이다. 주구 안에는 주변에서 쓸려 들어온 할석들이 퇴적되었고, 묘광은 대부분 유실되었다. 벽석으로 보이는 할 석이 보이지만, 묘광 내부에서 나온 유물은 없다.

E-2호 주구석곽묘는 E-1호 주구석곽묘 남쪽 5m 거리에 있다. 심하게 훼손 되어 주구 일부와 벽석을 세우기 위해 땅을 판 흔적만 엿볼 수 있다.

매장주체부로 석곽을 쓰고 주구를 돌린 점으로 보아 수혈식석곽분보다는 다 소 이른 한성백제기의 묘제로 보인다. 그러나 출토유물이 없어 정확한 조성시 기를 알 수 없다.

▲ 수혈식석곽분 - 수혈식석곽분은 E지구 남단에 조성되었다. E지구에만 수 혈식석곽분이 4기가 있다. 석곽의 장축방향이 등고선과 평행하며 석곽에 사용 된 석재도 비슷한 크기의 할석을 사용해서 만들었다. E-2호분은 대략 비슷한 크기의 할석으로 동벽은 직선으로 쌓고, 서벽은 약간 둥글게 축조한 형식이 확 인됐다. 바닥에는 할석을 깔기도 했지만, 대부분 생토면을 그대로 이용했다. 석 곽의 개석은 모두 유실된 상태이다. 그러나 묘제의 양식은 논산 모촌리 고분군 석곽과 유사한 면이 있다.

여기서 출토된 광구장경호 와 고배 등의 유물로 보아 5세 기 전반부터 후반 사이의 한성 백제시대 묘제를 차용한 것으 로 보인다. 한성백제시대의 분 묘가 E지구를 중심으로 축조되 다가 이후 웅진 및 사비기에는 횡혈식과 횡구식 묘제로 전환

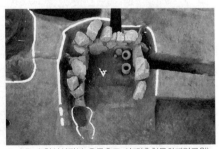

E-3호 수혈식석곽분 유물출토 상태(충청문화재연구원)

되었다. 이 시대의 묘역은 B지구 쪽으로 중심을 옮겨갔다가 사비기에 A~D지구로 묘역을 확대한 것이 아닌가 보고 있다. 이와 같은 백제 분묘는 추동리 Ⅰ지역과 추동리 Ⅱ지역·창외리 고분군·신기 고분군·옥포리 고분군 등 반경 2km 내외의 넓은 범위에 분포하고 있다.

▲ 횡혈식석실분-A·B·D지구에서 모두 13기의 횡혈식석실분이 조사됐다. 이들은 각 지구별로 작은 무리를 이루고 있는데, B-3·B-4호분은 묘광을 일부 중첩시켜 나란히 축조한 쌍분이다. 그런데 B-4호가 먼저 축조되고 나서 B-3호분이 생긴 것으로 판단하고 있다.

이 횡혈식석실분은 천장 축조기법상 변형궁륭식(變形穹窿式)과 고임식으로 구분되는데, 변형궁륭식 석실분에 드는 유형은 B-9호분이 대표적이다. B-10호분과 D-14호분도 비록 심하게 유실되긴 했으나, 석재의 크기·축조수법 등에서 볼 때 변형궁륭식으로 추정된다. B-9호분은 벽석으로 30~50㎝ 가량의 할

횡혈식석실분(대한문화재신문)

석을 평적해서 축조한 B-9호분의 연도는 우편재인데, 천장은 유실된 상태다. 삼족기 1점·뚜껑 2점·직구단경호 2점·금동이식 1점·청동팔지 1점·관모철심 1점·철도자 2점·철겸 1점·철부 2점 등 다양한 유물이 나왔다. 관모철심은 추동리 Ⅰ지역 A-27호분에서도 금제화형장식·금제영락·은제팔찌·동제뒤꽂이 등과 함께 출토되었다.

수혈주거지에서 나온 화덕 자리(대한문화재신문)

▲ 횡구식석곽분 – 모두 13기를 발굴했다. 천장은 기본적으로 평천장이고, 석곽 입구를 할석으로 막았다. 석곽 단면의 형태가 아래는 넓고 위는 좁은 형태(梯形)로부터 사각형까지 다양하다.

▲ 백제시대 지상건물지 – 지상에 건물을 세웠던 유구 1동이 A지구 하단에서 확인됐다. 완경사지를 70㎝ 가량 수직으로 판 다음 평면 'ㄷ'자형의 배수로를 돌리고, 굴립주 형태의 기둥을 박아 벽을 세운 이 건물지 내부에는 굴절형 구들시설을 갖추었다. 배수로 안쪽의 건물이 축조된 공간은 길이 840㎝, 잔존너비 485㎝ 정도고, 평면형태는 장방형이었다. 배수로는 단면이 'U'자형으로 너비가 약 60㎝ 정도에 깊이는 20㎝ 안팎이었다.

아궁이와 구들은 벽을 경계로 집 내부에 두었다. 그러나 연기가 빠지는 배연시설은 집 외부에 만들었다. 구들시설은 아궁이쪽에서 꺾어지기 전까지 직선으로 이어졌다. 구들의 폭은 90cm, 길이 310cm 정도이다. 꺾인 부분부터는 구들의 길이가 260cm(폭 120cm, 높이 46cm)였다. 연통부는 건물 뒤편 절개면과 만나면서 수직으로 꺾여 올라가는 구조이다. 아궁이부터 연도부까지 바닥을 점차 높여서 배연이 잘 되게 했다. 아궁이는 점토와 얇은 할석을 사용해서 만들고, 중심에는 얇은 할석 2개를 잇대어 붙인 다음 점토로 보강했다. 그리고 일렬로 솥받침을 만들었다.

　건물지 내부에서 시루편과 회청색 경질타날문토기 등 사비시기의 토기편들이 출토됐다. 연통부에서는 대형 회청색 경질타날문토기편들이 나왔다.

　▲ 원형수혈-A지구 하단 백제시대 건물지 근처에서 2기가(A-1 · A-2호) 나왔다. 수혈의 평면은 원형이다. 그런데 측단면은 플라스크형으로 상부지름이 190cm · 하부지름은 210cm · 깊이는 152cm에 이른다. A-1호 수혈바닥에서는 회청색 경질타날문토기편과 기와편이 나왔다.

　A-2호 수혈유구(상부지름 172cm · 하부지름 201cm · 깊이 77cm)도 A-1호 원형수혈과 그 형태가 거의 동일하다. 모두 백제시대 수혈로 추정된다.

서천 남산성

충남 서천군 서천읍 중심부에서 남쪽으로 2km 거리의 남산성(南山城)은 남산(南山, 146.9m) 정상을 에워싼 테뫼식석축산성(도기념물 96호, 1995년 지정)이다. 일명 영취산성(靈鷲山城)으로도 부른다. 옛 서림군(西林郡)의 읍성(邑城)이기도 하다. 조선 세종대에 현재의 서천 읍성(邑城)으로 치소(治所)를 옮기기 전까지는 남산성이 서림군의 읍성이었던 것이다. 이러한 사실은 신증동국여지승람(新增東國輿地勝覽)과 읍지 등 여러 사서에 공통적으로 나온다.

남산의 남쪽에는 서태산(西台山, 104.1m)과 중태산(中台山, 101.7m)에 이어 동태산(東台山, 57.2m)이 있다. 그리고 남쪽 평야지대에 장항읍이 있고, 더 남쪽으로는 금강하구가 있다. 중태산에도 테뫼산성인 중태산성이 자리했다. 남산성 동쪽에는 남산리패총과 계동리 고분군이 있다. 남산성을 백제의 설림군(舌林郡)의 치소이자 행정중심지로 보는 견해가 있는데, 이는 『삼국사기』 지리지에는 다음과 같은 기록에 근거한 것이다.

"서림군은 본래 백제 설림군이다. 신라 경덕왕 때 이름을 고쳤으며 지금도 그대로 쓴다. 영현이 둘이다. 남포현은 본래 백제의 사포현이며 경덕왕이 이름을 고쳐 지금도 그대로 쓴다. 비인현은 본래 백제의 비중현이며 경덕왕이 지명을 현재와 같이 고쳐 부르게 되었다."(西林郡本百濟舌林郡 景德王改名 今因之 領縣二 藍浦縣本百濟寺浦

縣 景德王改名 今因之 庇仁縣 本百濟比衆縣 景德王改名 今因之)

발굴성과

2001년 발굴조사에서 西林郡 또는 舌林郡이란 명문이 든 기와(西林郡銘官瓦)가 성 안팎에서 발굴되었다. 그리고 백제시대 유물층도 드러났다. 이로써 남산성이 백제시대에 축조되었고, 백제 설림군의 치소 자리라는 사실을 확인하게 됐다. 비록 오랜 동안 폐성 상태이기는 했지만, 성벽과 문지시설의 상태가 좋아 성벽 축성기법과 일부 시설의 변화과정을 추정할 수 있었다.

특히 남산성은 서문지 외벽의 축성은 흔적이 뚜렷했다. 아랫돌의 모양새에 맞춰 윗돌(= 상부 석재)를 다듬어서 틈이 없게 맞춰 쌓는 백제의 전형적인 축성방식인 그랭이기법이 그대로 드러났다. 이같은 남산성의 축성기법과 문지형태는 대전 보문산성과 매우 비슷했다. 그래서 임천의 성흥산성과 이천의 설봉산성 같은 백제 석성들과의 비교연구 자료로 활용할 수 있게 되었다.

신증동국여지승람(新增東國輿地勝覽) 19권 서천군 성곽조(城郭條)에는 '읍성은 석성(石城)으로 둘레가 3,525척(1,100m)에 높이는 10척(尺)이고, 안에는 5개의 우물과 2개의 못(池)이 있다'는 기록이 나온다. 그러나 실제 성벽의 길이는 660m이고, 내부 면적은 6,530평 가량이다. 성벽의 높이는 대략 5~7m에 이른다. 대부분 협축(夾築) 성벽으로 폭은 6~7m이다. 확인된 동문지와 서문지 2개소 가운데 서문지만 발굴했다.

남산 정상부에는 길이 약 40m, 너비 13m, 약 150여 평 넓이의 장방형 고대(高臺)가 자리했다. 여기서 성 내부의 거의 모든 부분과 금강 하구 및 서해가 조망되었다. 남산성 안에서는 8기의 건물지가 확인되었고, 고대 기저부와 남쪽 성벽 사이에는 회곽도(廻廓道)가 지나간다. 회곽도의 너비는 6~12m로 일부 건물지 및 집수지 등과 이어졌다.

남산성 북쪽 골짜기의 가장 낮은 부분에는 우물터 또는 집수지(集水址)가 있다. 서문지는 발굴 결과 3개의 와적층(瓦積層)이 퇴적되었고, 성벽 내벽의 기초부는 지하 3m 깊이에 두었다. 이 와적층에서 어골문과 격자문·복합문의 기와편이 나왔는데, 西林郡·西林郡銘官瓦·西林刺史行과 같은 명문이 들어간 기와편이 집중적으로 출토됐다. 서문지 일대의 성벽은 협축으로 축조되었고, 성돌은 틈이 없이 맞물려 쌓는 그랭이기법으로 쌓았다.

청양 장승리 고분군

충남 청양 우회도로 확포장공사구간에 포함된 유적이다. 백제고분이 집중적으로 확인된 장승리 고분군은 웅진·사비시대 청양 지방세력의 규모와 문화상 및 위상을 추정할 수 있는 자료를 확보하게 되었다는 점에서 중요 유적으로 꼽힌다. 이들 백제시대 고분은 거의 원형 그대로 남았기 때문에 백제시대 지방 묘제나 장제의 일면을 비교적 상세하게 파악할 수 있었다.

이 유적의 발굴조사는 2002년에 약 8개월(2월 16일~10월 20일) 동안 이루어졌다. 이때 백제시대 이후 통일신라시대까지의 분묘 51기와 구상유구 1기·석축유구 3기가 드러났다(이외에 조선시대 숯가마 2기·기와가마 2기·토광묘 3기도 확인).

유적은 청양읍 내 청송초등학교 앞 사거리에서 보령방향으로 36번 국도를 따라 약 1km 떨어진 장승리 마을에 있다. 속칭 말구랭이라는 이름을 가진 마을 야산의 남향사면에 자리한 유적이다(20,100㎡). 동쪽 A지구와 서쪽 B지구 두 지역으로 나누어 발굴조사가 이루어졌다.

이 유적은 백제시대부터 통일신라시대까지 장기간에 걸쳐 형성되었다. 횡혈식석실분·횡구식석곽분·석곽옹관묘·수혈식석곽묘·토광묘 등 다양한 묘제가 혼재한 유적이다. B지구에서는 백제시대 분묘만 나왔고, A지구에는 백제시대 분묘 사이사이에 통일신라시대 묘가 포함되었다. 분묘의 축조는 B지구로부터 A지구로 옮겨가는 방식으로 이루어졌다. 아래로부터 위쪽으로 능선을 향해 묘역을 넓혀 나갔다. 4세기에 먼저 조성한 토광묘가 이후 통일신라까지 석실분과 석곽분을 위주로 계속 조성되었음을 알 수 있다.

이 유적은 청양지역에서 백제시대 고분으로는 처음 정식 조사되었다. A지구에서는 백제~통일신라 묘제인 횡혈식석실분·횡구식석곽분·석곽옹관묘 등 모두 4기의 처녀분을 발굴했다. A지구 11호분과 28호분의 경우 일부 봉토까지도 남아 있었다. 그리고 A지구 22호분·28호분은 묘도에서 추가장한 흔적을 확인했다. 22호분에서는 2구의 남녀인골이 북향을 한 채로 나왔다. 그런데 이들 인골은 입구에서 보았을 때 좌측은 여성이고, 우측은 남성으로 파악됐다. 특히 좌측의 여성인골이 우측 남성인골보다 8~10년 먼저 안장된 것으로 밝혀져 흥미를 끌었다(동아大 김재현 교수 분석).

A지구 11호분은 인골 및 출토유물로 보아 2인 이상을 안치한 다음 석실 입구와 연도를 판석으로 폐쇄했고, 석실 내부는 천정 개석 아래까지 모두 메워진 상태였다. 석실 내부를 메운 다음 개석을 다시 놓았던 것으로 보인다.

A지구 25호분에는 백제시대 개배가 부장되었는데, 이 무덤은 통일신라 초기의 토기를 부장한 24호분의 서벽 일부를 파괴하고 축조된 사실이 확인되었다. 이는 왕조 교체 후 백제유민들의 문화 변천을 살펴볼 수 있는 자료인 것이다.

A지구와 B지구의 분묘 축조기법은 비슷하다. 그러나 A지구의 분묘는 밀집된 상태이고, 규모도 B지구보다 크다. B지구 분묘군은 일정한 간격을 유지했고, 규모의 차이도 적다. 이에 비해 A지구의 백제시대 분묘는 대소 차이가 훨씬 크다. 한 예로 A지구의 11호·17호·22호·28호분은 석실의 길이가 200~265cm에 너비가 100~130cm로 B지구의 분묘보다 훨씬 크다. 이는 분묘 축조집단 내의 위계를 반영한 것으로 보인다. 백제의 지방 분묘 양식상의 특징을 보여주는 B지구 분묘가 자리한 정상부에서는 사비기의 석실분이 조사되었다. 이 석실분은 묘제의 변천과정을 보여준다.

A, B지구에서 출토된 유물은 직구호·병·개배·단경소호·발 등과 같은 토기가 중심 주류를 이루었다. 이 밖에 철부·철도자 관정(棺釘) 등의 철기와 석제 방추차가 나왔고, 금동제 세환이식 한 쌍(B-6호분)·관모장식용 철심(A-11호) 같은 피장자의 신분이나 위계가 짐작되는 유물도 나왔다. 이에 따라 이들 고분군에 묻힌 집단의 위상을 파악하게 되었고, 백제 중앙정부가 지방세력을 편제해 나가는 과정에 나타난 묘제의 변화도 유추해 볼 수 있었다.

장승리 A지구

A지구에서는 모두 45기의 유구가 발굴되었다(백제~통일신라 분묘 36기·석축유구 3기·구상유구 1기·조선시대 숯가마 2기·기와가마 2기·토광묘 1기). 이들 유구는 야산의 동남향 사면에 밀집 분포한다. A지구 분묘는 봉분이 확인되지 않았지만, 표토층 바로 밑에서는 개석과 석벽이 드러났다.

45기의 유구 가운데 횡구식석곽분이 17기·횡혈식석실분 5기·석곽옹관묘 1기, 시기를 알 수 없는 수혈식석곽묘 2기가 확인되었다. 그런데 횡구식석곽분이 주류를 이루었다.

① 횡혈식석실분(橫穴式石室墳)－A지구에서 5기가(3호·11호·17호·22호·28호) 나왔다. 봉분 상부에는 15~25㎝ 두께의 봉토가 남아 있었다. 17호·28호분은 묘광 주위로 원형의 주구(周溝)를 돌린 흔적이 확인되어 봉분은 원래 원형이었음을 알게 됐다. 이중으로 마련된 17호분 주구의 직경은 660㎝였다. 2차 주구는 분묘 축조 후 유실된 봉토를 보수하는 과정에서 1차 주구 안쪽에 판 것으로 보인다. 이는 피장자를 안치한 다음에 봉분이나 묘역을 지속적으로 정비 및 보수작업이 이루어졌다는 사실을 시사하는 것이다. 28호분 주구 역시 지름이 640~740㎝로 봉분의 규모도 매우 컸다. 묘광 170~290㎝ 정도로 깊이 파서 조성한 17호분과 22호분의 벽석은 할석과 판석을 사용했다. 석실은 길이 188~265㎝에 너비 81~131㎝이다.

11호분은 개석 상면에 점토를 발라 밀봉한 사실이 확인되었다. 그런데 석실 입구와 연도를 판석으로 폐쇄했다. 관고리 및 인골이 출토돼 2기 이상의 목관을 안치했던 것으로 보인다. 28호분의 경우 2자(尺) 가까운 크기의 판석을 깔고, 그 위에 갈색 점토를 2㎝ 두께로 다졌다.

연도는 28호분의 경우 높이 78㎝ · 너비 53㎝였다. 출토유물은 거의가 관고리 · 관정이었다. 11호분에서는 관모(冠帽)의 철테[鐵心] 일부와 인골이 나왔다. 이외에 단경호(1점) · 개배(3점) · 바리(1점) · 직구호(1점)도 보인다. 22호분에서는 남녀의 두개골 · 팔다리뼈가 나온 22호분은 시기를 달리한 추가장(追加葬)이 이루어진 것으로 밝혀졌다.

A지구에서 나온 횡혈식석실분은 육각 또는 사각형의 평천장이었다. 벽석은 판석을 사용한 것이 대부분이고, 축조기법으로 보아 사비백제 중후기에 조성한 것으로 보인다.

② 횡구식석곽묘(橫口式石槨墓) - 횡구식석곽분이 확실한 것은 17기이다. 석실이 파손된 11기 역시 횡구식석곽분이었던 것으로 추정된다. 묘실은 길이 83~290㎝에 너비는 33~97㎝로 규모에는 차이가 있다. 묘실 길이가 83~130㎝ 정도인 소규모 석곽분은 12기였고, 나머지는 길이가 200㎝ 정도다. 판석과 할석으로 벽을 축조했는데, 백제시대 분묘축조기법과 동일하다. 다만 일부(18호 · 24호 · 31호)에서 통일신라시대 유물이 출토되는 것으로 보아 소형 횡구식석곽분 가운데 통일신라 이후에 조성된 것들이 끼어있다.

이들 횡구식석곽분의 벽석 상부나 천정석은 지표면 이 가까울 정도로 봉분이 유실된 상태였다.

묘광(墓壙)의 장축방향은 거의 모두 남북방향이다. 개석(蓋石)이 굴광선 위로 드러난 것으로 보아 반지하식으로 축조되었음을 알 수 있었다. 할석을 벽석(壁石)으로 사용한 무덤이 많았다. 그런데 축조기법은 백제시대 횡혈식석실분과 크게 다른 점은 없다. 다만 통일신라시대 분묘(18호 · 24호 · 31호)는 모든 벽면

을 할석으로 쌓았으나, 벽면이 고르지 않아 백제시대 횡구식석곽분보다 조잡해
보인다.

이들 횡구식석곽분에서는 개배(15호 · 25호) · 마노제 구슬(15호) · 통일신라
시대의 병 · 대부완 · 완(18호 · 24호 · 31호) 등이 소량 출토되었다. 그러나 이를
제외하면 대부분의 횡구식석곽분에서는 관정 외에 특별한 유물은 출토되지 않
았다.

③ 석곽옹관묘(石槨甕棺墓) - 말각방형으로 얕게 땅을 파고 석곽 내부 벽면을
25~30㎝ 가량의 할석을 1단으로 세웠다. 그리고 바닥은 옹관이 닿는 부분에만
5㎝ 정도의 할석을 동그랗게 깔아 옹관을 떠받쳤다. 옹관은 원저단경호이고,
석곽 내부는 길이가 65㎝밖에 되지 않는다.

④ 기타 석축유구 - A지구 하단부에서 3기의 석축유구가 확인되었다. 그런데
원래는 방형의 석단(石壇)이었을 것으로 추정했다. 고분군과 관련된 제단시설
로 백제시대에 축조되었을 것으로 보았다. 1호와 3호 석축유구에서 각기 석제
방추차가 1점씩 나왔다.

⑤ 조선시대 가마 - 조선시대 기와가마 2기와 숯가마 2기가 나왔다.

장승리 B지구

야산의 남향사면에서 백제시대 분묘 15기와 매납유구(埋納遺構) 1기가 나왔
다. 조선시대 이후의 토광묘 2기도 발굴되었다. 백제시대의 묘제는 크게 횡혈
식석실분 · 횡구식석곽분 · 석곽옹관묘 · 토광묘의 네 가지이다. A지구에서 발
굴한 묘제와 다르지 않다. 토광묘 2기와 석곽옹관묘(B-1호) · B-2호 횡혈식석
실분을 제외하고는 모두 횡구식석곽분이다. 이들 무덤은 모두 장축을 남북방향
으로 두었다.

① 횡혈식석실분 - A지구의 백제시대 횡혈식석실분과 크게 다를 것이 없다.
B-2호분의 경우 B지구 최정상부의 무덤으로 석실의 장축이 남북방향이다.

화강암반을 수직으로 파서 만든 묘광은 길이 300cm · 너비 154cm · 깊이 110cm
이다. 석실은 길이 192cm · 너비 75cm · 높이 80cm로 장방형이다. 석실 남쪽에
는 문틀시설을 마련하고, 문주석 · 문지방석을 놓았다. 그리고 판석으로 문비
석을 세워 입구를 막은 다음 할석으로 연도부를 폐쇄했다. 연도부 남쪽으로
174cm 길이의 묘도를 두었다.

② 횡구식석곽분−거의 대부분이 횡구식석곽분이지만, 그 중에서 5호분의 경
우 석실 길이가 277cm, 너비 80cm로 다른 석곽분보다 크다. 석실 남쪽 폐쇄석
앞에 개배 3점이 부장되었고, 석실 중앙부 동쪽에서 철도(鐵刀) 1점, 서쪽 편에
서 철도자 1점 및 철겸이 나왔다.

6호분에서는 금동세환이식 한 쌍이 수습되었다. 그리고 8호 · 10호분에서는
단경호(短頸壺) · 단경소호 · 직구호(直口壺) · 발(鉢) · 철도자(鐵刀子) · 철부편 ·
철겸 등이 나왔다. B지구의 횡구식석곽분은 A지구의 횡구식석곽분보다 규모
가 크고, 천장의 높이도 높다.

③ 토광목관묘−1호 토광묘는 능선 하단부에 있다. 동서방향으로 축조한 이
무덤은 길이 240cm · 너비 120cm · 깊이 48cm다. 토광 안에 목관(길이 192cm×너
비 120cm×깊이 44cm)을 안치했고, 양이부호 · 완 · 철겸 등을 부장했다. 2호 토
광묘에서는 조립식 목관이 출토됐다.

④ 매납유구−12호분으로부터 남서쪽 5m 지점에서 원형의 소형 매납유구 1
기가 확인됐다. 수혈 지름이 45cm(깊이 20cm)인 이 유구 안에서 대부호 1점이
나왔다.

⑤ 석곽옹관묘−B지구 조사범위 바깥의 서쪽 경사면에서 확인되었다. 원저
호를 옹관으로 쓰고, 옹관 입구를 할석 한 개로 막았다.

청양 분향리 유적

　충남의 알프스로 일컫는 청양군 산간의 망월산(望月山) 남서쪽 가지능선 구릉 지대가 분향리 유적이다. 청동기시대 및 원삼국시대 · 백제시대의 생활유적과 분묘 및 토기요지를 비롯한 다양한 생활유물이 발굴되었다. 충남 남부지역 고고학 연구에 새로운 장을 연 이 유적은 2004년 5월에 발굴을 마쳤다. 이에 따라 이웃 학암리 유적 출토품과 함께 충남 남부지역 고고학 연구에 많은 자료를 더 추가하게 되었다. 39번 국도가 관통하는 나지막한 구릉지대에 자리한 분향리 유적의 유구는 주로 남쪽과 북쪽 평탄면에 밀집분포했다. 북사면에서는 원삼국시대 토기요지를 발굴한데 이어 남사면에는 조선시대 주거지가 나왔다. 청동기시대에서 초기 철기시대로 이행해 가는 과도기를 연구하는데 좋은 자료가 쏟아져 나왔다. 특히 원삼국시대 토기요지는 고대사연구에 큰 비중을 차지하고 있다.

　이 지역과 함께 조사를 벌이고 있는 학암리 유적의 백제토기 요지와의 비교검토를 통해 토기요지의 구조적 변화도 규명될 것으로 기대했다. 하나의 공간에서 시대를 달리한 가운데 변화한 주거지와 생활형태 · 분묘 등을 파악하는데 매우 중요한 자료로 평가되었다.

　분향리 유적에서 확인된 유구는 총 94기이다. 이들은 거의 대부분 청동기시대로부터 원삼국시대와 백제시대의 유구가 중심을 이루었다.

분향리 유적(대한문화재신문)

청동기시대 유구로는 주거지 8기·수혈유구 16기·분묘 7기(옹관묘 1기·
석관묘 6기)가 발굴됐다. 정상부의 높은 구릉을 경계로 남북 평탄면에 각기 생
활유적과 분묘가 분포했다. 주거지와 수혈유구가 인접한 분묘는 생활유적 북쪽
으로 일정 거리를 두고 떨어져 있었다. 이러한 방식은 산의리 유적·나복리 유
적·오석리 유적 등에서도 확인되었다.

이는 취락 형성과정에서 생활공간과 매장공간이 분화되는 현상을 보여주는
자료이기도 하다. 주거지는 송국리형 주거지가 주류를 이루었다. 3호 석관묘에
서는 점토대토기·흑도장경호·유구석부·석촉이 출토됐다. 토대토기와 흑도
장경호는 공주 수촌리 유적과 남성리 유적·대전 괴정동 유적·동서리 유적에
서 처럼 청동기유물이나 철기유물과 함께 나왔다. 그런데 3호 석관묘의 경우
유구석부 등 석기류와 함께 출토되는 특징을 보여준다. 이는 이것은 청동기시
대에서 초기 철기시대로 이행해 가는 과정을 잘 드러낸 것이다.

원삼국시대 유구로는 주거지 5기·토기요지 1기가 나왔다. 원삼국시대 주

거지는 토기요지와 인접해 있다. 주거지 출토유물과 토기요지 내에서 출토된 유물이 유사한 특징을 드러냈다. 이로 보아 주거지에 살던 사람들은 토기요지를 만들어 토기를 굽던 사람들로 판단하고 있다.

백제시대 유구로는 수혈유구 21기·분묘 6기(옹관묘 2기·토광묘 2기·석실분 2기) 등이 나왔다. 그리고 조선시대 주거지 5기와 수혈유구 3기·분묘 5기(토광묘 3기·회곽묘 1기·골호 1기) 외에 기타 소성유구 7기 및 미상수혈유구 9기를 확인했다.

청동기시대

북쪽 평탄면을 중심으로 주거지가 7기, 남쪽 평탄면에 1기가 있었다. 3호와 5호 주거지를 제외하고는 송국리형 주거지로 분류할 수 있다. 3호 주거지는 평면이 장방형으로 동향 사면의 상단부에 자리했다. 북쪽 평탄면의 5호 주거지는 바닥면만 확인됐을 뿐 자세한 것을 알 수 없다. 1호 주거지는 평면이 말각방형이다. 이 외에는 모두 원형 또는 타원형이다. 1호 주거지와 8호 주거지 내부에는 3개 또는 4개의 주공이 형성되었다. 1호 주거지 동쪽으로 수혈유구 4기가 있었다. 주거지 내부에는 원형의 저장구덩이가 드러났고, 구덩이 안에서 무문토기 저부편과 지석이 나온 것으로 보아 주거지의 부속시설로 판단되었다. 4호 및 8호 주거지는 타원형 토광을 중심으로 4개의 주공을 방형으로 배치한 4주식

청동기시대 1호 주거지(충남역사문화원)

청동기시대 4호 석관묘(충남역사문화원)

이다. 다른 주거지
에 비해 규모가 크
다. 남쪽 경사면에
단독으로 있는 5호
주거지는 화재를 입
어 내부에서 다량의
탄화목이 확인됐다.

분향리에서 출토된 청동기시대 토기와 석기
(충남역사문화원)

청동기시대 3호 석관
묘 출토 흑도장경호(대
한문화재신문)

1호 주거지 외에는 내부 출토유물이 소량이다. 1호 주거
지에서는 무문토기편과 원시타날문토기편 · 삼각형석도 ·
석기 미완성품 · 토제품 등 다양한 유물이 나왔다. 그 외의 주거지에서는 무문
토기편과 석기가 출토되었다.

수혈유구는 모두 16기에 이른다. 평면이 장방형인 5-1호 외에는 모두 원형
이다. 그리고 수혈유구 내부에서 발형토기 · 홍도 등 다량의 무문토기와 석도 ·
석검편 등 석기류가 출토됐다.

한편 청동기시대 분묘로는 옹관묘 1기와 석관묘 6기가 있다. 옹관묘는 남쪽
평탄면 일대에서 확인됐다. 생토를 파고 옹관을 놓은 다음 입구를 석재로 막았
는데, 토기는 중하단부를 제외하고는 파손된 상태였다. 모두 6기가 나온 석관
묘는 북쪽 평탄한 구릉의 말단부에 3기, 남쪽 평탄면 상부에 2기, 남서사면에 1

청동기시대 주거지에서 출토된 유물(충남역사문화원)

기가 있었다. 묘광과 석관의 평
면형태는 장방형이었다. 4호
및 6호 석관묘를 제외하고는
모두 벽석이 유실된 상태였다.
석관은 생토면을 'ㄴ'자 형태로
판 뒤 판석재로 벽석을 조성했
다. 6호 석관묘는 잡석을 깔아

서 만들었고, 1호와 2호 석관묘는 바닥에 요갱이 설치돼 있었다.

남서사면에 있는 3호 석관묘에서는 흑도장경호·원형점토대토기·유구석부·석촉이 각기 1점씩 출토됐다. 1호 석관묘에서는 무문토기편이 나왔다.

원삼국시대

이 시대의 주거지는 모두 5기가 나왔다. 북쪽 평탄면에서 나온 이들 주거지는 1호를 제외하고는 모두 장방형이다. 이들 주거지는 서로 중복되면서 교란이 심하다. 3호와 5호 주거지의 장벽 중앙부에는 점토로 만든 아궁이를 두었다. 아궁이주변에서 장란형 토기편이 수습됐다. 3호·4호 주거지는 중복되었는데, 4호는 3호 주거지의 하단부를 파고 만들었다. 그리고 다시 1호 석곽묘가 4호 주거지를 파괴하고 조성됐다. 1호 석곽묘를 만들면서 주거지의 대부분이 파괴되었다. 3호 주거지는 화재로 인해 폐기된 주거지여서 내부에서 다량의 목탄과 재가 나왔다. 장란형 토기편과 완형토기·심발형 토기·적갈색 연질토기편 등도 이 주거지에서 출토됐다.

원삼국시대의 유구 가운데 특이한 토기요지는 당시의 토기를 구워낸 가마이기는 하지만, 이 시기의 가마가 출토된 사례는 흔치 않다. 여기서 확인한 가마는 지하식의 등요이다. 연소부와 소성부·회구부가 잘 남아 있다. 북사면 중하단부에서 1기 나왔는데, 연소부와 소성부는 명확한 구분 없이 잡석을 깔아 구분했다. 연소실 하단부에 다량의 목탄과 재가 잡석과 함께 뒤섞여 퇴적되었고,

원삼국시대 토기요지(충남역사문화원)

내부에서 연질타날문토기편과 파수부편 약간이 나왔다.

백제시대

백제시대 생활유구로는 수혈유구를 들 수 있다. 남쪽 평탄면을 중심으로 밀집분포한 21기의 백제시대 수혈유구는 모두 원형이다. 측단면은 플라스크형이 주류를 이룬다. 1호와 14호 수혈유구에서 기와가 나왔고, 8호·10호·19호 수혈유구에서는 토기편이 수습되었다. 그리고 10호와 18호에서는 석재가 나왔다. 20호 수혈유구는 직경 312㎝, 깊이 124㎝로서 다른 수혈유구보다 규모가 크다. 중앙에서 다량의 기와편과 토기편이 나왔다.

백제시대의 분묘로는 옹관묘 2기·토광묘 2기·석곽묘 2기 등 모두 6기가 나왔다. 옹관묘는 동쪽 사면 상단부에서 확인됐다. 1호 옹관묘는 바닥에 기와를 깐 다음 위에 경질토기를 옆으로 뉘어 둔 상태였다. 옹관은 구연부 일부만이 남아 있었다. 2호 옹관묘는 대상파수부호를 나란히 옆으로 둔 다음 그 사이를 경질토기로 이은 형태이다. 토기는 판석재로 고였다.

북향의 급경사면 상단부에 위치한 토광묘의 장축은 등고선과 평행한 동서방향으로 배치되었는데, 두 기의 토광묘가 중첩한 상태였다. 1호 토광묘는 나중에 만든 것으로 보인다. 이들 두 토광묘 내에서 관이나 곽의 흔적은 없었다. 1호 토광묘에서 단경호 2점과 철기류가 나왔고, 2호 토광묘에서는 광구호 및 자연유가 시유된 옹과 철기류가 출토됐다.

북쪽 평탄면에 위치한 석곽묘 2기 가운데 1호 석곽묘는 장방형으로 등고선과 평행하게 축조했다.

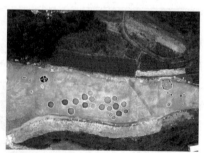

밀집 분포되어 있는 백제시대 수혈유구(충남역사문화원)

북벽과 동벽 1단만이 남은 1호 석곽묘는 원삼국시대 4호 주거지를 파괴하고 만들었다. 원삼국시대 4호 주거지 바닥면을 정지한 다음 할석을 가로로 쌓아 벽석을 축조했다. 바닥에는 잡석을 깔았지만, 남벽과 입구가 모두 유실돼 정확한 형식을 파악할 수 없다. 내부 바닥에

수혈유구(대한문화재신문).

서 철부·철겸·철준·철촉·도자가 출토됐다. 2호 석곽묘는 조선시대 3호 토광묘와 중첩돼 있다. 3호 토광묘가 석곽의 북쪽 및 동쪽벽 일부를 파괴하고 축조했다. 서벽과 부석 일부만 남은 이 3호 토광묘에서는 관정만이 수습됐다.

이외에 북쪽 평탄면에서 구(溝) 1기가 나왔다. 가늘고 긴 장방형으로 내부에는 다량의 경질토기편이 흩어져 있었다. 도자(刀子)도 함께 출토되었다.

조선시대

조선시대 주거지는 모두 5기가 확인됐는데, 1·2·5호 주거지는 장방형 또

백제시대 철기와 토기(대한문화재신문)

백제시대 1호 및 2호 옹관묘에서 나온 옹관(대한문화재신문)

는 방형이며 3호·4호 주거지는 원형이다. 2호 주거지 동벽에서 아궁이가 확인됐는데, 아궁이는 점토와 석재를 이용해서 축조했으나 심하게 파괴돼 정확한 구조를 파악할 수 없었다. 3호·4호 주거지 역시 내부에 아궁이 시설이 있었으며 5호 주거지는 평면 말각방형으로 내부에서 온돌시설이 나왔다.

한편 조선시대 수혈유구는 모두 3기로, 정상부 평탄면에 2기·남쪽 말단부에 1기가 있었다.

조선시대 분묘는 골호 1기를 포함하여 회곽묘 1기와 토광묘 3기 등 총 5기가 있는데, 장방형인 토광묘 내부에서 유물은 나오지 않았다.

청양 학암리 가마터

　공주~서천 간 고속도로 건설구간(2 · 3공구) 지역인 청양군 정산면 학암리 1 · 2지구에서 나온 백제 토기가마와 토기 폐기장이 이 유적이다. 그간 백제문화 관련 유적 · 유물 발굴 성과가 별로 보고되지 않은 지역이 청양지방이었다. 그래서 이 유적의 발굴은 청양지방의 고대문화를 보다 깊이 이해할 수 있는 계기가 되었다. 2003년 8월 26일부터 2004년 9월 22일까지 총 330일 예정으로 발굴이 진행되었다. 유적의 발굴은 정산면 학암리와 장평면 분향리 일원 16,000여 평을 대상으로 한 조사 결과를 바탕으로 충청남도역사문화원이 맡아 진행했다. 이에 따라 학암리에서 3기의 토기가마와 토기폐기장 외에도 청동기시대 주거지와 수혈유구 · 백제시대 주거지 및 고려~조선시대 주거지 및 토광묘 등이 발굴되었다.

　학암리 유적에서는 총 150여 기의 유구가 드러났다. 특히 학암리 1지구(1,100평)에서는 토기가마 · 폐기장 외에도 송국리형 청동기시대 주거지(7기) · 수혈유구(11기) 및 시대 미상의 토기가마(1기) · 고려~조선시대 토광묘(5기)가 확인되었다. 그리고 학암리 2지구(7,700평)에서는 청동기시대 주거지 · 수혈유구 · 석관묘 · 백제시대 주거지 · 고려~조선시대 주거지 · 토광묘 등이 나왔다. 장평면 분향리(7,300평)에서도 청동기시대 주거지 및 수혈유구가 확인되었다.

　칠갑산 동쪽 편으로서 공주 우성과 인접한 정산은 공주도읍기와 사비도읍기 백제의 북서부 요충지였다. 군사적으로 중시된 이 지역에서 나온 토기가마나 토기와 같은 유물은 당시 이 지방 사람들의 생활유형이 가늠되는 중요한 자료이다. 특히 백제시대 주거지로 사용되기 이전에도 청동기시대 주거지와 분묘 · 원삼국시대 주거지 등에서는 선주민들의 기층문화 양상이 엿보인다.

청양 학암리 일대의 조사는 한국도로공사의 공주~서천 간 고속도로 건설구간 내 문화유적 발굴로 이루어졌다. 이에 앞서 공주~서천 간 고속도로 건설예정구간(총 60.7km)을 공주~청양구간(17km) · 청양~홍산구간(20.1km) · 홍산~서천(23.6km)의 세 구간으로 나누어 충청남도역사문화원과 공주대학교박물관이 각 구간마다 지표조사를 실시한 바 있다. 지표조사 결과 총 23개 지점 163,000여 평에 대한 시굴조사의 필요성이 제기되었다. 이에 따라 충청남도역사문화원이 2002년 6월 20일부터 11월 16일까지 150일간(실조사기간 90일) 시굴조사를 진행하게 되었다. 그 결과 총 12개 지점(56,000평)에서 청동기시대 생활유적과 분묘군, 마한 · 백제시대 생활유적과 분묘군, 고려시대 분묘군, 조선시대 생활유적 및 분묘군 등 다양한 매장유적이 확인되었다.

학암리 1지구

학암리 1지구에서 발굴한 주거지 가운데 청동기 주거지는 모두 7기이다. 이들은 모두 송국리형 주거지에 해당한다. 여기서 출토된 유물은 송국리형 옹형토기 · 적색 마연토기 · 석촉 · 반월형석도 · 지석 · 석재 등이다. 주거지와 혼재한 수혈유구는 방형 · 타원형 · 원형 및 부정형으로 규모는 장축길이 200cm 내외이다. 외반구연토기 · 적색 마연토기 등의 유물이 수습되었다. 청동기시대 수혈유구 11기와 고려시대 수혈유구 1기를 제외한 8기의 유구는 출토유물이 없어 시대를 알 수 없다. 1호 · 2호 수혈유구에서만 무문토기편이 출토되었다.

학암리 1지구에서 확인된 토기가마는 지하식 등요(길이 368cm)로 공주 귀산리 통일신라시대 토기가마와 유사한 구조였다.

학암리 2지구

학암리 2유적은 A · B · C지점으로 나누어 발굴했다. 구릉 동쪽 사면 말단부(방형으로 폭 266㎝)의 백제시대 주거지에서는 내부 서쪽 중앙에 둔 점토 부뚜막과 장란형 토기가 확인되었고, 그 주변에서 백제토기 가마 2기를 찾아냈다.

이들 토기가마는 지하식 등요로 연소실 · 소성실 · 연도부가 모두 잘 남아 있었다. 1호 가마는 길이 802㎝, 너비 316㎝, 2호 가마는 길이 770㎝에 너비 256㎝였다. 1호 가마와 2호 가마는 연도부의 구조 차이가 보였다. 1호 연도부는 단을 이루어 밖으로 경사지게 설치한 반면 2호 가마 연도부는 수직으로 돌과 점토를 발라 굴뚝을 설치했던 것으로 추정되었다. 1호 및 2호 가마에서 출토된 유물은 호 · 개배 · 삼족토기 · 기대 · 병 · 직구호 · 단경호 · 장경호 · 적갈색 연질 타날문토기 등이었다. 이들은 웅진시대 말기 이후 사비시대 초의 것으로 추정되는 이들 가마에서는 다양한 기종이 출토되어 토기 편년에 중요한 자료가 될 것으로 보인다.

더욱이 가마의 구조가 잘 남아 발굴팀은 백제 토기가마의 구조 연구에 중요한 자료가 될 것으로 기대했다. 백제의 고도인 공주 및 부여로 토기를 공급했던 유통 루트를 유추할 수 있는 유물로 평가되었다.

학암리 유적 2지구의 청동기시대 유구로는 주거지 15기가 나왔다. 그리고 수혈유구 14기 · 석관묘 1기 · 토광묘 1기가 확인되었다. 이외에도 백제시대 주거지 1기 · 고려~조선시대 이후 수혈주거지 9기 · 수혈유구 43기 · 토광묘 27기 · 소성유구 2기와 조선시대 기와

학암리 Ⅱ-A지점 1호가마. 백제 토기가마 두 곳 중 하나이며 출토 당시 모습이다(대한문화재신문).

Ⅱ-C 청동기시대 토기편들(충　　Ⅱ-C 청동기시대 석기류(충남　　백제 삼족토기의 하부 모습(충
남역사문화원)　　　　　　　　　·역사문화원)　　　　　　　　남역사문화원)

가마 1기를 조사했다.

　학암리 2지구 유적에서는 이외에도 원형의 소성유구 2기가 나왔는데, 내부에서는 불맞은 돌들과 소토(燒土) 및 목탄이 다량 출토되었다. 이와 같은 소성유구는 지금까지 군산 내흥동이나 서천 추동리 유적에서도 확인된 바 있다. 또한 조선시대 기와를 굽던 가마도 확인되었는데, 이것은 저지대의 배수로가 만들어지면서 연도부는 사라진 상태이다.

　학암리 2지구 C지역에서는 12기의 송국리형 청동기시대 주거지가 나왔다. 이들 주거지에서는 원형점토대토기편과 조합식우각형파수편이 각각 1점씩 출토되었다. 석기로는 일단경식석촉·석검·삼각형석도·편평편인석부·유구석부·편인석부·지석·연석·방추차 등을 수습했다. 이들 미완성 석기는 전체적으로 마연 가공한 것이 아니라, 날만 마연하여 사용한 것이어서, 석기 연구에 좋은 자료가 되고 있다. 1기의 (장)방형 주거지에서도 송국리형 주거지와 크게 다르지 않게 외반구연토기·적색 마연토기·보습 등이 출토되었다.

　4주식의 주거지 및 타원형 구덩이 바로 옆에 좌우로 원형의 구덩이들이 설치된 송국리형 주거지 형태는 부여 나복리·서천 봉선리에서도 발굴한 바 있다.

연기 동면 응암리 · 용호리 유적

 충남 연기군 동면 응암리와 용호리 일대 유적은 원삼국시대와 백제시대 주거지 및 무덤으로 이루어졌다. 당시 미호천과 금강을 낀 충남 내륙지방의 문화상을 소상하게 파악되는 유적이다. 유적의 위치는 연기군 남면~동면 사이의 3.5 km 구간 도로확장포장공사 부지에 들어간 이 유적은 응암리와 용호리 지역 4,000여 평에 이른다. 공주대학교박물관이 발굴한 이 유적지 일대는 중부권 복합화물터미널 예정부지가 포함돼 있다.

 응암리에서는 주거지와 토광묘 · 도랑유구같은 백제시대의 취락과 생활환경이 구체적으로 파악되었다. 비교적 풍부한 유물이 포장된 백제시대 주구토광묘는 유물의 유사성으로 말미암아 이웃 청주 봉명동 유적과 비교할 수 있다.

 용호리에는 원삼국시대 주구토광묘와 토광묘 · 구덩이 등이 구릉 사면부에 넓게 분포했다. 이들 주구토광묘와 토광묘는 충청도 지역의 원삼국시대 문화를 이해할 수 있는 귀중한 자료이다.

응암리 유적

 금강과 미호천이 만나는 합수머리 동북쪽 구릉(산)에 위치했다. 충북 청원군 부용면 갈산리와 백천(白川)을 경계로 마주보는 지역이 응암리이다. 이 유적에서는 백제시대 주거지 16기 · 주구토광묘 1기 · 도랑유구 1기 · 고려 및 조선시대 토

광묘 9기와 주거지 1기 · 구덩이 4기 · 미상유구 5
기가 확인됐다. 그리고 용호리 유적에서는 주구
토광묘 2기 · 토광묘 5기 · 원형 구덩이 5기 · 조선
시대 주거지 1기 · 미상유구 2기가 드러났다.

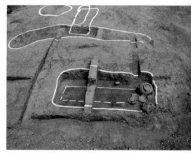

응암리 유적의 출토유물로는 철겸(4호 주거지
출토) · 방추차 2점 · 어망추 · 호형토기 3점 · 발
형토기 4점 · 단경호 · 시루 · 장란형 토기 · 심발
형 토기 · 동이형 토기 · 양이소호 · 옹형토기 ·
완 및 다량의 토기편이 있다. 이 유적의 특징은

응암리 유적의 주구토광묘(공주대
학교박물관)

토기의 종류가 다양하다는 점이다. 장란형 토기보다는 발형토기가 많은 비중을
차지한다. 주거지는 방형으로 네 벽면 모서리에 기둥구멍이 보이는 4주식 구조
이다. 규모는 대략 410~500cm 안팎이고, 내부에는 아궁이와 연도부를 갖춘 노
시설이 마련되었다. 기둥구멍은 지름이 20~25cm 정도의 원형을 이룬 기둥구멍
은 네 벽면 모서리에 있다. 바닥엔 별도의 시설이 없다. 1호 및 4호 주거지에서

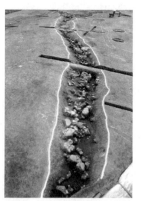

는 철겸(鐵鎌)이 출토됐다.

이같은 백제시대 4주식(柱式) 주거지는 천안
지역을 중심으로 한 주거문화를 상호 연관시켜
비교 연구할 수 있는 자료이기도 하다. 그리고
당시 취락환경 및 생활환경을 구체적으로 확인
할 수도 있다. 토광묘의 남쪽과 동쪽 장벽부에
는 유물이 부장되었다. 길이 630cm 너비 435cm
에 이르는 주구토광묘에서 나온 목관은 길이
240cm · 너비 65cm였다.

응암리 유적 북서쪽 외곽에서 나온 주구토광
묘(1기)는 주구부가 상당부분 유실돼 전체적인

응암리 백제시대 도랑유구 전경
(공주대학교박물관)

규모는 알기 어렵지만, 내부에서는 토기 5점과 철부 2점이 출토되었다. 토기는 호형토기 4점에 발형(무문)토기 1점이다. 이들 토기는 철부와 함께 목관 바깥쪽에서 나왔다. 이 주구토광묘는 많은 유물이 부장되어 청주 봉명동 유적 및 중서부 일대 백제 고분문화를 비교 검토할 수 있는 길이 열렸다. 이외에 고려 및 조선시대 토광묘에서는 청동수저와 관정(관못)이 출토되었다.

응암리 유적에서는 백제시대의 'Y'자형 도랑유구가 유적 하단부의 개간된 경작지에서 확인됐다. 이 도랑유구의 구체적인 성격은 알 수 없으나 다만 마을 앞쪽에 있던 하천유구와 같은 기능을 한 시설이었을 것으로 추정하고 있다. 이외에 고려 · 조선시대 토광묘 9기와 조선시대 주거지 1기가 조사되었다.

용호리(龍湖里) 유적

연기군 동면 용호리(산 53-5번지) 일대 유적에서는 시굴조사 때 방형 수혈유구와 격자문이 들어간 원삼국시대 토기편이 수습됐다. 발굴 결과 원삼국시대 주구토광묘 2기 · 토광묘 5기 · 조선시대 주거지 1기 · 미상유구 2기 · 소성유구 1기 등이 나왔다.

용호리에서 발굴한 주구토광묘와 토광묘는 주구와 토광묘가 동시에 확인된 것(2기)과 토광묘만 확인된 경우(6기)가 있다. 용호리 1호 주구토광묘는 묘광 길이 402cm(너비 168cm · 깊이 40cm · 내부 목관 길이 232cm · 너비 72cm)이다. 그 외곽으로 'ㄷ'자형의 주구가 나 있다. 전체규모

용호리 유적의 주구토광묘
(공주대학교박물관)

용호리 유적에서 발굴된 철부와 무경식 철촉
(공주대학교박물관)

용호리 주구토광묘에서 발굴된 소용돌이 문양 장식 철검(공주대학교박물관)

는 길이 1,050㎝에 너비 510㎝이다. 목관 내부에서 출토된 철검으로 미루어 피장자의 머리방향은 남쪽(남침)이었던 것으로 보인다. 목관 내부에는 소용돌이 문양 장식의 철검과 도자(刀子)·무경식 철촉 4점이 나왔다. 목관 바깥쪽 발치에서는 원저단경호 1점·원저 발 1점이 출토되었다.

용호리 유적에서는 주구토광묘와 토광묘를 중심으로 발·단경호·도자·소용돌이 문양 장식 철검·철부·철촉·철겸이 출토되었고, 어골문 기와편과 심발 및 기타 토기편이 나왔다. 용호리 1호 주구토광묘는 길이 402㎝·너비 168㎝에 깊이 40㎝다. 그리고 토광묘 내부 목관은 길이가 232㎝·너비 72㎝였다. 피장자는 철검의 위치로 보아 남쪽에 머리를 둔 상태였다. 목관 내부에서 출토된 소용돌이 문양 장식이 달린 철검은 김해 양동리 313호 유적에서 출토된 유물과 같은 형태여서 주목을 끌었다. 이 용호리 유적의 주구토광묘와 토광묘는 충남지역의 원삼국시대 문화 및 당시의 교류관계를 엿볼 수 있는 귀중한 자료가 된다.

이외에도 5기의 원형 구덩이가 더 확인됐다. 이 가운데 1기는 고려시대의 것이고, 나머지 4기는 원삼국시대의 것으로 추정된다. 일부 구덩이에서 발형토기가 함께 출토되어 토광묘와 구덩이를 만든 시기가 비슷한 때일 것으로 짐작하고 있다.

용호리 유적 남동쪽 하단에서는 길이 2.7m(너비 71~100㎝, 깊이 32㎝)의 소성유구가 발견됐다. 구체적인 용도를 알 수 없으나, 가마 시설로 추정된다. 아궁이나 연소실이 확인되지 않았다. 다만 격자문이 들어간 토기편이 나왔다.

연기군 동면 용호리 유적에서 출토된 백제시대 토기들(공주대학교박물관)

금산 백령산성

충남 금산군 건천리와 역평리 두 마을을 걸친 백제시대 산성이다. 백령산성에 주둔하던 병사들이 마시고 쓰는 물을 저장하던 목곽저수조가 완형에 가까운 형태로 발굴되었다. 이처럼 완형을 알 수 있을 정도로 생생한 백제 저수조가 발견된 사례는 그리 흔하지 않다. 불을 지피던 백제 특유의 구들시설과 토기가 나왔다. 더구나 백령산성(栢嶺山城)의 축성 주체나 축성시기를 알 수 있는 명문와(銘文瓦)의 발굴은 큰 수확이었다.

백령산성의 초축시기

충청남도역사문화원이 발굴한 백령산성은 성 둘레 207m의 테뫼식석축산성이다. 금산군이 백령산성 정비 및 복원에 필요한 학술자료를 확보하기 위해 충남역사문화원이 발굴을 담당했다. 이 조사에서 발굴팀은 백제의 산성 및 백제사 연구에 매우 귀중한 자료를 확보하게 되었다. 이에 따라 백령산성을 축조하기 위해 인력을 동원한 방식과 축조방법 등을 소상하게 알 수 있게 되었다. 특히 현문(懸門, 다락문)과 배수시설까지 갖춘 현문식 남문지를 확인한 것은 2004년 백령산성 발굴의 중요한 성과 가운데 하나이다. 이외에도 보도시설과 3기의 토광유구 및 독특한 구들시설도 확인했다. 발굴 전에 신라유물이 많이 출토될 것으로 기대했던 것과는 달리 백제유물 일색이었다.

발굴 결과 백령산성은 잔존상태가 아주 양호했다. 1,500여 년의 세월을 느낄 수 없을 만큼 원형이 거의 남아 있었다. 그래서 성문의 구조와 정상부의 저수용 목곽 구조 등을 명확히 파악했다. 천안 백석동 토성 내에서 확인한 용수 저장시설과 설봉산성 등에서 나온 시설과 함께 백제시대 산성 내의 목조 시설물 규명에도 도움이 될 것으로 보인다.

백제시대 명문와는 모두 네 종류가 확인되었다. 丙이란 글자를 새긴 도장을 기와에 찍어서 글자를 표시한 '栗峴 丙辰'銘 印章瓦(병자명 인장와) · 耳淳辛 戊午瓦(이○○ 무오와) · 耳淳辛 丁巳瓦銘 印銘瓦 · 上卩銘 印刻瓦(상부명 인각와) 등이 그것이다. 이같은 기와의 출토는 백령산성의 축조시기와 비밀을 밝힐 중요한 자료가 틀림없다. 기와에 나타난 간지(干支)는 백령산성의 축성연대를 밝힐 열쇠가 되었다. 이 가운데 특히 상부(上部)명 기와는 그간 부여나 익산지역 일대 유적지에서만 확인되었던 내용을 담고 있다. 그런데 이들 지역과 다른 백령산성에서도 출토되어 백제 왕도의 5부제 문제를 보다 명확히 해명할 수 있을 것이다. 백령산성에서 나온 이들 기와의 간지(干支) 연대를 보면, 정사년(丁巳年)은 백제 위덕왕 44(597)년과 의자왕 17(657)년에 해당한다. 그리고 무오년은 혜왕 1(598)년 · 의자왕 18(658)년이다. 그래서 이 성의 축조연대는 6세기 말과 7세기 중반으로 압축될 수 있다. 이는 위덕왕 44년과 45년인 597년 및 598년일 가능성이 보이지만, 성왕 15년과 16년(537 · 538년)도 배제할 수는 없다. 저수조 목곽의 목재 탄소연대측정 및 연륜연대측정 결과가 나오면 보다 확실한 연대가 나올 것이다.

백제가 공주에서 부여(사비)로 왕도를 옮긴 것이 성왕 16(538)년이니까 이때 축조된 것일 가능성도 크다. 정사년과 무오년은 각기 537(성왕 15)년과 538(성왕 16)년에 해당한다. 다시 말해 관산성을 놓고 신라와 다툴 당시인 성왕 때에 이 금산지역을 중시하여 성을 쌓았을 가능성이 있다. 그러나 이로부터 120년 후인 7세기 중반은 의자왕 17년과 18년이어서 백제 말기이다. 그래서 세 시대 중 가장 가능성이 낮은 것으로 보고 있다.

발굴내용

2004년의 발굴조사(3월 5일~5월 15일)는 남문지 주변과 정상부 저수시설 및 구들시설을 중심으로 이루어졌다. 남문지와 그 주변시설 및 성벽 기단부·구들 시설·목곽고 등으로 나누어 발굴을 진행했다. 이때 구들시설이 정상 평탄부 남단에서 나왔다. 지름 80㎝ 가량의 연통시설 및 덮개돌이 덮인 구들이 서쪽 편에서 발굴되었다. 구들시설은 장축이 동서방향이었다. 구들의 잔존길이는 230 ㎝로 서쪽 연통부와 1m 정도 서쪽으로 향하다가 남서쪽으로 약 45도 방향을 꺾은 상태여서 이 지점에서 경사면을 이루었다. 연도부는 40㎝ 폭이었다. 구들은 양쪽에 할석을 세우고 위에 덮개돌을 덮어서 만들었다.

2004년의 백령산성 발굴은 한 마디로 남문지와 저수조·구들시설에 대한 조사였다. 우선 남문지와 그 주변 조사에서는 백제산성의 특이성을 밝힐 수 있었다. 남문지는 다락문식을 말하는 현문식(懸門式)이다. 원형은 잘 보존되었다. 성 밖에서 안으로 통하는 문지의 내부구조와 진입방향이 확인되었고, 성내 통로로의 연결시설·보도 및 토광유구도 찾아냈다. 남문지는 전형적인 현문식으

남문지 주변 조사지역 전경(충남역사문화원)

로 통로부는 길이 450㎝ 이고, 폭은 430㎝ 규모 였다. 외곽 성곽 기저부 에서 약 4.5m의 높이에 입구가 마련되었다. 통로를 지나면 바로 성 안으로 통하는 것이 아니라, 벽이 'ㄱ'자형으로 가로막는다. 유사시 적

성 바깥을 둥글고 부드럽게 쌓아올린, 전형적인 백제산성인 백령산성 남문지 부근(대한문화재신문)

백령산성의 남문지. 현문식으로 밝혀졌으며, 문지의 배수로와 보도까지 확인되었다(대한문화재신문).

군의 진입속도를 늦추고 벙어하기 유리한 구조인 것이다. 이는 출입부와 성내의 지형이 고저차가 심한 점을 고려한 것인데, 통로부에서 성내로 이르는 바닥의 레벨을 단계적으로 높였다. 내벽을 따라 꺾여 들어가게 조성한 것이다. 그래서 내옹성 같은 수비 기능을 하고 있다.

남문지 배수로 단면(대한문화재신문)

성의 입구는 생토면을 기반으로 형성된 외곽성벽 기저부에서부터 약 4m 높이에 있다. 문지 통로부의 바닥에는 석재를 사용하지 않고 생토부스러기가 섞인 황색 점토를 다져서 조성했고, 성 안쪽으로 들어갈수록 레벨이 높아진다.

통로부를 지나 성 내에 이르면, 계단처럼 배수로의 석렬이 한단을 이루었다. 바닥은 다짐토를 사용하지 않고 황색조의 생토면으로 조성되었다.

통로부를 지나면 성내의 지형과 바로 이어지는 것이 아니라, 벽체시설로 가로막힌다. 벽체시설은 내벽과 280㎝의 거리를 두고 평행하게 조성했다. 이 벽체시설의 성격은 통로부를 지나 성안의 내벽을 따라 꺾여 들어가는 진입로이자, 성 안쪽의 벽면 시설이 일정 부분 내옹성의 역할도 했을 것으로 판단된다.

이를테면 남문의 진입 형태는 일반적인 평면 'T'자 형이 아니라, 'ㄱ'자형으로 이루어진 것이다.

배수시설은 입구 양쪽 가장자리에 있다. 성내 내벽을 따라 입구 전체 너비는 25~40㎝ 정도이다. 작은 할석으로 배수로를 만들었다.

현문식 남문 문지. 안에서 바깥쪽을 본 모습으로, 'ㄷ'자형의 배수구도 보인다(대한문화재신문).

내벽이 문지로 꺾이는 지점에서부터 조성된 배수로는 남문지 안쪽에 시설된 벽체시설을 따라 문지 입구로 이어졌다. 남문지 입구부 내에는 수로의 내벽을 석재로 조성하고, 부분적으로 덮개돌을 덮은 형태로 남아 있다.

성 안쪽의 남문지 입구 양쪽 모서리 부분에서는 기둥시설을 설치했던 흔적

규모는 작지만, 백제식 구들도 성 내부에서 확인되었다(대한문화재신문).

이 확인되었다. 서편 모서리는 대부분이 무너졌지만, 불탄 흙이 원형대로 매몰되었다. 동편 모서리는 석재를 세로로 길게 덧대어 기둥을 보강했던 흔적이 남아 있다.

성 내 통로 연결시설은 'ㄱ'자형 구조였다. 문지를 통해 성내로 곧바로 진입하는 것이 아니라, 서편으로 90도가 꺾였다.

성 안쪽 내벽에서부터 약 280㎝의 거리를 두고 할석을 이용하여 축조한 벽체시설이 있다. 이는 문지에서 성내로 진입할 때 서편으로 꺾이게 하는 인위적 시설물이었던 것으로 보인다. 이러한 벽체시설 진입로는 서편으로 향하여 내벽과 평행을 이루며 길게 형성되었다.

시굴조사 시 남벽 절개 트렌치(P.85)에서 조사한 성 안쪽의 석축시설은 내벽

을 따라 형성되었다. 성내 통로시설로 사용한 흔적이 보인다. 통로는 내벽으로부터 성 안쪽으로 약 400cm의 간격을 두고 형성되었다. 이에 따라 내벽에서 400cm의 거리에는 높이 1m 내외의 석축시설이 있고, 이 석축시설은 내벽과

전체구조를 알 수 있을 정도로 완벽한 모습의 목곽 저수조. 물을 저장하기 위한 백제시대 시설이다(대한문화재신문).

평행을 이루며 성벽을 따라 돌아갔다. 일정한 간격의 통로를 형성한 것이다.

그래서 약 400cm 간격을 둔 성 내 통로와 남문지 안쪽에 조성한 280cm 간격의 벽체시설 진입로는 120cm의 편차가 보인다. 문지와 성 내 통로의 연결부는 이 두 벽의 간격을 해결하기 위해 비스듬히 사선으로 축조한 벽이다. 이를테면 400cm의 통로가 내벽 쪽으로 비스듬히 좁아지면서 남문지 안쪽 280cm 간격의 진입로(벽체시설)로 이어지는 것이다.

기와편의 후면. 마포흔이 선명하게 보인다(대한문화재신문).

바로 이 비스듬히 축조된 벽 사이의 통로를 따라 완만하게 형성된 진입로는 보도시설과 연결되어 동쪽방향으로 경사면을 타면서 정상부로 이어진다.

성 내 통로 연결부는 파괴가 심해서 별다른 시설의 흔적은 발견할 수 없었다. 다만 비스듬히 연결되는 생토바닥과 바로 위로 풍화암반 생토부스러기와 암갈

기와편의 후면. 모골흔이 나있다(대한문화재신문).

성 안에서 출토된 토기편 및 기와편(충남역사문화원)

성 내에서 출토된 목편(木片)들 (충남역사문화원)

구연부가 다소 깨졌지만, 완형에 가까운 토기도 출토되었다 (충남역사문화원).

색 사질부토를 포함한 조성토를 깔아 진입로를 조성했던 흔적이 파악됐다.

백령산성에 출토된 다량의 기와는 문양별로 선문·격자문·무문 등 세 가지 유형이고, 고운 니질토를 사용한 경질와였다. 안쪽면은 마포흔 외에 승석문이 들어간 기와가 다수 발견되었다.

토기편 또한 선문·격자문 또는 무문의 회청색 경질토기들이다. 남문지와 그 주변·목곽 등 성 내 전지역에서 두루 발견되었다. 이들 토기는 삼국시대 말기의 백제시대 토기로 추정되었다.

이 발굴에서 명문와의 발굴과 더불어 중요한 성과로 꼽히는 저수용 목곽은 성의 한가운데에서 남문쪽으로 약간 치우친 지점에서 나왔

①
③
④
②

① 상부(上部) 명 기와.
② 동그란 원 안에 丙자가 찍혀 있는 기와.
③ 정사명 기와. 사비시대 정사년(丁巳年)은 537, 597, 657년의 세 시기가 있다.
④ 이정○무오와. 무오년은 백제 사비시대 이후의 연대로는 539, 598, 658년에 해당한다(충남역사문화원).

다. 평면 형태는 방형에 가깝다. 동서 490cm, 남북 456cm 크기에 잔존목재로 측정한 깊이(=잔존깊이)는 145cm였다. 생토바닥을 수직으로 파고 회색의 고운 점토로 목곽 외부를 채운 상태였다. 점토로 채운 두께는 약 120cm에 달했다. 목곽 안에서는 석재와 기와편, 불에 탄 목재가 들어있었고, 목곽 중간에는 20×24cm 크기의 사각형 버팀목이 150cm 간격으로 설치되었다. 이러한 목재 결구 방식은 부여 관북리 목곽고에서도 보인다. 바닥은 수평이며 '十'자 형태로 바닥을 4분할한 구조였다. 점토가 들어찬 목곽 안에서는 기와편·토기편 등이 나왔다.

백령산성의 위치

　백령산성이 자리한 남이면을 포함한 금산군 일대는 신라의 통일전쟁 때 백제로의 주요 진격로로 추정되는 지역이다. 특히 건천리(乾川里)는 사방이 500m 내외의 험준한 능선으로 둘러싸였다. 그리고 침식계곡을 따라 사방으로 도로가 발달되어 일찍부터 교통의 요지였다. 현재 논산군의 논산저수지 상류와 연산면 지역으로 통하는 길목이어서 황산벌 싸움을 치렀던 나제전쟁 때 신라군이 이 지역을 거쳐 진입했을 것으로 짐작된다. 금산에서 연산으로 가는 길은 두 가지 코스가 있다. 금산읍 내에서 서쪽 진산(珍山)-벌곡(伐谷) 대덕리를 거쳐 대덕리에서 우삼천리와 황령재를 넘어 연산 동쪽으로 곧바로 진입하는 노선과 대덕리에서 검천리(檢川里) 계곡을 따라 곰치재를 넘은 다음 연산면 산직리(山直里)에 다다르는 루트가 그것이다.

　또 다른 하나는 백령산성을 경유 하는 코스이다. 이 길은 남이면 역평리에서 서쪽으로 500m 고개를 넘어 남이면 건천리에서 운주-양촌을 거친 다음 연산에 이르는 방법이다. 신라군이 황산벌에 가기 위해서는 이 중 어느 한 코스를 거쳐야 했다. 그래서 부여와 연산을 공략하기 위한 부대는 바로 이 백령산성을 경유했을 것이다. 이 백령산성을 다른 어느 산성에 비해 그 중요성이 강조되는 까닭도 여기에 있다.

백령산성(柏嶺山城)의 의미

'잣고개'라고 부르는 산의 정상부에 산성이 자리했기 때문에 '잣고개산성'이라는 의미에서 백령산성(柏嶺山城)이라고 부르기도 한다. 삼국사기 백제본기에는 동성왕 20(498)년 사정성(沙井城)을 축조하고, 한솔(汗率) 비타로 하여금 성을 지키게 한데 이어 23(501)년에는 탄현(炭峴)에 목책을 세워 신라에 대비했다는 기록이 나온다. 사정성은 현재 대전시 사정동에 있는 사정성으로 짐작되며, 탄현은 현재 대전시 동부 및 금산지역이었을 것이다. 따라서 탄현을 넘은 신라 군대는 영동－금산－연산을 거쳐 갔을 것으로 추정된다. 이 백령산성은 신라군의 주요 진격로를 지키던 방어요새였음이 틀림없다. 2004년까지의 발굴에서 얻은 다양한 정보는 백제산성 연구에 귀중한 자료가 되고 있다.

'백령산성'이라는 명칭에서 주요 의미를 가진 부분은 '백령(柏嶺)'이다. 이는 잣고개라는 우리말을 표기하기 위한 것이었다. 栢으로써 '잣'을 나타낸 것이다. 그러나 이 성의 이름은 소나무와 사촌지간인 잣나무와는 아무런 상관이 없다. 예전에는 산 치고 잣 없는 산은 거의 없었다. '잣'이란 본래 '성(城)'을 의미하는 우리말이다. 성을 뜻하는 우리말 고어(古語)로는 기·재·잣 등의 단어가 있었다. '기'는 백제어 계통이었다. 열기군(悅己郡), 결기군(結己郡)의 기(己)는 모두 성을 의미하며 이것이 일본으로 건너가 ぎ(기)로 그대로 정착했다. 일본어에서 성을 의미하는 말 중에는 시로(しろ)라는 말이 있어 지금도 사용되지만, 현재의 우리말은 신라어 비중이 크다. '재'나 '잣'은 모두 신라어 계통으로 볼 수 있다.

다만 '잣고개'라든가 백령이란 이름은 백제를 평정한 뒤 신라가 붙인 것으로 이해할 수 있다. 언어에는 이처럼 역사의 편린을 전하는 속성을 내포한 것이다.

전라북도

고창 석교리 유적

　전북 고창군 아산면·부안면·흥덕면 일대 선운사~흥덕 간 22번 국도 확포
장공사구간에 들어간 석교리(石橋里)·동사리 유적은 2002년 시굴조사(4~5월)
에 이어 2003년 3개월간의 본격발굴(3월 19일~6월 17일)이 이루어졌다.

　석교리에서는 청동기시대 주거지, 수혈, 옹관묘와 함께 철기시대 옹관묘와
삼국시대 주거지, 주공, 수혈, 주구묘, 토광묘, 토기요지, 구상유구, 토광묘 등
이 조사되었다. 동사리에서는 고려시대 건물지와 토광묘가 나왔다.

　지석묘를 포함한 청동기 유적은 대산면과 아산면을 중심으로 고창군 전역에
산재했다. 주거지는 서해안고속도로 구간인 죽림리, 예지리, 산정리 등지에서
확인되었다. 이들 주거지는 내부 중앙에 타원형 구덩이와 구덩이 양끝에 기둥
구멍이 난 송국리형 주거지로 원형·방형 및 말각방형이 함께 존재하는 사실을
밝혀냈다.

　철기시대 생활(주거지)유적도 신덕리, 성남리, 교운리, 봉덕리 등지에서 조사
되었다. 이들 주거지는 대부분 방형이고, 주거지 가장자리에 기둥을 배열한 4
주식 벽구가 보인다.

　분묘유적은 고창 신월리, 신림면 송용리, 아산명 봉덕리·도산리 등에서 조
사한 옹관묘와 매장주체부 바깥에 도랑을 두른 주구묘(周溝墓) 등이 있다. 이같
은 주구묘는 서해안고속도로 구간의 예지리, 성남리, 광대리 유적에서 모두 35

기가 조사된 바 있다. 이 주구묘는 고창지역에 백제의 중앙묘제가 축조되기 이전의 단계인 마한의 실체를 파악하는데 실마리가 될 것으로 기대되었다.

그리고 고창 일대의 분구묘도 21기를 조사했다. 아산면 대동리 쌍천고분, 계산리 사신원고분, 흥덕 남달이고분, 상갑리 쌍치고분 등이 그것이다. 석교리 유적은 동쪽 지역과 서쪽 지역으로 유구의 성격이 크게 나누어진다. 동쪽 지역 구릉 남사면에는 청동기시대 및 삼국시대의 주거지, 수혈과 같은 생활유구가 있다. 서쪽 지역에는 청동기시대와 철기시대 옹관묘, 삼국시대 토광묘 등 분묘유적이 산재한다.

청동기시대 주거지와 수혈은 동쪽 구릉 중간의 삼국시대 2호 주거지와 8호 주거지 사이에서 확인되었다. 7호, 8호 주거지와 중복돼 있었다. 7호 주거지의 바닥에서는 청동기시대 주거지 수혈 굴광선이 확인되었다. 원형계로 추정되는 주거지 내부에서는 별다른 시설이 확인되지 않았으나, 바닥 중앙부에 타원형 또는 원형 구덩이가 있었다. 타원형 구덩이 좌우에는 기둥자리가 보이는 송국리형 주거지일 것으로 추정되었다. 그러나 민묘를 조성하면서 파괴되어 타원형 구덩이의 존재를 확인할 수는 없었다. 다만 주거지 바닥면에 흑색소토와 깨진 석재, 석기가 밀집되어 송국리형 주거지와 그 주변에 석기, 석재가 분포한 양상과 유사했다.

석교리 주거지에서는 청동기시대 무문토기편과 석착(石鑿), 석촉, 반월형석도, 석제 방추차 등이 출토되었다. 석착은 익산 영등동 Ⅰ-11, Ⅰ-14호나 원수리 4호, 남원 고죽동 2호, 화순 복교리 1호 등에서 나온 끌, 대패날과 유사하다. 석착은 목기를

청동기시대 주거지 출토유물(호남문화재연구원)

제작하기 위한 목공구로 보고 있다. 석교리 유적의 청동기시대 주거지는 송국리형 주거지로 추정되지만, 출토유물은 장방형 주거지에서 주로 나온 석기에서 조합상이 엿보였다.

수혈유구는 청동기시대 주거지 북쪽에 인접한 수혈유구에서는 무문토기편이 출토되었다. 청동기시대 옹관묘는 경사면 아래쪽과 상단부가 결실된 상태였다. 송국리형 토기 두 개를 횡치한 청동기시대 옹관묘는 외반구연 항아리형 토기의 밑바닥에 구멍을 뚫고, 입구를 납작한 돌로 덮은 것이 대부분이다. 석교리 옹관묘에 사용된 2개의 항아리 중 남쪽의 옹관은 구연부와 동체 상단부만이 잔존했다. 석교리 옹관묘는 2개를 사용했다. 그런데 남옹은 시신을 담는 관으로 사용하고, 북쪽의 항아리는 깨어 남옹을 덮었다. 이로 미루어 북옹은 남옹의 뚜껑 또는 개석으로 쓰인 합개식(合開式)으로 보았다.

철기시대

철기시대 옹관묘는 조사구역 서쪽 구릉 정상부 평탄지에 2기가 나란히 묻혔다. 토광을 파고 그 안에 직립구연 옹형토기 1개를 횡치했는데, 1호 옹관은 훼손이 심해 옹관 바닥 일부만 남아 있었다.

철기시대 옹관묘 중 1호 옹관묘는 바닥만 확인되었고, 2호 옹관묘는 토광 안에 들어있었다. 그러나 2호 옹관과 비슷한 것으로 추정된다. 상단부의 직경이 최대를 이루었다가 급격히 좁혀지는 형태의 옹관형토기인데, 이같은 토기는 이웃 부안의 신리유적같은 철기시대 주거지에서도 나온 바 있다.

삼국시대 8호 주거지에는 2개의 수혈 윤곽선이 중복돼 있었다. 1호 토광묘에는 원저단경호가 부장되었고, 2호 옹관묘는 토광을 파고 그 안에 안치한 상태이다. 그런데 직립구연의 옹형토기 1개를 횡치하여 시신을 매납했다. 1호 옹관은 파손되어 옹관 바닥 일부만 남았으나, 2호와 비슷한 구조였을 것으로 보인다.

이러한 철기시대의 옹관묘는 전북지역에서는 익산 율촌리, 김제 장흥리 · 장산리, 고창 예지리 · 신덕리 · 신월리, 부안 당하리 등 서남해안 지역에 주로 분포한다. 그러나 호형토기같은 일상용기를 단옹식으로 횡치한 철기시대 옹관묘는 극히 드물다. 그래서 석교리 유적의 단옹은 직치했거나, 합구식이었을 가능성이 제시되었다. 석교리처럼 단옹으로 횡치하는 동일한 매장방법은 부안 당하리 옹관묘 A가 대표적인 예이다. 당하리 옹관묘는 호형토기를 횡치한 것이다.

이들 옹관묘는 영산강유역 마한계 문화로 파악하고 있다. 분구묘의 옹관 및 전용 옹관으로 발전하지 못하고 남하하는 백제세력의 영향을 받아 백제계 묘제로 대치되기 전의 묘제로 보인다. 주구묘는 교란이 심해 상단부가 유실된 상태였다.

삼국시대 유구

석교리의 삼국시대 유구로는 주거지와 주공군, 수혈, 주구묘, 토광묘 등이 있다. 이들 유구는 동쪽과 서쪽 구릉에 분포한다. 동쪽 지역에서는 12기의 주거지와 수혈, 주공무더기가 나왔고, 서쪽에서는 주구묘와 토광묘가 확인됐다. 생활유적은 주로 동쪽 지역에 자리한 반면 서쪽 편에는 분묘유적이 밀집한 양분 현상을 보였다.

12기의 주거지는 남북방향으로 줄을 지어 들어섰다. 1호~9호 사이와 12호 주거지군과 10~11호 주거지의 중간지역에는 주공군이 보인다. 이들 주공군을 중심으로 반경 18m 지역에는 주거지가 없는 공지여서 계획된 취락구조를 드러냈다.

이들 주거지는 모두 방형계이다. 방형계의 삼국시대 유적으로는 군산 남전리 · 관원리 · 둔덕리 · 고봉리, 익산 월곡리, 고창 우평리, 정읍 관청리, 남원 대곡리 등이 있다.

석교리 주거지 중 면적을 확인되거나 추정할 수 있는 것은 8호(50.42㎡)와 9호(11.61㎡)이다. 2호(20.85㎡)와 3호 주거지(19.09㎡)는 철기시대 주거지와 비숫한 규모로 대략 면적이 20㎡에 이른다. 석교리의 주거지 면적을 확인 또는 추정이 가능한 것은 4기이다. 이들의 면적은 11.61㎡(9호)에서 50.42㎡(8호)까지 큰 차이가 난다. 2호 주거지와 3호 주거지는 규모가 철기시대 주거지와 비슷한 크기로서 2호는 20.85㎡, 3호는 19.09㎡이다. 따라서 석교리 주거지 면적은 평균 20㎡이다.

호남지역의 철기시대 주거지 평균면적은 1기의 부뚜막시설을 갖춘 주거지의 경우 19.01㎡이고, 삼국시대 주거지로서는 1기의 부뚜막시설을 갖추었을 경우 평균면적이 26.1㎡이다. 그래서 석교리 삼국시대 주거지는 철기시대 주거지의 면적과 동일하고, 평면형태 또한 유사하다. 다만 장란형 토기 및 발형토기같은 연질토기 외에도 회청색 경질호와 병형토기, 고배 등이 출토되었다. 이 때문에 주거지가 축조된 시대는 삼국시대의 것이지만, 마한계 사람들의 주거지로 보고 있다. 4호 주거지는 북벽만 7.5m로서 8호와 비슷한 규모이다. 이는 삼국시대 주거지가 평균 24.5㎡의 면적인데 비해 두 배나 되는 대형주거지였다.

벽구(壁溝)

벽구가 확인된 주거지는 8기이다. 이는 내부의 벽 가장자리를 따라 작은 도랑을 낸 주거지를 말한다. 벽면이나 내부에서 유입되는 물을 배수하기 위한 시설로 보고 있다.

주공

한편 석교리 주거지의 주공은 주거지 네 모서리 안쪽에 4개의 기둥을 배치한 4주식이 기본이다. 4주 모두 확인된 주거지는 1호, 5호 주거지이고, 나머지 주거지들은 모서리 안쪽에 주공이 보여 4주식을 기본으로 했던 것임을 알 수 있었다.

기둥은 원형의 통나무를 사용했으나, 8호 주거지의 경우 주공 상단부에 각이

진 면을 보인다. 이는 통나무를 가공해서 기둥으로 썼던 흔적으로 추정된다. 8호 주거지는 장축길이가 750㎝ 이상이다. 그래서 평균면적이 24.5㎡인 삼국시대 주거지의 두 배가 될 정도(50㎡)로 대형이었다. 기둥의 둘레도 50㎝ 내외나 되는 8호 주거지는 다른 주거지의 기둥 둘레가 20㎝ 정도인 점과도 비교된다.

부뚜막 시설

부뚜막이 확인된 주거지는 1호, 5호, 8호 세 곳이다. 그러나 2호, 7호, 9호 주거지에서도 소토부가 확인되어 이들도 부뚜막을 갖추었던 것으로 보고 있다. 부뚜막은 아궁이부, 연소부, 연통부의 구조를 갖춘 것으로 추정되는데, 부뚜막 시설은 파괴되어 연소부에 놓아두었던 솥받침용의 발형토기만 남은 경우가 대부분이다.

부뚜막의 위치는 북벽 중앙과 바닥 중앙에 둔 두 가지 형식으로 나눌 수 있다. 부뚜막의 구조가 가장 잘 남은 8호 주거지를 보면, 점토로 부뚜막을 쌓아 부뚜막의 일반적인 형태를 갖추었던 것으로 짐작되었다. 연도는 터널형으로 만들어 배연과 난방효과를 고려했는데, 이같은 부뚜막은 철기시대 주거지에서 채용한 것이다. 조리와 난방에 획기적인 발전상을 보여준다고 할 수 있다. 이는 철기시대에서 백제 초기로 이어지는 마한의 전통을 보여주는 주거형식이다. 뿐만 아니라 주거지에서 출토된 유물이 회청색 또는 회갈색 경질토기가 주류를 이룬다. 발형토기, 장경호, 고배, 개같은 토기들은 백제 초기의 유물로 볼 수 있기 때문에 그 시기를 5세기 중후반으로 편년할 수 있을 것이다.

출토유물

석교리 삼국시대 주거지에서는 발형토기, 호형토기, 장란형 토기, 완형토기, 파수부 발, 고배, 시루, 개, 컵형토기 등 토기류 외에도 방추차나 아궁이같은 토제품이 나왔다. 토기류는 적갈색 및 황갈색 연질토기와 회청색 경질토기로 이들은 서로 비슷한 비율을 보이고 있다.

12기의 주거지 가운데 8기의 주거지에서 유물이 나왔다. 그 중에서도 8호 주거지의 출토유물이 전체의 절반 이상을 차지하고, 기종도 다양하다. 또한 주거지 주변의 삼국시대 주혈군과 수혈유구에서도 유물이 나왔는데, 수혈유구의 유물은 평저 호형토기, 발형토기 저부편 등이다. 5호 주거지에서는 12점의 발형토기가 나왔다. 적갈색, 황갈색 계통의 연질토기들이다. 완형은 대부분 부뚜막시설 내에서 토기받침용으로 쓰던 것들이었다. 발형토기는 저경에 비해 구경이 크고, 높이가 높은 심발형이다. 격자문이나 평행문이 들어갔다.

장란형토기로는 1호 주거지의 부뚜막 위면에서 조리용으로 추정되는 완형에 가까운 것이 출토되었다. 7호 및 8호 주거지에서는 회청색 경질계의 완이 나왔는데, 구경에 비해 바닥이 좁고 기고가 낮다. 바깥면에 격자문이 들어간 것과 평행문이 있는 것이 있다.

파수부 발은 완형에 가까운 것이 8호 주거지에서 나왔다. 저부는 편편하고 동체 중앙부에서 상부까지 4조의 돌선이 들어가 있다. 이 유물은 청주 신봉동, 부안 죽막동에서 나온 파수부 잔과 비슷한 형태이고, 고창 봉덕리에서 나온 것과도 매우 유사하다. 중국 후한의 원초 대사농명 청동두(元初 大司農銘 靑銅斗)와 비슷한 형태라는 점을 들어 발굴단은 도량형토기로 파악하고 있다.

병형토기는 3점(1호, 5호, 8호 주거지)이 나왔다. 8호 주거지에서 나온 병형토기가 완형이고, 나머지는 구연부 등이 결

8호 주거지 출토유물(호남문화재연구원)

실되었다. 그러나 세 점 모두 8호 주거지의 병형토기와 마찬가지로 배부병(杯附瓶)으로 파악했다. 이같은 토기는 부악 죽막동에서도 출토되었고, 5~6세기의 유물로 가야와 백제지역에서도 많이 나온다.

그리고 배부병은 일본 여러 지역에서 출토되었다. 한반도에서는 전남지역에서 많이 출토되어 일본의 배부병은 5세기 말경 영산강유역에서 만들어졌을 가능성이 제시되었다. 따라서 일본과의 교류를 짐작해볼 수 있는 유물이다. 그리고 시루는 6개의 조각이 확인되었으나, 전체적인 형태와 정확한 모양은 파악하지 못하고 있다. 다만 7호 주거지에서 나온 시루편은 바닥과 동체부 일부로 바닥 중앙에 큰 구멍이 뚫렸고, 그 주위로 작은 구멍이 나있다. 이런 형태는 8호 주거지 출토 시루도 마찬가지다. 7호 시루 바깥면에는 평행문이 들어갔고, 그 위에 조족문을 새겼다. 이는 대체로 3세기~5세기 후반에 제작된 마한계 토기이다.

고배는 5호 주거지에서 출토되었다. 비록 완형은 아니지만, 형태를 파악할 수 있었다. 투창이 없는 연질 고배이다.

컵형토기는 1호 주거지에서 한 점이 나왔다. 회청색 경질토기로 바닥은 평평하고, 구연부에는 돌선이 들어갔다. 파수가 있었는지는 알 수 없다.

호형토기는 3호 주거지에서 한 점이 나왔다. 역시 회청색 경질토기이고, 구연부만 결실되었다. 회청색 경질의 개(蓋)는 3호 주거지에서 3점이 나왔는데, 모두 완형은 아니다. 하지만 기종과 형태를 파악할 수는 있었다.

이외에 방추차 2점과 8호 주거지에서 나온 용도 미상의 토제품이 더 있다. 이 2점의 토제품은 아궁이틀이었을 가능성이 보인다. 'ㄷ'자형의 아궁이틀은 고구려와 백제 및 영산강유역, 일본 기내(畿內)지역에서도 출토되었다. 고구려 지역과는 달리 백제지역에서는 토제품이 중심이다. 대략 4~6세기 중반의 것으로 보고 있다.

전주시 완주군 상운리 유적

　전주시 덕진구 동북지역 외곽인 완주군 용진면 상운리에서 국내 최대의 마한계 분구묘가 전북대학교박물관에 의해 발굴됐다. 총 30여 기의 분구묘와 토광묘 100여 기 및 옹관묘 40여 기가 밀집분포하는 지역이다. 그리고 청동기시대 주거지 5기, 지석묘 1기, 석곽묘 6기, 석관묘 1기, 수혈유구 5기, 굴립주 건물지 수혈 45기 등이 발굴되기도 했다.

　이 유적은 원삼국시대로부터 삼국시대에 이르는 분묘 중심의 유적이다. 이 유적을 통해 마한시대의 분구묘와 그 특징을 좀더 섬세하게 파악할 수 있게 되었다. 유물로 보아 하한연대가 5세기 중엽으로 추정되는 이 유적의 묘제는 백제가 한성에서 공주로 옮겨오기 이전에 존재했던 것으로 보인다. 특히 이들 유물과 유적은 4세기 중후반 무렵 전북지역의 마한이 백제에 병합된 이후에도 그 세력이 그대로 존속했음을 시사하는 자료로 볼 수도 있다. 그래서 이들 묘제는 향후 마한과 백제의 관계를 파악하는 데 중요한 자료로 활용될 것으로 보인다. 상운리 유적 가운데 가-1지구 및 가-2지구의 분구묘 내에서 출토된 유물은 토기류가 99점, 환두대도 및 대도를 포함한 철기가 150점(환두대도 및 대도 15점, 철정 11점, 철부 23점 등)에 이른다. 그리고 옥 종류가 1,640점에 달해 묘의 규모와 유물의 종류로 볼 때 현재까지 발굴한 분구묘 유적 가운데 최대규모이다. 당시 수장급의 무덤으로 추정되어 앞으로 4~5세기의 마한의 묘제 연구에 상당한 진전을 가져올 획기적인 발굴로 평가 할 수도 있다.

이제껏 발굴된 마한의 분구묘 가운데 최대규모인 이 유적은 마한 소국 중의 하나로 비정할 만한 발굴내용을 내포한 것이다. 현재까지 전북지역에서 발굴된 마한 분구묘는 4세기를 넘어서는 경우가 없었다. 그러나 상운리 분구묘는 4세기 중반부터 5세기 중반 사이에 조성되었다. 따라서 4세기 근초고왕 때 마한이 백제에 병합되었다는 기존 학설의 근거로 삼았던 종래의 사서(史書)와는 달리 백제의 전성기에도 일부 마한의 정치세력이 잔존했다는 사실을 짐

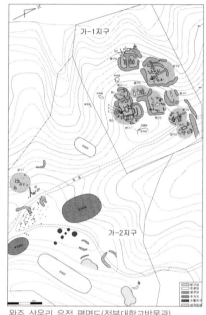

완주 상운리 유적 평면도(전북대학교박물관)

작할 수 있게 되었다. 그리고 상운리 유적의 묘제를 통해 당시의 사회적 위계를 명확히 구별할 수도 있다는 점도 강조하지 않을 수 없다. 이를테면 동일 분구 내에서도 신분에 따른 구별이 가능하고, 또한 분구 사이에서도 뚜렷한 신분 차이가 확인되었던 것이다. 가-1지구 1호 분구묘의 1호 토광묘는 무덤의 규모와 축조방법과 내부출토 철기로 볼 때 이 지역 최고 권력자의 무덤일 가능성이 크다.

이 유적에서는 환두대도 · 옥류 · 철정 · 철부가 상당량 출토되었다. 전북지역의 마한유적에서 이처럼 다양한 철기가 출토된 유적이 없었다. 환두대도는 15점이 출토되었는데, 1점만 삼엽문 환두대도일 뿐 나머지는 모두가 둥근고리의

무문환두대도다. 또한 단일 유적에서
1,640점의 많은 옥제품이 출토된 사
례가 없다. 후한서 동이전 한조(韓條)
에 '不知騎乘牛馬唯重瓔珠'라 하여
'소와 말을 타는 법을 모르고, 오직
영락과 같은 구슬을 중히 여긴다'고
한 기록에 보이는 것처럼 마한인들이
구슬을 좋아했다는 내용이 실물로 확

지도위원회 모습(대한문화재신문).

인된 셈이다. 앞으로 이들 옥을 분류해 정리하면, 더욱 흥미로운 자료가 쏟아질
것으로 보인다.

분구묘 내 토광의 장축이 등고선과 직교 또는 평행하는 것은 무덤의 조성시
기가 다르다는 사실을 의미한다. 가-1지구 분구묘 내 토광묘의 장축은 등고선
과 직교하고, 시신 두향은 능선의 정상부인 동쪽을 향했다. 이는 4세기 중반부
터 4세기 말까지 토광묘 장축이 등고선과 평행하는 가운데 피장자의 머리방향
을 북쪽으로 두기 시작한 4세기 말부터 5세기 중엽에 걸쳐 만들었다는 결론을
뒷받침하는 것이다. 이들 사이에는 약 100년의 시차가 난다. 등고선과 평행한
토광묘에서만 병 모양의 토기가 출토되고, 호형(壺形)토기의 구연부 처리가 서
로 다른 점도 무덤 조성시기의 차이를 시사한다.

여기서 확인된 분구묘는 그 자체의 특이점보다는 분구 내 토광묘의 점토곽이
다. 평지에서 퍼온 회색 점토를 이용해 점토곽을 만들었다는 점이 특이했다. 이
와 같은 점토곽은 기존 마한유적에서 볼 수 없는 상운리 유적만의 특징이었다.
그리고 가-1지구 1호 분구묘의 1·2호에서는 마치 토광묘만을 두른 듯한 주구
가 보인다. 1호 토광과 2호 토광에 이어 1호 토광과 3·4·5호 토광 사이를 넓
이 약 30㎝ 내외의 점토띠로 연결시켰다. 이는 토광묘들 사이의 혈연 및 종속관
계를 의도적으로 나타낸 독특한 내용으로 파악되었다.

4~5세기 마한의 최고지배층 무덤

익산~장수 간 고속도로 건설구간 내의 유적인 이 상운리는 오래 전부터 이같은 유적·유물이 존재할 것으로 예상한 지역이다. 지난 1996년 전주~함양간 고속도로 건설사업의 하나로 지표조사를 할 때부터 유적의 존재가능성이 처음 제기되었다. 그 당시 개간된 밭과 과수원 등지에서 원삼국시대의 것으로 짐작되는 연질적갈색 토기편을 비롯 각종 회청색 경질토기편이 수습되어 조사 뒤 따라야 한다는 의견이 나왔었다.

마한의 분구묘는 이 지역 외에도 청주 송절동과 송대리, 천안 청당동, 공주 하봉리, 보령 관창리, 서천 당정리, 익산 영등동·간촌리·율촌리, 고창 만동, 부안 신리·대동리 등 충청도 지역과 호남지방에서 주로 발견되었다. 전북대학교박물관이 발굴한 이 유적은 상운리 산 8번지 일대 약 52,000㎡에 이르는 대규모 구역이다. 상운리 유적 가운데 가-1지구에서는 지금까지 8기의 분구묘와 43기의 토광묘 및 17기의 옹관묘가 확인되었다.이외에도 청동기시대 주거지 1기와 지석묘 1기, 석관묘 1기, 삼국시대 와관묘 1기, 고려시대 횡구식석곽묘 1기를 조사했다. 가-1지구의 1호 분구묘에서는 모두 8기의 토광묘가 발굴되었는데, 이 가운데 1호와 2호는 점토곽을 만들어 그 안에 목관을 넣은 토광목곽묘인 사실을 확인했다. 그리고 1호 토광묘는 규모와 축조방법 등으로 미루어 4세기 말 최고 권력자의 집단묘일 것으로 추정되었다. 이외에도 환두대도와 대도·금동이식·철정· 단야구·철부·철촉 등 철기유물이나 토기 및 옥류(玉類)를 감안하면, 이같은 추정은 더욱 설득력을 갖는다. 1호묘의 동북쪽의 2호묘는 1호묘를 만든 뒤 얼마 지나지 않아 새로 만든 것으로 보이는데, 2호묘의 주변으로는 주구가 있다. 내부에서는 금박을 입힌 유리옥 1점을 비롯한 406점에 이르는 옥과 반량전(半兩錢)과 함께 토기 2점이 확인됐다. 3호·4호·5호 토광묘는 1호묘에 덧대어 분구를 확장한 다음에 축조한 무덤이다. 4호의 경우 점토곽을 만들었고, 7호와 8호 는 1호묘의 분구에서 추가 확장하여 봉분을 만든 흔적이 확

완주군 상운리의 분구묘 출토 상황. 마한의 지배자급 무덤으로 추정된다(전북대학교박물관).

인되었다. 1호와 2호, 1호와 3호·4호·5호는 약 30㎝ 내외의 점토띠로 연결되었다. 이는 앞에서 말한 것처럼 1호와 그 외의 토광 사이에 어떤 혈연이나 종속관계 등 친분관계를 표시한 것으로 추정했다. 이외에 1호 분구에서는 총 5기의 옹관이 확인되었는데, 이 가운데 1호 옹관은 청동기시대 옹관이었다. 1호 토광 목곽묘의 서북쪽 약 80㎝ 거리에서 완형으로 나왔다. 암회색 점토질층 바로 밑에서 파괴되지 않은 채 나와 주목을 끌었다. 1호 분구묘의 토광 장축은 모두 등고선과 직교하는 동-서방향으로 위치한 가운데 피장자의 머리방향은 출토유물로 미루어 능선의 정상부를 향한 동향으로 보인다. 1-1호 분구묘는 1호 분구묘의 동쪽에 위치한다. 독립적인 주구를 가진 소형 분구로 1기의 토광묘와 2기의 옹관묘가 발굴되었다. 여기서는 한쪽 모서리가 열려 있는 주구가 확인됐다. 분구의 동쪽 편을 돌아 1호 분구묘와 주구가 중복되었는데, 이는 1호 분구묘와 어

가-1지구 1호 분구묘

가-1지구 2호분구묘

가-1지구 3호분구묘

가-1지구 4호분구묘

5호분구묘 가-1지구

6호분구묘 가-1지구

7호분구묘 가-1지구

8호분구묘 가-1지구

1-1. 1호 분구묘 1호 토광묘
1-2. 1호 분구묘 1호 토광묘 출토 철기
1-3. 1호 토광묘에서 출토된 금동이식
1-4. 1호 토광묘에서 출토된 연질호
1-5. 1호 분구묘 2호 토광묘
1-6. 2호 토광묘에서 출토된 변량전
1-7. 2호 토광묘에서 출토된

변량전
1-8. 1호 분구묘 3호 토광묘
1-9. 3호 토광묘에서 발견된 옻칠흔
1-10. 1호 분구묘 4호 토광묘
1-11. 1호 분구묘 7·8호 토광묘(오른쪽 7호)
1-12. 7호 토광묘 출토 호
1-13. 1-1호 분구묘 1호 토광묘
1-14. 1-1호 분구묘 1호 토

광묘 출토곡옥과 이식
2-1. 2호 분구묘 1호 토광묘
2-2. 2호 분구묘 1호 토광묘 출토 철기류
2-3. 2호 분구묘 1호 토광묘 출토 곡옥
2-4. 2호 분구묘 6호 옹관묘
2-5. 2호 분구묘 6호 옹관묘
2-6. 2호 분구묘 6호 옹관묘 출토 호
3-1. 3호 분구묘 1호 토광묘

3-2. 3호 분구묘 2호 토광묘
3-3. 3호 분구묘 3호 토광묘
3-4. 3호 분구묘 3호 토광묘 출토 옥류
4-1. 4호 분구묘 2호 토광묘
4-2. 4호 분구묘 7호 토광묘
4-3. 4호 분구묘 토층 상태
5-1. 5호 분구묘 1호 토광묘
5-2. 5호 분구묘 2호 토광묘
5-3. 2호 토광묘 출토 삼엽 환두대도
5-4. 2호 토광묘 출토 철공

구류
5-5. 3호 토광묘
5-6. 5·6호 토광묘(오른쪽 5호)
6-1. 6호 분구묘 1호 토광묘
6-2. 1호 토광묘 목관흔적
6-3. 1호 토광묘 출토 환두대도
6-4. 2호 토광묘
6-5. 2호 토광묘 바닥 목관

흔적
7-1. 7호 분구묘 1호 토
7-2. 7호 분구묘 2호 토
7-3. 2호 토광묘 출토 옥부호와 병
7-4. 3호 토광묘
8-1. 8호 분구묘
8-2. 8호 분구묘 5호 토
8-3. 8호 분구묘 5호 토광묘
8-4. 5호 토광묘 출토토

떤 친연성을 갖은 것으로 짐작된다. 1호 토광묘는 1호 분구묘와는 달리 점토곽을 설치하지 않았고, 장축방향은 등고선과 평행한 남북방향이다. 피장자의 머리방향을 북향으로 둔 1호 토광묘는 1호 분구묘와는 시기적으로 차이가 있었다. 이와 별도로 1호 분구묘와 1-1호 분구묘

가-1지구 1호 분구묘 1호 토광묘 출토 철기류(전북대학교박물관)

에는 일정 간격을 두고, 옹관으로 보이는 무문토기 3점을 부장한 흔적이 확인되었다. 무덤의 기능보다는 영역표시 또는 분구구획을 위한 용도로 사용했을 가능성이 크다.

2호 분구묘는 1호 분구묘의 북쪽에 있다. 북쪽 한켠이 열려 있는 'ㄷ'자형 주구가 폭 150~200㎝, 깊이 20~80㎝ 크기로 둘러싸였다. 여기서는 총 3기의 토광묘와 6기의 옹관묘가 출토되었다. 이 가운데 1호 토광묘는 목곽을 사용한 토광목곽묘이다. 1호묘 주변으로 옹관묘 6기가 둘러싼 형태로 발굴되었다. 장축방향은 남북이고, 두침은 북향으로 1호 분구묘와 장법과 시기에서 큰 차이가 없는 것으로 추정되었다. 이외에 2호 및 3호 토광묘는 장축방향이 동서방향이고, 피장자의 두향은 동향이다. 또한 옹관묘는 단용식 3기와 2옹합구식 3기의 옹관묘에 나온 부장품도 일부 확인됐다. 3호 분구묘는 1호 분구묘의 서북쪽에 자리한다. 총 3기의 토광묘와 1기의 옹관묘가 확인되었다. 분구 동쪽에서 북쪽으로 주구가 형성되었는데, 2호 분구묘의 주구와 중첩했다. 목곽을 설치한 토광목곽묘인 1호묘의 내부 목관은 서벽에 치우쳐 안치되었다. 토광묘의 장축방향이 남북방향이고, 피장자 두침방향은 북향이었다. 피장자의 두향이 동향이며 장축 동서방향인 2호 및 3호 토광묘의 내부에는 목곽이 없었다.

가-1지구 분구묘 가운데 분구의 축조상태 및 잔존상태가 가장 양호한 분구묘는 바로 4호 분구묘였다. 1호 분구묘에서 서북쪽으로 가장 멀리 떨어진 이 4호 분구묘 내에서는 총 8기의 토광묘와 1기의 단옹식 옹관묘가 확인됐다. 분구의 북쪽 및 서쪽에서 1차 분구 조성 때 만든 주구 외에 2차 추가 주구의 존재도 확인됐다. 이와 아울러 1호 분구묘의 서쪽 편 가장 먼 곳으로 가-1지구 구릉 가운데 가장 낮은 지역에 위치한 토광묘 3기는 분구의 중심부에 위치했다. 그리고 2차 주구와 그 주변에도 5기가 있었다. 5호 분구 서편에 자리한 1차 주구의 바닥면에서는 완형의 단경호 2점이 발굴되었다. 이 단경호는 처음부터 의도적으로 엎어놓았던 것으로 추정했다. 1호·2호·3호 토광묘는 모두 능선과 교차하는 동서방향으로 장축을 했고, 두향은 동향이었다. 능선과 평행한 4~8호 토광묘는 남북방향을 장축으로 하고, 두향을 북향으로 한 것이 차이점이었다. 2호 분구묘의 동북쪽에 자리한 6호 분구에서는 4기의 토광묘 및 2기의 옹관묘가 확인됐다. 1호 토광묘의 목곽묘 바닥에서는 목질 흔적이 확인됐다. 내부에서 135cm 정도의 환두대도 1점과 철창 1점, 철기류 3점 및 토기 2점이 출토되었다. 이외에 곡옥 1점 및 청동이식 2점, 호(壺) 2점이 나왔다. 4호와 6호 사이의 7호 분구묘는 윗면이 깎여나가 분구형태를 확인할 수 없었다. 8호 분구묘는 6호 분구묘의 동쪽에 있는데, 총 7기의 토광묘가 확인됐다. 분구 북쪽으로 분구와 관련한 것으로 짐작되는 주구가 380~400cm 폭으로 형성되었다. 분구의 가장 중심이 되는 묘제로 보이는 1호 토광묘는 토광의 규모가 크다. 내부에서는 환두대도 1점, 호 2점, 철부 2점, 철창 2점이 출토되었다. 장축은 남북방향에 피장자의 머리방향은 북향이다.

이외에 가-1지구에서는 1-1호 분구묘의 서쪽 편으로 약 5부 능선에 지석묘 2기가 있었다. 그리고 석기공방의 기능이 엿보이는 주거지가 1호 분구묘 동편 정상부에서 확인되었다. 한편 가-2지구는 일부만을 조사한 상태인데, 현재까지 총 4기의 분구묘가 나왔다. 가-2지구 서편에서는 토광묘 6기와 옹관묘 3기가 확인됐다. 내부에서는 각종 철기 및 토기류가 가-1지구와 비슷한 형식으로 출토됐다.

가-1지구 2호 분구묘 1호 토광묘 출토 곡옥
(전북대학교박물관)

이외에도 가-2지구에서 주구만 확인되고, 매장주체부는 확인되지 않은 분구묘 3기와 수혈유구(저장공) 5기 및 굴립식 지상가옥으로 추정되는 수혈 45기가 나왔다. 1호 분구묘에서는 6기의 토광묘와 옹관묘 여러 기가 발굴되었다. 모두 11기의 분구묘를 확인한 나지구에서는 분구묘 주변을 따라 주구를 돌렸던 흔적을 찾아냈다. 그리고 매장주체부로서의 토광묘가 42기, 옹관묘 14기, 청동기시대 주거지 4기, 석곽묘 5기가 추가로 확인됐다. 나지구 유적 역시 가지구와 마찬가지로 분구묘와 토광묘 및 옹관묘·주구 등이 중심을 이루었다. 대부분의 토광묘는 구릉 정상부 및 서사면에 밀집분포한다. 가지구의 고분은 대략 장축방향이 등고선 방향과 직교하는 동서방향인 반면 주구가 확인되는 나지구의 토광묘는 등고선과 직교한다. 그런데 주구가 없는 토광묘는 등고선과 평행한 남북방향으로 조사되었다. 나지구의 토광묘는 토광 안에 목관을 안치한 다음 토광과 목관 사이를 흙으로 채운 방식이다. 이는 가지구와 다른 점이었다. 지금까지 나지구에서는 분구가 잔존한 분구묘 11기와 함께 이들 무덤 주변에서는 주구 흔적을 찾았다.

익산 왕궁리 유적

　전북 익산 왕궁리 유적(사적 408호)은 남북 493m, 동서 234m의 왕궁성(王宮城) 성벽 구조와 축조방식, 축조시기 및 전체 유적의 성격을 밝히기 위해 발굴되었다. 국립부여문화재연구소의 5개년 발굴계획에 따라 1989년부터 2003년까지 이루어졌다. 이때 발굴은 왕궁성 발굴에 그치지 않고, 미조사 지역에 대한 보강조사를 위해 다시 5개년계획을 진행시켰다. 이 왕궁리 유적을 놓고, 그동안 마한 천도설, 백제 무왕 천도설, 백제 별도설, 안승의 보덕국(報德國) 관련설, 견훤 도읍설 등이 제기돼 왔다. 그런데 발굴이 진행되면서 무왕 천도설 또는 별도설, 안승의 보덕국설이 설득력 있게 논의되었다. 이에 백제 말기에 축조되어 안승이 이곳에 정착하였고, 이후 통일신라 말기까지 존속했을 가능성을 높였다. 이외에 왕궁리 유적 내의 오층탑 양식을 토대로한 백제 양식설과 금강경판의 필체와 내용분석을 빌린 백제 무왕대 축조설이 나오기도 했다.

　1965~1966년 5층 석탑 해체복원 때 탑 옥개석과 금강경판, 사리함 등의 유물이 수습되어 5층 석탑의 제작시기를 고려 초로 본 적도 있었다. 그러나 1976~1977년 원광대 마한백제문화연구소가 북편 금당지와 외곽 궁성 일부를 발굴할 때 왕궁의 궁장(宮墻, 궁의 담장)이라는 설이 제기되었다.

　이후 1989년부터 백제문화권 정비사업으로 연차 발굴이 진행되어 120,000㎡를 대부분 발굴했다. 이때 왕궁탑을 중심으로 탑 북편에서 금당지와 강당지 등의 건물지가 확인되었다. 탑 동편에서는 이 사찰에 공급하던 통일신라시대 와요지 2기가 조사되었고, 탑의 북편과 남편에서 동서방향의 석축시설을 찾아냈다. 1994년부터 시작된 2차 5개년 발굴에서는 탑 주변부 정밀조사와 함께 궁성성벽의 형태와 구조, 문지, 건물지, 수구(水口) 등에 대한 조사가 이루어졌다. 2003년까지의 3차 5개년 발굴에서는 성벽, 성 내부 평탄대지 조사에 나서 기와와 토기, 유리와 금속유물 등 3,000여 점의 유물을 수습했다.

왕궁의 궁성은 동벽 492.8m, 서벽 490.3m, 남벽 234.06m, 북벽 241.39m로 조성되었고, 성벽의 폭은 300cm 내외라는 사실도 밝혀졌다. 성벽의 안쪽 또는 바깥쪽으로는 성벽과 나란히 100~120cm의 부석시설이 마련되어 낙숫물이나 배수로 부터 성벽을 보호하는 기능까지 갖춘 사실을 알아냈다. 문지는 모두 3개가 확인되었다. 폭이 11.45m에 이르는 남성벽에 2개, 서성벽에 1개가 있었던 것으로 조사되었다. 성벽을 관통하는 수구가 동북과 동남, 서남 모서리에 배치돼 있다. 성벽을 따라 백제 말~통일신라시대의 기와류가 출토되었다. 그래서 현재는 성벽 상부가 유실된 상태지만, 기와지붕 시설을 갖춘 건물이 존재했던 것으로 보았다.

왕궁리 궁성의 축조시기

왕궁리 궁성의 축조시기에 대해서는 백제 말로 보는 견해와 백제 멸망 이후 통일신라 초기로 보는 두 가지가 있다. 그러나 발굴과정에 성벽 퇴적층에서 나온 유물이 주로 백제 말에서 통일신라 초기의 것으로 판명되어 이 궁성의 사용시기를 백제 말~통일신라로 보게 되었다. 이에 따라 백제 말 축조설과 관련한 무왕의 천도 또는 별도설(別都說), 그리고 통일신라 초기 안승의 도읍설을 비중 있게 받아들이는 계기가 되었다.

왕궁성의 성벽 체성부와 성벽 내 구지표층 하부에서 나온 전달린토기와 완 등 백제 말기의 토기와 와편으로 보아 성의 축조시기는 백제 말로 판단할 수 있다. 또한 2002~2003년에는 서성벽 북편 밑에서 암거(暗渠) 형태의 수로가 성벽 바깥으로 약 50m 가량 이어져 있는 것이 확인되었다. 이 배수로의 바닥층 내부에서는 백제기와와 개배뚜껑편 등 백제유물이 출토되어 바닥의 연대가 백제시대로 다가갔다. 더구나 성벽 수구의 바닥석을 깐 층에서는 통일신라시대의 유물이 주로 출토돼 통일신라시대에 배수로를 수축한 사실도 알 수 있었다. 이런 점으로 보아 왕궁성은 백제 말기의 어느 시기에 축조되어 통일신라시대까지 사용됐다는 판단을 내린 것이다.

5층 석탑(왕궁탑)을 기준으로 성 내부의 남쪽 및 북쪽 지역에 조성된 3열의 동서석축은 장방형 석재를 써서 정교하게 쌓았다. 이 동서석축은 북남방향의 경사면을 평탄하게 깎아 대지를 조성하면서 만든 일종의 축대라고 할 수 있다. 그런데 이 석축의 뒤채움 부분에서 백제토기와 와편이 나와 백제 말기에 축조되었을 가능성을 한껏 더 높였다.

그리고 탑 남쪽의 제1 석축 북편(제2 석축) 사이에서는 백제 말기의 건물지 5기가 드러났고, 북편 제2 석축 북쪽의 제3 석축은 통일신라기까지 존속했던 것으로 조사되었다.

한편 왕궁탑을 기준으로 한 남북선상의 북쪽 지역에서는 금당지와 강당지가 확인되었다. 금당지는 석탑 북쪽으로 37.5m 거리에 정면 5칸, 측면 4칸(동서 23.2m, 남북 16.3m)으로 조성된 건물이 들어앉았던 자리였다. 강당지는 석탑에서 80여 m 거리에 위치했던 강당지는 금당지와 마찬가지로 정면 5칸, 측면 4칸짜리 건물이었다. 금당지는 기단을 70~120㎝ 높이로 계단식으로 기단을 마련하고 나서 건물을 세웠는데, 이들 금당지와 강당지에서는 백제 말~통일신라 때의 기와가 출토되었다. 그런데 여기서 출토된 다량의 기와에는 관궁사(官宮寺), 대관궁사(大官宮寺), 대관관사(大官官寺) 등의 명문이 들어가 있었다. 탑의 동편 지역에서는 왕궁사(王宮寺)라는 명문이 있는 평기와편이 출토되었다. 이로 보아 삼국사기에 기록된 대관사(大官寺, 661) 자리를 알게 되었다. 그리고 기단 안팎에서 백제 말기의 토기와 기와가 나왔고, 기단 판축 내에서는 백제 기와 편만이 출토되어 이 왕궁성의 축조시기를 백제 말기로 잡게 되었다. 그러나 사찰에 사용된 기와는 어골문(魚骨文) 중심이었고, 기타 출토 토기는 통일신라시대의 유물도 끼어 궁성의 존속기간을 통일신라 말기까지 이어진 것이 거의 확실해졌다.

오층석탑은 그 이전에 목탑으로 시작했다가 나중에 석조물로 다시 지은 것으로 보인다. 오층석탑 아래서는 한 변을 17m로 판축한 판축층이 드러났고, 금당지와 강당지의 중식축이 석탑과 일치했다 그래서 이들 건물과의 연계 하에 정밀하게 계획되었다는 사실도 알게 되었다. 어떻든 사찰의 창건연대는 중심부 건물군을 폐기한 이후였을 것으로 추정하고 있다.

이와는 별도로 2기의 통일신라시대 기와요지에서 나온 기와는 금당지와 강당지에서 나온 통일신라시대 기와와 같은 것으로 밝혀졌다. 이들 와요지는 통일신라 때 기와를 공급하던 자리였음을 알 수도 있었다. 이같은 점들로 미루어 사찰 유구는 궁성 관련유구가 기능을 상실한 뒤 들어섰고, 그 시기는 백제 말로 볼 수 있다.

이런 근거에서 발굴 조사팀은 왕궁성의 축조시기를 무왕대(600~641)로 짐작했다. 이 시기에 궁성과 그 내부에 중심건물을 축조했고, 동서석축 2와 3 사이에 백제 와적렬(瓦積列) 및 건물지가 백제 말기에 축조되었을 것으로 보았다. 그러다가 후기에 이들 중심 건물지를 목탑과 대치하여 축조했을 것으로 여겼다. 그리고 궁성 안 서북쪽 일대에서 공방지가 확인됐고, 공방폐기물 구덩이에서 도가니와 유리제품 조각 등이 나와 금, 은, 금동, 유리제품을 직접 제작한 사실도 알게 되었다. 또한 공방지 주변에서는 배수를 위한 대형 석축배수로를 조성한 흔적이 나와 궁성 축조와 동시에 석축배수로가 마련되어 통일신라시대까지 존속했음을 보여준다. 공방지 주변에서는 공동화장실로 짐작되는 부대시설도 확인됐다.

그러나 공방폐기지와 소토구(燒土溝)에서 수습된 목탄을 가속기질량분석(AMS) 측정을 한 결과 A.D. 535~630년으로 나왔다. 이는 왕궁성의 축조시기를 성왕대로까지 올려볼 수 있는 근거로 제시되기도 했다. 또한 소량이긴 하지만 무왕대 이전시기로 볼 수 있는 개배편이나 삼족기편이 실제 출토되었다. 물론 무왕대 이전으로 판단할만한 유구는 아직 확인되지 않았다. 그러나 왕궁성 유적 뒤편의 구릉지를 시굴하면서 수습한 무문토기와 마제석검편으로 보아 이 일대에 선주하던 사람들을 내보내고, 그 자리에 궁성을 축조했을 가능성도 배제할 수는 없다.

왕궁리 유적은 처음 궁성으로 시작해 나중에는 사찰 중심체제로 바뀌었고, 통일신라시대까지 건물이 그대로 존속했다. 궁성 중심부의 백제건물군은 사찰이 들어서기 이전에 이미 폐기되었다. 남쪽 중심축선상에 강당, 금당, 목탑이 들어섰다. 그리고 훗날 동쪽에 기와요지와 더불어 강당지 서편에는 요사채를 세웠다. 출토유물로 보아 사찰은 통일신라시대 말기까지 존속했을 것으로 보인다. 궁성의 축조시 처음에는 목탑을 세웠으나, 나중에 석탑으로 대체했으므로 현재의 석탑은 창건 당시의 탑이 아니다.

한편 발굴 결과 이 왕궁리 유적은 통일신라 말기에 그 기능을 잃고 왕궁성도 폐기되었다. 그 후는 석탑만 남았다. 동성벽 안쪽에서는 고려시대 건물지 1기가 확인되었는데, 이 건물지는 궁성이 폐기될 때 제 기능을 완전히 잃었다가 다시 조성된 것이라는 사실을 알게 되었다. 특히 석탑만이 존속하던 시기에 들어선 건물로 파악되었다. 이 왕궁성은 남북으로 장방형 형태를 이루었는데, 이는 중국 도성제의 영향을 받은 것이었다(차용걸). 중국 서한시대의 장안성(長安城)을 비롯해 이후 중국의 도성 구획과 같은 양식 및 성곽의 형태를 따랐다는 것이다. 1962년 조사 결과 장안성의 계궁(桂宮)은 남북 장방형(남북 1,800m, 동서 880m)이고, 낙양성(洛陽城) 역시 이와 유사하다. 모두 동서 : 남북의 길이 비가 1 : 2의 비율을 이루었는데, 이 점 역시 왕궁성도 같다는 것이다(王仲殊).

어떻든 이 왕궁성은 중국 도성의 영향을 받은 성으로 파악했다. 그래서 축조기법이나 공간구획, 내부 건물의 배치 등이 방어용 성곽과는 다른 도성이다. 그 초축시기는 무왕대로 보는 견해가 가장 비중 있게 받아들여지고 있다. 무왕대 천도설이나 별도설과 관련된 증거를 확인할 수는 없었다. 그러나 무왕대 익산 경영설과는 관련이 깊을 것으로 보았다.

특히 왕궁성 내에 금이나 은, 유리 등 왕실에 공급하던 귀금속을 다루던 공방지의 존재는 이를 얼마만큼 뒷받침한다. 이와 더불어 내부 공간구획 및 성벽의 형태와 구조 면에서 왕궁과 같은 최고 통치자가 거주하던 성으로 해석할 수도 있다는 것이다. 또한 출토유물 가운데 중국 남북조시대 자기편과 오부(五部)의 명칭이 들어간 인장와(印章瓦), 수부명(首府銘) 인장와 등도 이 지역이 왕성이었음을 시사한다.

석축 배수시설 노출상태(국립부여문화재연구소)

그리고 관궁사 · 대관궁사 · 대관사라는 명문이 들어간 기와는 삼국사기에 나오는 대관사와 일치한다. 그래서 대관사 역시 백제 말기에 창건된 것으로 볼 수 있다. 관세음응험기(觀世音應驗記)에는 639년에 인근 제석정사가 소실된 것으로 기록되어 제석정사가 불탄 뒤에 대관사가 창건되었을 것으로 보인다. 물론 관세음응험기에 기록된 제석정사를 왕궁리 유적의 목탑지로 보고, 목탑지에 제석정사를 다시 세운 것이라는 견해도 있다. 그러나 목탑지의 축조연대는 백제 말기 이전으로는 올라가지 않는다는 것이다.

발굴 및 출토유물

2001년의 조사는 서성벽 북편 일대(체성부, 서북모서리, 공방폐기지, 소토구와 그 주변, 건물지)와 유적 남쪽 전시관부지 일대에서 이루어졌다.

체성부 안쪽 3m 지점에서 남북 15m, 동서 9m의 장방형 공방폐기지를 조사했다. 폐기지는 소토가 30㎝ 두께로 퇴적되었고, 소토 안에서는 많은 유물이 나왔다. 도가니, 기와, 토기, 금속 슬래그, 공방지의 벽체 잔해 등이 출토되었다. 공방폐기지 남쪽에서는 길이 약 70m의 소토구를 확인했다. 폭이 1~1.6m인 소토구(燒土溝)에서는 토기편과 와편, 도가니편이 많이 발견되었다. 또한 와적층으로 덮인 건물지에서는 다량의 기와편과 토기편, 자기편들이 나왔다. 서성벽과 건물지에서는 주로 기와가 집중적으로 출토되었는데, 백제 말~통일신라 때의 선문과 격자문이 들어간 평기와가 중심을 이룬다.

또 辰, 申, 布와 같은 글자가 찍힌 인장와(印章瓦)와 대부완류, 선문이 들어간 대옹류의 파편이 다량 확인되었고, 공방폐기지와 소토구 및 그 주변 소토층에서는 백제 후기의 기와와 토기 및 많은 양의 도가니가 나왔다. 기와는 8엽단판 연화문 수막새와 上阝乙瓦, 前阝乙瓦銘 인장와, 무문과 단선문이 들어간 평기와가 대부분을 차지한다. 또한 미륵사지에서 출토된 것과 같은 형식의 연목와편이 나왔고, 선문이 들어간 호, 자배기류, 직구호, 이배(전달린토기), 대부완 등 부여 일대에서 출토되는 기종이 많이 나왔다.

2001년 공방폐기지에서 출토된 도가니는 유리, 금속, 금 따위의 잔흔이 보인

출토 유물(국립부여문화재연구소)

다. 그리고 토기 저부와 구연부, 동체부 및 뚜껑편 등 470여 점이 나왔는데, 이 중에서 유리도가니가 가장 많이 출토되었다.

공방폐기지 동쪽과 남쪽에서 발견된 소토구에서 나온 유물은 공방폐기지에서 나온 것과 유사하다. 그래서 공방폐기지와 소토

유구는 같은 시기에 공존했을 것으로 보인다. 그 시기는 백제 말기로서 7세기 초·중반일 것으로 보고 있다.

2002년 발굴에서는 동서방향의 석축 배수시설과 서성벽 기초시설 및 포석(布石) 시설을 확인했다. 포석시설은 ㄱ자 형태로 동서길이가 32m에 이른다. 서성벽 북편 350m 저점에서는 암거시설이 확인되었다. 석축 배수로 북쪽에서는 남북방향으로 드러난 수레바퀴 자국을 찾아냈다. 이어 서성벽 내 지표 아래 120cm 깊이의 공방폐기지에서는 숯과 소토, 백제토기 및 와편, 공방유물 등이 확인됐다. 소토층 내부에서는 금사나 금, 은, 유리 등이 각종 도가니와 소토괴(燒土塊), 숯, 재, 슬래그 등과 함께 나왔고, 이외에도 많은 양의 녹유리편, 금판편, 금구슬 등이 출토되었다. 또한 180×230cm의 장방형 폐기층에는 기와와 함께 활석과 도가니, 토기파편들이 보여 공방지로 판명할 수 있었다. 부여 화지산에서 출토된 모양과 같은 원통형 토기는 굴뚝이나 배연(排煙), 송풍시설과 관련된 유물로 보았다.

직경 5cm 부터 15cm 크기까지의 도가니는 2001년 조사 때 공방 폐기지에서 나온 것과 거의 같은 유물이었다. 이 도가니 안에는 철이나 구리 따위의 금속의 흔적을 확인했다. 대형도가니는 녹유리를 제작하던 용기로 내면에 두터운 유리막이 형성돼 있었다. 이외에도 소토 유구에서는 사비시대의 8엽연화문 수막새 인장와(刀下, 辰, 前部乙瓦), 선문과 격자문이 있는 평기와, 대부완, 전달린토기, 선문이 타날된 단경호, 직구호, 대형파수부호 등이 출토되었다.

동서 석축배수로 내부에서는 도기 및 토기류가 많이 나왔는데, 이들은 사비시기의 유물로 보았다. 토기류로는 직구호와 보주형 꼭지가 달린 토기뚜껑, 등잔, 대부완과 같은 일반적인 토기 외에도 우각형파수부합(牛角形把手付盒), 변기형토기, 이형등잔과 같은 토기파편 등이 많이 출토되었다.

2003년의 발굴은 성벽 기저부와 동서 석축배수로 양 끝 연결부 및 석축배수로 남쪽 지역의 유구 확인에 초점을 맞추어 이루어졌다. 동서 석축배수로 남쪽에서 지하저장고(10.5m×1.7×3.4m)를 확인했고, 석축배수로 동쪽에서는 도수로 축조작업을 한 흔적을 찾았다. 서쪽에서는 원래 성벽의 체성에 마련된 암거부에 동서 석축배수로를 후대에 붙여서 축조한 사실도 알아냈다. 그리고 서성벽 내측에서는 백제시대의 완형 대호(높이 76㎝), 수각형(獸脚形) 토기편, 인장와 등이 수습되었다.

석축배수로 동쪽부분은 황록색 암반을 파고 만들었는데, 배수로는 길이 약 6m에 너비는 40㎝ 정도이다. 그 안에서는 首府銘 인장와가 수습돼 왕궁리 유적이 왕성으로서의 기능을 한 사실을 알 수 있었다. 석축배수로 서쪽부분은 암거가 길이 6.4m에 너비 1.2m로 축조되었다. 동서 석축배수로 북편의 소토폐기지(10×25m)에서는 녹색유리편, 금사, 금제편, 금제영락 1점, 유리옥 등을 수습했다. 이외에도 원저형의 도가니, 첨저형 도가니, 주구의 도가니와 더불어 뚜껑, 용범, 연화문 수막새와 같은 기와류도 나왔다. 또 부뚜막형 토기편, 손잡이 달린 이형토기, 등잔형토기 등을 수습했다.

동서 석축배수로 남쪽 약 10m 거리에서는 지하저장고가 지표하 60㎝에서 발굴했는데, 유구 상부의 양쪽 벽면에는 기와 및 할석이 일부 남아 있었다. 이 지하저장고 1은 길이가 10.5m에 너비 1.7m로 동서향으로 자리했다. 이 지하저장고 내부 약 1.3m 깊이에서 목주가 노출되었다. 목주로 보아 저장고의 크기는 길이 5칸, 너비 1칸 규모였고, 목주의 주칸은 길이 약 1.75m, 너비 1.2m 정도였다. 목주가 드러난 지점 아래로는 목주와 굴광 사이에 약 20㎝ 두께로 점토를 발라 벽면을 고르게 처리했다. 동쪽 끝 부분에는 약 30㎝ 간격을 두고 타원형구덩이(길이 1.1m, 깊이 30㎝)가 드러났다. 목주 아래 유기물층에서는 건축물의 부재로 보이는 목제품과 나무방망이(叩板), 백제 짚신, 목제칠기뚜껑, 참외씨, 밤 껍질, 콩, 나무조각, 귀이개로 추정되는 금속제품, 연가(煙家) 조각 등이 수습되었다.

그리고 또 다른 한 기의 지하저장고 2가 지하저장고 1의 동편에서 확인되었는데, 깊이는 2.1m이다. 이 지하저장고 2의 상부 너비는 2m 정도이고, 동서 석축배수로로 이어졌다. 길이 1.75m의 목주는 너비 80㎝의 간격으로 세워졌다.

지하저장고에서는 2.4m짜리와 1.8m짜리 및 50㎝ 짜리 목부재 3개를 수습했는데, 굵기는 약 15㎝의 원형을 각재형으로 다듬은 것이었다. 2번 목부재 아래에서는 연가편(煙家片) 일부가 수습되었다. 고판은 길이 58㎝에 폭 7.5㎝ 정도로 빨래방망이를 닮았다. 지하저장고에서는 평저발, 단경호편, 연화문수막새, 辰銘 인장와, 평기와편 등이 출토되었고, 중옹부에서는 목제칠기뚜껑 1점, 씨앗류(밤껍질, 참외씨, 콩류), 동물뼈 등이 수습되었다. 이외에 짚신, 삼베흔적, 굴껍질 흔적을 확인했다. 비록 형태와 규모는 조금씩 다르지만, 대전 월평동 유적, 공주 공산성, 홍성 신금성, 부여 관북리 등에서 발견한 저장고와 대체로 유사하다.

한편 서성벽 안쪽에서 가까운 거리(3.3m)에서는 유물집중산포지가 확인됐다. 여기서는 완형의 대형호(壺)가 출토되었고, 수각형토기편, 시유토기, 전달린토기, 완 등의 토기류와 인장와, 철제집게 등의 철기류가 나왔다. 두 군데서 모래구덩이가 확인되었는데, 이는 유물산포지로부터 90㎝ 가량 떨어진 지점에서 남쪽에 위치했다. 북쪽의 모래구덩이는 규모가 1.6m×2.1m×0.5m 정도의 장방형이다. 이들 모래구덩이는 집수(集水) 또는 정수(淨水)를 위한 시설물로 추정했다. 이 유물집중산포지에서는 백제의 것으로 보이는 대호(大壺, 높이 76㎝, 구경 30.7㎝), 토기수각편(높이 17.5㎝), 전달린토기, 시유토기, 대부완, 개배 등이 나왔고, 기와류로는 대관궁사(大官宮寺)명 명문와, 辰·井·中阝乙瓦·後阝乙瓦·刀下명 인장와, 문패형와제품 및 田·毛 인장와 등이 철제집게와 철괴 및 옥제품 등과 함께 수습되었다.

이들 대형저장고를 비롯해 여러 유구에서 출토된 유물의 성격으로 보아 왕궁리 유적은 백제 사비기의 궁성에 버금가는 유적으로 판단할 수 있다.

정읍 신월리 유적

  전북 정읍시 덕천면 신월리(新月里) 정읍~황토현 간 지방도 확포장공사구간
내 유적이다. 2003년(2~4월) 시굴조사를 토대로 호남문화재연구원이 조사했다
(2004년 3월 3일~6월 1일).

  공사구간을 따라 남북으로 길게 뻗은 도로공사구간 안에서 가·나 두 지구로
나누어 진행되었다.

  우덕리산성(시루봉산성) 서쪽지역의 양 사면을 걸친 가지구에서는 4기의 원
형수혈유구와 주거지 1기를 확인했다. 1호 수혈을 제외하고 2~4호는 규모가
비슷했고, 주거지 층위는 4개를 이루었다. 2층에 조성된 주거지 하단 퇴적층에
서는 소량의 철기시대 유물이 출토되었다.

  나지구는 덕천면소재지에서 동학농민혁명기념전시관으로 이어지는 지방도
의 동쪽 편에 위치했다. 우덕리산성 북쪽 지역의 남북 양사면을 걸쳤다. 남사면
에서 삼국시대 주거지 4기, 수혈 1기, 조선시대 토광묘 5기, 시대 미상의 석곽
묘 2기가 나왔다.

삼국시대 주거지

  가지구에서 출토된 1호 주거지는 방형수혈을 이루었다. 남북 350m, 동서
400m(장단비 1 : 1.1)인 이 주거지의 면적은 14㎡이고, 가장 깊은 부분은 50㎝

였다. 소토층을 확인한 서쪽 부뚜막 자리에서는 적색의 연질토기편들이 나왔다. 25㎝ 깊이까지 박았던 주공의 직경은 40㎝이다. 주거지 내부에서는 개(蓋), 배(杯), 발형토기, 방추차, 우각형파수부편, 연질토기편, 경질토기편, 철기시대 두형토기편(豆形土器片) 등이 나왔다.

회청색 경질의 개(구경 11.9㎝)는 배와 짝을 이루었다. 완(碗)은 회백색 연질토기이다. 방추차는 석제와 토제 두 개가 나왔다. 이 밖에 회청색 고배와 발형토기, 두형토기, 연질의 파수부편, 타날문토기 동체부편, 여러 점의 토기 구연부편, 소호편(小壺片) 등이 출토되었다.

나지구의 1호 주거지는 역시 방형수혈이다. 규모는 남북 382㎝, 동서 410㎝로 장단비는 1 : 1.1이다. 넓이 15.6㎡의 이 주거지 서쪽벽 중단부에서는 부뚜막자리와 소토층이 확인됐다. 직경 35㎝ 정도의 주공을 40㎝ 깊이까지 박았던 주거지 내부 퇴적토에서는 배 1점과 호형토기, 연질토기편, 경질토기편이 출토되었다.

조사지역 남사면에서 확인한 나2호 주거지는 평면이 장방형이었다. 동서 장축 687㎝, 남북 346㎝인 이 주거지의 남쪽벽은 유실되었다. 주공과 벽구(壁溝)를 갖춘 이 주거지의 주공 직경은 45~76㎝, 주공간격은 340㎝ 정도였다. 내부에서 회청색 경질토기 동체부편이 나왔다.

나지구 3호 주거지는 표토하 30~40㎝ 깊이에서 확인되었다(동서 374㎝, 남북 328㎝, 장단비 1 : 1.2). 방형수혈인 이 주거지 내부에서는 4개의 주공, 벽구, 부뚜막시설을 찾았다. 직경 40㎝의 주공은 30㎝ 깊이로 박았다. 그리고 벽 가장자리를 따라 벽구를 냈고, 서쪽벽 중앙부에 부뚜막시설이 있었다. 발형토기 1점이 뒤집힌 상태로 출토되었는데, 이외에 연질 및 경질토기편도 나왔다.

나지구 4호 주거지 역시 방형수혈이다. 가장 깊은 부분은 85㎝에 이른다. 주거지의 장축은 동서방향(동서 469㎝, 남북 204㎝)이고, 내부에는 주공, 벽구, 부뚜막시설이 있었다. 직경 약 50㎝ 정도의 주공을 40㎝ 깊이로 박았는데, 주공간

거리는 약 220cm이다. 내부에 소주공이 드문드문 배치했으나, 주거지의 절반 가량은 유실된 상태이다. 주거지 안에서 완형토기, 심발형토기편, 연질토기편이 나왔고, 소토층도 확인됐다.

삼국시대 수혈

가지구에서 4기와 나지구에서 10기 등 모두 14기의 수혈이 확인됐다. 가1호 수혈(직경 188cm, 깊이 87cm)에서는 점토대토기와 두형토기, 조합식 우각형파수부편이 출토되었다. 원형 점토대토기는 구연부편만이 나왔고, 두형토기는 적갈색이다.

가2호(직경 275cm, 깊이 58cm) 내부에서는 연질토기편이 나왔다. 직경 290cm에 깊이 90cm인 가3호에서는 내부시설은 확인되지 않았고, 유물도 출토되지 않았다. 가4호 수혈은 직경 280cm에 깊이 105cm로 깊은 편이었다. 내부 바닥에서 경질고배편이 나왔다. 나1호 원형수혈(직경 183cm에 깊이 85cm)은 내부시설은 없었고 유물도 없었다. 나2호 수혈(직경 344cm, 깊이 188cm)와 나3호 수혈(직경 160cm, 깊이 63cm) 역시 내부시설이나 유물이 확인되지 않았다.

나4호 원형수혈(직경 446cm, 깊이 170cm)에서는 경질의 개편(蓋片)이 나왔고, 직경 254cm에 깊이 89cm인 나5호 수혈도 내부시설이나 유물은 없었다. 나6호 수혈(직경 220cm, 깊이 140cm)과 나9호 수혈(직경 260cm, 깊이 194cm), 나10호 수혈(직경 240cm, 깊이 134cm) 역시 모두 내부시설이나 유물이 없었다.

이외에 나지구에서는 2기의 석곽이 나왔으나, 시대는 미상이다. 동서방향으로 축조한 석곽은 남북 104cm, 동서 375cm로 잔존깊이는 20~40cm이다. 출토유물은 없다. 장축(238cm)을 남북방향으로 조성한 나2호 석곽 역시 출토유물이 없었다. 이와 함께 조선시대 토광묘도 확인되었다.

삼국시대 주거지 분석

신월리에서 확인한 삼국시대 주거지는 모두 5기이다. 모두가 방형계이고, 4주식을 기본으로 하고 있다. 가1호 주거지는 서쪽벽에서 부뚜막시설이 확인되었고, 나1호 주거지는 남쪽벽이 주공렬에 의해 교란되었다. 내부 네 군데에 주공자리는 보였지만, 부뚜막자리는 없었다. 나2호는 남쪽벽이 파괴되어 절반 가량 남았으나, 규모는 컸을 것으로 추정했다. 나3호 주거지는 주공, 벽구, 부뚜막시설과 발형토기 1점이 뒤집힌 채로 나왔다. 나4호 주거지는 2호 석곽과 중복되었다. 이는 주거지 폐기 후에 석곽이 만들어졌음을 의미한다. 4주식을 기본으로 한 방형계 주거지로서 서쪽벽에서 부뚜막자리가 확인되었다.

수혈의 단면형태는 모두 4가지 형으로 조사되었다. 이를 편의상 Ⅰ, Ⅱ, Ⅲ, Ⅳ형으로 구분했다. Ⅰ형은 입구 지름에 비해 바닥지름이 넓고 깊어질수록 넓어지는 복주머니형이고, Ⅱ형은 입구 지름과 바닥지름이 거의 동일한 원통형이다. Ⅲ형은 입구 지름에 비해 바닥지름이 좁은 역제형이고, Ⅳ형은 단면의 형태가 중간에 좁아졌다가 다시 넓어지는 장고형이다. 이 중에서 Ⅰ형은 전체의 50% 정도를 차지할 만큼 많고, Ⅱ형은 30% 정도이다. Ⅳ형은 전북지방에서는 흔하게 나타나지 않아 그동안 3~4기 정도밖에 조사된 사례가 없다.

이들 유구는 4~7세기의 것으로 보고 있다. 그 중에서도 다수를 차지하는 복주머니형 수혈유구는 6~7세기를 중심연대로 하는 유구로 판단했다. 이러한 형태의 수혈유구는 익산 및 전주지역과 더불어 논산 원북리와 마전리, 대전 월평동 유적에서 다량으로 발견돼 이 유적과 비교가 가능한 것으로 파악되었다. 이 유적은 대략 6~7세기를 중심으로 하는 수혈유구로서 저장공이나 주거시설로 사용되었을 것으로 추정하고 있다.

정읍 신정동 유적

이 유적은 정읍시 신정동 산 15번지 일대(약 3,400㎡) 첨단방사선 이용연구센터 건립부지 내에 있다. 원광대학교 마한·백제문화연구소가 발굴(2002년 11월 5일~2003년 1월 21일)했다. 5개지역(A~E지구) 가운데 A와 E지구의 2개소에 대한 발굴 결과 A지구에서는 마한시대 주거지(5기)와 백제시대 석축묘(9기)·옹관묘(1기)·고려~조선시대 토광묘(28기) 등 60여 기의 유구가 확인됐다. E지구에서도 마한시대 주거지 4기·고려시대 골호(骨壺) 1기 등을 확인하고 발굴을 마쳤다.

정읍시 남서쪽 신정동 금구마을에 자리한 해발 172m의 야산자락이 이 유적이다. 이를 시굴조사하면서 백제시대 석축분묘·옹관 그리고 마한시대 주거지의 윤곽선이 드러났다. 본격 발굴 결과 이외에 토광묘 26기와 백제시대 석축묘 9기·옹관묘 1기·주거지 11기를 조사하게 되었다.

백제시대 분묘 9기 가운데 석축분묘 4기와 횡혈식석실분 3기·횡구식석곽분 2기의 잔영(殘影)이 확인되었다. 횡구식석곽분은 단벽을 석재로 막은 형태였다. 이들 석실분과 석곽분은 우편재(右偏在) 연도에 장방형 석실을 갖추었다.

여기서 나온 유물은 금제이식·유개합·단경호·병형토기·직구호·개배·고배·삼족토기·옥·철기류·도자·살포 등으로 비교적 다양하고 풍부한 편이다. 금제이식이나 곡옥·관옥과 같은 장신구류 및 철제무기류 등을 보면, 이들 무덤의 피장자는 이 지역의 유력자였을 것으로 추정된다.

옹관묘는 8호 횡혈식석실분으로부터 북동 방향 3m 거리에 있었다. 옹관의 윗부분은 인위적으로 파괴되었으나, 형태는 파악되었다. 묘광은 남북 3m에

횡혈식석실분(마한 · 백제문화연구소)

동서 1m였고, 옹관의 구경은 15cm 정도였다. 호형토기를 비스듬히 놓고 그 주위를 회청색 대형경질토기편으로 두른 상태로 발굴했다. 주거지는 방형과 원형의 두 가지 형태가 있다. 여기서는 적갈색의 연질토기편과 회청색 경질토기편이 나왔다. 주거지의 벽선은 일부만 남아 있었다.

대부분 장축을 남북방향으로 둔 토광묘는 모두 26기가 나왔다. 일부 토광묘 (7호 · 10호 · 12호 · 14호 · 17호)에서는 청자완이나 백자대접 · 청동숟가락 등이 나와 고려~조선시대에 조성되었음을 알 수 있었다.

한편 A지구 북쪽 300m 거리에의 E지구는 해발 80m 높이의 야산자락에 자리했다. 여기서는 4기의 주거지와 골호 1기, 토광묘와 옹관묘가 각기 1기씩 확인됐다. 이외에도 분구묘 1기가 야산 말단부에 있었다.

출토 토기(마한 · 백제문화연구소)

주거지는 방형계통이다. 여기서는 장란형 토기 · 발형토기 · 옹형토기 등 연질

계통의 토기가 출토되었다. 1호 주거지 북서쪽 5m 거리에서 나온 별도의 수혈 (75×55cm) 내부에서는 골호 1점이 나왔다. 그리고 수혈유구 동쪽 1m 거리에서 옹관묘와 토광묘가 발굴되었다.

동이 모양의 2개의 옹 입구를 맞댄 합구식 옹관묘(1호)와 이중토광묘는 남북으로 장축을 두었다. 유물은 나오지 않았다.

이 신정동 발굴에서 마한시대의 주거지 형태와 유물을 확보함으로써 서해안 지역에서 보편적으로 확인되는 주거지나 유물의 시기·구조 면에서 비교가 되는 자료를 얻게 되었다. 이 시기의 횡혈식석실분(웅진 2식)과 횡구식석곽분 등 다양한 묘제 등 웅진백제시대의 분묘 유형을 확인한 것이다. 출토유물과 이들 분묘의 양식으로 볼 때 백제고분의 축조시기는 6세기 초~중엽으로 판단하고 있다.

발굴팀은 노령산맥 너머 영산강유역 문화권으로 이어지는 길목에 위치한 이 지역의 입지여건을 주목했다. 그래서 횡혈식석실분이나 횡구식석곽분 따위의 묘제를 백제의 중앙세력이 남진하면서 지방세력을 흡수 통합하는 과정을 이해할 수 있는 근거로 보았다.

사비기 중앙의 백제와 그 영향 속으로 편제되어 가기 시작한 이 지역 실력자들의 생활양상을 파악할 수 있는 중요유적의 하나로 이해되는 것이다. 이를 통해 이웃 고창이나 부안지역 유적과의 연계 하에 당시의 정치·생활·경제적 측면이나 장묘문화를 엿볼 수 있게 되었다.

전라남도

광양 마로산성

    광양시 광양읍의 마로산성(馬老山城, 용강리 산 78번지 일대)은 2004년 3차 발굴(5월 12일~8월 24일)에서 비로소 보다 뚜렷한 실체를 드러냈다. 사전 지표 조사와 두 차례 발굴에 이어 3차 발굴로까지 이어진 마로산성은 6세기 백제가 쌓아 사용하다가 8세기 중엽에 이르러서는 통일신라가 경영한 사실을 알게 되었다. 이같은 내용은 『삼국사기』의 마로현(馬老縣)의 기록과 일치하는 것이다. '마로산성에서는 마로관(馬老官)이란 명문을 양각한 기와가 발굴되었다. 그리고 2군데의 집수장 · 5군데의 우물 · 3동의 제사유적 건물지 · 토기류와 철기류 및 청동기류 등 다양한 유구와 유물을 발굴했다. 이에 따라 마로산성은 백제시대 후기인 6세기부터 7세기까지 백제가 초축(初築)하여 사용한 사실을 확인하게 된 것이다.

    특히 철제 솥을 비롯한 생활유물과 철제 호등 · 마탁(馬鐸) · 철제깃꽂이와 같은 마구류는 주목을 끌었다. 철제화살촉 같은 무기류와 더불어 좀처럼 산성유적에서 보이지 않는 유물이 다양하게 출토되었다. 제사유구에서는 토제마와 청동마 및 철제마가 다량으로 쏟아져 나왔다. 특히 204점에 이르는 토제마는 가장 많은 출토량을 기록했다. 지금까지 토제말(馬)이 출토된 유적은 충남의 당성 · 경기도 하남리 이성산성 · 포천 반월산성 · 천안 위례산성 · 월성 해자 · 양주 대모산성 · 부안 죽막동 제사유적 · 영암 월출산 제사유적 등이다. 청동으로

만든 말(馬)은 양주 대모산
성이나 익산 미륵사지에
서도 나온 바 있고, 이성
산성이나 거돈사지·포천
반월산성·부여 무량사지
등에서는 철제마가 출토
되었다.

마로산성 항공사진(순천대학교박물관)

말은 신적인 존재 또는
남성의 상징으로 의리와
충성을 나타냈고, 영험한 신승물(神乘物)로 여기
기도 했다. 마로산성의 제사유구는 함께 출토되
는 유물로 보아 마로산성이 성곽으로서의 기능을
다한 뒤인 고려시대 말 이후 조선 초의 것으로 짐
작된다.

성안에서 본 남문지. 양쪽으로 기둥
자리가 보인다(순천대학교박물관).

3차까지의 발굴 결과 성벽을 포함하여 백제시
대 이후 통일신라시대 건물지 14동·문지 2개
소·우물 5군데·집수정 5개·치 2개·수혈유구
20여 기 등의 많은 유구가 확인되었다. 그리고 명
문와·수막새·평기와 등의 기와류를 포함하여
토기류와 철기류 및 청동기류 등 다양한 유물이
나왔다. 특히 기와류와 토기류, 철기류와 청동기
류는 유물의 종류가 다양했다. 더구나 중국제 청
자와 백자, 중국제 동경(銅鏡)이 출토돼 이 성을
사용하던 당시 중국과의 활발한 교류가 이루어졌
음을 알 수가 있었다.

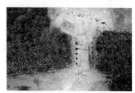
남문지 항공사진. 우측 상단으로
목책 기둥자리가 보인다(순천대
학교박물관).

마로산성 원경(순천대학교박물관)

3차 발굴에서 확인한 5기의 석축우물은 마로산성 안에서는 가장 낮은 서쪽지대에 자리잡았다. 백제시대 우물이 2기, 통일신라시대 말기의 것이 3기가 나왔다.

여러 모양의 화살촉도 출토되었다 (순천대학교박물관).

저장공의 내부(순천대학교박물관)

지금까지의 조사 결과 마로산성은 6세기에 초축되어 7세기까지 마로현의 중심 성곽 기능을 했던 것으로 보인다. 마로현의 치소(治所)이자, 현성(縣城)의 기능을 한 사실이 밝혀진 것이다.

신라가 이 지역을 확보한 다음인 통일신라시대 말기에는 성을 부분적으로 보수해가며 백제시대의 체성(體城)을 그대로 사용한 사실도 밝혀냈다. 백제시대 체성에 잇대어 만든 2개의 치(雉)가 바로 통일신라시대 말기에 조성한 것이다. 시기는 9세기에서 10세기 초로 추정되었다. 다만 통일신라시대의 유구보다는 백제시대의 유구가 훨씬 적다. 이는 통일신라시대 말기에 산성 내부 전지역에 대규모로 건물을 세우면서 백제시대 유구를 훼손한 때문인 것으로 밝혀졌다. 일부 지역에서는 통일신라시대 말기에 건물지를 조성하기 위해 복토를 한 흔적

백제 토기편들(순천대학교박물관)

무기로 보이는 철기(순천대학교박물관)

출토된 중국제 자기편(순천대학교박물관)

도 드러났다. 트렌치를 넣어 조사한 결과 통일신라시대 건물지 1~2m 아래층에서 백제시대의 유구가 확인되었다.

이처럼 마로산성에서 9세기 이후 10세기 초의 유구와 유물이 많이 출토된 이유는 통일신라시대 후기 및 후삼국시대 이 지역의 호족집단과 관련한 것으로 보인다. 중국제 동경이나 청자·백자·은제요대 및 마로산성에서만 보이는 수막새 등은 후삼국시대의 사회상과 함께 중국과의 활발한 교역을 시사하는 유물이라고 할 수 있다.

한편 남문지 외곽의 주공열(柱孔列)은 성문을 방어하기 위한 1차 시설물로 보인다. 2개의 주공이 조합을 이루었다는 점을 감안하면, 목책을 단단히 고정하기 위한 시설로 추정하고 있다. 다만 동쪽에만 이러한 주공열이 없다. 이는 동쪽으로 돌아서 문을 통과한 것으로 보인다. 이러한 시설은 지금까지 조사된 사례가 별로 없어 중요한 자료가 되고 있다.

2-1건물지

2차 발굴에서 확인한 건물지의 추가조사(2-1부터 2-4까지)를 하면서, 3동의 건물지를 더 확인했다. 건물지 2-1은 성의 북쪽 정상부에서 서쪽으로 약간 치우친 평탄면에 있다. 남북 4칸(주칸거리 220~280cm), 동서 5칸 (210~220cm) 규모이다. 이 주거지의 장방형 초석은 크기가 46~86×40cm 이상 40~65cm× 10~15cm이다. 북쪽의 경우 암반층을 'ㄴ'자형으로 깎아내고 축조했다. 암반층 경사면에서는 4개의 주공이 드러났다. 건물지

건물지 Ⅱ-1. 장방향의 집자리. 중국제 해무리굽 청자편과 백자편이 출토되었다. 건물지 내에 16개의 수혈유구 내부에서 청동류와 철기류 제품이 출토되었다 (순천대학교박물관).

내에서 토기와 기와류 및 중국제 해무리굽 청자편과 백자편이 출토되었다.

　건물지 내에서는 건물보다 먼저 조성된 16개의 수혈유구를 확인했다. 이들 수혈에서는 토기 및 기와류와 함께 철기 및 청동기류 유물이 나왔다. 5호 수혈에서는 철제은박요대가 출토되었고, 9호 수혈에서는 철제호 3점이 나왔다.

2-2 건물지

　2-1건물지의 남동편 경사면의 이 건물지 규모는 동서 770㎝에 남북 500㎝였다. 'ㄷ'자 형태의 이 건물지의 남쪽부분은 유실되었다. 면을 맞춰서 수평쌓기를 한 벽면의 최고높이는 4단 94㎝였다. 작은 할석을 바닥에 깔았고, 북동쪽과 북서편 모서리에 지름 30~40㎝의 주공을 50~60㎝ 깊이로 박았던 흔적이 보인다. 건물 내부에 배수시설을 한 것으로 미루어 배수처리가 필요한 특수용도의 시설물이었을 것으로 보았다.

2-3건물지

　건물지는 2-2건물지의 남쪽에 있다. 2-2 건물지와 함께 남북으로 일자형 계단식으로 조성했다. 규모는 동서방향으로 930㎝, 남북방향으로 540㎝인데, 남

전남 광양시 광양읍 마로산성의 2-3 건물지(순천대학교박물관)

기형이 다소 특이한 모양의 토기가 나왔다(순천대학교박물관).

쪽부분 일부가 파괴되었다. 여기서 다량의 탄화미가 발굴되어 군량미를 보관하던 창고였을 것으로 추정했다. 이 건물지 내부의 수혈유구 4군데를 정리하면서, 중국제 청자편을 거두었다.

건물지 3-1. 왼쪽 상단에 백제시대 수혈유구가 있다(순천대학교박물관).

건물지 3-1

성의 남동쪽 정상부에 있다. 서쪽으로는 경사면을 이루면서, 체성과 연결되었다. 초석 5개가 남은 건물 내에서는 백제시대 수혈유구 1기가 보인다. 수혈은 외곽으로 동서 400cm, 남북 400cm를 돌아가면서 단을 이루었다. 그런데 안쪽 한가운데 200×200cm 크기의 큰 구멍이 뚫렸다. 출입구와 관련한 시설이 있었던 곳으로 추정된다. 여기서는 백제 평기와편이 출토되었다.

건물지 3-2

성의 중앙부에서 남쪽 편에 치우쳐 있다. 1-4건물지 및 1-6건물지와 인접한 자리이다. 동서방향으로 13.7m의 기단부 1단이 노출되었고, 내부에서는 간격이 일정하지 않은 초석 3매가 동서 일렬로 자리했다. 내부에서 확인한 8기의 수혈유구 가운데 2호 수혈에서는 농기구로 추정되는 철기가 수습되었다. 1호 수혈에서는 소형 청자호편을 수습했다. 남쪽 기단부 상층에서 나온 1호구들에 이어 서편 기단부 상층에서는 2호구들이 확인되었다. 1호구들의 크기는 길이 380cm에 너비 80cm(안쪽너비 60cm), 2호구들은 길이 160cm에 너비 60cm(안쪽너비 30cm)이다.

3-3건물지

3-1건물지의 북서편에 인접해 있다. 남북 485cm · 동서 293cm 규모의 이 건물지에는 아궁이에서 한번 꺾인 'ㄱ'자형 구들이 설치되었다. 구들의 길이는 450cm, 너비는 35cm 가량이다. 생토면을 파고 구들을 마련하였다. 건물지의 상층부에 백제시대 기와편이 깔려 있었다. 이 기와를 제거했을 때 구들이 노출되었다.

남문지

1차 발굴 때 3단으로 이루어진 문지의 입구를 찾았다. 문지 외부에서는 570cm×670cm 규모의 장방형 석축렬을 확인했다. 2차 발굴에서 문 내부 바닥에 깔린 할석과 함께 입구의 막음석을 제거하면서, 초축 당시의 문지를 조사하는

남문지 밖에 목책으로 쓰인 기둥 자리가 있다(사진 하단부분, 순천대학교박물관).

과정에 성문과 관련된 주공 5개를 확인했다. 30~46cm의 주공은 100cm 간격으로 설치되었다. 이들 주공은 24~50cm 깊이로 박혀 있었다. 3차 발굴에서는 2차 조사 때 절반 가량만을 제거한 입구 막음석의 나머지를 제거하고, 성밖 석축시설을 걷어냈다. 이 과정에서 동측벽 바닥부에서도 서측벽과 마찬가지로 5개의 주공을 확인했다. 문의 규모는 안쪽너비 350cm에 바깥쪽 너비는 500cm이고, 길이는 680cm였다. 최고 잔존높이가 10단에 170cm인 문지의 서측벽 면석은 앞면이 평평한 장방형 석재를 사용했다. 동쪽벽은 길이가 570cm이고, 문지의 개보수 과정에서 상부가 유실되었다. 아울러 1차와 2차 조사 때는 문지가 개거식에서 현문식으로 변화한 것으로 파악했으나, 3차 발굴 결과 마지막에 사용된 문

지가 현문식이 아니라 계단식에 가까운 형태였음을 밝혔다.

동문지

와룡마을에서 산 정상으로 오르는 등산로 위에 있다. 안쪽너비가 420㎝, 바깥쪽 너비가 560㎝인 이 문지의 문의 길이는 590㎝였다. 폐쇄석의 높이는 110㎝이고, 그 하부로 3단의 석축렬을 성벽과 나란히 쌓았다.

성 밖에서 본 동문지(순천대학교박물관)

집수시설 및 우물

산성에서 중요시되는 것은 수원의 확보이다. 마로산성에서는 1차와 2차 발굴 때 이미 3개의 집수정을 확인한 바 있었다. 그런데 3차 조사에서도 2개의 집수정과 5개의 우물을 확인했다. 성 북쪽 정상부와 남쪽 정상부 경사면에 각기 1개씩의 집수정이 있었고, 성의 북서쪽 가장 낮은 부분에서 5개의 우물을 확인했

성 북쪽 정상부에 있는 집수지. 성 밖에서도 여러 개(5개)가 나왔다(순천대학교박물관).

다. 우물 자리는 성 안에서도 가장 낮은 계곡부에 해당한다. 생토층을 파내려가 네 벽과 바닥에 회흑색 점토(뻘흙)를 발라 물이 새지 않도록 한 집수정은 4호의 경우 540㎝×390㎝ 크기이다. 그리고 5호는 190㎝×110㎝로 다소 작았다. 4호 집수정 동쪽으로 바로 연

접해서 3호 집수정이 있는데, 상층부에서 2단의 석축렬이 확인됐다. 중앙부 평탄면에서 남쪽 정상부로 가는 경사면에 있는 5호 집수정은 경사면을 흘러내리는 물을 모아두기 위한 시설이었을 것으로 판단된다. 4호 집수정 내에서는 숫돌과 백제기와가 나왔고, 5호 집수정에서는 원판형 토제품과 백제기와가 출토되었다.

마로산성 안에서는 모두 우물이 5개 발견되었다(순천대학교박물관).

우물

돌을 쌓아서 만든 5개의 우물이 확인되었다. 이들 우물 가운데 백제의 것은 2기이고, 통일신라 말기의 우물은 3기이다. 1호 우물이 맨 북쪽에 있다. 그리고 2~4호 우물은 서로 중복되었는데, 이들은 1호 우물의 남동쪽에 있다. 5호 우물이 맨 남서쪽의 2~4호 우물 동쪽편 위쪽에는 우물을 보호하는 이중의 축대가 있다. 맨 북쪽으로 치우친 1호 우

2호 우물. 바닥에서 사각편·병편과 복숭아씨·호박씨가 출토되었다(순천대학교박물관).

4호 우물(순천대학교박물관)

원형 수혈유구(순천대학교박물관)

물은 절반 가량만 조사했는데, 평면이 장방형으로 외곽 크기가 1,030cm×1,030cm이다. 사각편병을 비롯한 토기편과 수막새 등이 출토되었다. 그리고 뻘층에서 통나무형 목재와 복숭아씨 및 패각 등이 출토되었다. 2호 우물은 1호 우물의 남동쪽에 있다. 직경 160cm 정도로 석축의 높이는 12단에 300~320cm 가량이다. 우물 내부에서 통나무 목재와 복숭아씨·호박씨·사각편병편이 많이 출토되었다. 3호 우물은 2호 우물의 남서쪽으로 470cm 가량 떨어졌는데, 직경 60cm 정도에 높이는 100cm 정도로 작다. 2호 우물 및 3호 우물과 겹친 4호 우물은 직경 610cm로 2호 및 3호 우물보다 먼저 축조되었다. 4호 우물 남서쪽의 5호 우물은 체성의 내벽과 100cm 정도 사이를 두고 있다. 직경 690cm의 원형 우물로 추정되었다.

제사유구

건물지 3-1의 북서쪽에 있다. 동서 640cm×남북 400cm 범위 내에서 토제마 204점·철제마 1점, 청동마 6점이 출토되었다. 204점의 토제마는 지금까지 출토된 유물 가운데 가장 많은 양이다. 이들 유물은 무질서하게 흩어진 채로 출토되었다. 대부분 다리와 머리·몸통이 따로따로 떨어져

통일신라시대의 것으로 보이는 제사유구(순천대학교박물관)

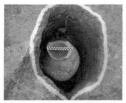

저장공 안의 토기(순천대학교 박물관)

제사유구에서 204점의 토제마가 출토되었다(순천대학교박물관).

제사유구에서 출토된 철제마 1 점(상단)과 청동마 6점(아래) (순천대학교박물관)

출토된 철제품(순천대학교박물관)

철제 솥으로 추정되는 것도 나왔다(순천대학교박 물관).

있는 상태로 나왔다. 이외에도 청자 및 분청사기편이 나온 이 유구는 산성 안의 유구 가운데는 가장 늦은 시기의 것으로 판단하고 있다. 제사유구 하층에서는 백제토기편과 기와편이 수습되었다.

　이들 외에도 성 북쪽 정상부에서 2기의 수혈유구와 중앙부 평탄면에서 8기의 수혈유구가 확인되었다. 3-1 수혈유구는 220×180×120㎝의 타원형으로 철제 솥 3점과 납석제 파수부단지가 나왔다. 그리고 3-2유구(400×500×580㎝)에서 는 백제와편 및 토기편이 출토되었다. 아울러 저장공도 나왔다. 2-1 건물지와 2-2 건물지 사이의 경사면에서 단경호 1점이 나왔다. 저장용 토기로 추정되는 단경호는 높이 40㎝ 가량이다. 바깥면에는 단사선문이 들어갔고, 견부(肩部)에는 자연유를 발랐다.

저장공

　1-1 건물지와 2-2 건물지 사이 경사면에서 단경호 1점이 나왔는데, 이는 저장용 토기로 추정된다. 수혈(70×55cm) 내에서 나온 단경호는 높이가 40cm 가량이고, 표면에는 단사선문이 들어갔다.

광주 동림동 유적

    지역개발이 본격화되면서 1990년대 이후 광주를 비롯한 전남지역에서의 고고학 발굴성과가 두드러지게 나타났다. 광주광역시 일원의 북구 동림동과 운암동 일대, 동림2택지개발지구 내 유적지(호남문화재연구원, 발굴기간 : 2003년 7월 31일~2005년 5월 30일) 발굴은 그 일환이라 할 수 있다. 이들 유적은 5~6세기 이전의 마한·백제인들의 주거지란 점에서 자못 흥미로운 대상이었다. 이 발굴을 통해 동림동·운암동 일대에는 청동기시대부터 취락이 형성되었고, 6세기 전후에는 집단취락이 조성되었음을 알게 되었다. 웅진도읍기로부터 형성된 고대 마을유적인 것이다. 이 지역이 언제부터 백제의 영향권에 편입되었는지도 비로소 추정할 수 있게 되었고, 많은 유물과 유구가 드러나 청동기 이후 호남지역 고대사회의 생활상을 보다 자세히 규명할 수 있게 되었다.

    이 동림동 유적은 대규모 복합취락의 성격을 갖고 있다. 여기서는 주거지와 도랑유구·지상건물지와 수혈유구·저습지·토광묘 등이 확인됐다. 특히 주거지와 분묘가 존재한 가운데 수리시설로서의 저습지가 확인되었다. 이는 인근에 자리한 신창동 유적의 저습지 발굴과 함께 이 일대에서 거둔 고고학 분야의 성과이기도 했다. 청동기시대 이후 사람들의 본격적인 생활공간으로 활용되었고, 6세기에 이르러서는 고대사회의 집단취락이 형성되었던 사실을 보여준다. 이웃 쌍촌동·신창동·월전동 등과 더불어 고대인들의 주요 거주지였음을 다시 확인한 것이다.

청동기시대 유물로는 구순각목문(口脣刻目紋)에 이중구연단사선문(二重口緣短斜線紋)을 새긴 토기편·구순각목토기편·무문직립구연토기편·어망추·석도편 등이 출토되었다. 이 유적의 발굴은 I~Ⅳ구역으로 나누어 조사했다. 삼국시대 주거지와 도랑유구 등이 확

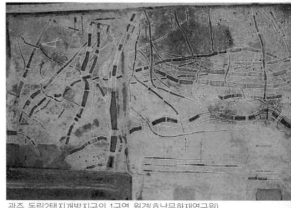

광주 동림2택지개발지구의 1구역 원경(호남문화재연구원)

인된 지역은 I·Ⅱ구역이다. 동림동 유적의 북서쪽 지역에 해당하는 I구역에서는 주거지 6기·수혈 21기·주구 4기·도랑유구 50기·토광묘 2기 등이 드러났다.

광주 동림2택지개발지구 전경(호남문화재연구원)

3구역 성토구간(호남문화재연구원)

주거지는 1호 주거지 외에는 수혈 벽이 사라진 상태이다. 1호 주거지는 방형으로서 길이는 620cm에 너비는 610cm(깊이 18cm)이다. 주거지 안에는 주공과 벽구·장타원형수혈·배출구 등이 확인되었다. 여기서 호형토기와 발형토기·합형토기·대옹편·방추차 및 석촉 등과 같은 유물이 출토됐다.

지상건물지는 32기 정도가 존재했던 것으로 집계되었다. 이들 가운데는 창고나 주거지 또는 망루 등의 기능을 지닌 건물도 있었을 것으로 추정했다.

도랑유구는 주거와 경작에 필요한 관개기능을 지닌 수로였을 것으로 보았다. 그리고 취락지 외곽으로 난 폭이 넓은 도랑은 환호로 추정된다.

수혈(竪穴)에서는 직구호·무문토기 구연부편 등이 나왔고, 수혈 내부 한가운데서는 목탄과 소토를 확인했다. 이 외에 도랑과 다른 형태의 주구에서는 무문토기편과 장경호·호형토기·장란

지금 사용해도 아무런 문제가 없을 것처럼 보이는 고무래(호남문화재연구원)

형토기·완형토기·소형토기나 기타 토제품이 출토되었다. 일부 주구에서는 소량의 목탄과 소토·무문토기나 고배편 등도 나왔다.

동림동 유적의 남서편에 해당하는 Ⅱ구역에서는 지상건물지(30여 기)와 주거지·도랑(30여 기)이 확인됐다. Ⅰ구역보다 주거지가 밀집한 Ⅱ구역 주거지의 규모는 2칸×2칸 구조이다.

저습지에서 출토된 토기와 토제 어망추 (호남문화재연구원)

동림동 유적의 북동편 지역인 Ⅲ구역에서도 주거지와 지상건물지 도랑유구가 대량으로 확인되었다. 여기서도 우물 1기가 나왔다.

Ⅲ구역 저습지에서는 구순각목 이중구연 단사선문 토기편과 토제 어망추·석도·가공한 목기가 함께 출토되었다. 이와 같은 토기편이나 토제 어망추는 남원 고죽동 유적과 익산 영등동유적의 청동기시대 전기 장방형 주거지에서도 출토된 바 있다.

저습지에서 출토된 목기로는 활과 고무

저습지 목재 노출 광경(호남문화재연구원)

출토 토기편(호남문화재연구원)

래 · 자귀자루 · 눈금이 새겨진 목기 · 판재 · 쐐기 등이 나왔다. 그리고 원형 · 원통형 · 구형의 세 가지 형태도 함께 출토되었다. 구형의 토제 어망추에는 구멍이 네 군데에 뚫린 특이한 모양이었다.

청동기시대 전기 유적에서 확인되는 이들 유물은 저습지의 형성과정을 이해하는데 중요한 실마리이기도 하다. 신창동 유적과 함께 선사시대~마한 · 백제시대의 생활상을 추리하는데 절대적인 지표라 할 수 있다.

Ⅳ구역은 동림동 남쪽 유적이다. 여기서도 주거지 25기 이상 · 지상건물지 30여 기 · 도랑 20여 기가 확인됐다. 다른 지역보다 주거지가 밀집한 Ⅳ구역의 지상건물지 또한 매우 복잡하게 중복되었다. 이 유적은 청동기시대~원삼국시대에 조성된 취락유적이 삼국시대에도 그대로 이어졌던 것으로 보인다. 그래서 6세기 백제시대 지방 마을 취락의 일면을 전해주는 매우 흥미로운 유적이라고 할 수 있다.

광주 연제동 유적

광주광역시 연제동 유적은 연제동 아파트 건립부지 내에 자리한 유적이다. (재)호남문화재연구원(2004년 2월 16일~4월 16일까지 60일간)이 발굴한 이 유적에서는 청동기시대로부터 삼국시대에 이르는 주거지와 토광묘 및 삼국시대 저습지가 조사되었다. 이 유적에서 발굴한 유구는 주거지 18기 · 토광묘 4기 · 수혈 8기 · 구상유구 3기 · 가마 1기 등 청동기시대로부터 삼국시대에 이르는 총 34기의 유구와 저습지가 드러났다. 이들 유구에서 청동기시대 무문토기 · 유경식석검 · 석촉 등과 함께 삼국시대 석촉 · 뚜껑 · 개배 · 목제 유물이 나왔다.

특히 신창동 발굴에 이어 비슷한 시기에 동림동 유적이 발굴되어 6세기 이전 이 지역의 주거형식이나 생활모습을 보다 소상히 파악할 수 있었다. 이는 마한~백제시대 호남지역을 이해하는 중요한 기준이 되었다.

청동기시대 유구로는 송국리형 주거지 10기와 토광묘 3기가 나왔다. 이 중에서 1호 토광묘 바닥에는 무문토기편이 10㎝ 두께로 깔려 당시의 매장풍습을 알 수 있었다. 3호 토광묘에서는 유경식석검 1점이 출토되었고, 경사면 위쪽에서는 주구(注溝) 흔적이 확인되었다. 이같은 주구 및 토광묘는 이 지역의 다른 주구묘와는 차이가 있는 것으로 보인다.

송국리형 주거지가 확인된 지역은 바로 이 유적과 이웃한 광주 송암동 유적과 담양 성산리 및 중옥리 유적 등이 있다. 주거지는 구릉 정상부에서 확인되었

광주 연제동 삼국시대 저습지 전경(호남문화재연구원)

저습지 출토 토기류(호남문화재연구원)

고, 토광묘는 구릉 사면과 정
상부에서 나왔다. 이로 보아
당시에 이미 생활공간과 매장
공간을 분리하여 이용했음을
알게 되었다.

삼국시대 유구로는 주거지 8기와 토광묘 1기 그리고 저습지를 발굴했다. 주
거지는 구릉 정상부와 사면(斜面)·곡간지에 있다. 주거지의 후벽은 300~800㎝
길이지만, 입지여건에 따라 규모나 시간적 선후관계가 있는 것으로 보인다. 또
한 구릉에서 저지대로 내려가는 조그만 계곡에 형성된 저습지에선 다량의 토기
류와 함께 가공 목제품·박씨·호두씨·복숭아씨 등의 씨앗류가 출토되었다.
기원 후 5~6세기의 짧은 기간에 형성되었던 저습지는 삼국시대 일부 주거지와
같은 시기에 조성된 것으로 파악하고 있다. 복숭아씨나 박씨·호두씨 등은 모
두 9월~10월 사이에 생긴 씨앗들이 나와 가을 태풍을 동반한 홍수기에 따라 삽
시간에 매몰된 것으로 추정했다. 그리고 여러 가지 농구와 생활용 목제품은 당
시 이 철기가 널리 보급되지 않은 상태였음을 시사하는 것이다.

나주 복암리 낭동 유적

이 낭동(郎洞) 유적은 나주시 다시면 복암리의 복암리 고분군(사적 제404호) 동쪽 약 200m 거리에 있다(낭동 519-1번지). 복암리 고분전시관 건립을 위한 시굴조사(2003년 6월 30일~8월 28일)에서 지석묘 상석 1기 · 말목유구 · 고려시대 집석 및 석렬유구(이상 가지구) · 백제시대 주거지 2기 · 주공흔적(나지구) 등이 확인되었다. 이에 따라 비로소 본격발굴(12,708평, 2004년 4월 3일~7월 1일)에 나서 청동기시대 지석묘 3기 · 백제시대 주거지 23기 · 통일신라 말~고려시대 건물지 등을 확인했다. 특히 6세기 집단 취락지였던 주거지는 복암리 고분군 · 정촌고분 등과의 비교연구를 위한 중요한 자료로 떠올랐다.

저습지와 관련한 말목유구 퇴적층에서는 화천(貨泉) 3점이 출토되었다. 이 화천은 중국 신(新, A.D. 8~23)나라의 천봉(天鳳) 1년(A.D. 14년)에 주조한 왕망전(王莽錢)의 한 가지이다. 그런데 후한 광무제(光武帝) 건무(建武 16년, A.D. 40년)에 왕망전을 폐지하고, 오수전(五銖錢)을 부활시킬 때까지 사용한 화폐라고 한다. 국내에서는 평양 부근의 낙랑고분과 남해안 지방의 김해 회현리 · 해남 군곡리 등지에서 출토된 사례가 있다.

청동기시대 지석묘 3기 중 1호의 석곽형 묘석은 기반식이다. 여기서 장방형 지석 3매가 나왔다. 묘실 바닥에서는 목판과 인골을 수습했다. 바닥에 깔았던 장방형 목판은 탄화된 상태로 출토되었다. 인골은 머리부분과 가슴뼈가 나왔고, 다리뼈는 흔적만 확인됐다. 이 시대의 인골은 탐진강댐 수몰지구인 갈두리 지석묘(가군)에서 확인한 두개골 흔적과 제천 황석리·진주 대평리 어은동 유적·춘천 천전리 등에서 출토된 일이 있다. 이 지석묘에서는 석검·경질무문토기 저부편 등이 함께 나왔다.

주거지는 사주식(四柱式)이 대부분이다. 이 가운데는 화덕시설을 갖춘 길이 9.5cm, 너비 9.4m의 대형 주거지(7호)가 포함되었다. 내부 공간을 분할한 대형 주거지 안에서는 조형토기·토제 와형 배수관·이형토기 등 다양한 유물이 출토됐다. 회청색 경질토기인 조형토기는 영암 금계리와 나주 용호리고분·익산 간촌리 유적·서천 오석리 등에서도 출토된 바 있다. 토제와형배수관은 북서쪽 벽구 내에서 4점이 출토되었다. 이 중 2점은 우각형 파수가 달렸고, 바깥면에 격자문이 들어갔다. 이는 복암리 3호분의 분구 상면 부석 사이에 자리한 17호 횡혈식석실분의 인골 매납용 토기에서도 보인다.

이 지역은 영산호가 이루어지기 전에는 영산강 중상류의 북안에 인접한 야산 끝머리에 해당한다. 발밑으로는 영산강이 동서 방향으로 흐르는 지역이었다. 북쪽과 우측으로는 복암리 지석묘와 복암리고분군이 있으며 좌측으로는 회진리 정촌고분과 지석묘군 및 회진토성이 자리했다. 이 회진(會津)은 영산강 수로 교통의 중심지로 바다 해상로와 연결되는 해륙의 요지였다.

이 유적이 자리한 지역은 일찍부터 농경 및 수로생활이 활발하게 이루어졌음을 알 수 있다. 복암리에서 가까운 다시면 가흥리 마을 앞 늪지대의 지하 6m 깊이에서 B.C. 1,000년경의 꽃가루가 검출되어 일찍부터 벼농사가 이루어진 사실도 알 수 있다. 그리고 20여 군데에 지석묘가 무리를 이루어 분포했고, 회진리·송촌리 지석묘는 자그마치 230여 기에 이른다. 이외에 만봉리의 탁자식 지석묘 3기는 북방으로부터의 영향을 받은 것으로 추정하고 있다. 회진리 지석묘에서는 유경식석검·홍도편·채문토기·무문토기편 등이 출토되었고, 낭동 유적에서는 다면석기가 나온 일이 있다.

다시면의 고분은 11개 지역에 34기 이상이 분포한다. 옹관묘·석실묘 등 41기의 매장시설이 확인된 복암리 3호분에서는 금동제신발·환두대도·은제관식·금제이식·금제도자칼집단금구·철심관모 등 위세품이 다량으로 나왔다. 이들 나주지역의 고분은 고대 지방세력이 중앙 집권층과 긴밀한 관계를 유지한 가운데 활발히 교류한 사실을 알려주고 있다. 공주 수촌리와 포천 자작리에서 본 것처럼 위세품을 활용한 중앙 집권층이 지방세력과의 연계를 유지한 사실을 짐작할 수 있는 것이다.

가지구

낭동 유적은 서쪽의 가지구와 동쪽의 나지구로 나누어 발굴되었다. 가지구에서는 지석묘와 건물지·석렬유구·말목유구 등이 나왔다. 그리고 나지구에서도 역시 주거지와 각종 토기·구상유구·수혈·지상건물지·수로 등이 출토되었다.

지석묘는 남북방향으로 나란히 줄을 지어 자리했다. 2호·3호 상석 주변에는 교란된 석재들이 흩어져 있었다. 1호 상석은 넓은 지름이 340cm, 너비 180cm, 깊이 50cm이다. 흑갈색 사질층에 축조한 석곽형 묘실은 상석 북쪽 약 3m 거리에 있었다. 그리고 벽석은 2~3단으로 불규칙하게 쌓았는데, 내부에는 개석 1매를 묻었다. 바닥엔 부분적으로 작은 할석을 깔았다. 바닥석 위에 길이 130cm에 폭이 58cm에 이르는 목판을 깔고, 피장자를 안치한 사실은 목판 위에서 나온 인골편으로써 알 수 있었다. 석벽 남단에서는 부러진 석검 한 자루가 무문토기와 함께 나왔다.

가지구 북서쪽과 남동쪽에서 건물지가 확인되었다. 북서쪽 건물지의 상층에는 초석과 적심석이 노출되었고, 하층에서는 석렬을 확인할 수 있었다. 초석은 원형과 방형이 각기 한 개씩 나왔다. 원형초석과 방형초석 사이는 110cm였다. 원형초석은 직경이 45cm이고, 방형은 52×42cm이다. 직경 110~170cm 크기의 대형 원형초석의 적심석은 크기가 각각 80×50cm · 110×70cm이다. 동쪽 하단부에서도 원형의 적심석 한 개가 나왔는데, 크기는 직경 50cm이다.

석렬은 적심석 동남쪽 60cm 깊이에서 나왔다. 괴석으로 약 11m 가량의 석렬유구를 한 줄로 축조한 상태로 발굴되었다. 길이 660cm에 너비 120cm인 이 석렬은 남쪽으로 'ㄴ' 자 형태로 축조되었다. 길이 612cm에 너비 84cm 규모의 동쪽석렬에서는 점열문과 파상문이 음각된 토기편 · 월주요 청자 · 국내산 해무리굽청자 · 상감청자 · 연화문수막새와 당초문암막새 등 막새류 외에 백제기와가 출토되었다. 적심석 주변에서 나온 2점의 백제기와 바깥면에는 격자문, 안쪽에는 승석문이 찍혀 있었다. 이 기와는 순천 검단산성에서 출토된 기와와 유사한 것이었다.

말목유구는 지표 아래 180cm 깊이의 회흑색 점토층에서 나왔다. 자갈층과 함께 모래가 섞인 층에서 출토되었다. 이 층은 당시에는 물이 흐르던 자리로 적색사질층에서는 중국 동전 화천과 군청색 유리구슬 · 녹색유리 슬래그 및 개배 · 고배 등의 토기편이 나왔다.

이외에 지석묘 북서쪽에서 목탄과 소토부가 보이는 수혈이 발굴되었다. 이 수혈의 벽면 아래와 그 내부에서 10cm 가량의 소공(小孔)과 부정형 수혈이 확인됐다. 수혈 상부에서는 장란형 토기 · 개배 · 고배 · 벼루 · 석착 등이 출토되었고, 수혈 북쪽에서는 3×1칸의 지상건물지가 나왔다. 지상건물지의 길이는 360~390cm에 건물지 한 칸은 130×150cm였다. 여기서도 장란형토기와 환형토기 · 개배 · 석부편 등이 나왔다.

나지구

나지구에서는 23기의 주거지를 확인했다. 주거지는 모두 방형이고, 벽구(壁溝)가 확인된 주거지도 많다. 이 가운데는 벽구에 배출구를 마련한 주거지(7호 벽구)도 있다. 노지(爐址)는 모두 없으나, 15호 주거지의 경우 할석 3장과 옹

형토기 한 개를 깨어서
바닥에 깔고 사용한 흔적
을 찾아냈다. 주공은 사
주식(四柱式, 2호와 7호
및 15호 · 19호)도 있었
다. 3호 주거지는 사주식
으로 추정된다.

7호 주거지는 길이가
950cm에 너비는 940cm인

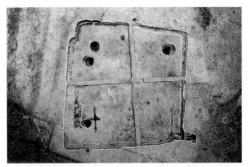

나주 복암리 7호 주거지(전남문화재연구원)

사주식 방형이다. 이 주거지 동쪽에는 보조주공 한 개가 더 있었고, 내부에서도
크고 작은 주공 흔적을 여러 개를 더 찾았다. 그리고 내부에는 이중벽구 · 노
지 · 출입구(추정) 등도 있었다. 북서쪽 모서리 벽구 안쪽에는 와형토제배수관
을 묻었고, 벽구 내에서는 배수관과 함께 목제편 · 토기편이 출토됐다. 이외에
발형토기 · 조형토기 · 석촉 · 방추차 · 소뼈 등 다양한 유물이 나왔다.

와형토제배수관은 북서 모서리 벽구 내에서 6점과 노지에서 1점 등 모두 나
왔다. 벽구 안에서 나온 2점은 우각형 파수가 달렸고, 바깥면에 격자문이 들어
갔다. 이와 같은 유물은 복암리 1호분과 2호분 주구를 비롯 복암리 3호분의 분
구상면 부석, 5세기 후반~6세기 전반에 조성된 것으로 보이는 96호 석실 · 1호
석실 · 2호 석실 등에서도 확인된 바 있다. 결국 7호 주거지는 출토유물로 보아
5세기 말~7세기의 복암리 고분군 피장자가 살았던 생활유적으로 추정된다.

회청색 경질토기인 조형토기는 나주 용호리고분 · 영암 금계리 유적 · 고창
예지리 · 서천 오석리 유적 등에서도 나온 일이 있다.

그리고 8호 주거지 윗면을 정리하면서 석촉 · 옥 · 경배 · 선형(蟬形) 제품 등
이 출토되었다. 선형품(蟬形品)은 편암(片巖)을 갈아서 매미모양으로 만든 것인
데, 위쪽에 실을 꿰어 매달 수 있는 구멍이 하나 있다. 신에게 드리는 공헌용품

으로 제장(祭場)의 신목(神木)에 매달았던 유물로 보인다. 이는 실물의 매미 모양을 본떠서 만든 것이다. 부안 죽막동에서 나온 유물과 유사하다. 이같은 유물은 4세기 후반의 고분에서 부장품으로 처음 나타나기 시작하다가 5세기에는 각종 제사 관련 유구나 제사유적의 제사용품으로 사용되었다. 일본에서는 고분시대의 고분이나 마을유적·제사유적 등에서 매미 모양을 본떠서 만든 선형품이 보여 이 지역과 일본과의 교류흔적을 엿볼 수 있는 유물로 평가받고 있다.

평면이 방형인 15호 주거지 내부에는 노지·주공·벽구를 갖추었고, 장란형토기와 발형토기편 등이 나왔다. 15-1호 주거지에서도 벽구·주공 등을 확인했다. 주공은 4주식이며 내부에서 크고 작은 주공 여러 개가 확인됐다. 노지는 북쪽에 할석을 10cm 간격으로 세 개를 놓고, 그 남쪽으로 옹형토기 하나를 깨어서 바닥에 깔아 만들었다. 노지 서쪽 편에는 할석을 깔고, 그 위에 옹관편을 고루 깔아 작업공간으로 사용한 흔적이 보인다. 15호 주거지에서는 발형토기·옹형토기·옹관묘·석부·장경호 등이 나왔다.

나지구 동쪽 사면부에서는 구상유구(1기)가 나왔다. 구상유구는 외부를 넓게 파고, 그 내부에 50~220cm 폭으로 구(溝)를 마련한 형식이다. 그런데 구의 내부에는 주공을 파고, 외부에는 작은 도랑을 낸 흔적이 보인다. 하층에서 무문토기 저부편·뚜껑·어망추가 나왔다. 그리고 상층에서는 통일신라시대 인화문토기 및 점열문토기 등이 출토되었다. 이외에 하단부 중앙에는 용도 미상의 건물지가 구상유구와 이어졌다. 또 북쪽에는 배수로가 구상유구를 관통하고 있었다. 건물지의 남쪽에는 지표면을 50cm 깊이로 파고, 돌을 무질서하게 깐 방형의 집석시설이 보인다. 그 주변에 남북 3칸, 동서 1칸의 주공이 있었다. 집석시설과 배수로 주위로 일정한 간격의 주공을 배치한 방형 집석시설은 고상건물지로 추정된다.

이외에 완사면 정상부에서 원형수혈 1기, 하단부에서는 3기의 수혈이 발굴됐다. 정상부 수혈은 벽면에 주공이 3개 있었고, 나머지 3기의 수혈은 지상건물지와 중복된 상태이다. 수혈의 평면은 1호 수혈을 제외하고는 장방형에 가깝다.

지상건물지 1기는 4호 수혈과 중복되었다. 동서길이는 300㎝이고 남북은 295㎝였다. 주공간 거리는 145~160㎝로 건물은 2×2칸 구조이다.

이 유적에서는 2기의 수로도 확인됐다. 수혈·주거지와 중복된 이들 수로 가운데 2호 수로는 15호 주거지와도 겹쳤다. 8호 주거지 상층에서는 용도와 성격 미상의 유구가 발견되었다. 바닥에 할석이 깔린 이 장방형 유구의 남서쪽에는 배수로(195×97㎝)가 배치되었다.

나주 영동리 고분

    나주시 다시면 영동리 813번지 일대의 고분이다. 백제시대의 고분 7기가 발굴돼 4~6세기 이 지역의 문화특성을 밝히는데 중요한 자료가 될 것으로 기대되고 있다. 특히 하나의 봉분(封墳) 안에 다양한 묘제가 들어간 대형분구묘가 발굴돼 고대사회에서의 다장묘제와 혈연관계를 파악하는데 중요한 단서를 드러냈다. 이들 무덤은 경작에 따라 일부가 파괴되기는 했으나, 대부분 처녀분으로 남아 있다.

    이 유적은 2005년 3월 주민이 밭을 개간하다가 석실과 인골이 노출되어 동신대학교 문화박물관이 긴급 조사에 들어갔다(2005년 12월 13일~2006년 2월 12일). 조사 결과 소형의 석곽묘 1기와 옹관묘 1기를 찾아냈다. 이후 문화재청과 전라남도, 나주시의 지원을 받아 제2차 발굴조사에 나서 다장묘제(多葬墓制)를 확인했던 것이다.

    이 조사에서 확인한 7기의 고분 가운데 제1호분과 3호분, 4호분은 매장주체부가 그런대로 잘 남아있었다.

    제1호분에서는 옹관묘 2기와 석실묘 4기, 석곽묘 1기가 나왔다. 그리고 제3호분에서는 석실묘 1기가 나온데 이어 제4호분에서는 옹관묘 여러 기가 확인되었다. 제1호분의 1~3호 횡혈식석실묘와 더불어 제4호분의 옹관묘를 지금까지 조사했다. 제1호분 4호 석실묘는 석실 입구의 틈을 통해 초소형카메라를 삽입

한 다음 내부를 관측하는 방법으로 발굴작업에 착수했다. 제1호분 2호 석실 내부에서는 2구의 인골이 나와 부부합장묘로 추정되며 두개골과 인골 보존상태가 좋아 골격 복원이 가능할 것으로 보인다.

제1호분에서는 옹관묘와 횡혈식석실묘, 석곽묘가 확인되었다. 제3호분에서는 횡혈식석실묘, 제4호분에서는 옹관묘를 찾아냈다. 특히 제1호분은 4세기대의 옹관묘와 5~6세기대의 횡혈식석실분이 함께 들어갔다. 이는 복암리 고분(사적 제404호)보다는 규모가 작지만, 형태는 동일한 복합묘제로 밝혀졌다.

제1호분에서는 보존상태가 좋은 인골 9개체와 인골편 1개체를 조사했다. 또한 한 차례 이상 추가장을 한 흔적을 확인했다. 이처럼 단일고분 내에서 다량의 인골이 출토된 것은 극히 이례적인 사례다. 이같은 다장묘제가 혈연적 가족관계를 시사하는 것으로 간주해 왔다. 그러나 영동리 제1호분에서는 처음으로 한꺼번에 많은 인골이 나와 이를 더 구체적으로 입증하게 되었다. 1차 자료인 이들 인골을 통해 영산강유역에서 살았던 고대인들의 매장의례를 파악하는 중요한 자료가 되고 있다.

이 조사에서 확인한 인골은 우선 피장자 간의 기초적인 혈연관계와 고대 지배세력의 친족구성 형태를 파악할 수 있다. 그리고 고대 지배세력의 권력계승 형태까지도 풀어줄 실마리가 될 것으로 기대하고 있다.

영산강유역의 초기 횡혈식석실묘인 제1호분에서는 잔달린병(배부병), 토기장군, 대부호 등 특수형 토기가 다량으로 출토됐다. 이 가운데 잔 달린 병은 전북 부안의 죽막동 제사유적, 충남 용원리 유적 등 백제지역에서 출토된 유물과 동일하다.

이들 고분 7기는 대부분 파괴돼 고분의 기저부만 남아 있다. 하지만 유구의 범위가 조사구역 밖으로 연결되어 발굴팀은 추가 조사가 불가피할 것으로 전망했다.

1호분은 전체 분구의 절반 정도가 경작으로 훼손됐다. 하지만 잔존부분에서 옹관묘 2기와 석실묘 4기, 석곽묘 1기가 나왔다. 석실부재로 추정되는 석재편이 확인되어 2기 정도의 석실이 더 있을 것으로 추정된다. 분구의 잔존규모는 현재 동서 11m, 남북 15m다. 하지만 원래 분구의 규모는 약 20m 내외의 장방형 또는 제형(사다리형)이었던 것으로 보인다. 또한 제1호 옹관에서는 2005년 긴급 수습조사 때 옹관 1기(제1호 옹관)와 부장된 토기호(壺) 등을 수습했다. 석곽묘의 서쪽 단벽에 인접한 옹관은 노출 당시 윗면이 훼손되어 있었다. 또한 소옹은 밭 경작시 배수로 설치 때 파괴되어 아가리와 몸체 상단 일부만 남아 있었다. 대옹은 비교적 양호한 상태였다. 대옹은 남쪽을 향했고, 소옹은 북쪽을 향한 채 서로 주둥이를 맞춘 상태(合口)였다. 합구부는 소옹을 대옹 안쪽으로 약 20㎝ 정도 밀어 넣은 후 회색 점토(뻘흙)를 발라 마감했다.

구연이 약간 벌어진 옹관은 동체에서 다시 벌어졌다가 점차 좁아들어 저부에 이르는 형태이다. 구연과 동체의 꺾이는 부분에 거치문을 시문한 것으로 보아 4세기의 옹관으로 추정된다. 잔존 길이는 130㎝이며 장축방향은 남북이다. 옹관 내부에는 적갈색의 사질점토가 채워져 있었다. 출토유물로는 대옹바닥의 중앙부에서 북쪽으로 약간 치우쳐 양이부호 1점이 나왔다.

제2호 옹관묘는 대부분 파괴된 채 제2호 석실묘의 내벽방향 상부에서 확인됐다. 제2호 석실묘를 축조하는 과정에서 파괴된 것으로 보인다. 옹관은 제1호 옹관묘와 동일한 형식이다.

제1호 석실묘는 경작으로 인해 석실 상부가 훼손됐다. 석실 하부와 바닥부분만 남아 있다. 이 석실묘의 장축방향은 남북이다. 크기는 장벽이 360㎝이고, 단벽은 230㎝에 이른다. 3~5㎝ 정도의 자갈을 전면에 깐 바닥은 회백색 점토(뻘흙)를 발라 마감처리했다. 석실 내부에서는 토기장군을 비롯 배부병, 개배, 고배 등 30여 점의 토기가 나왔다. 또한 철제대도 1점을 비롯 철제 화살촉, 철제 관못 등 다수의 철기가 출토되었다.

그리고 석실 중앙부분에서는 인골편과 치아가 나왔다. 이 석실묘는 잔존하는 벽석의 크기나 형태가 제2~4호분과 달리 소형이고, 훨씬 거친 할석을 사용했기 때문에 가공도가 떨어진다. 이로 미루어 5세기 말~6세기 전반의 영산강유역 초기 횡혈식석실묘로 추정된다.

제2호 석실묘는 제1호 석실묘 서쪽 약 2m 정도 거리에 있다. 벽석은 길이 30~60㎝ 정도의 장대석을 사용하여 8단 정도로 가로쌓기를 했다. 내벽은 1매의 판석을 사용했다. 입구는 양장벽 끝에 문주석을 세운 후 장대형의 문미석을 얹었다. 바닥은 부정형의 얇은 판석을 전면에 깔았다. 천정은 대형 판석 2매를 이용했고, 천정석 사이에는 회백색 점토(뻘흙)를 두텁게 발라 마감하였다. 현실(玄室)은 양 장벽을 수직으로 쌓다가 중상부에서 안쪽으로 좁히며 올라가는 구조이다. 석실의 크기는 길이 205㎝, 천정부분 너비 78㎝, 바닥부분 너비는 100㎝, 높이 81㎝이고 형태는 장방형이다. 석실 내부에서는 인골 4구가 확인되었다. 2구의 두개골은 북벽에 나란히 놓였고, 1구의 두개골은 서벽에 붙어 깨어진 상태로 드러났다. 나머지 1구의 두개골은 석실 입구에서 확인되었다. 인골의 보존상태가 비교적 양호하여 전체의 골격 복원도 가능할 것으로 판단된다.

제3호 석실묘는 제2호 석실묘 바로 곁에 인접해 있다. 석실구조는 제2호 석실묘와 거의 동일하다. 벽석은 길이 30~60㎝ 정도의 장대석을 8단으로 쌓아 축조했다. 내벽에는 1매의 판석을 사용했고, 입구는 양장벽 끝에 문주석을 세운 후 장대형의 문미석을 얹었다. 천정석은 판석 3매를 사용했다. 그리고 천정석 사이의 틈새는 회백색 점토(뻘흙)를 두텁게 발라 밀폐시켰다. 현실은 양 장벽을 수직으로 쌓다가 중상부에서 안쪽으로 좁히며 올라갔다. 바닥은 흙이 쌓였다.

석실 내부에서는 인골 2구가 확인되었다. 그런데 1구의 두개골은 북벽에 놓였고, 나머지 1구는 석실 입구 우측에서 깨어진 상태로 확인됐다.

제4호 석실묘는 아직 내부조사를 하지 않아 정확한 내용은 확인할 수 없다. 그러나 초소형카메라로 관찰한 결과 양 장벽은 판석을 세우고, 상부에 장대석을 여러 장 좁혀가며 쌓은 흔적이 확인되었다. 내벽은 1매의 판석을 사용했다.

석실벽 안쪽에는 장벽석 일부가 넘어져 바닥에 누운 상태의 석실 바닥에서 인골이 드러났다. 석실 입구의 문비석이 약간 벌어진 것으로 보아 후대에 부분적인 교란이 있었을 것으로 보인다.

제1호 석곽묘는 2005년 긴급 수습조사 때 확인됐다. 소형으로 고분의 최상부에 위치한다. 석실 내부의 크기는 장축 168㎝, 단축 78㎝, 깊이 50㎝이다. 양 장벽은 먼저 하단 1단을 3매의 판석으로 세로놓기를 한 후 2단부터는 가로쌓기로 축조했다. 벽석 상단부를 점차 안쪽으로 기울게 하여 뚜껑돌을 놓았다.

단벽은 동쪽 단벽의 경우 하단에 1매의 판석을 세로 놓기하였고, 2단부터는 할석으로 가로쌓기를 했다. 북쪽 장벽과 연결되는 부분은 2단부터 모줄임을 했고, 상단으로 올라갈수록 점차 안으로 기울었다. 서쪽 단벽은 전체를 1매의 판석으로 세로놓기 한 다음 2단부터는 대형 할석 2매를 가로쌓기한 가운데 폐쇄석 형태를 유지시켰다.

벽석 사이는 회백색 점토(뻘흙)로 막음처리했다. 뚜껑돌은 4매의 판석형 할석으로 구성되었다. 석실 바닥 전체에 강자갈을 깔았고, 부분적으로 회백색 점토(뻘흙)를 바른 부분이 보인다. 인골은 동쪽 단벽에 치우쳐서 2구가 나란히 놓여 있었다. 서쪽 단벽에 인접해서는 여러 개의 소옥(小玉)이 출토되었다.

이외에 분구 정상부의 단애면에는 와형토기가 노출되었다. 잔존형태로 미루어 화장인골을 안치한 복암리고분의 와관(瓦棺)처럼 보인다. 제2호분은 경작으로 대부분 삭평되어 주구 흔적만 일부 확인됐다. 매장주체부인 옹관은 상부가 훼손된 상태였다.

제3호분은 경작으로 분구 대부분이 깎여나갔다. 현재는 분구의 하부와 훼손된 석실묘 1기와 주구 흔적이 관찰됐다. 그러나 석실묘는 아직 내부조사를 하지 않았다. 분구 훼손과 더불어 석실 상부도 없어졌으나, 노출상태로 보아 석실 하부의 바닥면이 남은 것으로 판단된다. 또한 일부이기는 하지만, 주구의 노출상태로 보아 방형 또는 말각방형의 주구가 있었던 것으로 판단된다.

제4호분도 경작으로 인해 분구의 70% 정도가 훼손되었다. 여러 기의 옹관과
분구 주변에서 주구의 흔적이 일부 보인다. 5호분과 6호분, 7호분 역시 경작으
로 상단부가 깎여나갔다. 분구의 저변과 옹관편, 주구흔적만 일부 확인되었다.

담양 계동 고분군

　담양 계동 고분군(潭陽 桂洞古墳群)은 전북 담양읍 오계리 일대의 고속국도 12호선(담양~대구간) 확장공사에 따라 고서~담양 공사구간(18.2km)에 들어간 문화유적이다. (재)호남문화재연구원이 2002년 7월 지표조사에서 유물산포지(1개소), 고분(7개소), 입석(1개)을 확인하고, 이듬해 4월 약 20일간의 시굴조사를 거쳤다. 이후 2004년 발굴조사(4~5월, 1개월)에서는 삼국시대 고분과 관련한 주구(周溝) 2기가 추가로 확인되었다. 이 고분군의 봉분은 완전히 깎여나갔고, 매장시설도 유실되었다. 따라서 2기의 주구만 확인할 수 있었다.

　1호 주구의 경우 외부는 방형에 가깝고, 내부 선은 원형이다. 2호 주구는 3분의 1 정도가 유실되었으나, 원형으로 확인되었다. 1호와 2호 모두가 나란히 등고선과 직교하고 있다.

　이처럼 영산강유역에서 고분 주위에 주구를 돌린 무덤 형식은 1938년 나주 덕산리 3호분에서 처음 드러났다. 이어 서해안 고속도로 건설을 전후한 시기에 호남지역 발굴이 집중적으로 이루어지면서, 주구를 갖춘 고분이 계속 발굴되었다. 이들 대부분은 1~2세기의 유적으로 추정되는 고분이다. 이같은 형식의 고분은 지석묘와 대형 옹관묘 사이의 시기에 축조되었고, 영산강유역의 대형옹관묘의 기원을 이룬다는 사실도 밝혀지게 되었다. 그리고 뒷날 백제 석실묘가 보급되기 시작하는 6세기 중반까지 영산강유역을 중심으로 발전했다는 사실도 알아냈던 것이다.

고분 둘레에 파놓은 주구는 묘역의 경계인 동시에 매장할 때 굴착한 흙을 쌓아올려 매장 주체부를 덮어서 보호하기 위한 것이었고, 배수의 기능까지 갖고 있었다. 영산강유역에서 고분 주위에 주구를 돌린 형식은 이 지역의 독특한 무덤양식이라고 할 수 있다. 옹관 고분이기도 한 이 묘제는 3세기 말~6세기 전반기에 성행했다. 영암과 나주지역을 중심으로 호남지역에 분포하는 영산강유역 옹관고분의 옹관은 목에서 구연부까지 벌어졌다. 그리고 목이 뚜렷하면서도 목 부분에는 거치문이 들어갔고, 바닥에는 돌기가 있는 형태에서 'U'자형 옹관으로 그 형태가 변화한다. 또한 후기에 'U'자형 옹관이 중심을 이루는 시기에도 분구는 방형, 절두원형, 마름모형 또는 세장형 등 비교적 다양하다. 옹관고분은 평지나 낮은 구릉의 정상부를 이용하지만, 나중에는 자연구릉을 이용하는 비율이 낮아진다. 그래서 경사가 급한 산 사면에 위치하는 경우도 있다. 옹관고분은 5세기 말부터 횡혈식석실분으로 대치되어 7세기 중반까지 이어진다. 영산강유역의 석실분은 여타지역과는 달리 구릉의 말단부 또는 정상부, 야산 경사면, 산 기슭, 평지에 들어선다. 분구는 원형이고, 석실은 반지하식과 지상식이 있다. 백제지역의 석실분은 지하식이나 반지하식이다. 이에 비해 전남지역 석실분은 지상식이 상당히 많다는 것이 특징이다.

이 석실분 단계에서 석실분 주위에 설치한 주구의 형태는 방형 또는 원형이라는 사실이 확인된다. 나주 덕산리 고분과 복암리 1호분의 주구는 원형이고, 이들 주구의 직경은 17~19m로 중형 또는 소형이다.

이같은 시기의 고분으로는 나주 송제리 고분, 영광 대천고분, 해남 월송리 조산고분 등이 있다. 나주 복암리 3호분 96석실은 내부에 4기의 옹관이 들어간 것으로 미루어 옹관묘를 축조하던 집단이 석실묘를 받아들인 가운데 토착 옹관묘를 계속 고집했음을 알 수도 있다. 이처럼 담양 계동고분은 나주 덕산리 고분이나 복암리 1호분, 해남 월송리 조산고분의 형태와 성격이 매우 유사하다.

출토유물

계동 고분군에서 출토된 유물의 대부분은 토기이다. 1호 주구에서는 다량의 토기가 나왔다. 기종은 호형토기, 개배, 고배 등이다. 대부분 서쪽 편 구(溝)에 호형토기와 개배가 부장되었고, 동쪽 구에서는 연질고배, 남쪽과 북쪽 구에서는 광구호가 각기 1점씩 출토되었다.

▲ 호형토기(壺形土器) – 호형토기는 6점이 나왔다. 회청색 경질 호형토기는 저부와 구연부가 없이 동체부만 나왔으며 동체부 바깥면에는 수직평행문과 조족문이 들어갔다. 이같은 평행문과 조족문은 백제계 연질 및 경질토기에 나타나고, 한반도 서남부지역에서 집중적으로 출토된다. 일본에서는 규슈와 긴끼(近畿)지역에서 5세기 말~6세기 전반의 고분에서 나온다. 일본의 조족문토기는 한반도에서 건너간 이주민에 의해 제작된 것이거나, 한반도에서 반출되었을 것으로 보고 있다.

한편 적갈색 연질의 직구호는 동체의 상단에서 최대경을 이룬다. 그리고 구연까지는 직립이고, 저부는 말각평저 형태다. 바깥면에는 수직평행문이 타날되었고, 더러 조족문도 있다. 적갈색의 외반구연호는 동체부가 구형에 가깝고, 바깥면에는 수직평행문이 들어갔다. 회백색 연질의 외반구연호도 출토되었는데, 동체부에 격자문이 있다. 이와 같은 형태는 나주 덕산리 4호분, 나주 복암리 3호분 등에서 나온 바 있다.

호형토기는 동체부보다 구경이 크고, 동체부 상단에 어깨가 있는 평저호(平底壺)이자 광구호이다. 남쪽과 북쪽 구(溝)에서 각 1점씩 출토되었는데, 높이는 14.6~17.1m이다. 동체부에 비해 구연부가 길고 넓게 벌어졌다. 이같은 형태의 토기는 해남 월송리 조산고분, 영암 신연리 9-5호 토광묘 등에서도 나왔다.

▲ 개배–1호 주구 서쪽 편에서 4점이 출토되었다. 담양 제월리고분, 해남 월송리 조산고분에서도 이같은 형식의 토기가 나온다. 연질 개배는 배신(杯身) 바닥에 'X' 자를 새겼는데, 이러한 표기는 죽음과 관련된 의식이나 벽사적 의미가

담긴 기호로 보았다. 이와 같은 개배는 5세기 말~6세기 초의 유형으로 추정하고 있다.

▲ 고배 – 동쪽 구에서 1점이 출토되었는데, 적갈색 연질토기이다. 해남 조산 고분, 영암 명동리 와우동 고분에서 출토된 고배와 그 형태가 비슷하다.

계동 고분군의 축조시기 편년

계동 고분군에서는 개배, 고배, 호형토기가 출토되었다. 나주 복암리 1호분, 나주 덕산리 고분, 담양 제월리 고분, 해남 월송리 조산고분에서 출토된 것들과 유사한 형식이다. 이같은 토기는 5세기 중후반 이후 6세기에 제작된 것들이다. 또한 주구의 평면형태와 유물을 비교해 보면, 중심연대는 6세기 전후로 보인다.

주구의 매장주체부는 확인되지 않았고, 석재도 없었다. 정황상 석실분이었을 것으로 보인다. 그러나 1호 주구에서 출토된 대옹편으로 미루어 분구 내에 매납한 옹관이 파손되었을 가능성도 있기 때문에 석실분이 아니었을 가능성도 있다.

나주나 영암을 중심으로 3세기 이후 4~5세기에 옹관묘가 발전했으나, 영산 강 상류지역에서는 옹관고분이 잘 나타나지 않는다. 이는 옹관묘 사회가 해체 되는 시기에 영산강 상류에 조성된 고분이라는 점을 시하는 것이다.

1호 주구와 2호 주구에서 수집한 목탄 시료를 AMS 측정한 결과 연대값은 5세기 말로 나왔으나, 1호 주구의 시료에 의한 측정치로는 A.D. 240년과 320년 이란 연대값이 제시되었다. 수치가 만약 정확한 것이라면, 옹관묘가 발전하는 시기인 3~4세기 이후를 의미한다. 이는 고분의 연대 설정에 많은 도움이 될 것으로 보인다.

무안 맥포리 유적

이 유적이 처음 알려진 것은 1986년 목포대학교박물관의 지표조사 당시 지석묘군의 존재를 확인하면서부터였다. 이후 옹관과 유공광구소호(有孔廣口小壺) 1점을 수습하여 광주박물관에 신고하면서, 맥포리 고분군군이라는 유적명이 부여되었다. (재)호남문화재연구원이 2004년 시굴(5월) 및 발굴(5월 31일~6월 15일)에 들어가 지석묘 9기와 삼국시대 토광묘 3기, 주거지 1기에 이어 지석묘 동쪽 지역에서 대형고분 1기를 발굴했다. 이들 지석묘군은 발굴종료 후 인근지역에 복원되어 일반인들의 교육의 장이 되고 있다.

발굴 결과 시굴 당시 확인한 5기의 지석묘 외에 4기의 지석묘 상석을 더 확인했고, 대옹편도 많이 출토되었다. 지석묘 2호, 4호, 5호 하부에서는 토광묘의 윤곽선이 드러났다. 6호 지석묘에서는 석관형의 장방형 묘실을 확인했다. 그리고 8호, 9호 지석묘에서는 위석식으로 추정되는 하부구조는 확인되었지만, 7호 지석묘는 아무런 시설이 없었다.

1호, 3호 지석묘는 후대에 이동된 것으로 보인다. 지석묘 아래에서 확인된 3기의 토광묘는 지석묘 축조 이후 재이용한 매장시설로 판단되었다. 이들 토광묘에서는 다수의 철기, 옥, 개배류, 완, 호(壺), 고배, 장경호, 광구소호, 병과 같은 토기류가 출토되었다. 특히 3호 토광묘(3호 지석묘의 하부구조)에서는 한점의 철모(鐵矛)와 철촉 등 무기류가 나왔다. 이와 별도의 고분 안에서는 거치문(鋸齒文)이 들어간 대옹편이 나왔는데, 주변 지역을 조사한 결과 분구묘로 확인됐다. 분구의 저변 직경은 27m, 높이는 4m 내외인 방형고분이었다.

지석묘 주변에서는 무문토기편과 대옹편, 유공광구소호, 경배(頸杯), 병, 장란형토기 등 삼국시대의 토기편들을 수습했다.

청동기시대 지석묘 9기는 모두 상석을 갖추었고, 상석은 방형(5기), 장타원형(2기), 원형(1기), 삼각형(1기) 등으로 조사되었는데, 삼각형의 경우 본래 방형이었을 것으로 보여 방형이 우세했다. 그러나 9기의 지석묘 가운데 묘실의 구조나 형태를 명확히 알 수 있는 것은 6호 지석묘 1기뿐이었다. 바닥시설 일부가 확인된 것은 4호, 5호 2기이다. 4호, 5호 지석묘는 후대에 조성된 지석묘에 의해 대부분 파괴되었고, 묘곽 내에 할석을 깐 바닥만을 확인할 수 있었다.

6호 지석묘의 묘실은 남벽에 1매의 판석을 세웠고, 북벽은 작은 판석들을 세웠다. 그리고 동벽과 서벽에는 2매의 판석을 세워서 축조했다. 마치 묘실 주위에 지석을 세우고, 그 위에 상석을 얹어놓은 형태이다. 4호, 5호 지석묘는 아무런 시설을 하지 않았다.

이들 지석묘에서 나온 유물은 5호 지석묘 바닥에서 나온 석촉편 1개와 무문토기편 2점이다. 본래 유물을 부장하지 않았거나, 지석묘를 재이용하는 과정에 유물이 유실되었을 가능성도 있다. 이에 따라 지석묘의 축조시기를 헤아리기가 어렵다.

삼국시대 유구

삼국시대 유구로는 3기의 토광묘가 확인되었다. 이들은 2호, 4호, 5호 지석묘 하부를 파괴하고 만들었다. 1호 토광묘(205×100×50㎝)는 장방형이고, 2호 토광묘는 4호 지석묘 상석 아래에 있었다. 지석묘 하부에는 상석과 장축방향이 비슷한 장방형의 토광묘가 조성되었다. 토광묘 중앙에는 개배, 고배, 호형토기를 부장했다. 3호 토광묘는 5호 지석묘 하부 전체를 파괴하고 만들었다.

내부에서 다량의 철촉과 철부, 용도 미상의 철제품이 나왔다. 이로 보아 3호 토광묘는 두세 차례 추가매장이 이루어진 것으로 보인다.

3기의 토광묘에서 출토된 유물은 총 80여 점에 이른다. 지석묘를 후대에 다시 이용하면서, 이처럼 많은 유물을 남긴 사례는 별로 없다. 다수를 차지하는 유물은 고배류이다. 이외에 병, 완, 호형토기, 철기, 옥, 구슬 등이 있다. 자라병, 장경호, 고배, 호형토기 등 다양한 기종의 토기류와 더불어 철모, 철도자(鐵刀子), 철겸(鐵鎌), 철부, 철촉, 철탁(鐵鐸) 등 철기가 많이 나온 것도 지석묘를 후대에 이용한 여타 유적과 다른 점이다.

토광묘에서 출토된 개배는 18점의 개(蓋)와 배(杯)이다. 출토유물 가운데 가장 많은 수를 차지한다. 평저에 배신(杯身)이 깊은 토기는 몽촌토성 등에서 나온 백제 초기 개배의 전형적인 특징이다. 1호 토광묘에서 출토된 개배는 개신과 배신이 얕고, 평평한 편이다. 전체적으로 신부가 편평한 점으로 보아 복암리 3호분 제10호 석실, 제11호 석곽, 제8호 석곽 옹관의 출토품과 유사하다.

1호와 2호 토광묘에서 출토된 개배는 모두 연질토기이고, 3호 토광묘 출토 개배는 모두 경질토기이다. 그런데 개배의 전체적인 기형과 더불어 상면과 바닥면, 턱의 형태 등은 3기의 토광묘에서 모두 조금씩의 차이가 있다.

2호 토광묘의 개배는 개신과 배신이 깊고 두터운 편이다. 전체적으로 나주 반남고분에서 나온 유물에 이어지는 형식이다. 나주 복암리 2호분, 3호분, 96 석실묘, 2호 석실묘, 1호 옹관 출토품과도 유사한 것으로 보았다.

그러나 3호 토광묘 출토 개배는 크게 두 가지로 분류되었다. 기형은 비교적 크면서 배신은 깊고, 턱이 약간 들려 배신 바닥은 호선(弧線)을 이룬 원저 형태가 그것이다. 토광묘 가장자리에서 주로 출토되었는데, 나주 복암리 3호분에서 출토된 개배와 유사하다. 그러나 소형으로 신부의 깊이가 얕고, 비교적 정형화된 형태는 토광묘 중앙에서 출토되었다. 이는 영산강유역의 초기 대형석실분에서 출토되는 유형이다. 초기 몽촌토성 85-3호 저장공, 5세기 중엽에 축조된 것으로 추정하는 청주 신봉동 90b-1호 토광묘 출토품과 유사하다. 공주 정지산 유적에서도 이와 유사한 토기가 출토된 바 있다.

이들 3기의 토광묘에서 출토된 개배로 미루어 토광묘는 3호 토광묘→2호 토광묘→1호 토광묘의 순서로 조성되었을 것으로 보인다. 축조연대는 5세기 후반~6세기 중엽으로 추정하고 있다. 3호 토광묘에서는 다른 토광묘와 달리 3점의 완이 나왔고, 2호 토광묘에서는 적갈색 연질의 심

1·2·3호 토광묘 유물 출토상태(호남문화재연구원)

발형토기와 격자문을 타날한 단경호가 나왔다.

1호 토광묘에서는 자라병이 나왔다. 이는 해남 용일리의 용운 3호분과 유사한 신안 내장리 고분에서도 나온 바 있다. 이들 유적에서 나온 유물은 6세기 중엽의 것으로 파악되었다.

1호분에서 나온 완형의 자라병 1점은 광주 월계동 1호분 주구, 광주 월산동 뚝뫼유적, 부안 죽막동 제사유적 가2구, 경남 의령 천곡리 12호, 해남 용일리

용운 3호분 등에서 나온 유물과 비슷하다. 자라병은 귀가 없는 것, 고리형 귀가 달린 것, 뿔처럼 굽은 귀가 달린 것, 짧은 귀에 구멍이 상하방향으로 뚫린 것 등이 있다. 그런데 맥포리에서 출토된 자라병은 광주 월계동, 곡성 방송리, 의령 천곡리에서 출토된 것과 마찬가지로 고리형 귀가 달렸다. 이러한 제작기법은 일본의 宇野代 유적 고분에서 출토된 유물에도 보인다. 제작시기는 6세기 후반 ~7세기 초반으로 추정하고 있다.

3호 토광묘 중앙부에서는 외반구연의 완 2점과 직립구연의 완 1점이 나왔다. 나머지 완은 북벽에 치우쳐서 출토되었고, 외반구연 완은 철모, 철겸과 나란히 부장되어 있었다.

철기는 대부분 3호 토광묘에서 나왔다. 종류는 철모, 철부, 철겸, 철도자, 철탁, 철촉, 용도 미상의 철제품 등이다. 1호 토광묘에서는 철도자편이 나왔고, 2호 토광묘에서는 철도자와 철겸이 각기 1점씩 출토되었다. 이들은 모두 단조품이었다.

3호 토광묘에서는 철촉이 9점 출토되었는데, 이 가운데는 형태가 뚜렷한 능형(菱形) 철촉 6점이 포함되었다. 철탁은 3호 토광묘 바닥에서 거꾸로 선 상태로 출토되었는데, 탁신(鐸身)의 길이는 5.7㎝이다. 호남지역에서 철탁이 출토된 것은 매우 드문 예이다. 이같은 철탁은 경주 신원리 2호묘나 안동 지동 2호묘, 합천 창리 B-35호묘·26호묘, 합천 저로피 E5-1호묘, 부안 죽막동, 순천 죽내리, 대전 관저동, 진도 오산리 유적 등 6세기 중엽의 신라·가야지역에서도 출토된 사례가 있다. 부안 죽막동에서는 7점, 순천 죽내리에서는 석실유적에서 8점, 대전 관저동의 백제 수혈주거지에서는 4점, 진도 오산리 수혈주거지에서는 1점, 순천 죽내리 6호 석실에서는 대부직구호, 병 등과 함께 출토되어 기원 후 5~6세기의 것으로 추정하고 있다.

한편 맥포리 유적 동쪽 능성 정상부에서는 저변의 폭이 27m 내외인 고분이 발견되었다. 여기서는 옹관편을 수습했다. 이 옹관의 구연부와 경부의 기형으로 보면, 약간 외반된 형태이다. 그리고 바깥면에는 격자문과 거치문을 타날한 황갈색 연질토기이다.

영산강유역에서 사용되는 옹관은 기벽이 매우 두터운 'U' 자형이다. 그런데 맥포리 옹관편은 이같은 전용 옹관은 아니었던 것으로 보인다.

이외에 맥포리 유적에서는 주거지 1동이 확인되었다. 방형으로 보이나, 후대에 조성한 민묘와 구(溝)에 의해 대부분 파괴되었다. 주거지 내부에서는 연질토기와 발형토기 구연부편, 적갈색 연질토기 저부편이 나왔다. 대부분 파괴되어 주거지의 형태는 불확실하지만, 4개의 주공을 갖추었다. 출토유물이 많지 않아 주거지의 축조시기를 결정하는 데는 어려움이 있다. 그러나 호남지역 서해안에서 지금까지 조사한 사례로 보아 3~5세기의 주거지로 추정된다.

맥포리 유적에서 주목되는 것은 방형분을 확인했다는 점이다. 이들 방형분은 지석묘 묘실을 파괴하고, 다시 이용한 토광묘보다 이른 시기에 축조한 다장제의 무덤으로 추정되었다. 방형계의 고분들은 6세기를 전후해서 영산강 일대에 집중적으로 축조되는 묘제이다. 그래서 이 지역에 터를 잡은 정치집단들의 등장과 변화를 가늠할 수 있는 유적으로 보고 있다.

여수 고락산성

전남 여수시 문수동의 고락산성(鼓樂山城)은 임진왜란 당시 전라좌수영 본영 방어를 위해 쌓은 좌수영 산하 9개의 옹성 가운데 한 곳으로 여겼던 산성이다. 더구나 특별한 문헌기록이나 기타 자료에도 나오지 않아 발굴 이전까지는 조선 시대의 산성으로만 알고 있었다.

그런데 지표조사(순천대학교박물관)에서 고락산성은 새로운 면모를 드러냈다. 성의 축조기법이나 출토유물 등으로 미루어 순천 검단산성과 매우 유사한 백제시대 산성으로 밝혀졌던 것이다. 이에 따라 고락산성은 전남 지방문화재자료 제 204호로 지정됐고(1998년), 본격발굴에 들어갔다. 산 정상에는 이 산성과는 별도의 소규모 보루가 있기는 했다.

그간 두 차례 발굴에서 문지 2개소·집수정 4개소(석축집수정 2·점토집수정 2)·건물지 3동·저장고 1개소·구상유구·철기시대 주거지 등이 조사되었다. 2003년 추가발굴에서는 건물지와 문지 등 성곽과 관련된 여러 가지 유구가 더 들어났다.

이어 2004년의 발굴에서는 1차와 2차 발굴 때 조사하지 못한 성의 중앙부 정상과 서남쪽 사면, 성벽 관련시설인 남서문지·수구를 조사했다. 본래 소나무밭과 잡목 숲이 들어섰던 지역인데, 벌목과 함께 표토를 전면적으로 걷어내 건물지와 주거지·수혈유구·주공열 등을 찾아냈다. 3차 조사에서 확인된 유구

는 건물지 8동 · 수
혈주거지 3기 · 수
혈유구 3기 · 문지
1기 · 수구 1기 · 주
공열 1기 등이다. 3
차까지 조사한 전
체 유구 숫자는 건
물지 11동 · 수혈주
거지 10기 · 집수정
4기 · 저장시설 1

고락산성 문지(순천대학교박물관)

기 · 수혈유구 3기 · 문지 5기 등으로서 고락산성에 대한 전체적인 규모나 성격
을 파악할 수 있게 되었다. 특히 건물지를 통해 성 안에 상주하던 사람의 숫자
와 더불어 고락산성의 전반적인 성격을 파악할 수 있는 자료를 확보할 수 있었
다. 이때 초석건물지와 주공을 파서 기둥을 세운 건물지를 함께 확인했다. 이는
주공 사용단계에서 초석을 사용하는 과도기적인 단계로 넘어간다는 사실을 파
악한 것이다. 외줄기로 남은 10호 건물지의 구들은 상태가 좋았다. 기후가 비교
적 따뜻한 남부지방에 존재했던 이 구들은 중부지방 구들과 비교하는 데 중요
한 자료가 된다.

성 중간 부분인 가장 낮은 동벽에서는 수구(水口)가 확인되지 않았지만, 경사
가 비교적 완만한 성 서벽에서 수구가 나왔다. 인근 검단산성에서는 문지와 집
수정 주변에서 수구를 발굴한 적이 있다. 이같은 수구는 구례 합미산성 · 여수
월암산성 지표조사에서도 확인되었다.

고락산성 발굴에서 거둔 중요한 것은 출토된 유물이다. 조선시대에 축조한
산성이라는 세간의 이야기와는 다른 유물들이 출토되었다. 호 · 완 · 개배 · 고
배 · 호자 · 편병 따위의 백제시대 유물이 그것이다. 이 중에는 개배와 같은 가

야계 토기가 일부 끼었다. 특히 수혈유구 안에서 생활용기인 호자(虎子) 2점이 출토되어 수혈유구의 성격을 파악하는데 중요한 자료가 되고 있다.

3차까지의 발굴을 통해 밝혀진 사실은 고락산성은 두 번에 걸쳐 증축되었다는 것이다. 주공이 있는 건물과 함께 남서문지와 서문지를 사용하던 시기에 성벽 안쪽으로 내환도와 유사한 시설을 한 사실을 확인했다. 이어 두 번째 증축에서는 집수정(집수정 2 · 집수정 3)과 서벽에 잇대어 내향곡성을 설치했다는 사실을 밝혀냈다. 그리고 두 번째 증축 당시 서문지와 남서문지는 폐쇄하고, 남문지 한 군데만 사용한 가운데 수구는 폐쇄했던 것으로 보인다. 어느 시기에 성의 내부시설이 대단위 규모로 전환되었다는 사실을 알게 된 것이다.

3차 발굴을 통해 조사한 유구들을 개략적으로 설명하면, 다음과 같다.

▲ 건물지−4호 건물지부터 조사가 이루어졌다. 먼저 남서문 동쪽의 4호건물지는 서쪽부분이 깎여 나갔고, 남쪽의 6호 건물지가 나중에 들어서면서 훼손됐다. 말각방형을 이룬 건물지의 동쪽 장벽은 1~2단으로 석축을 쌓아 만들었고, 내부 바닥은 자연암반층 위에 10~15cm 두께로 적갈색 점토를 깔았다.

북쪽 단벽을 따라 주공이 3개, 동쪽 장벽을 따라 2개의 주공이 있었다. 토기편 외에 다량의 기와편이 남쪽 가장자리에서 나왔다. 기와편은 건물지 남쪽에 접한 6호 건물지와 관련한 것으로 보인다.

5호 건물지는 4호 건물지의 북쪽에 접해 있다. 건물

성 내에 있는 투석용 석환(순천대학교박물관)

지의 대부분이 깎여나가 길이 500㎝, 너비는 370㎝, 깊이 16㎝ 정도만 남았다. 동벽 남쪽에는 일부 석축이 보인다. 동벽 양쪽 가장자리에 각기 한 개씩의 주공이 있고, 그 사이에 작은 주공 여러 개가 배치되었다. 이 건물지에서는 토기가 출토됐다.

4호 건물지의 남쪽에 인접한 6호 건물지의 규모는 길이 840㎝ · 너비 400㎝ · 깊이 75㎝로 비교적 큰 편이다. 말각방형으로 동쪽 벽에서 석축열 일부가 확인됐다. 북벽과 남벽에는 길이 400㎝, 너비 180㎝로 석렬이 무질서하게 남았다. 고배 등 여러 가지 토기와 함께 많은 양의 기와가 나왔다.

7호 건물지는 고락산성의 정상부 평탄면 동쪽 사면이 시작되는 곳에 자리했다. 이 건물지는 길이 640㎝, 너비 190㎝, 깊이 45㎝의 말각방형 초석 건물지이다. 초석은 3개가 확인됐고, 초석 흔적은 두 군데 남았다. 건물지의 장축은 남북방향이다. 초석 간 거리는 190~210㎝로 원형에 가까운 방형이다. 건물지 북쪽 부분은 판석처럼 생긴 석재를 세워 벽을 구축했던 것으로 보인다. 호 · 개배 등의 토기와 많은 양의 기와가 출토됐다.

8호 건물지는 성의 정상부 평탄면 남쪽사면이 시작되는 지역에 있다. 길이 280㎝, 너비 320㎝, 깊이 70㎝의 말각방형이다. 초석건물지로서 초석은 2개가 확인되었다. 초석은 48~56㎝, 너비 41~50㎝, 높이 6㎝이고, 초석 간 거리는 280㎝에 이른다. 토기편과 기와편이 나왔다.

9호 건물지는 8호 건물지의 서쪽에 있다. 길이 620㎝ · 너비 260㎝ · 깊이 55㎝이다. 말각방형으로 추정되는 건물지 북쪽 벽에서 1~2단의 석축렬이 확인됐다.

10호 건물지는 9호 건물의 남쪽사면에 있다. 길이 530㎝, 너비 320㎝, 깊이 70㎝의 말각방형이다. 북벽에 석렬이 확인됐고, 동벽 쪽에서 주공 1개를 찾았다. 남동쪽에서 북서쪽 모서리 부분으로 구들이 지나갔는데, 전체길이는 530㎝, 너비 37㎝, 높이 27㎝ 규모이다. 이 건물지에서는 개배 · 편병 등의 토기와 기와편이 나왔다.

11호 건물지는 10호 건물지의 동쪽에 인접했다. 길이 380㎝, 너비 310㎝, 깊이 85㎝에 이르는 말각형이다. 서쪽 가장자리 부분에는 약간의 소토와 목탄이 있었고, 소량의 토기가 출토됐다.

▲ 수혈주거지 - 2004년의 3차발굴에서 조사한 수혈주거지는 3기(8호~ 10호)에 이른다. 성 안의 정상부와 서문지 바깥쪽에서 나왔다. 주거지는 대부분 말각방형 또는 원형에 가까운 모양이다. 8호 주거지에서는 화덕시설이 확인됐고, 심발형토기와 같은 적갈색 연질토기편이다.

▲ 수혈유구 - 남서문지의 남서쪽에서 3기가 나왔다. 1호 수혈에서 호자 2점·개배편이 출토되었다. 이 수혈은 직경 106~120㎝에 깊이 65~75㎝이다.

▲ 주공열 - 성 정상부 평탄면 남쪽에서 한 줄을 이룬 5개의 주공이 드러났다. 주공 간격은 205~230㎝이다. 주공은 지름이 50~60㎝, 깊이 50㎝ 내외로서 모양은 원형이다. 사용한 기둥은 너비 15~30㎝이다.

▲ 수구 - 남서문지로부터 남쪽 10m 거리에 있다. 수구의 너비는 37㎝이고 높이는 25㎝이다.

참고문헌

桂陽山城 西壁 發掘 現場說明會 資料, 2003년, 선문대학교 고고연구소

仁川 桂陽山城 東門址內 集水井出土木簡 保存處理結果報告, 2005년, 선문대학교
    고고연구소

舒川 南山城 發掘調査 略報告書, 2001년, 재단법인 충청매장문화재연구원

抱川 半月山城 綜合報告書 Ⅰ·Ⅱ, 2004년, 단국대학교 매장문화재연구소

연천 학곡제 개수공사지역 내 학곡리적석총 발굴조사 현장설명회자료, 2002년,
    기전문화재연구원

抱川 自作里遺蹟 Ⅰ·Ⅱ 긴급발굴조사보고서, 2004년, 경기도박물관

抱川 自作里遺蹟Ⅱ 시굴조사보고서, 2004)년, 경기도박물관

鷄足山城 발굴조사보고서, 1998년, 충남대학교박물관

坡州 舟月里유적, 1999년, 경기도박물관

抱川 城洞里 마을유적, 1999년, 경기도박물관

抱川 고모리산성 지표조사보고서, 2001년, 단국대학교 매장문화재연구소

抱川 반월산성 5차보고서, 2001년, 단국대학교 매장문화재연구소

抱川 반월산성 6차보고서, 2002년, 단국대학교 매장문화재연구소

이천 설성산성 1차 발굴조사보고서, 2002년, 단국대학교 매장문화재연구소

이천 설성산성 2차 발굴 지도위원회 자료, 2003년, 단국대학교 매장문화재연구소

이천 설성산성 2·3차 발굴조사보고서, 2004년, 단국대학교 매장문화재연구소

이천 설봉산성 3차 발굴조사보고서, 2002년, 단국대학교 매장문화재연구소

이천 설봉산성 4차 발굴조사 완료약보고서, 2003년, 단국대학교 매장문화재연구소

이천 설봉산성 5차 발굴조사 완료약보고서, 2004년, 단국대학교 매장문화재연구소

이천 설봉산성 6차 발굴조사 완료약보고서, 2005년, 단국대학교 매장문화재연구소

광양 마로산성 3차 발굴조사 현장설명회 자료, 2004, 순천대학교박물관

연기 남면-동면 간 도로부지 내 문화유적 발굴조사 응암리·용호리유적, 2004, 공주대학교박물관

新豊-牛城間 道路建設工事區間內 文化遺蹟 發掘調査 1차 현장설명회자료, 2004, (재)충청문화재연구원

公州 丹芝里 橫穴墓群 發掘調査槪報, 2004, 池珉周, (재)충청문화재연구원

나주 복암리고분전시관 건립부지 내 문화유적 발굴조사, 2004, 전남문화재연구원

舒川-公州間 高速道路 建設區間內 靑陽 分香里遺蹟 2차 현장설명회자료 2004, 충남역사문화원

舒川-公州間 高速道路 建設區間內 봉선리유적 발굴조사 지도위원회 자료, 2003, 충남역사문화연구소

舒川-公州間 高速道路 建設區間內 서천 추동리유적(Ⅱ지역) 유적검토위원회 및 현장설명회자료, 2004, (재)충청문화재연구원

부여-논산 간 국도4호선 도로확포장 공사구간(부여 나성) 문화유적 발굴조사 현장설명회자료, 2004, 충청문화재연구원

華城 發安里 마을遺蹟, 鄭相石, 2004, 기전문화재연구원

華城 發安里 마을遺蹟 지도위원회, 2003, 기전문화재연구원

扶餘 王興寺址 發掘調査 指導委員會議資料, 2003, 국립부여문화재연구소

王興寺 發掘中間報告 Ⅰ, 2003, 국립부여문화재연구소

扶餘 鹽倉里古墳群, 2003, 공주대학교박물관

安永里遺蹟, 2002, 공주대학교박물관

山儀里 百濟古墳群, 2002, 공주대학교박물관

扶餘 宮南池, 2001, 국립부여문화재연구소

금산 백령산성 문화유적 발굴조사 현장설명회자료, 2004, 충남역사문화원

광주 동림2택지 개발사업지구내 문화유적 발굴조사, 2004, 호남문화재연구원

청양 장승리 고분군 발굴조사 현장설명회자료, 2002, 충청매장문화재연구원

정읍 신정동 첨단방사선 이용연구센터 건립부지내 문화유적 발굴조사현장설명
　　　회의자료, 2003, 원광대학교 마한백제문화연구소

청주 산남3지구 분평동Ⅰ·원흥리 Ⅲ유적 시발굴조사현장설명회 자료, 2004,
　　　중앙문화재연구원

풍납토성 발굴조사, 2004, 국립문화재연구소 한성백제학술조사단

2004 풍납토성 197번지 일대(구 미래마을 부지) 발굴조사지도위원회 회의자료,
　　　2004, 국립문화재연구소 유적조사연구실 한성백제학술조사단

公州 長善里 土室遺蹟(유적조사보고 제4책), 2003, 충남발전연구원

大田 月坪洞山城, 2003, (재)충청문화재연구원

고양 멱절산유적, 2005, 경기도박물관

淸州 新鳳洞 百濟古墳群(2000년도 발굴분 조사보고서), 2002, 충북대학교박물관

법천리 고분군을 통해서 본 삼국시대 원주와 마한·백제와의 관계, 이인재, 동
　　　방학지 126권 p.1~29, 2004.

法泉里 Ⅰ, 2000, 국립중앙박물관

鷄足山城 發掘調査略報告, 1998, 충남대학교박물관

月籠山城, 2004, 경기도박물관

나주 영동리유적, 2006, 나주 영동리고분 발굴조사 지도위원회회의 자료, 동신
　　　대학교박물관

潭陽 桂洞古墳群, 2005, ㈶湖南文化財研究院・韓國道路公社

扶餘 羅福里 遺蹟, 2004, 충청남도역사문화원・부여군華城 旺林里遺蹟, 2004, 숭실대학교박물관・한국철도시설공단

扶餘 甑山里遺蹟, 2004. 忠淸南道歷史文化院・忠淸南道綜合建設事業所

高敞 石橋里遺蹟, 2005, ㈶호남문화재연구원

華城 堂下里Ⅱ遺蹟, 2004, 숭실대학교박물관・한신대학교박물관・한국철도시설공단

霧安 麥浦里遺蹟, 2005, ㈶호남문화재연구원

扶餘 佳塔里・旺浦里遺蹟, 2004, ㈶호남문화재연구원

華城 馬霞里 古墳群, 2004, 숭실대학교박물관・서울대학교박물관・한국철도시설공단

井邑 新月里遺蹟, 2005, ㈶호남문화재연구원

鎭川~鎭川I.C.間 道路擴鋪裝工事區間內松斗里遺蹟發掘調査報告書, 2005, 韓國文化財保護財團・大田地方國土管理廳

완주 상운리유적, 2004, 발굴조사현장설명회 자료, 전북대학교박물관

익산 왕궁리유적, 2001~2005, 익산 왕궁리유적 발굴조사 지도위원회 및 현장설명회 자료

고당~수산 간 도로건설공사구간 내 유적발굴조사 지도위원회 자료, 2005, 중앙문화재연구원・경기도건설본부

고당~수산 간 도로확포장공사 문화재 지표조사 보고서, 2004, 중앙문화재연구원・경기도건설본부

연천 은대리성 지표 및 발굴조사 지도위원회자료, 2005, 단국대학교 매장문화재연구소